南开人文社科文库

社会生活的经济学

何永江　著

南开大学出版社

天　津

图书在版编目(CIP)数据

社会生活的经济学 / 何永江著. —天津：南开
大学出版社，2014.9

ISBN 978-7-310-04603-4

Ⅰ.①社… Ⅱ.①何… Ⅲ.①经济学—研究
Ⅳ.①F0

中国版本图书馆 CIP 数据核字(2014)第 202815 号

南开大学出版社出版发行
出版人:孙克强
地址:天津市南开区卫津路 94 号　　邮政编码:300071
营销部电话:(022)23508339　23500755
营销部传真:(022)23508542　　邮购部电话:(022)23502200
*
河北昌黎太阳红彩色印刷有限责任公司印刷
全国各地新华书店经销
*
2014 年 9 月第 1 版　　2014 年 9 月第 1 次印刷
230×160 毫米　16 开本　23.125 印张　2 插页　329 千字
定价:45.00 元

如遇图书印装质量问题,请与本社营销部联系调换,电话:(022)23507125

内容提要

　　本书试图为两种读者而写作，即既要为从前未研究过这些主题但对经济问题感兴趣的人，又要为那些熟悉经济理论但却缺乏对现实问题敏感的人。本书的目的，就是对众多的社会生活问题，赋予符合逻辑的、严密的和大众化的经济学解释。从三个和尚没水喝、餐馆小费、餐饮业的酒水暴利、婚纱照的陷阱、导游的购物狂、官话与套话、为什么律师事务所不上市、黄金有价玉无价、迷信、冲动、孝道、恋爱与剩女、纹身等众多不同的社会和经济现象中，你都能找到经济学的灵魂，它透露出生活中所蕴含的理性奥秘和是非曲直。

序　言

经济学是从社会实践和社会经验中产生的，是为解决经济问题和社会问题而不断发展的。按照英国经济学家阿弗尔雷德·马歇尔在《经济学原理》（1890 年）的说法，"经济学是研究人类日常商业行为的学问，它研究的是相互紧密关联的个体行为和社会行为以及人们对作为财富的物质要素的使用"。按理说，经济学最终的目的是要解释社会经济现象，并能有助于社会的改进。英国经济学家西尼尔在《政治经济学大纲》中认为："改造现实社会的人们，必然要对社会福祉进行全面的考虑权衡，而这往往是政治家的工作。虽然政治经济学家所考虑的问题，可能是政治家们应考虑的问题之中最为重要的一个，但如果仅以此来主导处理实际事务，既不合理，又可能无法实施。政治经济学家，不应当用自己的一般原理来主导实际问题，他需要的，是向人们说明这一原理的不可忽视性。"①

但是，关注社会经济现象却是一个耗时耗力的思考和研究过程，需要将经济学的基本理论和社会生活的认识体验结合起来。奥地利经济学家卡尔·门格尔说："如果没有关于经验形态的知识，我们就不可能全面地理解我们周围的大量现象，也无法在我们的头脑中厘清它们，它是我们更全面地认识现实世界的前提条件。如果不能把握典型关系，我们就不可能深入地理解现实世界……我们对世界的认识也无法超出眼前观察之范围，即不可能对事态做出预测、进行控制。"②从具体的现象分析中，我们可以看到经济学基本概念和理论所体现的统一的内

---

① [英]纳索·威廉·西尼尔：《政治经济学大纲》（彭逸林等译），人民日报出版社，2010 年，第 5 页。

② [奥]卡尔·门格尔：《经济学方法论探究》（姚中秋译），新星出版社，2007 年，第 16 页。

在联系。这种分析，不仅加深了我们对具体现象的内在联系的理解，而且也让我们看到了基本概念和理论的强大威力，即解释现实世界的能力。"不管在哪门学科中，理论知识都只能从实用的判断中，随着人们越来越强烈地需要以一种深入的科学充实实践而逐渐发展出来。有关经济领域的理论性知识也遵循这样的发展过程。"①

经济学家最基本的工具就是成本收益分析。马斯洛曾说："如果你唯一的工具是锤子，那么，你往往会把一切事物都看成钉子。"在经济学家的眼中，即使再平淡无奇的现象也会发掘出成本与收益的新意。道格拉斯·诺思曾说："我相信，构成经济学原理的推理的经济方式是了解社会如何随时间推移而演进的正确方式。"有的人说，这就是经济学帝国主义。经济学家与社会学家、政治学家对社会现实的看法并没有绝对的不同，只是使用的分析工具和概念不同。如同矩阵力学和波动力学具有等价形式一样，经济学与社会学、政治学对现实的分析具有很强的等价性。在经济学家眼中看到成本与收益的地方，在社会学家眼中可能就是文化和风俗，而在政治学家眼中则是权力与服从，在法学家眼中就是权利与义务。从结构上说，这些概念是等价的。当然，由于研究现象的分布区域不同，各门学科对社会现象的分析就有深有浅。

不过，经济学的学术化改变了早期经济学的学以致用的发展方向。经济学家逐渐找到了一个节约研究成本的办法，利用数学包装把经济学发展为一门形式逻辑，因为数学简洁、严谨、客观。由于脱离了社会经济现象的内容，经济学就演化为一门数学表现形式的形式逻辑，数学方程式和新的术语层出不穷地出现。约翰·梅纳德·凯恩斯在1938年给经济学家罗伊·哈罗德的信中说："在我看来，经济学是逻辑学的一个分支，是一种思维方式。……按其模型及其选取模型的艺术，以模型与当代世界相关联的做法来看，经济学是一门思维科学。"随着经济学的形式化发展，经济学就逐渐成为数学家和物理学家的研究领域，距离分析和解决真正的社会经济问题的距离也就越来越远。

---

① [奥]卡尔·门格尔：《经济学方法论探究》（姚中秋译），新星出版社，2007年，第27页。

这意味着，经济学家过多地陷入了学术幻想，而未将经济学理论用来分析实际的问题。张五常在《经济解释》（卷三）中认为："经济学的传统不重视解释行为，对现象的细节知得不多，也往往指鹿为马。"[①]所以，主流的经济学，包括主流杂志发表的大量学术论文，是脱离现实社会的。

美国经济学协会在 1991 年提出了一份研究生教育的评估报告。这份报告指出，美国研究生教育过于强调理论工具和经济计量工具，极度忽视了需要创造力和解决问题的应用能力的培养。美国经济学家保罗·克鲁格曼在 2010 年 1 月 28 日的《纽约时报》上发表了题为《经济学家为何错得如此离谱》的文章。该文认为，"经济学科的迷途在于，经济学家作为一个整体误将优美——套上外表华丽的数学外衣——当作了真理"。其结果，如弗里德曼在《自由选择》中所说："使每一个经济学家失望的是，要使除训练有素的经济学家外的大多数人了解价格机制是如何起作用的，几乎是不可能的。"

要知道，理解社会经济现象需要我们具有创新性理论和钻研精神，实现从社会经济现象中归纳出理论，然后利用数学进行精确化，并将精确化的理论推广到更多的领域中，加深我们的认识。也就是说，科学理论的目的是节约我们日常思维的交易成本。一旦经济学理论增加了我们理解社会经济现象的交易成本，如大量的新术语、无内容的新理论所揭示的那样，经济学的需求就会急剧下降，除了领取文凭的虚假需求以外。这种忽视应用能力培养的教育方式，势必影响大学生对经济学的兴趣。因为毕竟只有极少数的大学生才会在将来从事学术化的研究工作，更多的大学生需要理解经济学理论与现实世界的多样化关系。至少，经济学教育能够提供有用的知识，帮助人们在未来的工作和生活中获得明智的决策。美国经济学家加里·贝克尔认为，经济学区别于其他社会科学的关键不在于研究对象，而在于研究方法，特别是思考问题的方法和视野。经过经济学家们的持久努力，我们能够对我们所生活其中的这个世界的许多现象和观察做出合理的解释。借

---

① 张五常：《经济解释》（卷三），中信出版社，2012 年，第 315 页。

助于这些解释，我们就能够增进我们对生活的理解，在工作和生活中能够更好地做出决策。

所以，经济学教师的责任，不仅要传达主流经济学的形式，更重要的是要教授具有数学形式的经济现象内涵。阿弗尔雷德·马歇尔说："对我而言，理论是重要的，但它也只是正确的经济学的一小部分，而不应该占据大部分的经济学研究时间……一般性推理是重要的，但是，对事实的广泛而深入的研究同样重要……结合了这两个方面研究的经济学才是唯一正确的经济学。"① 只有让更多的人明白经济学的数学形式与社会经济现象之间具有内在的一致性，这样才能激发学生甚至政策制定者的经济学兴趣，有助于经济学甚至科学思维的长期发展。美国经济学家克鲁格曼强调，让公众理解经济学具有重要的意义，因为公众能够享受理性分析的成果意味着社会的进步。因此，把经济学理论按照大众能够理解的方式表达出来，直接地推动了社会的进步，也通过大众对经济学兴趣的增加而对经济学的发展做出了贡献。这样，培养经济学思维，让更多的人利用经济学思维观察社会经济现象，培养经济学的直觉和对实际经济社会现象的了解，加深对社会的认识，就成为经济学教师的主要职责。

当形式主义者还在暗中摸索时，那些正在生活和工作的人却会按照经济生活的逻辑进行生活。美国经济学家罗伯特·巴罗在《不再神圣的经济学》一书的导言中说："现在，我认为任何社会行为——包括宗教、爱情、犯罪和生育——都受经济推理的支配。"在我们每个人心中如此重要的经济逻辑，不仅仅是一个技术问题，更重要的是"我们对人生真谛的一种多少有些说不出来的感悟"（威廉·詹姆士语）。在某种程度上说，经济逻辑是我们的真正自我或者人性的必要组成部分。诚如冯·米塞斯所说："不管喜欢还是不喜欢，当前政治的主要问题是纯粹的经济问题，不熟悉经济理论便无法理解它们。只有熟悉主要经济问题的人，才能对相关问题形成独立的见解。其他的人只是在重复

---

① [美]罗纳德·H.科斯：《论经济学和经济学家》（罗丽君、茹玉骢译），上海人民出版社，2010年，第214页。

他们的道听途说。他们是能够让蛊惑人心的骗子和愚蠢的江湖郎中能够轻易得手的猎物。"①如果我们能够从社会生活的具体事例中看到经济推理的逻辑和结论，那么，我们就会摘掉"沉闷科学"的帽子，迎来更加生机勃勃的经济学。

易宪容在《现代经济学家之分野》一文中，将经济学者分为"真正的经济学家"、"经济工程师"和"既得利益集团的代言人"三类。为既得利益集团代言的经济学者总是从既得利益集团的利益出发，倡导有利于其所代表的利益集团的政策，做出各种价值判断。卡内基-梅隆大学的经济学教授本内特·麦克科勒姆（Bennett T. McCallum）认为："一个人从媒体和其他来源得到的日常非经济学政策问题的分析似乎主要与根据政策对某个特殊社会集团的道德说教是一致的，但它与分析式思考完全不同。"②这些为既得利益集团的代言，总是出于某种私心，扭曲了经济分析。经济工程师则主要依赖于数学和工程方法来模拟和处理世界，缺乏对现实生活或者制度机制的真正了解和把握。数学家诺伯特·维纳（Nobert Wiener）曾说："经济学家们已经习惯于用微积分的观点来掩饰他们颇为不精确的观点……对那些声称具有精确值的东西指定一些实际上不准确的数量的做法既没用也不诚实，任何将这些公式应用于这些界定不严谨的数量的伪装都是造假，是在浪费时间。"③主流经济学家多数是经济工程师，也是伯顿·G.马尔基尔在《赤裸裸的经济学》的序言中所指的容易受到社会嘲弄的经济学家。真正的经济学家，按照易宪容的说法，则"关注的是有血有肉的人，关注有理性、有情感、有欲望的人的经济行为，并从现实人的行为演化中，来观察我们社会所发生的一切"。这样的经济学家受到普罗大众的尊重和崇敬。不幸的是，真正的经济学家越来越少，经济工程师则更受学术界的欢迎，而既得利益集团的代言学者则更受到各种利益集团的欢迎。

---

① [奥]路德维希·冯·米塞斯：《官僚体制·反资本主义的心态》（冯克利、姚中秋译），新星出版社，2007年，第97页。

② [英]迈克尔·帕金：《走近经济学大师》（梁小民译），华夏出版社，2001年，第131页。

③ N. Wiener. God and Golem, Inc. Cambridge, MA: MIT Press, 1964, p.64.

本书的目的，就是对众多的社会生活问题，赋予符合逻辑的、严密的和大众化的经济学解释。按照查尔斯·惠伦在《赤裸裸的经济学》一书的说法，"如果我们能够从某一视角对复杂纷繁的经济现象、社会问题进行一点描述、给出一点解释、做出一点分析，那么就可能为民众提供多一种可选择的视角"。[①]但是，要做到这一点，有时显得非常困难。这需要"兼具清晰的头脑、细致的思考及严密的推理能力，特别是灵敏的触觉及高超的文笔，加上热情与关怀的心灵"（江丙坤语）。之所以我耗费大量的精力在如此微小的社会生活问题进行经济学思考，是因为我坚信，"知识分子要拒绝做好高骛远改造社会的大事，开始学会从身边的事做起，一点一滴地从小事出发来改造社会。这些小事既不能得名又不能得利，但从这些小事中可以建立起千百万人的生活，这些小事决定了许许多多人的福利和生活"（俄罗斯民粹主义者尤佐夫·卡布里茨语）。

为了防止我们陷入生活的被动，我们就需要对具体的观点进行深入的了解、分析和评估，在理性分析的基础上决定接受、拒绝还是反对。按照波兰经济学家克德勒克的说法，对于那些"相信自己所说的，并将其视为真理"的人，我们面临的是意识形态主义者或者教条主义者，辩论无济于事，只有局势的根本改变才会改变这种人的信仰。对于那些"将自己所说的视为真理，并认为其反映了事物的本来面目"的人，我们需要根据事实证据和理性的分析来判断这些观点是正确还是错误的。对于正确的观点，我们需要在理解的基础上加以接受并融入自己的概念框架系统。对于错误的观点，我们需要公开的理性辩论，让证据和理性分析占据辩论的中心，条件当然是提出观点的人不是教条主义者或者谎话连篇者。对于那些"知道自己所说的并非事实真相"但却故意散布某种错误观点的人，不管这种错误是来源于利益诱惑、意识形态捍卫还是习惯性使然，我们需要努力揭露这种错误的源泉。

经济学是一门很有趣、很有灵魂的学科。生活中很多看似平常、不容易理解的事情和现象，经过经济学的思考和分析，就会显现出不

---

① 易宪容：《生活中的智慧》，社会科学文献出版社，2004 年，第 162 页。

一样的精彩，透露出生活中所蕴含的理性奥秘和是非曲直。很多人不喜欢经济学或者觉得经济学很枯燥无聊，就是因为没有发现经济学理清生活迷雾的乐趣，也没有激发自己善于发现的心灵。当我们在日常生活中看到经济学所展现的理性光芒时，我们是否应该感到庆幸呢？

何永江

2014 年 7 月

目　录

3

第一章
经济现象与解释

思想的重要性不仅在于理论本身，而且在于对社会行为的解释和分析。

——约翰·加尔布雷斯《不确定的时代》

大学恋爱的繁荣

大学是恋爱的春天。"春风又绿江南岸"，岸边就是大学校园。通过长时间的赛跑和航行，优秀的学子们爬上了岸边的校园。想着高中的苦涩和晦暗，让大学披上恋爱的阳光是学子们的心愿。冲进大学校园，看着满眼的绿色和青春，学子们开始感觉"身无彩凤双飞翼，心有灵犀一点通"的美妙。没有父母的唠叨，也没有高考的压抑，没有财富和地位的悬空，也没有时间的匆忙。一切的一切，好像都为大学的恋爱之花而开放。性格孤僻，身材矮小的人，也许竞争不到高空中的恋爱阳光，林荫道旁兴许挤满了恋爱花草。大片大片的恋爱之花开放，成就了大学的花季。大学校园那浓浓的恋爱之风，让校园外那些偶尔的恋爱奇葩，别有一番风致。爱情的集中与升华，映衬出一个城市夜空的感情与理智的较量。

社会生活的经济学

经济学的冷酷，好像要撕裂情感的面纱，显现出理性的血泪。经济学家罗伯特·巴罗在《不再神圣的经济学》中毫无表情地说："我认为任何社会行为，包括爱情，都是受经济推理的支配的。"享受着爱情的阳光雨露的恋人，愤怒之火油然而生。阳光中没有灰尘，犹如恋爱中没有经济。争辩在继续，情感包装的成本与收益也在不断显露。

恋爱不是一种随机的、无意识的社会活动，而是一种有目的、有意识的社会性活动。恋爱的缘起可能偶然，但持续不断的交流就代表了某种有价值的心动。身边有那么多俊男倩女，无意识的某种排序就代表了成本与收益的比较，还有自身资源的约束。只要爱情不是某种劣质产品，时间越是充裕，经济越是富裕，爱情的需求就会越多。自然，爱情的养分越丰富，爱情的收益越多，为爱所支付的成本越低，爱情的浓度与数量就会节节攀升。

大学校园的神奇，就在于它能让大学的恋爱成本下降、恋爱的收益增加、让无忧无虑的时间延长、财富与地位隐藏。走进如此神秘的地方，任何凡心都会怦怦直跳，何况青春妙龄的学子呢！

大学的温暖隐匿在高中的寒冬之中。当学子们在吟唱"冬天已经来临，春天还会远吗"的时候，他们也许不知道，高考的炼狱已经为他们铸造了大学的天堂，为他们的大学恋爱插上了飞翔的翅膀。各省市的高考成绩大排名机制，各个大学按照等级秩序在规定的名额范围内挑选各省市的最优秀学子的机制，还有那剔除身患疾病、身体残疾或者身心智障的学生的身体大检查机制，都是大学恋爱的助推器。尽管各个学校招收的学生越来越多，尽管各个学校的排名有很大的差异，但是，有一点是不可改变的：同一个大学的学生越来越同质，排名比较接近的大学生越来越同质。他们不仅有高度接近的高考成绩，还有高度接近的聪明才智、青春活力、年龄、教育背景、家庭地位和家庭财富。同一个大学的学生之间的年龄、智力水平、青春活力和教育背景的差距，比社会中任何一个企业或者政府部门的人群之间的年龄、智力水平、青春活力和教育背景的差距都小。由于学生上大学的等级与家庭的财富和社会地位具有高度的相关性，因此，能到同一所大学求学的学生都具有相似的家庭地位和家庭财富。除非某些人高考失常而被迫进入较差的大学，某些人在高中超常努力或者高考超常发挥而进入较高等级的大学。在金钱与努力共同铸就的高考成绩中，例外的比例总是越来越小，常态的比例会越来越增加。

高考选拔机制就这样成就了恋爱的信息甄别机制。那些学习较差、智力水平较低，暴力倾向浓重、品格不太好的学生，要么进入了低级别的大学之中，要么被高考机制淘汰。大学就将优秀的、远高于社会平均水平的人才聚集在一起，期望赋予大学的灵魂。能来到一个大学的学生，都是同质性的高考产品。大家都是青春学子，学弟学妹年龄十八九，学姐学兄年龄二十一二。身高、长相、偏好、性格就是恋爱需要探索的差异所在。恋爱不仅需要了解对方的智力、才能、品格、疾病状况，而且需要了解家庭的财富和社会地位。对这些信息的了解需要投入很多的资源，但是，大家都是经过高考战壕胜出的大学生，这种信号机制节省了大学生群体的信息搜寻成本。车子、房子、票子，在大学生中不是不重要，而是被过滤掉了，至少是假设应该拥有的东西。

在封闭的校园中，集中居住、集中上课、集中自习，大量的班级、社团、学生会的活动，还有运动会和比赛的频繁，及文艺演出和演讲的交流，都是获取信息和交流信息的方便机制。微信、微博、视频聊天、QQ群、电子邮箱、各种社交平台，还有各种大学网站，都在提供信息。每天生活在一起，走进共同的教室，漫步在人人都经过的街道，便捷的校园内穿梭往来，都降低了学生之间信息收集成本。更何况，学校还是一个熟人社会，每个学生都拥有很多共同认识的同学。过去的同乡、高中校友将大学封闭的院系和宿舍楼间的空隙连接起来，展现出大学的内部交流机制。不同年级、不同班级和不同院系同学之间的交叉交流，降低了任何一个学生的信息不对称性带来的道德风险问题。即使没有其他熟人做担保，大学的声誉也是一种担保。大学同学之间很少有社会那么严重的暴力行为，人身伤害的担忧在大学很少成为一个严重的问题。信息的充足和信息成本的低廉，减少了大学同学之间交流的逆向选择和道德风险。尽管所有的谈恋爱都涉及信息不对称性的问题，但是，大学生之间的相互了解可能远远高于校园外的人与人之间的了解（亲戚除外）。信息充足的一个好处就是大学生之间的恋爱对象的迅速分化，恋爱成功率非常高。

如果信息成本的低廉和信息的充足还不足以激发大学的恋爱热情的话，交易成本的低廉就犹如冬天的一把火。大学的宽容、父母的鼓励、社会的赞许、同学的羡慕，都是培育大学恋爱的肥沃土壤。没有家庭关系的制约，也没有学校的干预，很少有暴力因素和权力参入，学生进入和退出恋爱市场的交易成本都很低。食堂、自习室、宿舍、林边小路、体育场、小树林都是免费的恋爱的场所，比起社会的恋爱多发生在酒吧、咖啡厅、餐馆、电影院、宾馆的成本要低廉得多。高中的背影渐渐消失，炫耀性消费的需求还在空中盘旋，一枝鲜花，一个苹果，一场电影，一顿小吃，幸福的微笑就会在脸上绽放。社会的恋爱更多的是以结婚为目的，因此，房子、车子、存款、工资收入就成为恋爱的门槛。近80%的社会女性表示，择偶时不会考虑收入低下的男友。躲在象牙塔里的大学生，免却了收入烦恼的竞争。尽管有人还在抱怨谈恋爱比单身要花费更多，如烛光晚餐、逛街购物、看电影、听音乐会，都有大学恋人的身影出没。

恋爱的火焰在校园燃烧，能量的补充滋润了商家的心田。小吃、食品、水果、玫瑰、巧克力、香水，只要能让恋人青睐的，价格高点也无妨。没有独立收入来源的学生，之所以敢高价购买校园内的产品，完全是恋爱让他们失去了理智。勇于吃高价的心，好像是恋爱热度的指示器。一个大学的恋爱热度，可以用校内外物品的价格差来表示。大学的校门总是开放的，恋爱中的情侣将消费的热情向校园外蔓延。校园内外的酒吧、咖啡厅、小餐馆、出租屋、美容厅，都不时有情侣出没其间。恋爱的成熟度可以用消费蔓延的幅度来表示。走在消费的小路上，恋爱怎能不反射出经济的身影？家庭收入越高的学生，越能支付各种恋爱费用，越能获得恋爱的机会。

青春的男女就在大学校园内走到了一起，滋生了校园周围的恋爱繁荣。情人节的狂欢，玫瑰、巧克力、红酒、香水的价格节节暴涨，映射出一个天然的谈恋爱场所的独特魅力。大学生谈恋爱的时间机会成本很低，至多是校外打工的收入损失或者不上课的损失。相比之下，高中时期的谈恋爱不仅受到学校的压制，而且谈恋爱可能会严重影响高考成绩。因为高考就是同质化的知识内容背诵和理解的竞争，花费时间越多，成绩就可能越好。在大学教育质量滑坡的时代，不上课的损失越来越小。大学考试的松弛，成绩的高度弹性，都让大学生从学习中解放出来。充裕的时间为耗费时间和精力的恋爱打下了坚实的基础。

如果恋爱是一场耗费时间的竞赛，我们就可以推知，自由支配时间越多的专业，谈恋爱的比重就越大。中文系、外文系、艺术系的学生比其他同学的时间充裕，文科学生比理工科学生的时间充裕，综合性大学比工科院校的学生的时间充裕。毫不奇怪，文科类的学生比社会科学的学生谈恋爱的比例高，社会科学的学生比自然科学的学生谈恋爱的比例高，综合性大学的学生比理工科院校的学生谈恋爱的比例要高。在所有学校中，艺术类学校的谈恋爱比例最高。也许，大学生谈恋爱的时间长短和人数比例，间接地量度了大学教育附加值的大小。谈恋爱时间越长和人数越多的大学，其教育附加值可能会越低。许多不愿意学习的学生，恰恰是利用了充裕的时间，还有他人的孤独，捕获了自己的伴侣。

交易成本和信息成本的大规模降低，为大学生普遍谈恋爱提供了天然的基础。时间的充裕和消费支出的可靠保证，支撑了恋爱需求的普遍上升。但更为关键的是，大学不是在家里温暖的怀抱里。由于远离了父母和亲戚，长期处于高度依赖性的大学生就很容易与他人建立亲密的关系，在学习上可能形成互补、在感情上形成相互依恋。三分之二的大学生承认离开家才真正让自己"大开眼界"，近一半的人觉得离开父母后对生活感觉"一无所知"。最难的挑战是学会与陌生人一起生活、结交新朋友、与不同背景的人打成一片。学习的互补、情感的依赖和生活的相互照料都提升了大学生恋爱的收益。在上网、打电子游戏、玩手机和看电视剧盛行的时代，恋爱的机会成本就更低了。同学之间的友情、拥有共同的理想和情趣、异性的情欲刺激、利益的交换、功利的追求、多元化的恋爱观都在大学生的恋爱市场的各个角落熠熠生辉。大学新生一般需要 4 个月熟悉新的生活环境，需要 5 个月才能认清谁会成为自己的朋友。信息收集的差异让大学新生成为爱情试验的基地，二三年级的学生才成为大学恋爱的主角。既没有毕业生的工作困扰，也没有新生的信息困扰。可以对比一下，两年的研究生就会失去许多恋爱的机会。在高度竞争的大学生群体中，从众心理和跟风可能占据主流，炫耀性恋爱可能会推波助澜。

大学消费水平普遍偏低，没有太多的奢侈消费，而时间比较充裕，对家庭的条件和地位的考虑较少。所有这一切，都催生了大学谈恋爱的繁荣。大学校园越是连成一片，谈恋爱的风气也就越浓重。随着交易成本和信息成本的增加，校际之间的恋爱比例会显著下降，不同城市之间的恋爱比例更是急剧下降。尽管电话、短信、网络平台可以弥补信息的不足，但是，距离造成的尴尬却是增加恋爱成本的杀手。由于许多大学都采取本地化政策，本地学生与外地学生的恋爱模式会有所不同。本地学生没有与家庭分离的依赖感，与高中同学和亲戚的交流会更多。可以预期的是，本地大学生相比于外地大学生在校内谈恋爱的比例要低，但校际之间的恋爱比例会更高。当然，大学谈恋爱会受制于男女的比例。综合性大学的男女比例相当，理工科大学的男性比例过高，而艺术和语言类院校则是女性比例偏高。男女比例的差异造成综合性大学的校内恋爱比例很高，理工科大学的男性和艺术语言类大学的女性在校际之间的恋爱比例会很高。

大学是一个高度同质化的社会。大学生家庭的收入分配不平等的程度远小于社会群体的收入分配不平等的程度，大学生之间的智商水平平均高于社会的智商水平，其差异程度也小于社会的平均差异程度。因此，在收入和智商比较接近的环境中，大学生中的恋爱比较流行，远高于社会的恋爱频率。但是，在不同等级的大学之间，从职业学院到最优秀的精英学校，如果学费越来越低，那么，大学就是对于高智商和富裕家庭的财政转移。在中国，富裕家庭在收入较高时，却只需要支付较低的教育费用，这就刺激了对精英大学教育的需求。对于贫困家庭而言，收入较低却需要支付较高的一般大学的教育费用，这就减少了贫困家庭对大学恋爱的需求。因此，在不同排名的大学中，我们会看到，教育费用越低的精英大学，学生谈恋爱的比例越高。教育费用越高的职业技术学校，学生谈恋爱的比例越低。这主要是受制于家庭收入水平和教育费用的结果。绝大部分学生每月谈恋爱的费用，每月大致三五百元，一年四五千元，大致相当于排名靠后的大学所支付的较高学费部分。

但是，富裕家庭对精英大学教育的炫耀性消费，刺激了贫困地区对精英大学的渴求，造成了贫困地区的高中教育的全面畸形化发展。当贫困家庭的学生通过艰苦的高考磨练进入精英大学时，却发现除了高考成绩外，其他的资源都高度不平等。这样，高考机制就将精英大学构造成这样的大学，其中绝大部分学生都来自比较富裕的家庭，少部分学生来自比较贫困的家庭。由于较为富裕的家庭的社会圈子较为广阔，这些大学生的适宜恋爱对象就较为广阔：大学的同学，高中的同学，亲朋好友和父母同事的孩子。对于比较贫困家庭出身的人而言，较高的智力水平与较低的资源条件的不对称性，造成这些人的谈恋爱对象主要是大学生和高中生群体，亲朋好友和父母的同事几乎被排斥在外。

在等级制的大学环境中，家庭条件较差的同学将恋爱对象集中在专业较差和低年级的学生，以及其他级别较低大学的学生上，而家庭条件较好的学生则将恋爱对象集中在专业更好的学生或大学更好的大学生上。也就是说，如果大学是家庭财富的临时集聚表现，那么，大学的谈恋爱会出现分层现象：贫困家庭的孩子主要与贫困家庭的孩子进行谈恋爱，富裕家庭的孩子主要与富裕家庭的孩子谈恋爱，跨越富裕与贫穷界限的谈恋爱是比较少的，出现"门当户对"的传统现象。因此，大学生毕业包分配对其穷人家庭的学生更为有利，而自由找工作对穷人家庭的孩子不利。在社会关系逐渐起主导作用的情况下，取消大学毕业包分配的机制就是在大学生人数越来越多，逐渐威胁到富裕家庭孩子的就业利益的情况下所采取的利益保障措施。

大学的恋爱市场是一个低成本进入和低成本退出的接近于完全竞争的市场。恋爱对象的强烈竞争和高度可替代性，造成大学生恋爱对象的换手率较高。而且，受制于大学伦理道德，大学生之间的分手成本也很低廉。据估计，大学生谈恋爱的比率大致在50%—80%，而大学毕业的分手率也高达 80%。罗伯特·赖特说："男性的性幻想在本质上往往是视觉性的，而女性的幻想，更常包括温柔的触摸、温柔的耳语，以及其他提示。男性纯粹的狂热能否用来衡量对其婚姻的忍耐力则是另外一个问题。热情迟早会褪去，但是婚姻却要靠尊重、包容、单纯的喜爱和现今尤其需要的决心来维系。"

大学的毕业也预示了大学恋爱花季的结束。大学的自由和恋爱的阳光让学生们更加成熟：拥有更多的信息、拥有更多的生活知识、拥有更加独立的性格，还目睹了校园外的炫耀性消费的火光燃烧，社会地位所带来的人性辉煌。未来的生活品质需要更具有竞争实力的伴侣来保障，青春岁月留下的痕迹需要金钱的魅力来熨平，女生看重金钱和财富的遗传基因更加暴露。继续恋爱的交易成本在增加，时间耗损的机会成本也在增加，大学式恋爱的收益却在不断下降。许多人更加强壮了、实力更加雄厚了，他们不再满足于校园内的恋爱游戏。他们需要更广阔的空间，也需要更加自由的人身，去追求自己梦想中的伴侣。诚如罗伯特·赖特所说："青年时期，人们开始获取他们自身的市场价值的反馈，这样的反馈塑造了他们的自尊并且影响了他们将自己的目标定得多高。"即使大学的伴侣是自己梦中的情人，但是，工作的前景和遥远路途的阻拦，也只能和平分手。"天南地北双飞客，老翅几回寒暑"的执著，也抵挡不住距离的折磨。剩下的，就是那些有着同一个梦想、生活和居住在同一个城市的幸运儿。

恋爱只需要情感的承诺，但婚姻却需要生活和责任的承诺，需要友善和良好的品格。看一看查尔斯·达尔文在恋爱走向结婚的旅途中所做的真实内省吧。在达尔文的心中，不结婚则"可以保留去自己想去的地方的自由，对于生活方式和细节的选择的自由，同聪明的男人在俱乐部对话的自由，不被强迫去拜访亲戚并处理各种琐事，不用承担养孩子的花费和焦虑"。结婚呢？达尔文继续自白，"结婚则可能会吵架，进而损失时间；不能在晚上读书；变得肥胖和无所事事；感到焦虑和压力；买书和其他东西的钱将会变少，因为如果有很多孩子的话不得不努力挣钱养家"。

毕业时的分手并没有摧毁大学恋爱的繁荣。青涩的高中生源源不断地从全国各地涌入大学，引起大学的阵阵躁动。聆听着母亲的话语，夹杂着对新生活的希望，在学姐学兄的感召下，他们延续着大学恋爱的神话，繁荣着大学的温情脉脉。

[2014 年 7 月 8 日]

酒水暴利

　　在风景宜人、丝竹静心的餐厅，三五朋友优雅地围桌而坐，面对精美的酒具和精致的美食，在轻声细语和面带微笑的问候声中，不紧不慢地喝酒品茶。欣赏着姿态迷人的服务员，品味着清冽芬芳的酒水沁入心脾，沉浸在甜蜜的交谈和曼妙的友谊之中。透过如烟如雾袅袅上升的欢乐声，不知不觉陷入一种酒水平价的遐想。当香气迷人的服务员把晶莹透明的账单交在我们手上时，看到几个月的收入，全被湮没在赏心悦目的氛围中，我们心有不甘，"酒水暴利"脱口而出。朦朦胧胧地，高档餐厅酒水价格的苦涩，回荡在远近高低各不同的楼群之间，引起社会的共鸣和大众的深恶痛绝。

　　餐饮业的酒水高价是有目共睹的。2007 年，有记者对北京市的湘鄂情、旺顺阁、黄记煌、大宅门、豆花饭庄、金山城、刘一手、咸亨酒店、半亩园等 30 家中高档餐馆的调查表明，餐馆与超级市场的价格差，白酒为 39%以上、啤酒 118%—500%、饮料 138%—500%、洋酒 500%以上。表 1-1 收集了北京、合肥、包头、乌鲁木齐这四个城市在 2005—2007 年期间的餐饮企业、娱乐场所和超市的酒水价格差异。

　　从中我们可以发现，酒水加成比率随着城市规模的扩大而不断增加，外地酒比本地酒的加成比率更高，全国通用品牌的酒水加成比率低于地区性酒水的加成比率，价格越低的酒水加成比率越高，酒水加成的比率随着餐厅级别的提高而不断增加，娱乐场所的酒水加成比率可能最高。一瓶国产葡萄酒，在超市的价格为 18 元，在中档餐厅为 40 元，而到了高档餐厅则标价达到 100 元以上。在 KTV 包间或者夜总会，一个包含 10 瓶啤酒和一个瓜子果盘的啤酒套餐需要 398 元，一

社会生活的经济学

瓶 20—40 元的红酒和一个果盘需要 1998 元，而相应的超市价格不超过 50 元。相对于国内餐饮企业和娱乐场所的酒水价格比超市高出 50% 甚至好几倍，国外酒店的酒水价格比超级市场高出 10% 左右。由于酒水毛利一般在 40%—100% 之间，于是人们惊呼，中国餐饮业的酒水暴利不得了！

表 1-1　2005—2007 年中高档酒店与超市的酒水价格比较

地区	酒水名称	超市价格（元）	酒店价格（元）	娱乐场所价格（元）
北京市	红星珍品二锅头	278	388	--
	水井仿	498	738	--
	小糊涂仙	82	168	--
	剑南春	190	338	--
	燕京纯生	4.5	15	--
	百威	5.5	12	20
	露露	2	5	--
	可乐听	1.6	5	10
	喜力	6.2	18	30
	伏特加	75	--	300
	芝华士	160	--	400
合肥	五年开口子窖	88	108—148	--
	普家	53	78	--
	雪花啤酒	2	15—20	--
包头	河套王	68	98—138	--
	海拉尔	2	10—15	--
乌鲁木齐	茅台	260	400—800	--
	五粮液	280	430—880	--
	伊力十年	85	125—268	--

对于餐馆的酒水价格普遍较高的现象，英国经济学家蒂姆·哈福德在《卧底经济学》中说："一个更合理的解释是：餐馆生意的高成本之一是餐位，因此餐馆想对迟迟不走的顾客收取高价，但因为他们不能那么做，所以就把可能延长顾客用餐时间的产品卖得更贵：不只是酒，还有开胃饮料和饭后甜点。"显然，这样的解释是非常牵强的。酒水价格越高，顾客越会延长就餐或者娱乐时间，以便充分享受酒店和

娱乐场所的服务。

美国经济学家乔治·施蒂格勒曾提出不完全信息理论来解释这种差异。在施蒂格勒看来，由于消费者对超市和酒店的酒水价格没有完全的信息，结果导致酒店和超市的酒水价格会出现较大的差异。许多餐馆出售量身定做而在超市很难见到的酒水品牌，可以说是充分利用了信息不对称性来获得酒水高价。但是，餐厅和娱乐场所高价售卖大众熟知品牌的酒水，就与消费者的信息不完全性相矛盾。按理说，竞争的力量会消除这种格差异。但是，酒店和娱乐场所依然会采取较大的价格差异进行营销。所以，张五常在《经济解释》（卷三）中认为，施蒂格勒的解释不够准确，因为"市价的变差是市民搜寻的结果，不是原因"。

传统的价格歧视理论认为，只要厂商能够有效地进行市场细分，并能够控制住酒店和超市之间的套利，那么，超市和酒店的酒水价格就可以呈现出很大的不同。大量的餐厅和娱乐场所都禁止顾客自带酒水或者收取开瓶费，就是为了防止超市低价的酒水流入酒店和娱乐场所。但是，即使在允许自带酒水的酒店，酒水价格也比超市价格高出不少。例如，浙江省余姚市皇潮酒店在 2010 年前酒水消费分为三部分：团体消费占 30%，自带酒水消费占 35%，高价酒水消费占 35%。在该酒店内，三桌以上的团体消费的酒水价格按照超市价格加成 10% 收取，自带酒水每桌收取 100—150 元的服务费，其他散客的酒水消费按照酒店的价格收取高价。因此，简单地依靠就餐时间的长短、信息不对称性或者限制套利来解释中国餐饮企业的酒水高价，就显得非常不充分。我们必须结合中国餐饮市场的供给和需求的特殊性来加以解释。

其实，我们可以餐馆设想成为一个出售各种食品和服务的超市。高档餐馆和酒楼出售的食品种类齐全，服务多样化。小餐馆出售的食品种类较少，服务也很少。这样，餐馆和酒楼就将买进的菜肴原材料和酒水，经过厨师的加工制造和服务员的温馨处理，转变为顾客可以享用的菜肴和酒水。加工制造成本和温馨处理成本越高，餐馆的酒水和菜肴价格也就越高。因此，随着餐厅等级和规模的扩大，其酒水和菜肴价格也就逐渐提高。中高档餐厅的酒水价格就应当比低档餐厅的酒水价格要高。菜肴经过加工处理，没有人会将原材料与制成品看作是同一类产品，但是，经过餐厅温馨处理的酒水，因为其外形没有发生任何物理或者化学变化，一般人认为购进的酒水与销售的酒水是同一种产品。于是人们习惯于将酒水的超市价格与餐厅的价格进行比较，而忽视了餐厅租金、水电费用、服务费用等附加费用。

对于这些附加费用，餐厅可以采取两种办法收取：或者每位顾客购买餐厅入场券进行酒水平价消费，或者将其附加在酒水上收取酒水高价。餐馆的房屋租金、水电费用、服务费用等固定成本都是与顾客餐饮的时间密切相关的。顾客享用菜肴和酒水的时间越长，单位菜肴和酒水所需要附加的房屋租金、水电费用和服务费用就越高。这样，收取固定餐厅入场券等于是用喝酒水较少的顾客群体去补偿喝酒水较多的顾客群体，从而造成顾客群体支付同样的价格而享受不同服务的不公平性。而且，昂贵的餐厅入场券将会影响那些以菜肴为主的顾客群体，从而减少餐厅的菜肴销售额。

相比之下，按照顾客喝酒水的数量收取附加费，不仅不会影响顾客的菜肴购买量，而且还会在顾客群体之间形成服务与收费的公平关系。在餐馆喝白酒、红酒、啤酒或者其他饮料需要花费较长的时间。占用餐馆资源的时间越长，餐馆附加的成本也就越高。通过提高低端产品的价格，餐馆就可以大量销售利润率极高的各种高档红酒和白酒。所以，我们就会看到，白酒和红酒的加价就比啤酒和苏打水的加价要高很多。从酒店的角度看，自带酒水会延长就餐时间、占用就餐席位、加快酒具的耗损，因此需要收取开瓶费。而且，餐馆的酒水销售量要小于超市或者专卖店，这样，单位酒水需要附加的成本就比较高。房屋空间越大，环境越舒适，服务越好，酒水加入的成本就越多。豪华餐馆比一般餐馆的酒水高出百分之一两百，也是很自然的事情。

因此，随着附加成本的增加，餐厅的酒水价格就会在超市价格基础上成比例地增加。按照经济学的说法，餐厅的酒水供给曲线就会在超市酒水的供给曲线基础上大幅度向右移动。在卡拉 OK 厅、夜总会，由于消费者对与酒水有关的产品和服务的需求特别强烈，加上这些产品的附加成本较高，价格自然就很高昂。

问题是，餐厅的酒水价格明显地比超市的酒水价格高，为什么人们还会到餐厅去消费酒水，或者自带酒水，或者购买餐厅的酒水呢？因为餐厅提供了满足人们需求的服务和良好的氛围。外出就餐消费占家庭食品支出的比重在中国为 22%，而在美国高达 50%。这样，餐饮企业就通过提供服务收取了额外的酒水服务费或者酒水加成费。在欧美国家，这个比例一般为 10%—20%。但是，在中国，当酒水加成比率在 50%—500% 之间时，我们就需要额外的解释。

中国的餐饮企业之所以能够成功地收取非常高的加成率，主要来源于中国餐饮企业的特殊市场结构。北京市餐厅的数量从 2002 年的 2.23 万家、2007 年的 1.5 万家增加到 2008 年的 2.7 万家、2009 年的 3.66 万家、2011 年的 6.9 万家和 2012 年的 5.53 万家。2009 年，中国餐饮业的销售额达到 2 万亿元，餐饮企业多达 510 多万家。尽管中国的餐饮企业的数量非常庞大，但是，绝大部分的餐饮企业都是规模较小、档次较低的餐馆，中等规模和档次适中的餐馆数量较少。由于地方政府长期大规模投资楼堂馆所，中高档餐厅的数量也比较多。这样，中国的餐饮市场就形成了两头大、中间小的结构。

低档餐馆一般适合于平民大众日常外出就餐，酒水价格接近于超市平价。例如，在火锅店、自助餐厅、川菜馆、西餐厅、快餐店或者小吃店等休闲餐厅，2007 年的人均消费额在南京、杭州和上海为 50 元左右，在北京、广州为 40 元左右，在成都和西安为 30 元左右。与一般的中小餐馆不同，高档酒店和餐馆的环境比较好，服务质量也周全，服务员更加赏心悦目，拥有许多高档特色名菜。这些因素就可以把高档酒店与中低档酒店区分开，形成一种地位产品和服务。所以，追求地位产品和服务的人，就会购买高档酒店的产品和服务。中高档餐厅受到政府的严格管制，各政府部门直接或者间接参与高档餐厅的建设或者经营。这无意中造成中高档餐厅在特定区域的垄断经营。可以说，在中国，低档餐馆之间的竞争处于完全竞争状态，而高档酒店之间的竞争具有很强的垄断竞争性质。

大量的中高档餐厅都具有行政机关、企事业单位的背景，形成单位的定点高价消费。有的商人因为寻求公关也会到具有官员背景的餐厅消费。公款消费和商人请客的消费抬高了高档酒店的酒水价格，因为这些地位产品缺乏价格弹性。在 2013 年初，中央政府提倡杜绝浪费和限制公款吃喝的新政策，结果造成许多高档餐饮酒店的收入急剧下降。例如，北京市高档餐饮企业的营业额下降了 35%，上海下降了 20%；全国各地的高档酒店的高档菜肴销售下降幅度更大，如燕窝鲍鱼消费下降 40%，鱼翅消费下降 70%以上，高档酒店的食品礼盒下降 45%。这充分说明，公款消费是中高档酒店的主要支柱，也是酒水价格高企的主要原因之一。

　　如果仅有公款消费和商人的请客消费，酒水高价不会形成酒水暴利的呼声。酒水暴利的根本在于中高档餐饮需求的增长速度远超过中高档酒店的供给速度。大规模的团体旅游、国际会议、官员交流会议、公款宴请、求人帮忙的酒席、节日酒宴、大规模的婚宴、生日宴会、升学宴会、毕业宴会，在过去的十几年中都急剧膨胀。例如，2010 年，朋友聚餐占外出聚餐的比例占 64.9%，情侣聚餐和家庭聚餐占外出聚餐的比例分别为 36.8%和 36.2%。尽管中高档餐厅消费属于奢侈品消费，但是炫耀性消费和面子繁荣了中高档餐厅的酒水消费。当绝大部分餐馆都是规模较小、不适合团体消费或者体面消费的中小餐馆时，急剧增长的餐饮消费就将中高档餐厅推到了舆论的刀口上。由于绝大部分普通顾客平时都在超市购买酒水在家消费或者在中低档餐馆消费平价酒水，偶尔的中高档餐厅消费就会感觉酒水暴利的问题非常突出。

　　报刊杂志的报道印证了团体消费与酒水暴利愤怒之间的内在联系。在中国知网（CNKI）搜寻"酒水暴利"的词条，在 1988—2001 年期间每年平均只有 1 条，而在 2002—2004 年期间突然飙升到每年 6 条。这说明，"酒水暴利"的问题开始引起大众媒体和学者的注意。在 2005—2013 年期间，每年报刊谈论"酒水暴利"的问题多达 20 条左右，而 2007 年竟达到 62 条。这样，在 2005 年后，酒水暴利成为一个社会问题，引起了平民的愤怒。这个愤怒不是来源于中高档餐厅的欺诈行为，而是来源于收入有限的人群闯入了比较奢侈消费的领域。他们愤怒的是，为什么比较优雅的环境和奢侈服务的酒水不能收取超市的价格？为什么豪华餐厅要收取开瓶费？

愤怒出诗人，愤怒也出干预。北京、南京、贵州等省市的消费者协会采取各种措施，限制餐饮企业收取开瓶费。许多餐饮企业迫于社会的压力，允许顾客自带酒水。例如，举办生日宴会、婚宴的餐厅，就是如此。由于餐饮业利润的30%—80%都来自酒水，因此，允许自带酒水的餐厅通常要求最低消费或者包桌消费，希望利用较高的菜肴价格补偿酒水的损失。意想不到的是，在允许自带酒水的呼声中催生了餐馆菜肴价格的节节攀升。由于菜肴数量和种类的差异，不同的餐馆就可以实施不同的价格策略。

在大众的愤怒、电话订酒和网购酒的浪潮中，有的餐饮企业看到了平价酒水与特色菜肴组合的魅力。北京的胜利玉林烤鸭店在2010年完全引入酒水平价超市：矿泉水2元/瓶；大桶可乐6元/瓶；红星二锅头8元/大瓶；53度茅台850元/瓶；国窖1573的价格为658元/瓶。从2012年7月起，浙江省余姚市皇潮酒店撤销雅座区，开设了一家平价酒水超市，750毫升的五年张裕窖藏葡萄酒售价158元（一般酒店268元），500毫升雪花啤酒每瓶5.6元。随着酒水价格的降低，自带酒水的人数显著减少，餐馆的酒水销售量明显上升。看到酒店内的平价酒水超市的好处，南京、重庆、上海等地的个别中高档酒店也开始尝试通过平价酒水超市来吸引顾客。

当然，像麦当劳、肯德基这样的快餐店，把主要食品的价格定得很低，通过贩卖高价饮料和薯条获得了巨额的利润。这反过来推动这些快餐店在主要食品方面保持低价，在薯条和饮料方面保持高价，这就是其成功的秘诀。快餐店的这种做法，在许多专业连锁店，如宾馆，也非常盛行，即较低的住房价格和较高的酒水价格的配套。

因此，餐饮企业和超市一样，都存在不同产品的价格组合问题。高价菜肴和高价酒水的组合，必须有其他优质的服务来吸引顾客。低价菜肴和低价酒水，蕴涵的是菜肴质量较差和服务的不健全。低价菜肴和高价酒水的麦当劳组合、高价菜肴和低价酒水的烤鸭店组合，都是企业的经营策略。

要想从根本上解决中国餐饮企业的"酒水暴利"问题，光靠政府的干预和大众的呼声是无济于事的。最关键的是逐步改善低档餐馆的菜肴和卫生质量，以便使低档餐馆和高档餐馆的服务质量的差距不断缩小。在这一进程中，也许是中国餐饮企业的标准化和连锁经营服务不断扩大的过程。要知道，餐饮连锁百强企业占餐饮业市场份额在中国仅有 6%，而在美国则达到 45%。随着越来越多的餐馆适合大众的群体消费，高档餐厅的高价酒水就会服务于特殊的富有人群。在每一个阶层的收入对应于相应的餐厅消费时，"酒水暴利"的问题就会自然消失。

[2013 年 7 月 6 日]

婚纱照的陷阱

不知从何时起，婚纱照在中国大地上就开始泛滥起来，成为从恋爱到结婚喜庆道路上一道亮丽的风景。在这道风景的背后，是即将步入婚姻殿堂的新人们穿梭往来的婚纱摄影楼。提起这婚纱摄影楼，凡是照过婚纱照的人，都有一种劫后余生的感觉。他们从婚纱照的热切期望开始，留下的却是"美丽陷阱"、"婚纱照陷阱"、"摄影楼的猫腻"这类抹不去的阴影。易宪容甚至有一本名为《婚纱照的陷阱》的著作，同情地记录了新娘新郎们被婚纱摄影楼"宰杀"的故事。

当一对新人满怀热情地挑选了一家标价 1988 元的婚纱摄影套餐时，他们期待着化妆师、摄影师、影楼的工作人员全方位的满意服务，期待着婚纱照能够见证订婚的喜悦和新娘美丽的倩影。当新娘开始化妆时，化妆师就开始向新娘陈述"实情"：免费的化妆水容易引起皮肤过敏，最好使用 100 元或者 300 元的进口化妆水；粘贴假睫毛会增强拍摄效果，但需要 100 元。看着美丽的新娘，新郎血气上涌，购买了化妆水和假睫毛。

化妆完毕，等着试穿婚纱照相时，化妆师将新娘带入陈放婚纱的服务区域，向新娘讲述着普通婚纱、公主婚纱、豪华婚纱、贵族婚纱的区别。普通婚纱的穿戴是包含在摄影套餐之中的，但是，普通婚纱比较脏，款式也比较陈旧。公主婚纱、豪华婚纱、贵族婚纱都看起来比较时髦，但是需要支付 300 元的费用。想到婚纱是贴身穿，直接与皮肤接触，很容易引起肝炎病毒、痢疾杆菌、伤寒杆菌、结核杆菌、葡萄球菌、皮肤癣等病菌的传染，新郎义不容辞地为新娘挑选了有偿婚纱。

一切准备就绪，新娘和新郎进入了婚纱拍摄阶段。室内摄影是免费的，但室外摄影的景点挑选却需要支付额外的费用。看着美丽的新娘，新郎又选择了需要付费的几个景点。摄影师精神抖擞，使出浑身的招数，拍摄了上百张新娘与新郎的单身和合影照片。等到领取婚纱照的时候，摄影楼的服务员告诉新娘和新郎：标准相册只能装 20 张照片；如果设计成额外相册时，20 张以下则需要每张 50 元，20 张以上则需要每张支付 20 元；相框放大则需要额外加钱。尽管多余的照片对摄影楼也毫无价值，但是，看着充满梦幻芬芳的婚纱照片，新娘和新郎只有咬着牙关，将自己的倩影全部买下。漫长的婚纱拍摄终于告一段落，预计花费 1988 元，最终却花费了 3998 元。"婚纱照的陷阱"也由此而起！

看着报纸杂志和网络上铺天盖地的"婚纱照的陷阱"的故事和"如何躲避婚纱照陷阱"的心得交流，我们对婚纱摄影楼的"欺诈"感到深深的愤怒，也对那些身受其害的人们抱有深深的同情。难道我们人生的灰暗是从步入婚姻殿堂那一天开始的吗？难道"婚纱照的陷阱"预示着婚后生活的步步杀机？

也许，我们的愤怒是一种幻影。当看到超市门口贴满蔬菜、水果、大米的打折广告而步入超市购物时，我们突然发现，超市出售的不仅有打折的商品，而且有大量更优质昂贵的商品。当有些人没有购买打折商品而购买了更多的昂贵商品的时候，我们是否觉得，这些购买商品的人上当受骗了，超市充满了陷阱？也许不会。因为我们认为超市有打广告、吸引人购买商品的权利，我们每个人都有足够的理性购买自己所需要的商品。

人们会反驳说，95%的消费者均为第一次拍摄婚纱照，80%的消费者均为第一次拍摄写真照，信息的缺乏致使新娘新郎容易成为婚纱影楼的诱骗对象。也许，婚纱影楼充分利用了信息不对称性，诱使消费者进行步步升级的消费。但是，最终具有决策权的人是新娘和新郎，婚纱影楼只是提供了促销意见。如果"婚纱照的陷阱"仅在于此，那么，法律就可以明确规定，婚纱影楼在与顾客签订婚纱拍摄合同时，需要明示所有的服务选项和服务的内容，让消费者进行自主选择。

但是，任何合同都是不完全的，许多合同条款的解释和执行都是开放的。这尤其体现在信息严重不对称性的服务合同中，因为签订合同的是摄影楼与顾客，而执行合同的是摄影楼的化妆师、摄影师和其他工作人员。当摄影楼的工作人员存在道德风险行为时，婚纱摄影楼可以采取两种方式约束员工的行为。在效率工资制下，任何完成预定业绩的员工都会得到高于市场报酬的工资。在合同数量一定的情况下，效率工资制意味着较高的婚纱摄影价格，也意味着婚纱摄影楼具有较强的市场垄断力。个别品牌婚纱照影楼也许通过景点的控制或者摄影师的挑选能够采取高价战略，但是，婚纱摄影楼较低的投资成本和产品的高度同质性会吸引大量的人开办婚纱影楼。例如，北京市在2009年有影楼工作室551家，天津市在2010年有婚纱照摄影楼528家。这些大城市每年有大约10万对新人结婚，平均每家婚纱影楼一年能得到不足200个婚纱照合同。

为了在竞争激烈的婚纱摄影市场占取更大的份额，婚纱影楼可以采取基本工资加服务提成的报酬机制。我们知道，婚纱影楼的成本由房屋租金、电费、服装费、摄影和化妆工具等固定成本构成，员工的工资是主要的可变成本。当只支付摄影师、化妆师和其他员工的基本工资时，婚纱摄影楼就可以将婚纱摄影服务的合同价格订得很低，通过折价的方式将更多的新娘和新郎吸引到婚纱影楼。随着婚纱摄影合同的增加，每个婚纱摄影合同分担的固定费用就更低，婚纱摄影楼就可以通过低工资和低价格的方式实现盈利。当基本工资远低于正常的市场报酬时，摄影师、化妆师和其他工作人员就有很强的动力去推销更多的额外服务。2010年，全国城市每对新人的婚纱照摄影消费3526元，其中上海市为4127元、天津市为3533元。实际的婚纱照消费额与最初合同消费额的差额就是额外服务的收益，也是"婚纱照的陷阱"所在。

　　这意味着，在完全竞争的压力下，婚纱摄影楼就会设计一种标准收费和额外收费相结合的价格机制。这种价格机制既满足竞争的低价要求，也需要满足影楼获得利润的要求。而且，影楼还会推出"周年庆典"、打折、"100元换购价值数千元大礼包"等各种促销活动来吸引顾客。在低价诱导顾客进入摄影楼后，照相师和其他服务人员就会采取各种微笑服务，满足顾客的各种要求，尽可能要顾客接受更多的优质服务。这些服务涉及定妆、婚纱的款式、景点、影册的材质、首饰、照片的数量等方面的选择。借助于新娘和新郎的强烈需求和信息的匮乏，婚纱影楼的员工就能以很高的概率推销这些产品和服务。只要接受了这些服务和拍摄了更多的拍照，新娘和新郎通常会在高价下购买自己那些魅力十足的多余照片。这种高价购买的心理为婚纱影楼提供高价照片埋下了伏笔。

　　因此，"婚纱照的陷阱"实质是婚纱摄影行业的完全竞争和产品高度同质性的产物。婚纱影楼充分利用了婚纱照的一次性消费所包含的信息不对称性和法律监管的缺失。其问题非常类似于旅游行业的零团费现象。要想解决"婚纱照的陷阱"问题，就需要首先规范婚纱摄影行业的卫生服务标准，要求婚纱摄影楼在签订婚纱照摄影合同时明确告知顾客所有的服务选项。这项法律规定无疑会提高婚纱照低端消费者的服务价格。同时，为了解决过度竞争所带来的廉价促销和服务升级的问题，法律应该允许婚纱摄影行业推行小费机制，让顾客根据服务的满意度来对婚纱影楼的服务人员进行激励。也许，在这些措施的帮助下，"婚纱照的陷阱"会减少，婚纱影楼通过产品和服务创新来摆脱过度竞争的问题，新娘和新郎会对婚纱照的拍摄报以更多的微笑和理解。

[2013年7月11日]

玉石与钻石

　　玉石在中国的文化传统中占据着至关重要的地位。古代的兵符、现代的印章都深入中国人的生活与传统之中。在玉石行业中有一种奇怪的现象：玉石的初级市场总是按照玉石未经加工的原材料或者裸石出售，犹如煤炭、矿砂一样。

曾经对玉石市场深入考察过的张五常在《经济解释》（卷三）一书中谈道："首次出售时往往是原石不开，购买者要从石皮的外表猜测石内的玉质，猜错的机会高，因而有人靠幸运发达，有人猜错输精光。把原石切开来真相大白，为什么不先切开才出售呢？"玉石绝大部分都是独石，不是从一个矿脉开采出来的，且每个玉石内部的玉质特征不尽相同。《观石录》中曾说寿山田白石头"洁则梁园之血，雁荡之云，温则飞燕之肤，玉环之体，入手使人心荡"。董桥在《梅屐山房》一文中曾谈道："寿山田坑石黄的是田黄，白的是田白，价比黄金。不是纯白，微带淡黄，蛋青，像羊脂玉，萝卜波纹明显，有红筋，格纹如血缕……玩不起田黄、田白，我和老穆和庞荔玩白芙蓉、芙蓉冻，月洋乡月洋山名石，好的都在将军洞，细腻凝润，有的微透明，有的半透明，带点砂丁是特征，跟寿山的田黄、昌化的鸡血合称印石三宝。白的多，叫白芙蓉，白寿山，细透如蜡，色分藕尖白，粉白，月白，猪油白。色黄的称黄芙蓉，嫩青的是芙蓉青，红的是红芙蓉红寿山，艳红花斑的像清溪里的落英片片，最迷人。"

由于不能完全准确判断玉石的质量，玉石市场就培养出一批鉴别玉石品质的专家。这些专家依靠经验和掌握的信息为他人挑选玉石材料，或者自己购买玉石材料进行作坊加工。张五常将玉石市场重视信息费用的现象总结为"玉石定律"："需要专家鉴证的物品，自私自利的行为会增加讯息传达的费用，但没有这种费用的增加那些物品不会有贵重的市场。"由于玉石市场的鉴别费用非常高，加工高度依赖于经验和判断力，玉石市场就很难形成规模化经营，每件产品都需要一定的创意。在这样的环境下，玉石市场就鱼目混珠，真假难辨。张五常曾对玉石市场这一现象进行过体验和探索，但仍未能对这一现象做出清楚明白的解释。

钻石市场不同。所有钻石都是以加工提炼后的半成品或者成品出售。在国际上，南非和俄罗斯是钻石的原产地。出产的钻石经过加工后，出售到伦敦、苏黎世和纽约的批发市场进行各种深加工，各首饰公司按照消费者的需求制造成各种钻石戒指、钻石坠、钻石耳环或者其他钻石产品。由于不需要对钻石的原材料进行鉴别，各种钻石公司就可以根据钻石的重量、光洁度、大小等品质构造钻石的等级体系，并按照这种等级体系定价。消费者不需要成为钻石专家，也不用担心上当受骗，只需要找到最有名的钻石厂家，就能购买到合意的钻石产品。由于有客观的量度标准，在节省消费者鉴别费用和信息费用的同时，钻石厂家就容易形成规模化生产和销售，打造自己的钻石品牌。

　　是什么因素造成钻石市场和玉石市场如此大的差异呢？原来，这与钻石和玉石的原产地密切相关。我们知道，钻石的石头产地高度集中在少数山脉，可以形成规模化开采和加工。这就容易形成钻石行业的垄断开采。世界上现有三十多个国家出产钻石毛坯，但南非、澳大利亚、俄罗斯、博茨瓦纳、扎伊尔占据了全球 1 亿克拉钻石毛坯中的90%。南非的戴比尔斯（De Beers Group）拥有国际钻石毛坯市场的55.2%，俄罗斯的阿露沙（Alrosa）占 10.2%，以色列的列维夫（Leview）占 9.0%，澳大利亚的必和必拓（BHP Billiton）和力拓（Rio Tinto）都占 6.5%。这五家公司就占据了全球钻石毛坯市场的 86.8%，充分说明钻石毛坯行业的高度垄断性。在出售毛坯钻石时，这些企业尽可能去掉钻石原产地的印迹，展开大量的广告宣传。例如，戴比尔斯每年花费 1.8 亿美元在 29 个国家采用 24 种语言进行广告宣传。

　　尽管第二次世界大战以前在荷兰和比利时形成钻石切割中心和在意大利形成钻石饰品加工中心，但是，第二次世界大战以来在全球形成了美国的纽约、比利时的安特卫普、印度的孟买和以色列的特拉维夫这四大钻石加工中心。机械化开采和机械化加工，降低了钻石半成品的成本，也降低了鉴别钻石的费用。据估计，钻石成本约占售价的三分之一，品牌广告费用和利润占售价的42%，而批发零售差价占售价的25%左右。现在，法国的卡地亚（Cartier）和梵克雅宝（Van Cleef & Arpel），美国的蒂芙尼（Tiffany）和海瑞·温丝顿（Harry Winston），意大利的宝格丽（Bvigarz）和布尔加瑞（Bulgari），比利时的迪曼尼（Damiani）等钻石品牌引领着全球的钻石时尚。依赖于钻石品牌的规模效应，日本妇女结婚时购买钻戒的比例从 1965 年的 5%、1972 年的 27% 猛增到 1978 年的 50% 和 1981 年的 60%。上海 25—25 岁的女性中有 85% 的人购买钻戒。钻石的价格也会根据纯净度、色度、切工和重量的"4C 标准"进行确定。

相反，玉石的开采是高度分散的。在中国，新疆的和田玉、河南的独山玉、陕西的南泉玉、辽宁的岫玉是最为有名的，而岫玉又分布在辽宁、广东南方、甘肃酒泉、广西陆川、新疆昆仑、四川会理、云南、山东铝南县、北京十三陵老君所、青海都兰等地。和田玉的产地有新疆、俄罗斯、青海、加拿大、韩国、台湾、澳大利亚、四川的汶川县和石棉县等地。由于玉石产地高度分散，捡拾和开采合适的玉石材料是一个概率事件。由于存在高度的不确定性，很少有大规模的玉石投资出现在玉石产地。大量的散工、民工和玉石爱好者在玉石产地不断搜寻，像大浪淘沙一样寻找合意的玉石。当这些零散的人群寻找到合意的玉石材料时，他们缺乏足够的机械设备和技术将其加工。翡翠玉的原料分为帝王级、商业级和普通级三种，白玉仔料和碧玉分为特级（羊脂玉）、一级、二级、三级四种，白玉山料只有一、二、三级，青玉仔料分为一、二级。这些级别的划分都非常主观。

对于收购这些玉石材料的专家而言，由于每件玉石材料的来源地存在很大差别，需要耗费大量的时间和精力去单独辨认每件产品。按照颜色和质地划分，玉石有宝石绿、艳绿、黄色绿、玻璃绿、浅水绿、瓜皮绿、蓝绿、紫罗兰等二十多个品种。由于鉴别费用巨大，这些收购玉石的专家和玉石作坊就不可能形成大规模的生产。因为收购规模越大，亏损破产的机会就越多。为了补偿玉石材料收购过程中的巨额辨别费用，玉石作坊对于收集到的玉石材料都要经过精心的加工和制作，以求每件玉石材料制成独具特色的创意产品，获得单件产品的最大价值。玉石加工的工具比较简单，如电钻、电锯、受砂轮、滴漏、工作台、磨料等。在这样的环境中，我们就看到玉石作坊的高度集中，形成专门化的集聚（localization），如北京有 19 家、广东有 9 家、天津有 3 家玉石生产企业。由于每件玉制产品都是独具特色的，人们就很难形成对玉石产品的客观标准。玉石产品的价值也容易与某种特定的文化传统形成联系。"黄金有价玉无价"的说法于是就出现了。在玉石市场，我们看到玉石制作的菩萨、罗汉、关公、三山五岳等产品，也看到手镯、玉佩等产品。由于存在与高度的传统文化联系，玉石制品就很难在其他文化人群和地区得到推广。

当思考钻石与玉石市场的不同结构和经营方式时，我们会想到中餐和西餐的差别。在西方，各种餐饮服务业都是按照标准化的程序进行机械化的生产和制作，对工人的技能和经验的要求很低。麦当劳、肯德基、比萨饼就容易形成规模化或者连锁经营。在人口高度流动性的时代，人们并不需要花费很多的时间去鉴别各种连锁店或者标准化经营食品的质量，从而节省了消费者大量的信息和搜寻费用。

相比之下，中餐馆的菜肴品质高度依赖于厨师的水平，每一家餐馆的菜肴质量可能存在千差万别。在这样的环境下，消费者高度依赖经验和获取的额外信息去寻求合意的餐馆。消费经验丰富的富裕人群或者官员就成为饮食行业的专家，能够吃到质优价廉的菜肴。消费经验不足的穷人或者年轻人，多是残次餐馆的座上客，食品中毒多发生在这些群体身上。由于交易费用昂贵和高度依赖厨师的人力资本，中餐馆就很难形成规模化经营。每个地区都有各种独具特色的餐馆，人们很难在北京、上海、广东、重庆、新疆看到同一家餐馆的身影。但是，人们经常会看到各大城市的餐馆一条街，或者不同特色的餐馆高度集中的现象。

由于玉石市场和中餐馆都高度依赖于专家和厨师的技艺和水平，所以，玉石作坊和中餐馆就会随着玉石专家和厨师的更换而出现产品质量的变化和企业的兴衰。相比之下，钻石公司和西式快餐连锁经营店就不依赖于个别技术专家和厨师的变迁，容易形成稳定发展。当我们在对各种"百年老店"进行保护时，我们是否对其中的内在机理进行过思考呢？

[2012 年 6 月 28 日]

小 费

　　凡是到过西方的人都知道，西方的餐馆和旅馆是要支付小费的。
凡是到过东方的人都知道，东方的餐馆和旅馆一般都是不支付小费的。
经济学家张五常曾问："为什么餐馆要支付小费呢？"张五常百思不得
其解，已经几十年了。

　　小费又称为服务费，是顾客向服务员支付的相当于消费账单
10%—20%的一种费用。小费的形式五花八门，奖励小费、价格小费、
预付小费、贿赂小费、假日小费、礼物小费就是其中的几种。这些收
取小费的行业主要集中在餐馆服务、代泊车、叫出租车、旅店住宿、
酒吧服务、理发店、博彩业等低收入行业，但在律师、会计师、医生、
护士、官员、金融服务等行业不存在小费服务的现象。在美国，收取
小费的行业多达 35 个，从事小费行业的雇员超过 200 万人，小费收入
高达 260 亿美元。到欧洲旅行时，旅游合同要求每位游客每天要支付
5 欧元的小费。在西班牙、加拿大、意大利等国收取小费的服务行业
有 20 多个，丹麦和瑞典有 10 个收取小费的行业。一般而言，服务小
费占服务人员收入的 50%—80%以上，并受到法律的保护。相比之下，
中国、日本、韩国、新加坡等东南亚国家基本不存在收取小费的行业，
但在高级餐馆用膳需要加收服务费。

　　对于东西方存在收取小费差异的问题，有人从文化角度进行分析，
认为东西方不同的价值观、义利观和自我观是造成小费不同的原因。
心理学家认为，支付小费是利他行为的表现，体现顾客的慷慨大方，
获得心理满足感。社会学家则认为，小费是一种社会习俗，体现了良
好的社会伦理道德。经济学家则认为，小费是一种监督与激励机制，
代表着顾客与服务员之间的一种隐性契约安排。

　　毫无疑问，小费是一种契约安排，对服务员的服务质量具有一种
激励机制的作用，因为小费（tips）本意是"加速服务"（to insure
promptness）的意思。小费与服务质量存在一定的关系，服务人员在
提供礼貌问候、与顾客交谈、提供信息、微笑服务、礼貌待客、照看

物品防丢失等服务后会获得更多小费，与顾客回头率无关。米尔顿·弗里德曼认为："在饭馆里面付小费是一种社会习俗，可以使你为你并不认识或不曾见过的人提供更好的服务，反过来，也使你从另一些不知其尊姓大名的人那里得到较好的服务。"

这些文化、心理社会学和经济学解释面临的问题是，收取小费起源于 16 世纪的英国，并随后在欧洲大陆和北美等地区才开始流行起来。美国甚至通过小费免交个人所得税的办法来鼓励获取服务的人支付小费。更严重的问题是，并非所有的国家和所有的行业都存在小费现象。小费在那些追求个人成就与权利的国家比较普遍，但在个人与工作单位有高度依赖关系的国家不普遍。在收取小费的国家，存在高薪者对低薪者支付小费的现象，但却不存在低收入者向高收入者支付服务费的现象。我们如何才能提出一种理论来解释小费这种独特的现象并推导其可能的含义呢？

我们知道，所有传统社会的达官显贵都豢养着一群随时提供各种服务的奴仆。豢养奴仆的数量取决于达官显贵的家庭财富的多少和每个奴仆需要支付的报酬或者薪水的高低。越是权势显赫的家族，家内奴仆的数量就越多。在《红楼梦》中，贾王薛史四大家族就有近 200 名奴仆，其中荣国府有 12 名管家、15 位杂役服务人员和 73 位跟班贴身服务人员，足见贾家的显赫。相比之下，财势较弱的宁国府只有 4 名管家和 14 位跟班贴身服务人员，史家和薛家分别只有 3 位和 8 位跟班服务人员。尽管家族可能兴衰，但奴仆服务的需求在各大家族中并没有明显的变化。因此，只要传统社会仍然在继续，家庭奴仆就是大家族生活的必要组成部分。

但是，要使家庭奴仆长期存在，奴仆服务的报酬必须很低，家族的财富和收入必须稳定地增长。一旦奴仆服务的报酬提高，家族收入呈现下降的趋势或者财富出现贬值的倾向，那么，家用奴仆的数量就会下降，临时性购买奴仆服务的需求就会急剧上升。这一般发生在传统社会向市场经济社会转变的阶段。

小费最先出现在英国就与市场经济不断发展密切相关。从 16 世纪开始，通货膨胀的持续发展、收入的缓慢增长、炫耀性消费需求的急剧增加，迫使英国贵族将家中的奴仆大批量解雇，造成大规模人群集中流浪的罕见现象。英国哲学家大卫·休谟在《英国史》中谈道："这时，贵族们为了附庸时髦，改而选择了一种符合时代精神的攀比方法：彼此之间不再炫耀拥有多少仆人以及仆人是否强壮彪悍，而是用精美的房屋、高贵的马车以及精美奢华的家中摆设相互攀比。因为老百姓再也不能恶习不改和游手好闲了，再也不能服侍主人生存了，因此，他们被迫学习一些手艺，使自己变得对社会有益。"

在这一历史的进展过程中，零星的小费服务逐渐取代固定的跟班仆役服务的趋势就出现了。这不仅意味着雇佣全职服务的报酬不断提高，仆役服务的需求仍然没有改变，而且意味着在劳动报酬不断提高的社会中，富有阶层的人员也开始减少部分依赖性的服务和进行自我的劳动服务。当自利的本性要求人们采用一种成本更低廉的服务方式取代成本更高昂的服务方式时，小费服务的出现就代表着富有家庭采取市场服务取代了家务服务。家庭管理成本的下降就与小费服务的支出上升相伴随。在富有阶层的炫耀性消费刺激下，支付小费服务就在整个社会逐渐蔓延开来，形成一种新的风俗和习惯。这种风俗习惯是以市场经济的稳步发展为背景的，并依然带有仆从服务的性质。由于小费的仆从服务性质，因此，那些从事体面职业的人就获得了社会的尊重，也就不需要小费的额外补偿。由此，我们看到，在欧美国家中只有低收入的职业才会存在小费而高收入的职业不存在小费的现象。

在西方社会，餐饮业基本上都采取基本工资加上小费的方式，或者仅采取小费的方式招收服务员。这种薪水制度的好处在于，业主提供就餐的市场和就餐的产品，服务员在承诺对业主遵守基本的服务规则的前提下，尽可能利用自己的劳动服务和言谈笑语获得小费收入。由于支付小费的金额一般与收入成正比，富裕的和社会地位较高的人群一般支付的小费较多，贫穷的人群一般支付的小费较少或者不支付小费，因此，小费支付额的差异化就等于为企业的产品和服务定价实现了价格歧视的目的。

对于不同收入水平的人而言，小费让他们购买到了相同的产品和不同的服务组合，高效率地满足了各种人群的欲求。将部分劳动成本当作小费的方式,企业不仅可以降低监督成本和减少劳资双方的摩擦,让顾客获得最大程度的满意服务,而且也会降低产品和服务的标签价格。当高档餐馆、博彩业等行业的小费比较高时,企业就会出卖工作权来抽取租金,或者让无小费与有小费的服务员交换工种甚至分享小费。这又会增强企业的吸引力,直接扩大产品和服务的需求量,降低产品和服务的价格,推动企业实现规模化经营。市场的扩大又为服务员提供了获取更多小费的渠道。当小费收入的减少促使服务人员跳槽或者离职时,企业也会更加关注产品质量和服务的改善问题,从而推动了企业的稳定发展。因此,餐厅采取小费服务的方式,可以最大限度地实现企业与服务员的分工与协作。

在未实行小费服务的地方,或者收入都比较低下,或者贸易不发达,或者收入分配不均,但是政府能向地位较高的人提供大量的仆役服务。例如,中国官员都配有专车司机、专门的饮食或者医疗服务人员。毫无疑问,这是成本较高的服务方式,但却能体现社会地位的差距。基本而言,所有的传统社会和市场经济不发达的国家都不存在小费现象,因为传统国家的贵族和政府官员都有大量的随从或者下属人员跟随服务,利用权力和地位就能够获得优质的服务,而权力是没有交换必要的。一旦富有和有社会地位的人群拥有自己的侍从服务,就不需要支付小费的服务,这直接增加了政府和国有企业的劳动人数。

富有和有社会地位人群的炫耀性消费也推动大量的中小企业将侍从服务当作社会地位的表现,从而在整个社会出现劳动服务人员集中到企业和政府内部的情形。这不仅抑制了服务业的专业化分工,而且也降低了服务业的从业人员数量和无意地夸大了制造业的实际从业人数,造成制造业和政府的劳动密集型问题。而且,富有和有社会地位人群不支付小费,让中低收入和地位较低的人心安理得地不支付小费。这样,小费服务就在这些社会中消失了。

在缺乏小费服务的社会中,服务人员的全部劳动成本都计入了产品和服务的成本,从而直接提高了所有产品和服务的价格,降低了产品和服务的市场需求,增加了社会就业的困难。为了增加市场需求量,对富裕阶层提供豪华奢侈的高质量产品服务与对低收入阶层提供低质量的产品服务就在整个行业蔓延开来。这种差别化服务的最突出表现就是大量餐馆的酒水暴利和豪华私人会馆的存在。当餐饮服务业仍然采取统一的工资支付方式时，服务质量不仅较差，而且劳资双方的矛盾也比较多。

随着传统国家的转型，贵族无法雇佣大量的随从，政府官员也无法再配备大量的下属跟随。这些过去获得下属或者随从服务的人员依然保持着这些大量服务的需求。随着商业贸易的发展，商人在各地交易经商，需要大量高效率的优质服务。这些大量的需求就创造了小费服务的需求。随着市场经济的发展，人们的时间观念越来越强，每个人的时间约束也越严厉，知识专业化程度也不断加深。在这样的情况下，支付小费购买个人化的服务就成为一种现实的选择。

因此，小费这种制度机制的出现和发展是与市场经济的发展密切相关的。在市场经济的发展过程中，仆役服务人员的价值上升不仅会使家庭、企业和政府减少固定仆役服务人员的数量，而且也会增强仆役服务人员的专业化分工与协作的发展。在工商业发达、人口高度流动的地区，小费服务不仅有助于降低监督成本，提高服务质量，而且也有助于降低劳资纠纷和增加服务人员的人力资本价值。个人权利和尊严也会在人力资本价值不断提升的过程中显得更加突出，尊严本身就会成为一种社会价值而不需要支付小费。越是在民主和平等的社会，尊严的价值越大，承担仆役性质的服务所获得的小费就越高。在中国，餐饮服务一般不支付小费，但是，医生、护士、教师和官员的"服务"却需要支付名目繁多的"逆向"小费（如红包、贿赂、吃饭等）。这不仅预示着尊严在中国还未体现出应有的价值，而且也预示着权力机制干扰着市场经济的发展。

[2013 年 6 月 22 日]

导　游

人们通常认为，导游是一个人。导游强迫游客购买产品或者随意增加旅游项目的情形，实在是让我们愤怒不已。2010 年，全国旅游质监执法机构共收到 9940 件旅游投诉，其中 57.13%投诉旅行社，3.39%投诉购物行为，19.33%投诉服务质量降低，9.55%投诉增加旅游项目，12.99%投诉导游未尽职责。在每年数百万甚至上千万人次的香港旅游中，强迫购物抑或殴打旅客的现象时有发生。2011 年的一份调查显示，24%的内地旅客在香港被强迫购物，36%的旅客发现所购之物价格奇高，还有 43%的游客曾遇到导游不断游说购物的情形。我们担心，在旅游时代，我们中的每一个人，都有可能成为游客，都有可能成为导游的牺牲品。

面对旅游市场的不尽人意，旅游者维权困难的现实，2012 年 8 月 27 日，全国人大常委会开始审议旅游法草案。新的《旅游法》在 2013 年 4 月 15 日通过，2013 年 10 月 1 日开始实施。《旅游法》禁止"零负团费"的旅游模式，反对导游安排购物和收取小费，也反对在旅游项目外安排额外收费项目。导游收取小费将被处罚 1000 元至 3 万元的罚款，安排旅游购物和额外付费旅游项目的旅行社将被处以 5 万元至 20 万元的罚款。显然，这些法律措施有助于规范具有中国特色的高度竞争的旅游市场的发展。可是，我们想过没有，导游为什么诱导游客不断购买商品呢？我们曾想过这其中的制度机制是什么吗？

一般来说，导游市场就像出租车市场，其工作绩效很难受到旅游公司的监督。在出租车市场，司机与出租车公司存在合同关系。一是司机受雇于出租车公司，按照合同领取工资。二是司机支付固定资金获得出租车的经营权，自己靠营运获取收益。三是司机与出租车公司实行合伙经营，共同分享利润。在导游市场，我们经常见到导游受雇于旅游公司或者导游独立经营的情形。在雇用合同制下，导游按照旅游公司的规定，提供专业知识和支付时间成本获得工资报酬。旅游公司很难监督导游服务质量的好坏，只能通过游客的投诉来规范导游的行为。在固定租金制下，导游就是个体户，支付团费从旅行社购买旅游团，然后尽可能从游客旅游或者购买行为中获取收入。在云南，旅游公司采取的就是出卖导游权而不是支付工资进行旅游服务经营。除了出售导游权，旅游公司还从旅游景点的回扣中获取收入。

社会生活的经济学

　　导游获取报酬的主要方式就是旅客的小费和游客购物的回扣，以及自行开发景点的门票回扣。根据 2007 年杭州一份导游清单，导游的回扣率体现在羊毛衫为 30%，茶叶为 40%，菊花、珍珠、紫砂为 50%。在价格 558—1499 元的蚕丝被中，旅行社回扣率为 10%，导游抽走 200 元，这 200 元由当地导游分 40%、外地导游取 20%、司机分 40%。即使在雇用合同制下，由于监督服务的困难和导游具有准个体户的性质，许多导游仍然与许多商场签订购买折扣合同。这样，在雇佣合同制下，旅游公司就只支付最低的月薪，如每月 300 元，以便降低导游获取收入的风险和加强监管，而导游依靠小费和购物回扣作为获取收入的主要来源。

　　在这样的制度机制下，导游就会在旅游景点和购物场所的时间分配上做文章，因为旅游路线是一种导游期权。如果游客给予导游的小费比较高，那么，导游就会将更多的时间花费在旅游景点上，并尽可能满足游客的各种需求。当游客觉得购买了旅游公司的套餐服务就等于支付了全部的旅行费用时，游客一般觉得没有义务给导游小费。旅游一般包括饮食、住宿、行动、旅游、购买、娱乐等 6 个环节，旅行社报价一般只包括前面四个环节，而将购物和娱乐排除在外，以便降低旅游价格和争取更多的旅游者。之所以会形成旅行社报价的恶性竞争，这主要是与政府对旅游景点、飞机和旅馆的价格管制有关，也与各地方政府的旅游贸易保护主义有关，还与旅游行业的进入与退出相对容易有关。在各地方政府的贸易保护环中，旅游企业不能实现跨地区的规模扩张，只能将旅游合同按照分成制的原则转卖给旅游目的地的旅游企业。

　　中国的旅行社从 1996 年的 4252 家增加到 2009 年的 2.16 万家，利润率从 8% 下降到 0.5% 以下。还有大量的旅行社是挂靠在登记注册的旅行社名下的黑旅行社。由于国内旅行社的进入成本低，大量的旅行社和导游的完全竞争主要表现为同质产品之间价格竞争，出现了超低价格出售旅行费用、服务质量下降和零团费现象。在企业规模小、旅游合同转包和旅游企业众多的情况下，旅游企业也就会采取"零团费"或者"负团费"的方式招揽游客，然后抽取一定比例的佣金后将旅游期权转售给其他旅游企业。目的地的旅游企业在获取新的旅游团体后，对旅游价格没有发言权。在面临亏损的威胁、旅游往往是一次性交易的条件下，导游只能依靠自费旅游项目和购买物品弥补旅游差价和获取收益。旅游服务质量就会在缺乏市场细分和旅游企业的市场定位的条件下被挤出。住宿环境差，旅游项目高度密集，餐馆的饭菜质量很差，游客得不到很好的休息，结果，游客往往高度不满意。

在缺乏小费收入的情况下，导游唯一的收入来源就是商场购物的回扣和增加娱乐项目。这样，导游就会努力缩短游览时间，千方百计地将游客拉往购物场所，尽可能要求旅客购买各种物品。由于导游往往需要较高的回扣率，比如 30%，旅游目的地的定点商店的商品价格就会比一般地方的价格高百分之几十甚至几倍。在很多情况下，旅游景点附近通常会有一些地方土特产。这些土特产的价格往往很难为远途的旅游者所获悉。这样，即使价格比较高，旅游者往往也难分辨。更为关键的是，旅游者在花费长途旅游之后，通常会购买各种地方特色的产品作为留念或者赠送亲朋好友。当旅游者对地方特色产品赋予较高的满足感时，这些定点商店的商品也在旅游者眼中感觉不怎么昂贵了。而且，旅游是具有高度收入弹性的服务，经常旅游的人往往收入较高。这样，旅游者对商品价格的敏感度就会很低。

当然，要想让游客掏腰包购买更多的物品，导游自身的专业素质和美貌必不可少。导游通常对当地的风俗习惯、独特的地理人文景观、名人故事、珍奇异宝都有所了解。在很多地方，导游都是年轻美貌的女孩，其款款深情、一颦一笑，都是足以让游客掏腰包的。跟随导游的游客，往往不知道租借这些服务是需要支付租金的。其支付租金的方式就是掏小费、购买物品或者多消费各种自费景点。

尽管我国的行政法规从 1983 年起禁止导游收取小费，但是，广东省从 2005 年起规定导游可以适当收取小费作为服务的补偿。当不知道导游市场的制度机制时，我们往往误以为天底下存在免费的午餐。于是，我们对导游小费或者导游购物深恶痛绝。王玉霞在《零团费中的价格欺诈》一文中就说："游客真正的需求是当地美丽自然的风光，理性的导游让游客在这种地方只能走马观花,跟团旅游常常是很难尽兴。

此外，当游客购买及玩自费景点不足以弥补导游先期的投入时，导游哪里还能有微笑服务？"其实，如果我们知道购买的旅游套餐仅仅是部分费用时，我们的心里就会安然稳态得多。

将旅游服务进行价格分开计算的办法，主要是因为导游服务很难监督。同样，在美国的餐饮业，食客也需要分别支付餐馆的饮食费和服务员的小费，没有人觉得不合理。在中国，向服务员支付小费的习惯没有养成，结果造成支付较高的饭菜费和零服务费。由于没有额外的服务费，服务员对食客的服务就不很在意。如果就餐者不知道服务需要付小费，那么，服务员就会遭到损失。在这样的情况下，服务员只能通过迫使就餐者多消费的办法，从餐馆获得更多的回扣或者工资。这样，我们就回到了导游市场的价格结构。

除了旅游、餐饮业服务外，娱乐业服务也是实行价格分离机制。在娱乐酒吧、浴室、歌厅、理发等行业，顾客通常都需要支付一笔固定的费用，作为入门费，享受最普通的服务。如果顾客需要任何单独的服务，就需要单独付钱。固定费用作为企业的基本收入，各种服务费则在企业和服务员之间按比例分配。这样的明码标价，就更有利于顾客与服务员之间建立稳定的联系，提供最好的服务，获取最高的收入。理发室、律师、咨询师、服务工作者等，都是进行专项服务的群体，故能明码标价。

在这一点上，导游就处于不利的地位。由于不能完全根据每个旅游者的偏好提供服务，导游在服务游客群体的时候，只能采取导游购物或者多参观自费景点的方式间接获取收入。这中间环节和成本的增加，就是导游受到诟病的原因。因而，新的《旅游法》规定，导游不得擅自变更旅游行程，不得向游客索取小费，不得诱导游客购物或者参加付费的旅游景点。但是，禁止导游收取小费或者诱导购物是与旅游市场的全面竞争性和局部的管制垄断性相背离的。在政府掌控景区门票和航空定价权的情况下，处于完全竞争的旅游公司只好采取价格竞争的方式获取更多的游客。如果导游和旅行各环节的价格都明码标价，那么，旅游价格就会急剧提高，旅行人数会急剧减少。如果旅游价格的绝大部分都归于旅行社，没有购物回购或者景区门票回扣的导游就面临收入下降的威胁，游而不导的问题就会光临游客。①明白了这一点，下次旅行时，我们就需要对导游宽容一点。否则，我们就在争取免费服务，用抱怨作为代价。

[2012 年 6 月 15 日]

为什么律师事务所不上市

律师是法制社会里辛勤耕耘的园丁。到 2010 年，中国已有 1.69 万个律师事务所，律师人数达到 19.4 万人，每个律师事务所平均有 12 个人。金杜律师事务所拥有 140 多名合伙人、600 多名律师和 2100 名员工，年收入在 8 亿元以上。只要与法律打交道，律师就会在我们周围飞扬。公司要上市，律师是必到的常客。

在股票市场上，我们可以看到数不清公司的身影。铁路、石油、银行、高科技产品、钢铁、食品、汽车、高速公路、电力、房地产、教育服务，还有数不清的行业，都在股票市场上融资和扩充资本。但是，我们几乎见不到律师事务所、咨询公司、会计师事务所、大学机构在股市上融资。如果说人才是这些服务机构的主要资产，那么，生物医药和软件行业也主要依赖人力资本。问题是，软件业和生物医药业的上市企业很多，而律师事务所几乎没有上市的企业。②

那么，是什么因素造就了律师事务所的独特性呢？深圳一家律师事务所的邱旭瑜律师认为，这首先是法律和体制问题。例如，美国和中国的法律都规定，禁止非律师身份的人投资律师事务所。一旦律师事务所可以公开募集资金，如澳大利亚在 2007 年的立法所示，那么，

---

① 从 2013 年 10 月 1 日起，新《旅游法》开始实施，跟团旅游价格普遍上涨。与 2012 年相比，2013 年国庆期间的跟团旅游价格平均上涨 20%—30%，与日常价格相比上涨幅度在 50% 以上，许多热门线路涨幅高达 100% 以上。从中国到泰国普吉岛和欧洲的旅游团价上涨 2000—3000 元，到美国的旅游团价上涨 500—5000 元。

② 澳大利亚斯莱特·戈登（Slater & Gordon）律师事务所在 2007 年 5 月 14 日公开上市，募集资金 3500 万澳元。在过去的几年中，该律师事务所有 140 名律师，主要从事人身伤害诉讼的业务，培养了一名澳大利亚总理朱莉娅·吉拉德。这是目前为止唯一的一家上市律师事务所。

律师事务所就可以公开上市。其次，邱旭瑜律师认为，"根本原因在于全世界的律师事务所都只能把注意力放在专业和业务的发展上，而没有把注意力放在资产经营和资本运作上"。按照这种逻辑，律师事务所不追求利润最大化，也不会追求资本的扩张。为了改变这种不注重资产运作的行为，邱旭瑜律师建议，律师事务所要采取购买而不是租赁办公场所的行为来积累资产，要向律师进行人力资本投资。

实际上，积累资本和进行人力资本投资的律师事务所很多。美国在 2007 年就有律师 114.3 万人，律师的人均工资为 11.3 万美元，而合伙人的人均工资达到 59.3 万美元。在全球最大的 50 家事务所中，平均每家事务所的律师超过 800 人，年收入在 10 亿美元以上的律师事务所也有 20 家。全球最大的英国高伟绅律师事务所有 670 多位合伙人，员工多达 7500 人，在全球 32 个金融中心都设有办事处。美国的麦肯锡律师事务所，有 3300 多名律师和 1000 多名合伙人。众达律师事务所有 2200 多名律师，在全球设有 31 个办事处。显然，盲目指责律师事务所不积累资产和不培养律师并不是律师事务所不上市的主要原因。

我们知道，公司要上市，其产出和效率要有相对客观的、成本比较低的衡量方式。要做到客观和较低费用衡量公司股票的价值，那就意味着公司的主要资产的价值是可以衡量的。而且，要让投资者持有公司的股票，公司能够提高效率并能客观地测量和观察到。也就是说，公司的股票为大众持有的前提条件是，公司的业绩能够客观地测量，并具有一定的规模经济效应。因此，业绩测量成本比较高，缺乏明显的规模经济效应的企业，其股份一般是内部持有或者私有。

现在，我们来看一看律师事务所。一方面，律师的人力资本是很难客观地测量的。在一次官司中取得胜利，并不意味着在下一次官司中能够继续保持不败的战绩。因此，律师的业绩具有高度的不确定性，或者需要很高的测量费用。另一方面，律师的大部分专业知识都是私有的，这是其生存的技巧。当大部分知识是私人所有且是其生存的基础时，要想有效地大规模整合不同的专业知识就很困难。软件和生物医药的研究开发，可以形成规模研究，因为这些行业很少涉及技术人员的独有知识。当然,如果软件开发成功,这个软件可能是一个独有的知识,能够通过知识产权的保护来获得经济租金。

所以,为了减少业绩的测量费和减少专用知识的外溢,获得律师事务所股权的方式就是作为合伙人加入律师事务所。由于缺乏足够的固定资产获得债务融资,所以,律师事务所主要依靠合伙人的方式来获得现金流量。在一般的公司中,债务融资的规模会随着公司的规模特别是可抵押资产的规模的扩大而不断扩大,债务融资的利率和交易费用却随着公司规模的扩大而缩小。这样,我们就会看到,债务融资比率就会随着公司的规模扩大而增加,呈现出企业的生命周期迹象。对于任何想利用发行股票获得股权融资的公司来说,外部投资者必须有足够的信息来判断股票的价值。如果信息具有高度的不对称性,那么,这个公司就无法通过发行股票来融资,不得不依靠贷款或者债券融资。由于绝大部分企业、家庭和其他组织的信息都具有高度的不对称性,财务报表只是报告可货币化资本的一部分,我们就可以看到,上市公司只是市场中的一个小概率事件。非货币化比例越大的组织,其股权就越难货币化或者股票化。

此外,保护当事人的隐私和公开信息披露的矛盾,也会制约着律师事务所的上市发展。会计师事务所可以公开审计咨询的公司,但是,律师事务所在很多情况下都不能公开咨询和服务的公司和个人。因为这涉及到法律边缘和伦理道德问题。但是,上市公司需要对所从事的业务和业绩甚至内部高管的组织和报酬采取公开披露的原则。在某些情况下,上市公司还要被证券交易委员会审查。

因此,公司上市是受到信息公开程度和测量费用的限制。凡是那些信息不宜公开、信息测量费用比较大的实体,就很难获得上市的资格。相反,凡是那些上市的公司,其信息都可以在某种程度上进行标准化的测量。当我们漫步在股票交易所的大厅时,我们是否会为公司的上市而高兴呢?

中国的东西贵吗

记者刘洪在《"中国制造"凭什么国外比国内便宜》和《中泰物价值比较让人困惑》中都提到一个显著的事实，中国生产的产品在国外卖得比国内便宜，发达国家生产的产品在中国卖得比发达国家贵。例如，同一件法国制造的服装在中国的售价比法国高一倍，美国加州洛杉矶机场商店的美国制造风衣的价格仅仅是北京市赛特商场同款风衣价格的百分之四十。Hugo Boss 的西服，在国内精品店售价在万元以上，而在美国则只需要 300—400 美元。斯密街商务咨询公司在比较了中美两国的 50 个品牌的 500 多件服装后发现，中国的服装价格比美国平均高出 70%。商务部长陈德铭在中国发展高层论坛 2011 年的年会上也说，很多欧洲、美国品牌的奢侈品面料都是从中国进口的，甚至部分加工环节还是在中国完成的，但价格是国外便宜。

国外产品的价格便宜推动中国人在国外购买外国制造的产品或者中国出口的产品。中国电子商务研究中心在《2010 年度中国电子商务市场数据检测报告》中说，2010 年中国境外代购额为 120 亿元，比 2009 年上涨 140%。代购的商品主要是奢侈品，如护肤品、化妆品、首饰、平板电脑、各种数码产品。许多出国的人都喜欢在国外购买价廉物美的五粮液、茅台等国内著名品牌。例如，2010 年底，1000 毫升的 53 度的茅台酒，在纽约市出售的价格为 220 美元，375 毫升的 53 度茅台酒的价格为 65—70 美元。在中国，500 毫升的 53 度茅台酒最低价格 1200 元，在广州已经卖到 1788 元一瓶，而茅台酒的出厂价是 619 元一瓶。由于在美国购买茅台酒不仅价格便宜，而且质量还有保证，以致有"出口转内销"或者"从纽约带几瓶茅台酒回来"的说法。由于国内有毒奶粉事件的影响，香港甚至限制中国内地游客最多只能购买两罐奶粉出境，超过此限额还被判处监禁。由于海外代购的商品量不断增加，中国海关也增强了随身携带物品价值的管理，凡是超过 5000 元的物品都需要缴纳关税。许多空姐因为进行代购的套利活动而被判处徒刑。

面对大量中国制造的商品在西方商场比国内商场便宜的现实，梅新育在 2010 年 5 月 10 日的《21 世纪经济导报》上撰写了一篇《跨国物价比较的误读》的文章。这篇文章认为，之所以很多人觉得中国的物价比美国或者其他发达国家的物价贵的原因是：第一，样本选择问题，梅新育认为应该用大众品而不是奢侈品进行比较，因为绝大多数人都是中低收入阶层；第二，销售周期错位的问题，梅新育认为在西方价格便宜都是在尾货的折扣店销售的，而中国的产品都是在正规商场销售的；第三，区域错位问题，梅新育认为不应该把北京市的价格与华盛顿、洛杉矶的价格比较，要与纽约、巴黎的价格比较。显然，梅新育提出的几点理由，是非常有道理的，即总体的物价比较存在样本选择、产品生命周期和区域比较的问题。但是，梅新育的文章没有回答这个问题：同一种西方国家制造的奢侈品，为什么在中国卖得贵而在西方国家卖得便宜；同一件中国制造的物品，在西方国家卖得便宜而在中国卖得昂贵？

对于不同的商品存在国家之间的价格差，经济学告诉我们这是生产效率和资源禀赋不同的结果。这种价格差恰好是国际贸易的主要推动力。汽车、汽油、钢铁、笔记本电脑、服装、照相机等电子产品、高档化妆品、烟酒都是国外的便宜，我们可能用生产效率和资源禀赋的差异进行解释。但是，对于同一种产品在不同地域之间的价格差，经济学家习惯于称为价格歧视。有数据显示，中国内地奢侈品价格平均比香港高出 45%，比美国高 51%，比法国高 72%。例如，Levi's 牛仔裤在纽约市价为 40—90 美元，而在北京市的价格为 700—1000 元；耐克运动鞋在纽约售价为 45—130 美元，而在北京售价为 300—2000 元；Coach 包在纽约为 100—300 美元，而在北京市为 2000—5000 元。那么，如何解释贸易物品在中国和外国之间形成系统性的价格歧视呢？

在卡尔·门格尔看来，一件物品，要成为满足人们欲望的商品，必须具备四个条件："（1）人类对此物的欲望；（2）使此物能与人类欲望的满足保持着因果关系的物的本身属性；（3）人类对此因果关系的认识;（4）人类对此物的支配，即人类事实上能够获得此物以满足其欲望。"① 当人们的欲望发生变化、产品的性质发生变化、人们对物品与欲望满足之间的因果关系的认识发生变化，或者人们缺乏对物品的控制力和支配力时，物品就丧失了作为满足欲望的商品的性质。如果人们对这种物品的欲望特别强烈、产品的质量得到很好的保证、人们对这种产品与自己欲望满足之间的因果关系的认识非常深刻，并且能够完全获得和控制此物时，那么，这种物品的价值就会显得很大。特别是，当更多地体现了炫耀性消费的需求时，这种物品的价值就完全脱离了生产成本的束缚，几乎完全根据人们的偏好进行索价。门格尔把那些人们错误地归于物品的性质或者错误地认为能满足欲望的商品称之为"虚拟财货"，如化妆品、壮阳药、魔杖、雕像等，并坚信随着人们对需求和事物性质的认识加深，虚拟财货的数目就会缩小。当然，"虚拟财货"并未随着人们认识的加深而减少，这是因为绝大多数虚拟财货都满足特定的社会需要，奢侈品就是如此。2010 年，中国内地消费的高档奢侈品价值 232 亿美元，其中大约有 130 亿美元是从纽约、巴黎、东京和罗马等境外大城市购买的，还有 65 亿美元是从中国香港和澳门地区购买的。

第一，根据门格尔的理论，产品质量差异的相对认知程度是造成中外产品价格差异的首要原因。由于产品质量监管的严厉程度不同，发达国家或地区的产品质量一般较高，而发展中国家或地区的产品质量一般较低，甚至劣质产品充斥着发展中国家或地区。例如，食品农产品的农药兽药残留限量标准，在日本高达 62410 个，中国香港为 6186 个，中国仅有 667 个。当中国等发展中国家或地区的产品出口到发达国家或地区时，其产品质量一般认为低于发达国家的产品质量。由于产品质量是价格的构成要素，因此，质量序列比较低的产品自然在发达国家的售价一般比较低。相反，当发达国家的高质量产品出口到发展中国家时，质量的保证让受困于劣质产品的发展中国家的消费者赋予发达国家出口产品的较高价值。这些从发达国家进口的产品，降低了消费者的鉴别成本和安全成本，自然要支付较高的价格。而且，发达国家的品牌产品非常多，而发展中国的品牌产品非常稀缺，自然地，发达国家的产品出口到发展中国家因为稀缺而被赋予较高价值，而发展中国出口到发达国家的产品因为品牌较差而被赋予较低的价格。

国际名牌产品或者奢侈品，在中国的销售价格比发达国家高得多。这主要是外国企业采取了声望定价和差别定价的方式。由于中国的富裕阶层和中产阶级愿意购买安全性高、质量过硬的产品，外国企业就利用质量光环效应，采取高价策略。在外国厂商的带动下，国内企业也纷纷仿效，不断提高产品的价格。

由于中国的产品价格高于国外，许多企业打起了出口转内销的主意。2010年，中国出口家具330亿美元，进口12亿美元。例如，意大利、美国、日本等国生产的家具，价格动辄数万元甚至数十万元。打着这些外国旗号的家具，比中国生产的家具，价格至少高一倍以上。由于外国商标名的巨大附加价值，许多中国企业就将企业取一个洋名。例如，美国加州牛肉面大王、阿诗丹顿（Usaton）、尚玛可床品（Saintmarc）、施恩奶粉（Scient）、卡尔丹顿服饰（Kaltendin）、吉诺·里兹、法国合生元（Biostime）、卡姿兰、凯芙兰、莲蔻化妆品、味千拉面、达芬奇家具、欧典地板。因为具有了洋名，达芬奇家具的一个酒柜标价17万元、双人床35万元。这些蓄意地贬低本国产品的做法，导致假冒外国产品的做法盛行，造成商人不诚实的心理和社会广泛缺乏信任、自信，也造成外国人轻视我们的出口产品。按照英国作家丹尼尔·笛福的看法，蓄意地贬低本国产品的做法，"抑制了贸易，使穷人失去了我们自己的国家，并且影响外国人的劳务"。

第二，产品的制度交易成本和市场交易成本的差异，特别是政府税收和进口关税的差异。凡是发达国家，法律比较健全，市场经济比较发达，其制度交易成本和市场交易成本都比较低。凡是发展中国家，法律制度不十分完善，市场经济也处于发展之中，其制度交易成本和市场交易成本都比较高。高小勇说："一个企业家去一个地方投资开发一商办公司，买设备雇人等支付生产性费用；但老板打交道的显然不只是自己的雇员，还有工商税务、警察法庭、卫生防疫、城市环保等等政府机构，以及为生产服务的其他企业，它们中有垄断的，这些交道都有费用，是非生产性费用，就是我们所说的交易费用成本。"[1]制度交易成本主要包括商品税、政府收费、政府管制等形成的成本，市场交易成本就是企业在销售产品过程中所需要支付给其他企业和个人的过路费、过桥费、运输费用、商场上架费、月返费、年节费和其他物流成本等交易成本。许多中国制造的产品，在国内的销售价格也比欧美国家高很多。这主要是因为中国的税收以增值税、营业税、消费税等间接税为主，而欧美国家的税收以所得税、房产税、遗产税等直接税为主。而且，国内的物流成本远高于欧美国家。税收、物流成本和销售成本都会推高中国国内物品的销售价格。

根据国际货币基金组织的《政府财政统计年鉴（2007）》公布的测算数据，在每 1000 元的税收中，商品价格包含的税负在中国为 700元、美国为 168 元、日本 186 元、欧盟 300 元。这些税负主要是消费税、增值税、营业税等间接税。与美国奢侈品进口税率 10%和 8.25%的消费税率、法国奢侈品进口税率的 3%和 22.6%的增值税率相比，一款古驰手包，在中国的关税率为 10%，增值税率为 17%。一款豪华轿车，在美国和英国的价格为 52—54 万元，而在中国加上 25%的进口税、17%的增值税和 30%的消费税后，销售价格达到 190 万元。中国进口化妆品需交纳 5.5%的关税，17%的增值税，30%的消费税，总计税率可能达到进口价格的 50%以上。从法国进口的 50 毫升兰蔻化妆品，在中国内地的销售价格在 695—895 元之间，而在中国香港地区销售价为 381—459 元，进口价格为 23 元，税收差异显然是主要原因之一。中国进口瑞士的高档表，需要支付 20%的消费税、17%的增值税和 15%的关税。在市场价为 2.6 万元的一款瑞士欧米茄自动机械男表中，关税占 3200 元，消费税和增值税占 7000 元。平均而言，奢侈品零售价在中国由 7 个部分组成，原材料成本占 5%，加工成本占 10%，利润率 45%，市场公关成本占 8%，门店拓展成本占 6%，人力资本占10%，而进口关税率达 16%。

---

① 高小勇：《经济学家：无知无畏的疯狂》，朝华出版社，2004 年，第 113 页。

　　为了鼓励出口，中国对出口产品实行增值税的退税政策和企业亏损补贴出口的政策，事实上降低了出口的产品价格。但是，中国通过出口退税和出口补贴的方式鼓励出口的政策，不仅造成中国产品在国外频繁遭受反倾销和反补贴的困扰，也造成出口的迅猛增加和外汇储备的疯狂积累。当所有的外汇储备都需要支付等值的人民币进行兑换时，这事实上加大了中国的货币发行量和推动了国内物价的上涨。同时，巨额的外汇储备也增大了升值的压力。这样，人民币在国内的贬值和在国外的升值进一步增大了中外产品的价格差异，也造成了国内消费的萎缩和增强了出口支持力度的需求。

　　在发达地区，法治确保了制度成本是可以预期的，产权和契约制度确保了市场交易成本是可以预期的。在不发达地区，制度成本和市场交易成本都是不确定的，这种不确定性随着交易从即期交易向远期交易或者长期投资发展而不断变得严重起来。不断变动的电费、水费、保险费、贷款、电信等政策都是可以遏制企业生存和发展的。当"历代为官，大多都将口碑声名、升迁擢拔、权势显赫视为主要收益"时，人数众多和职能权限各不相同的下级官吏和工作人员就把设租和寻租当作攫取金钱的主要手段，企业的交易成本就会急剧上升。有的研究表明，将 1 公斤货物从上海运送到纽约只需要支付物流成本 1.5 元，而从上海运输到贵州则需要支付 6—8 元的物流成本。而且，采购人员或者公司管理阶层的采购回扣潜规则，是导致产品价格高企的重要原因。据有关报道，一台美国品牌的彩色血流图成像系统卖给医院的价格为 98 万元，送给院长的回扣达 10 万元；一台韩国产的三维多功能彩色多普勒超声诊断仪卖给医院的价格为 160 多万元，院长获得好处费多达 30 万元；一个合资企业生产的心脏固定器价格为 2 万元，医生的回扣就达 3800 元。各种产品的回扣或者"好处费"，最终包含在消费者的产品和服务中。由于产品的价格通常等于生产成本加上制度成本、交易成本和利润额，中国较高的制度成本和交易成本就会使中国境内销售的产品价格比较高，不管这种产品是国内生产还是国外生产的都是如此。

　　第三，规模销售和竞争激烈程度的差异。在假定生产成本相同的

社会生活的经济学

情况下，大规模销售会降低单位产品的销售成本。而且，较大规模的市场必然伴随众多的销售商进行价格和质量竞争，这也降低了销售价格。由于严重的地方保护主义，中国的市场实质上是高度分割的。市场规模的缩小间接提高了产品的价格，也强化了国外名牌产品在国内市场的垄断。2010年中国进口化妆品4.71吨，进口额9.97亿美元，接近每公斤进口价格21.2美元（150元），产地法国的兰蔻化妆品每公斤进口价为50欧元（463元），产地西班牙的欧莱雅染发膏每公斤为7.53美元。由于国内市场特别是超市的垄断，进口产品占高档化妆品市场销售量的60%。

也许，国外企业在中国的垄断销售也是中国物价高的一个原因。表1-2列举了进口汽车的国内售价与国外售价之间的价格差。

表1-2 进口汽车的国内外售价（单位：万元）

汽车品牌	国内售价	国外售价
奔驰350	139.8	56.5
路虎发现	118.8	31.34
宝马X5	88.7	30.74
路虎览胜	189	54
奥迪Q7	100	37

如果考虑到汽车的进口关税25%、增值税17%、消费税最高40%，一辆进口轿车应缴纳的税款为车价的倍数，对于排气量为4.0升的汽车为1.44倍，对于排气量为3.0升的奥迪Q7和宝马X5为0.95倍。即使扣除税收部分，进口车在中国的售价仍然比国外高出近一倍。这可能与国外厂商的限价销售、4S店的垄断销售渠道、垄断零配件销售、禁止经销商跨区域销售等垄断行为密切相关。中国的价格监督和反垄断部门对进口汽车的价格畸高和可能的垄断问题开始进行关注。合生元、美赞臣、多美滋、雅培、富仕兰、恒天然等六家进口乳粉企业，因价格垄断，被中国发展与改革委员会罚款6.68亿元。因为价格操纵为由，5家珠宝店在中国被处以1060万元的罚款。

第四，中国和欧美国家的产品价格存在很大的差异，也可能是由于人们的信息不足所致。在市场相对封闭和商品流动受到限制的情况下，套利就不可能完全消除不同地区之间的市场价格之差。或者用经济学家柯兹纳（Israel M. Kirzner）的说法，中国缺乏足够的企业精神去利用市场失调和错误，并消除这种错误。之所以会存在这种情况，可能是与竞争性进入存在很大的障碍有关。随着互联网的信息披露和出口旅游人数的不断增加，中国和外国产品的信息不对称性必然会降低。大规模的海外代购和每年高达 1000 亿美元的海外旅游购买必然会缩小中国与外国产品的价格差异。

第五，炫耀性消费的差异。在奥地利学派的经济学家看来，产品的价格完全是主观的，是由市场参与双方的主观偏好和主观认知决定的，不管这种主观偏好是真实的还是想象的欲望。其中炫耀性消费在主观偏好中占据很大的作用。由于炫耀性消费意识的作用，国外产品就具有身份和地位的附加值。例如，每瓶拉斐酒在国内卖到上万元，在法国仅为几百元。由于缺少身份和地位，中国产品出口到国外就会严重"贬值"。

中国人崇尚名牌的心理，似乎比其他民族略胜一筹。究其原因，可能与中国的面子文化和公款消费有关。名牌是一种身份地位的象征，实用性远不是主要的考虑之列。穿戴着名牌时装，拎着名牌手提包，腕戴名牌手表，成功人士、贵族的面子就会熠熠生辉。开着名牌轿车去谈生意，签合同就比较顺利。在中国的奢侈品市场中，礼品消费占到了百分之六十。2013 年春节期间，由于政府反腐倡廉的积极影响，中国奢侈品消费为 8.3 亿美元，比 2012 年春节期间的 17.5 亿美元的消费降低了 50% 以上。为了弥补市场规模的萎缩，海外奢侈品牌商采取了大幅度涨价的政策。比如，蒂芬妮的对戒在 2013 年 2 月份涨了 1000 多元，宝格丽的珠宝和手袋也涨了 10%—20%。

中国高档和奢侈品昂贵的一个重要原因是公款和集团消费的强劲需求拉动，政府管制过多所带来的企业老板购买奢侈品"孝敬"官员的需求所致。例如，在 2012 年前，市场刀鱼的价格达到每斤 2000 元以上，餐馆的刀鱼价格达到每斤 5000 元以上，清明前的龙井茶和碧螺春也达到每斤四五千元。但是，从 2013 年初开始，中央政府遏制公款吃喝风和提倡节俭办公后，市场刀鱼的价格降到每斤 800 元，餐馆的刀鱼价格降到每斤 1880 元以上，清明前的龙井茶和碧螺春也降到每斤两三千元。茅台酒、五粮液也是公款吃喝炒高了价格。当"官员追捧啥，啥商品就会热销"时，公款吃喝和老板请领导吃喝就将商品的价格炒得很高。随着奢侈品和高档品价格的参考系作用，大量的产品也会不断上涨，以满足人们的炫耀性需求。

当产品质量认知差异、制度交易成本和市场交易成本的差异、产品竞争程度差异和炫耀性消费的不同造成中国境内的产品价格昂贵和出口产品的价格便宜时，人均收入的低下使中国普通人的生活非常艰难。犹如本杰明·弗里德曼所说："一个国家对幸福的感受并不来自对国家收入统计的研究，而是来自他们对自身生活中发生的事件的个人感受。"人们的幸福感不仅来自过去成长的经历和收入水平的变动，而且来自与周围生活的比较和体验。在封闭的环境中，同一个村庄或者社区的生活经验就是我们比较的主要对象。在旅游盛行和互联网的时代，不同国家或者不同社会的生活经验日渐变成我们比较的主要对象。当价廉优质的产品唾手可得时，人为的障碍会增加我们说不清道不明的痛苦。

雪上加霜的是，持续攀升的房价更是将更多的普通人推入到贫困的深渊。妓女、贩毒和犯罪的人数也呈现持续上升的趋势。实际收入的降低为劣质产品的生产和销售提供了广阔的市场，而劣质产品充斥市场为国外产品的高价销售提供了质量溢价，也增加了国内的监管成本和质量测量成本。例如，根据制定和实施标准的严厉程度不同，山东的姜农为出口生产无农药、产量低的生姜，为国内市场生产含有剧毒农药神农丹、产量大的生姜。这一方面造成国内产品的市场萎缩和国外产品的市场扩张，另一方面也刺激了炫耀性需求的膨胀和行贿受贿的泛滥。国内市场的萎缩伴随的是企业的经营不景气、失业率的上升、大学生找工作的艰辛和盲目的公务员热。这样看来，国内外产品的价格歧视就超出了经济学的范围而成为一个社会问题。

[2012 年 4 月 10 日]

累犯为何不减刑

累犯是社会的肿瘤，是人群中的传染病毒。当 SARS 病毒在中国大地上肆虐时，贸易萧条、生产停滞，整个社会随时都有解体的危险。累犯就是社会的 SARS 病毒。例如，2013 年 7 月 23 日，在北京市大兴旧宫的街头，为争抢车位而将一名 2 岁半的孩子摔死、母亲打伤的罪犯韩磊，在 14 岁时因偷窃被行政拘留 13 天，在 18 岁时因殴打他人被行政拘留 10 天，在 22 岁时因盗窃轿车被判无期徒刑。累犯频繁出没的地方，社会将人心惶惶，法律趋于解体。

所谓累犯，就是频繁地对他人的人身和财产造成伤害的人。在我国的法律上，累犯特指有期徒刑刑满释放后在 5 年之内再犯有期徒刑的罪犯。例如，刚才提到的韩磊就是在 2011 年刑满释放而在 2013 年犯罪的累犯。犯罪之人，不仅在民事上要对受害人进行赔偿，而且在刑事因为侵犯社会的集体权威要被惩罚，以便形成强有力的威慑力量。正如法国社会学家涂尔干在《社会分工论》一书中所说："我们要报复的，即罪犯所必需抵偿的，是他对于道德的暴行。"

根据我国刑法第 65 条、74 条和 81 条的规定，累犯应从重处罚，不适用缓刑，也不得假释。为了有助于累犯的改造，我国刑法还规定，如果能够揭发其他重大犯罪或者有重大发明创造，在监狱中诚实改造且确有悔过表现，累犯可以减刑。例如，北京市在 2006 年的在押犯人有 13193 人，其中 3540 人是有前科的罪犯，81 人还有 3 次以上的犯罪经历。这些累犯主要集中在盗窃、抢劫、人身伤害、性侵犯等犯罪活动领域。在押的 3540 名累犯中，194 人被判处死缓，425 人被判处无期徒刑。该监狱管理局在 2006 年释放了 749 名罪行较轻的累犯，其中 91%被减刑过。韩磊就是经过五次减刑，从无期徒刑减到 15 年的有期徒刑，于 2011 年 2 月 28 日提前释放的。从 2011 年 7 月 1 日开始，《刑法修正案（八）》规定，对于判处死缓的累犯，适用限制减刑的制度。除了在累犯关押期间减刑的规定有所不同外，世界各国都实行累犯从重处罚的制度。例如，美国对某些类型的累犯强制实施终身监禁。

为什么世界各国要实行累犯从重处罚的制度呢？熊秉元在《累犯为何不减刑》（《经济学消息报》2000 年 2 月 4 日）一文中认为，初犯和累犯所支付的犯罪成本存在很大的差异。对于初次犯罪的人来说，除了法律的处罚成本外，初犯还必须支付社会成本，如犯罪的烙印、社会耻辱感、亲情关系的疏离、社会的猜忌和不信任。对于累犯来说，原先支付的社会成本早已是沉没成本。这些沉没成本不仅使累犯提高了犯罪的技术水准，而且也更容易使累犯获得犯罪的收益和逃避法律的制裁。这样，政府就需要花费更多的资源去侦探和惩处累犯。按照这种推理，累犯比初犯惩罚加重的部分，恰好是侦查、逮捕和惩处累犯所带来的社会资源耗损部分。而且，绝大部分初犯都是非故意的、偶然过失的犯罪，而累犯却更多是故意犯罪。由于刑法的目的就是要阻止有意识有目的的犯罪，因此，刑法通常会对初犯采取较轻的处罚，以防止误判，并传达一定的社会警示信息。显然，从犯罪意识的明确性和社会资源的浪费性角度看，累犯都应该比初犯从重处罚。

但是，累犯伤害的不仅仅是受害者本人，而是整个社会。当初犯是偶然过失犯罪时，如情感冲动、精神崩溃或者意外刺激下实行抢劫或者性侵犯时，社会将会把初犯当作随机偶然事件加以接受。但是，当累犯连续实施醉酒驾车、抢劫、强奸或者采取暴力活动时，整个社会就会陷入恐慌之中。人们出行次数会减少，买卖和生产将会停顿，人身和财产权利会受到威胁和贬值。各城市对宝马飙车事件和醉酒车祸案的从轻处理早已愤怒不已，就是明证。当累犯得不到应有的惩处时，更多的人将会实施犯罪行为和形成有组织的犯罪，政府的权威受到威胁，税收也会减少。因此，犯罪的价格不仅仅是对受害人损害的补偿和政府耗费资源的估价，而且还是对政府权威的威胁、税收减少和社会资产贬值的估价。

按照这个推理，累犯所受到的处罚就必须与对整个社会的危害联系起来。被抓住的偷盗和抢劫的累犯，就必须承担所有被偷盗或者抢劫的财产损失和人身伤害的赔偿。例如，累犯被抓住的概率是 20%，累犯偷盗（贪污）的财产价值是 500 元，那么，偷盗（贪污）的累犯至少应该赔偿 2500 元，因为很多偷盗的违法行为并没有受到处罚。也就是说，累犯被惩罚的力度，必须考虑没有被警察抓住的违法者的犯罪行为。要做到这一点，政府就需要鼓励受害人积极报案、确定损失的程度和估算逮捕的概率。至于强奸、人身攻击、谋杀等刑事犯罪，累犯被判刑的年数也可以按照逮捕率来计算，以便有效地遏制累犯的犯罪行为。这样，累犯必须仔细权衡是否采取犯罪行为，因为他们的任何一次犯罪都会承担他人多次犯罪的惩罚。这尤其适用于公司犯罪。利用多倍罚款的好处，政府一方面可以补偿受害人，另一方面还可以将大量的剩余资金提供给警察和法院支配，从而提高破案率和法院裁决速度。

当一个人由于偶然过失或者其他原因初次犯罪时，其拥有的不仅包括自己的身体和人格，而且还包括物质财产。对犯罪的惩罚通常包括民事赔偿、人格的社会损坏和身体的羁押。在实施同样犯罪的情况下，初犯的民事赔偿能力较强、人格损坏较显著和回归社会正常生活的意愿强烈，必然伴随较短时间的监狱羁押。累犯则不同。由于回归社会正常生活的成本越来越高，累犯建立独立社会网络或者实施有组织犯罪的意愿越来越强烈，对社会和政府的威胁越来越大。伴随着民事赔偿能力的降低，社会就需要加重处罚来扭转累犯的破坏力量。

最终，累犯会被终身关押在监狱里或者被判处死刑，根除对社会的威胁。《商君书·去强》曰："故行刑重其轻者，轻者不生，则重者无从至矣，此谓治之于其治也。行刑，重其重者，轻其轻者，轻者不止，则重者无从止矣，此谓治之于其乱也。故重轻，则刑去事成，国强。重重而轻轻，则刑至而事生，国削。"事实证明，加大对累犯的惩罚力度，提高警察的破案率和法院的判决效率，就可以有效地抑制在抢劫、偷盗、强暴等方面的累犯所占比重，甚至降低犯罪率。

从累犯加刑的推理中，我们看到，法律的本质是维护社会的人身和财产权利及其稳健的运行。凡是那些有助于个人充分发挥才智和资产价值得到最佳运用的法律规范，都有助于预防甚至惩处犯罪。有效率的法律还能减少初犯的人数和缩小累犯的范围，最终降低社会进行资产和观念交流的成本。因此，有效的法律必然是社会交易成本最低的法律。累犯加刑就是降低社会交易成本的手段之一。

[2012 年 7 月 2 日]

钱学森之问

2005 年，温家宝总理去看望著名物理学家钱学森，钱老对新中国的学术发展有所担忧。钱学森说："回过头来，这么多年培养的学生，还没有哪一个的学术成就能跟民国时期培养的大师相比！现在中国没有完全发展起来，一个重要原因是没有一所大学能够按照科学技术发明创造人才的模式去办学，没有自己独特的创新的东西，老是冒不出杰出人才。这是很大的问题。"这里指的"杰出人才"，在学术成就和科学创新方面要比一般的专家、院士、研究员和大学教授要高很多，接近甚至超过一般的诺贝尔奖获得者。在 2000—2011 年期间，有 20 位科学家获得国家科技大奖。这 20 位科学家获奖时的平均年龄为 82 岁，其中 15 位在 80 岁以上且多有海外留学经历。相比具有应用性的科技奖，国家自然科学奖却在 2000—2011 年期间却空缺 8 次。至于思想家和社会科学家，随着钱钟书、季羡林等老一代大师的逐渐离我们远去，"钱学森之问"更是在每时每刻拷问着每一位有良知的中国人。

2010 年，教育部制定了《国家中长期教育改革和发展规划纲要（2010—2020）》，提出创新人才的培养模式，如探讨教授治校的有效途径、强化大学的章程建设、扩大社会合作办学甚至中外办学、推进专业评价、改革教育质量评价制度和人才评价制度。毫无疑问，这些措施的实施会对中国的人才培养起到极大的推动作用。

不过，从经济学的角度看，教师报酬的普遍偏低却是制约中国人才培养的关键。在 20 世纪 50 年代以前，教师是报酬最高的职业之一，也是最受社会尊敬的职业之一。不管是小学教师还是大学教师，都是如此。由于教师的报酬高，受到社会的尊敬，大量的优秀学子都积极投入教师和科学研究的行业，从而为培养更优秀的学子树立了楷模，创造了条件。经过多代人的努力，终于出现了像梁启超、陈寅恪、鲁迅、杨振宁、李政道、钱钟书、季羡林这样的大师级人物。

自从 20 世纪 50 年代以来，教师的报酬不仅与其他行业的差距逐渐增大，而且逐渐沦落为最不受人尊重的行业。中国社会科学院在《当代中国社会的声望：分层职业声望与社会经济地位指数测量》的报告中显示，小学教师的声望排在第 35 位，远远落后于第 22 位的出纳员、第 10 位的外企经理和第 4 位的工程师，而中学和大学教师的声望排在第 12 位和第 8 位。2010 年，中科院对北京市的 1000 多名中小学生的调查显示，在 9 个未来希望从事的职业中，选择"科学家"的人数居倒数第三，只比工人和农民排名靠前。

在 2012 年 10 月中国科技馆和巴斯夫公司举办的"小小化学家活动"中，对 1383 名 6—12 岁孩子的调查显示，仅有不到四成的孩子意愿当科学家。当高考来临时，选择理工科的优秀人才的比例越来越低，更多的优秀人才都选择经济、管理、金融等实用性专业。在 1999—2010 年的高考状元中，选择读经济管理专业的有 358 位，而选择数学、物理和化学专业的人仅有 142 位。清华大学录取的高考状元占全国高考状元的一半以上，但有三分之一到一半的清华高考状元选择经济管理专业。即使选择了数理化专业，许多理工科的优秀大学生和研究生还会选择公务员，这无疑将降低了优秀科研队伍的规模。

人力资本理论认为，所受的教育水平越高，获得的报酬就会越高。尽管教育和科研系统的教育水平普遍高于其他行业，但是，教师和科研人员的待遇却很低。这就造成了教育的负报酬率。"读书无用论"就是对教育负报酬率的最好提示。在这样的激励机制下，最有天赋的学生都离开了教育行业，投入到薪酬更高、更受人尊重的行业去。曾经在一段时间，我们鼓励最优秀的初中毕业生报考师范学校，以便为小学教育提供最好的师资。但是，作为一个整体，最聪明的学生很少选择教育学专业。在学习教育专业的学生中，考试成绩越好的学生越不可能成为教师。在进入教育行业的人当中，考试成绩最高的人是最可能离开教育行业的人。越来越多的男性教师都离开教师行业，在大中城市尤其如此。2009 年，北京、上海和广州的小学教师中女性所占比例高达 70%，而在贵州、西藏等地区的女性小学教师只占 45% 左右。

这些都证明，中小学教师没有获得足够的报酬。

大学教师和科研人员的报酬低下更是一个普遍的事实。在大学的同班同学中，最贫穷、最不受人尊敬的人，就是进入大学教书或者搞科研的人。学校低矮破旧的居民楼，就是最好的写照。最优秀的大学生早已选择了出国或者进入其他行业，继续留在大学任教或者搞科研的人，或者出于对大学悠闲生活的热爱，或者因为没有获得更好的就业机会。即使有非常优秀的大学生留在大学或者科研机构，但是，他们也是最可能离开大学和科研机构的人。马克斯·韦伯认为，被聘用者"他应该拥有作为大学教员的智力上的信心，或至少得到这一领域中最杰出的同行的信赖，愿意与他共事，这是最重要的，也是最基本的学术要求之一"，这成为中国学术行业的理想。

更耐人寻味的是，中国的高考制度事实上是大学对优秀学生的补贴。进入一流大学的优秀学生只需要交纳很低的学费，而进入三四流的大学却需要交纳很高的学费。一流大学收费低的现实和教师工资的统一制定，意味着更优秀的大学教授和研究人员并不能获得比三四流大学的教师更高的工资。收费低，不仅使一流大学的学生感觉到上学的成本很低和缺少竞争精神，而且也造成大学教师不注重教学，粗制滥造，将大量的时间用在研究或者争取更多的项目上。

薛兆丰曾谈到国内外经济学家处理学术和写作的不同关系时说："在国外，搞经济学研究的教授工资都足够高，只要写充满方程式的论文，对自己的学术上级有交代，就可以过好日子了，用不着分心去写经济散文。但在国内，教师工资低，靠写方程式不够，所以都得接一些课外的培训、讲演、课题研究、媒体约稿等等。"在学生不能自由转学的限制下，优秀学生在好学校得不到很好的教育，优秀教师在低工资的压力下为生存而奋斗，大量的教学和研究资源就这样毫无声息地浪费了。

由于工资较低，教授职位的评定就与工资和福利挂钩，从而使教授职位成为一种谋取物质利益的工具，"本质上是一个赠予其金钱利益和社会声誉的赞助行为"。在大学教授中，尽管"仍有许多人既是许多领域中科学和学术界的带头人，同时也具有完全独立人格的人物。但是，出于盲从而极力追求教授职位的平庸投机者的人数正在不断增加"（韦伯语）。一旦大学职位投机和逆向选择的人增多，那么，大学的学术道德就会遭到削弱。用韦伯的话说，"如果对这种聘用教员时的非学术目的做出让步，特别是偏离应该尽可能任命学术杰出的人这一基本原则的话，那么，最终会导致大学的道德权威的削弱"。

由于把大学职位的评定当作一种物质利益的追求，因此，平庸的、弄虚作假的论文写作就成为一种普遍接受的潜规则。在这样的职位评定环境中，就会出现劣币逐良币的现象，真正的学者可能被压制或者埋没。张五常在《经济解释》（卷三）中评价道："这些年流行的以学报文章数量为准则来决定大学教师的升职，更是悲剧，因为一般是鼓励产出废物。"同时，博士学位授予的低标准，等同于博士学位作为一种商品售卖。将博士论文出版作为专著对待，从而一篇博士论文买到了博士学位和大学副教授的职位。

在德国，获取教授有这样一道程序，"教授资格赋予有专著者，该专著应包含作者在取得博士学位后最初几年的研究成果，这一专著必须比博士学位论文有更大的影响"。[①]为了获得更多的收入，大学还习惯于贩卖各种文凭，高自考学生、在职研究生、在职博士、MBA学位在大学校园内泛滥。"兼职教授"的名号也是满天飞。官员、厂长、董事长、演员、名人都成为大学的兼职教授。周星驰、唐国强、濮存昕、牛群、李湘、赵本山、成龙这些文艺明星都是兼职教授。

这样，大学报酬的低下就产生了其自身的结果，大学教授的社会价值低下，很难培养优秀的学者，同时推动更多的大学教师倒向行政职务，或者离开教育行业。教育部在2008年评定的100位"最优秀教师"中，90位是拥有院长、所长、校长、系主任头衔的教师，只有10位教师没有任何行政职务。

英国学者沃尔特·白芝浩在《物理与政治》中说："如果某一时代任何一种特定的能力受到很多奖赏，那么拥有此能力的人就会成为模仿的对象，缺乏此能力的人就会受轻视。结果是，此能力得到了异乎

---

① [德]马克斯·韦伯：《韦伯论大学》（孙传钊译），江苏人民出版社，2006年，第7页。

寻常的发展，引人注目。"如果"活跃和令人振奋的思想受到尊敬"，那么"活跃和令人振奋的思想者"就会很多，有创造性的人物就会此起彼伏地出现在公众的视野中。富有创新性的思想和意见就会得到自由的交流和传播，激发更多的人追求思想的卓越和优秀，"引领人们就深思熟虑的原则展开辩论或质疑古老的原则"，将人们"从世代相传的习惯和僵硬且毋庸置疑"的传统和迷信中解放出来，服从于证据和推理的理性，实现自由的创造和自由的思想。

在这种氛围中，社会就会对那些"惯于久坐、安静和思考的人"或者那些"被同代人当作梦想家的人"抱有宽容或者鼓励的态度，而不是讥讽或者嘲笑的态度。由于"多数人继承了一种过于急切、过于躁动的天性，不能安静地查明事物；更有甚者，他们还用他们无休止的喧闹'干扰孵蛋的母鸡'，他们不肯让那些希望安静的人安静"（白芝浩语），所以，社会对思想者的宽容或者鼓励就可以减少社会的盲目和冲动，让更多的人在采取行动之前进行事先的研究，收集大量的信息和发挥穿越时空的想象力。在这样的自由思想、尊重自由研究的时代中，思想的土壤就会生根发芽，大师级人物就会破土而出。

中国有很多优秀人才，但他们都离开了教育行业。不幸的是，教育行业又是培养各级人才的地方。没有优秀教师的多层次努力，优秀人才很难被发掘出来。即使优秀人才被培养出来了，教师和科研系统的报酬低下，得不到社会尊重，最终与优秀人才失之交臂。没有优秀人才热爱科研和思想，大师级人物就很难出现。"钱学森之问"原来就是一个经济学问题。大力提高教师的工资和社会待遇，严格教师的选拔，强化教育的市场之路，也许是破解"钱学森之问"的关键。

[2012 年 8 月 23 日]

消费储蓄券

在美国，曾经在 1896 年至 1990 年期间流行过一种消费储蓄券（saving stamps）。印制消费储蓄券的公司是专门机构，发行储蓄券的是超市和零售商店。凡是在超市和零售商店购买东西的人，都可以获得储蓄券。消费者可以将这些储蓄券积累起来，贴在一本定制的手册上，在积累到一定数量的储蓄券后到印制消费储蓄券的机构换取各种实用物品。在赠送消费储蓄券的压力下，许多不赠送消费储蓄券的商店都面临竞争不利的局面。但是，超市和零售商店为什么不选择简单的打折而采取消费储蓄券的行销行为呢？张五常曾在《经济解释》中对这一现象进行了描述，但却说："我想不出解释，但听过的解释无数，皆不成理。"

其实，在中国的经济生活中，也存在类似的消费储蓄券的情形。有的商场规定，消费满 200 元的消费者可以将票据在商场门口换取小件物品。有的餐馆规定，消费 200 元可以获取下次免费消费 50 元的餐券。有的旅馆规定，消费 6 次以上可以免费住一晚上。根据英国《每日邮报》在 2013 年 5 月的报道，一位家庭主妇利用儿子收集的优惠券和打折信息，用 1.62 英镑的现金购得了 105.88 英镑的商品，以至于这个家庭的每周开销从 120 英镑降低到 10 英镑。

这些消费储蓄券都是公司内部的行为，相当于折价。之所以商家没有采取直接折价的方式，或者是为了逃税（收据换取物品），或者刺激消费（免费券），或者刺激重复消费。从消费者的角度看，将销售价格与免费物品分离开来，消费者获取的是意外惊喜之物，而不是商品价格的降低，从而有助于企业更好地掩盖商品的真实价格信息，防止竞争对手采取价格战的方式。

但是，美国的消费储蓄券，对任何商场都适用，印制储蓄券的机构显然不是鼓励消费者逃税。对于商场来说，有一个机构免费提供消费储蓄券，事实上等于向商场提供了价格补贴，免却了商场采取折价销售的损失，促进了销售。自然，商场愿意按照销售额的多少代发消费储蓄券。对于消费者来说，在一家商场购买商品还能得到另一家机构的购买奖励，当然是降低了购买成本。问题是，印制消费储蓄券的机构从这些交易行为中获得了什么呢？

显然，印制消费储蓄券的机构从消费者那里获得了消费信息。如果消费储蓄券的发放是按照购买金额计算的，如同邮票一样的话，那么，消费者每次的消费信息就明白无误地传达给了印制消费储蓄券的企业。这些企业就会将消费者的消费金额、每月采购次数、消费地点等信息进行统计归纳和整理，从而计算出各个商场的消费者分布群体和消费市场的厚度。这些信息对于超级市场、股票投资者、信贷机构都具有重要的价值。可能的情况是，印制消费储蓄券的机构会印发大量的消费信息，从提供的信息中获取收入，代价当然是鼓励消费者提供消费储蓄券的兑换商品。

但问题是，如果这种提供信息的方式有效，为什么消费储蓄券在持续如此长的时间后衰落了呢？显然，这与美国的计算机革命有关。随着个人计算机在 1980 年代的大规模使用和互联网在 1990 年代的推广，获取信息的成本急剧降低。绝大多数超市和商店只需要购买简单的统计软件，就能计算出消费者购买的频率和消费金额。支票和信用卡的普遍使用为锁定同一消费者的消费频率提供了有利的条件。同时，超市内部处理信息还有助于防止消费信息的外露。这样，销售信息的内部化处理就削弱了印制消费储蓄券公司的信息处理功能。同时，信息的网络传递也可以促使印制消费储蓄券的公司直接以低成本从超市和零售商购买相关信息进行处理，不需要再通过开办昂贵的店铺和提供产品的方式来间接获取信息。

从美国消费储蓄券的发展历史可以看出，消费者信息具有很大的商业价值，但获取消费者信息的方式是受到信息成本限制的。最终，以低廉价格获取消费者信息的互联网取代了免费赠送商品获取信息的方式。随着国际贸易在 1970 年代之后取得巨大进展，大量廉价外国产品涌进美国，大量的折价商店和廉价超市开始崛起，商品折价的方式最终取代了消费储蓄券获得折价商品的方式。因此，信息费用的降低，对消费者、超市和其他企业都会带来新的选择。新的创新机制会出现，传统的经营机制会趋于消失。消费储蓄券的演化就说明了这一点。

[2012 年 9 月 3 日]

传统的消失

我们生活在传统正在消逝的时代。村庄在消失，祖坟被挖掘，校园在撤离，旧楼被改造，老厂在搬迁，社区在模糊。挽救传统、弘扬传统的余音袅袅，也依然抵抗不住传统的沦陷。记得在 19 世纪中叶，当东西方文化首次大规模碰撞时，保守主义者惊呼，"数千年未见之大变局"来临了。其时，除了混乱和饥荒外，没有什么真正的大变局发生，传统依然根深蒂固。从 20 世纪的后半叶起，中国社会才真正开始发生了巨变，从传统中分离出现代来。美国汉学家谢德华（Edward Steinfeld）在《中国的逻辑》一书中甚至将这种巨变解读为"一场天翻地覆的革命"。

所谓传统，就是拥有共同文化和风俗习惯的人，长久地生活在一个固定地方的习惯。俗话说，习惯成自然。一旦人们共同生活在一个相同的文化氛围中，共同的学习、教育、友谊、娱乐、工作、对土地和社区持有的强烈情感，就会在人们的记忆深处打下永恒的烙印，形成人们幸福生活的源泉。人们的幸福感觉不仅与他们过去的成长经历和收入变动有关，而且也与人们对周围生活的感觉有关。随着时间的流逝，这些幸福的记忆就形成思维习惯，构成生命的一部分，用于评判和体会生活中的点点滴滴。美国大法官霍尔姆斯（Oliver W. Holmes）曾说："你自己享受和使用了很长一段时间的东西会在你身上扎根，如果被拿开就会遭到你的反感，并且会竭尽所能来保护你自己。"

如果说习惯只是个人行为和思维方式的模态化，那么，传统则是众多个人习俗的模态化。好的习惯得到模仿，坏的习惯遭到排斥。所受教育越少，模仿社区中最成功人士的习俗就越强烈，排除异己或者否定不同习俗的倾向也越强烈。当任何怪异的行为都被当作对所有的人的习惯有所损害时，这种怪异行为就会受到极度地排斥。所以，19世纪英国学者白芝浩（Walter Bagehot）就说："允许对传统风俗习惯的偏离会成为明显的荒唐事。那是对最大多数人幸福的牺牲。那是允许某一个人为了片刻的欢乐或愚蠢的奇思怪想而给所有人带来不能挽回的可怕灾难。"

当生活的点点滴滴沉淀起来构成生命的一部分时,习惯和传统就为我们生活的稳定性提供了不可或缺的港湾。我们并不是每天都在构建我们的生命,折磨我们的情感,不断地调整自己的习惯和传统。当传统与我们拥有的工作、住房、配偶和朋友结合在一起时,传统的根就扎得更深,人们的归属感就会越强烈。在某种程度上说,习惯和传统构成了我们的很难割舍、视若珍宝的情感资产。在强大的习俗保护下,传统的社区没有革新,也不容忍任何标新立异的穿戴与行为。

要使传统得到继承和发展,就需要固定的人群长久地生活在固定的地方。在这些固定的地方,日久天长也会诞生出友情和亲情。科幻小说家阿西莫夫在回忆录《人生舞台》中说:"一种因习惯和互相接近而产生的友谊只有在那些正好意气相投的人之间,或者在学校或军队这种人为的环境以外,曾经患难与共的人之间才可能存在。"确实,这些相互照顾和相互关心的人,往往结成了深厚的友谊,家乡之情就是表征。只不过,这些亲密的友情不是出于自我的选择,而是基于传统的惯性和地理上的接近。任何固守传统的人都不适合相互之间的理解和宽容,更不利于公民意识的提升和社会活动的参与。

改变个人的习惯已经很困难,要想改变传统则更加困难。那些改变我们传统的人,首先就遭到绝大多数固守传统的人的反对。当地位、尊重、尊严和道德勇气都来自传统时,人们就越是有动力去固守传统。对于固守传统的人来说,任何传统的变动都会是他们的净损失,生活的内在稳定和情感的安全都受到威胁。由于对传统消失的恐惧比较强烈,人们就会采取一切措施来打击甚至消灭那些改变传统的人。那些强烈支持改变传统的人,或者是缺乏强烈传统情感的人,或者是拥有某种新的传统的人。这两种人在任何一个传统社区都不可能是主导性的力量。力量较量的结果,或者是强烈支持改变传统的人被赶走,或者这些人成为传统的强烈捍卫者。"破四旧"之后依然是传统的盛行。

在传统城市的单位所有制中,每个单位都是一个独立的庄园,四周建有高高的围墙与栅栏。围墙里面有工厂、诊所、住宅、小卖部、商店、食堂、幼儿园甚至小学校。除了接受上级的指令外，每个市民的住房、医疗、工作、生活、出差、物品发放、结婚甚至儿童的上学，都与单位紧密地联系在一起。如果没有升迁或者意外的政治事故，市民们就会老死在这个庄园里，他们的亲属和子女也会在那里继续工作和生活。在这个没有流动的环境中，同一单位的市民们因为生产和生活的需要，互相帮助，形成了浓厚的单位和邻里情结。他们熟悉单位里的每一个人，知道每一个人的恋爱、婚姻和家庭的变动。

在中国，城市传统改变的动力不是来自政府的宣传，而是来自生产和工作区域的改革。在异域文化的影响下，人们的生活聚集区域也发生了根本的改变。随着民营企业和外资企业在国有企业周围萌芽和发展，庄园内的工人就开始在民营企业和外资企业工作。城镇居民在国营单位上班的比例从 1978 年的 80%下降到 1990 年的 60%和 2007年的不足 25%。随着人们在庄园外买房和生活，邻里的互惠交换更多地为市场交易所取代。原来的庄园开始向外地人和外单位的人出租或者出售大量剩余的房屋，公共租赁房屋制度逐渐为商品房买卖制度所取代。随着庄园内外工作的分化，随着人们的不断搬迁，庄园内的传统习俗逐渐式微。曾经生活和工作过几十年的邻居已经分散在城市的各个角落，甚至搬迁到其他城市或者国外。

诚如谢德华在《中国的逻辑》一书中所观察到的，伴随着工作单位制度的消失，城市居民之间"不再是同志似的内向型关系，也不是在国家工作单位的有形界限和严格等级体系中相互竞争，而是我们非常熟悉的那种关系类型：街坊邻里之间的关系以地域为基础，利益、爱好和宗教相同的人之间的关系在地理上比较分散，与工作中的同事或合作伙伴之间的关系也同样不具有地域性。这是一种外向型的社会互动"。居住在自己周围的邻居更多是不断变迁的陌生人。中国在 2000年有 360 万个自然村，但到 2010 年时只剩 270 万个自然村。随着 2亿农民进城打工，全国每天消失的自然村多达 80—100 个。当这些拥有各自独特风土民情的农民融入生活习俗和传统迥异的城市时，那些黏附着辛酸往事和快乐记忆的乡村，就只能尘封于自己的记忆中，隔绝于城市之外。

　　这样，城市居民的交流圈子不再局限在单位或者生活区域的少数人，而是分散在整个城市或者整个国家中任何可能会发生交流的人。当社会具有高度流动性时，传统得以保存的要件就开始消逝了。这些依靠传统而聚集在一起的人就开始分化了，开始去寻找自己理想实现的地方。在这种不受约束的自由迁徙、自由工作和自由生活的环境中，自愿交流就取代了传统的地域限制，充满实惠的服务就取代了传统的管制，规则取代了模糊的互惠习惯。伴随着人们在城市的高度流动，大量的传统社区早已被拆迁，新的社区高楼不断拔地而起。在摩天大楼和四通八达的高速公路网络中，人们的传统记忆早已被破坏得干干净净。农村自给自足的小农经济和城市的庄园经济都在民工的大规模流动和民营与外资企业的蓬勃发展中不断蜕变。只是饮食、口味的不变性，还暂时把人们聚集在一起。现代已经生根发芽，立即显示出无穷的魅力。传统也因此节节败退，带着些许的哀号。

　　冯骥才曾对民俗文化的消失颇为感伤："深不见底，浩无际涯的传统村落文化是一本厚厚的书，需要子孙后代细细品读方知其中的美妙所在。但遗憾的是，曾经近在咫尺的厚重的书，还来不及翻阅，就已经永远地消失了。"当我们在感叹农耕文化传统不断消失的时候，不知道几千年前的游牧先民甚至采集狩猎先民是否在感叹他们的游牧和采集狩猎生活为农耕文化所取代，是否还钟情于树叶遮体、钻木取火甚至寄居山洞。新兴的农耕文化如此彻底，以至于我们只能在边远地方甚至书本的记忆中知道人类曾经存在过旧石器时代和新石器时代。在乡村生活的人，很少有愿意返回到游牧、采集狩猎的旧石器时代和新石器时代。传统就在生活中不断被改造，也不断消失，留下文人墨客深深的感伤。在《妻子是什么》一书中，美国作家安妮·金斯顿说："对传统的呼应是一个商业上的妙举，因为它其实含义模糊，有很多等待填充之处……这种所谓的传统是一种人为制造出来的时髦观念，其用处在于提供一种似乎很稳固的幻觉，填平因为缺失了过去而形成的鸿沟。"

　　当一个社区居住着来自数百个地方的人时，要想保持每个地方的传统是何其艰难。随着教育水平的提高和视野的开阔，个人模仿的对象和习惯就会趋于多元化，宽容就会得到发展，社区的传统习惯就会趋于解体。为了生存和交往，这些具有不同文化传统的人就必须找到共同生存的准则，努力减少不同文化传统所带来的冲突。这些共同的准则就是求同存异，甚至求同去异，有助于更大群体生存的成功行为就会逐渐形成新的习惯和风俗。

这样，在高度流动性的群体和分工合作与竞争的社区中，我们就会看到，一种新的文化就逐渐诞生。在这种充满着宽容、公平、开放、信任的文化中，人们不仅将自己的幸福生活与邻居相联系，而且与更广泛的人群联系。工作和生活区域的分离，工作单位的高度流动性，迫使城市居民更加关注工作单位以外的事情，更加关注生活区域的安全与健康，也关心工作地与生活区域之间的一切。公民身份、民族自豪感甚至世界公民都是其自然的延伸。但是，如美国政治学家塞缪尔·亨廷顿所指出的，当流动性受到限制时，人们就会在地区、种族或者族群之间形成特有的偏见。这在语言、宗教、文化传统差异较大的群体之间更加明显。当资源高度有限、经济长期停滞或者社会分配极度不均时，生存的需要就会造成群体之间持续不断的冲突，社会的稳定性就会瓦解，社会的分裂就可能出现。

传统社会是由彼此相似的家族依靠共同的信仰和情感所构成，每个人都是社会的缩影，单独的财产权是不存在的。随着社会的产业和职业多样化和分工的发展，个人的财产权利和社会地位就会逐渐被置于优先地位，具有集体性意识的家族也趋于解体。当契约关系伴随着社会分工的扩大而不断增多时，陌生人之间的联系就得到强化，而家族内部的联系就会被削弱。这就要求建立和强化新的法律规范，以便减少社会的冲突和不同的群体可以共存。在那些社会分工不断发展和产业多样化的社会，如果新的法律规范和职业群体规范得不到建立和完善，大量的冲突就必然发生。这些冲突包括契约得不到遵守，诈骗随处可见，抢劫和谋杀的事情时有发生，群体罢工和示威也得以滋生，更强有力的暴力冲突也会发展起来。这就意味着，社会分工的发展通过个人主义的形成而使传统社会趋于解体。在《社会分工论》一书中，涂尔干认为，社会分工的增长和职业的专门化发展培养了个人才干、能力和态度的多样化。涂尔干说："总的来说，要求我们专门化的训诫似乎从哪个方面来说都与要求我们遵循相同理想的训诫相抵触。"

由于缺乏传统对地位、家庭背景、消费和社会尊重的支持和限制，每个人都会努力追求财富与物质成功，以展现自己的与众不同。在这种追求成功的氛围中，懒惰或者不工作的人就会被看作是一种耻辱，而努力工作的人则将被看作具有自尊、雄心、个人主义精神和竞争意愿的道德优胜者。随着新来的和新出生的人不断增多，竞争性越来越强，新的道德规范也就会逐渐形成。所有的劳动都是值得尊敬的，人们也许会逐渐意识到这一点到并贯穿在自己的言行之中。

第二章

人性与道德

> 对人类本性而言，新观念意味着一种极大的痛苦。一般人会说，新观念"令人苦恼"，它令你认为你最珍爱的看法可能是错的，你最坚定的信念可能没有根据。无疑，你的头脑中一直没有给令人吃惊的新事物留有余地，现在它打开了一个缺口，你并不是马上就知道你的旧观念中有哪些将会或不会被扔出去，哪些可以与新来者调和，哪些又与之根本对立。因此，很自然，一般人憎恶新观念，多多少少倾向于粗暴地对待带来了新观念的、有创造性的人。
>
> ——沃尔特·白芝浩《物理与政治》

自私和利他

微观经济学有一个道德学家和政治家不太喜欢的基本假设，那就是每个人都是自私的人，都是在理性的算计下追求自己个人幸福和快乐的人。没有一个政治家会喜欢经济学家说，政治家实施的货币政策、财政政策或者外汇政策是基于政治家的利益集团或者政治家的家族利益所做出的决策。即使有大量的政府官员利用政策的设计来谋求私利，经济学家也在宏观经济学中假定，任何财政政策和货币政策的实施都是基于政府的"以天下为公"的无私行为。奇怪的是，凡是在那些提倡无私奉献的国家都存在政府官员的严重贪污腐败行为，凡是在那些认定政府官员也是自私的国家都拥有廉洁高效的政府。

经济学家力图强调自私的自然属性，将每个人都视为单纯生物学意义的个体。美国专栏作家罗伯特·弗兰克说："狭义的自利模型怂恿我们对其他人做最恶意的揣测，反过来又带出了我们自己最大的恶意。"欺骗、偷盗、胁迫、谋杀、屠杀就充斥于历史之中，人类残忍的自私本性暴露无遗。人类区别于其他动物的关键之处在于，人类的社会性具有多面性和广阔性。自私的社会属性是指自私的个体被置于家庭、企业、社区、氏族、家族、城市、国家等更大的社会群体环境中所显示出来的特性。亚洲和非洲的两只蚂蚁可能没有任何社会关系，但是，亚洲和非洲的两个人却可能因外星人入侵、饥荒、战争、贸易或者文化交流而联系起来进行相互协作。从概率而言，也许每个人有80%的机会体现个体的自我，15%体现的是家庭的自我，4%体现的是集体的自我，0.8%体现的是国家和社会的自我，0.2%体现的是人类的自我。个体的自我和家庭的自我都是本能性自私的表现，而集体、国家、社会和人类的自我体现的是社会性的自私和社会性的利他行为。群众运动的发生、恐怖分子的狂热、爱国主义的热情、家族复仇、国家之间的你死我活的斗争，就是如此。经济学家戈登·图洛克（Gordon Tullock）曾说："从狭义上说，普通人95%都是自私的。"只有意识到人类自私的多层次性，我们就可以知道，作为核心个体的自我，一旦被置于不同的环境中，就会充分地显现出集体的自我、国家的自我甚至人类的自我层面，如同情、仁慈、慈善、利他等这些"超越于人类个体及生物本性的优秀品质"（马斯洛语）。斯密认为，同情心是基于人的自爱，"一种对光荣崇高的爱，一种对伟大和尊严的爱，一种对自己优秀品格的爱"。这正是神学家、国家主义者或者人道主义者所极力倡导的。因为他们坚信，"对善的偏好深深植根于人类本性之中"（培根语）。

尽管经济学家将自私当作"人类本性中最原始和最普遍的力量和冲动"的核心组成部分，但是，社会性自私的本质就在于将有价值的物品和思想归于自己，而将无价值或者负面价值的物品和思想归于他人。问题是，价值涉及社会制度和文化系统，注重金钱的社会不同于注重道德和伦理的社会。这样，自私的个人至少部分是国家制度和社会文化演化的结果。这就意味着，自我本性的显现高度依赖于社会文化环境。传统文化习惯于将个体的自我部分的自私当作恶的源泉，而将集体的自我、国家的自我甚至人类的自我部分当作善的源泉。原因是环境的高度不稳定性需要克服个体的自我部分而凸现其他的自我部分，个人活动的空间就会存在空间弯曲。一旦社会和文化环境具有高度的稳定性，那么，凸显个体的自我部分就成为理所当然的事情，个人活动的空间更多的是平面的、无阻力的。

科斯说："在家庭或同事好友之间，仁慈或爱，可能是主导型的，至少也是一个重要因素，但正如斯密所阐释的那样，在面对陌生人时，它们所起的作用微乎其微，甚至根本没有。"[①] 斯密认为，种族的延续和繁衍使"父母对子女的亲情比子女对父母孝顺的感情更加强烈"。从获得情感收益的角度看，子女、父母、兄弟姐妹、血缘亲属、非血缘亲属、亲朋好友、邻居与同事、同一社会阶层和团体的人、同一国家的人，是按照收益递减方式排列的。汉密尔顿（W. D. Hamilton）认为，在原始人群中，利他行为可能仅限于血缘个体之间。只是随着群体的扩大和社会关系的稳定，我们才将利他行为扩展到非血缘个体。花费同样的资源，我们肯定最先帮助排序靠前的人。随着情感收益在陌生人群中的急剧降低，斯密认为，陌生人群之间的交流就主要依靠市场中每个人的自利动机来进行交换和劳动分工，最大限度地实现自己的利益。这样，人是自私和利他的多面体，在做生意时表现出极度的自私，但在对待熟人时却极度慷慨大方甚至乐善好施。

不过，家庭成员之间的利他主义也包含功利因素。经济学家安德烈·施莱弗（Andrei Shleifer）等人的研究结果显示，如果希望得到一笔遗产，成家立业的孩子更可能回家看望退休的父母，但孩子必须是

---

① [美]罗纳德·H. 科斯：《论经济学和经济学家》（罗丽君、茹玉骢译），上海人民出版社，2010年，第135页。

两个以上。在比较极端的意义上，加里·贝克尔甚至认为，家庭是一个合伙企业，组建起来追求共同的利益。

即使在陌生人之间，人们也乐善好施，美国每年大约 3000 亿美元的慈善捐款和大量的无偿义务活动似乎就是明证。为了验证利他主义动机是否存在并了解其强弱，经济学家采取课堂实验和观察的方式进行了深入的研究。某人将 20 元钱在两个匿名的人中间任意分配，条件是甲可以分给乙 20 元钱以内的任何数目，但乙可以拒绝或者接受。如果乙拒绝，那么甲乙两人将两手空空。这叫做最后通牒博弈或者强迫给予游戏。在甲有分配权和乙有拒绝权的情况下，甲通常会分配给乙可接受的 6 元钱，而分配少于 3 元钱时乙通常会拒绝。这个实验实质上是两种权利在博弈中分享一定金额的战利品，而且受到实验者的监督，与利他主义无关。如果乙没有拒绝权，甲在实验教师监督下选择两种分配方案之一：每人平分 10 元或者甲留 18 元而分配给乙 2 元。这叫做独裁者博弈。在实验者的监督下，甲选择平分的概率为 75%。这个结果在坦桑尼亚的原始狩猎族群、巴拉圭的阿契土著部落、蒙古西部的蒙古族和哈萨克族的 15 个较小规模的社会群体中都得以证实，似乎显示了利他主义倾向性的普遍性。其实不然，这个实验显然隐含了部落和族群的声望代价，并且受到霍桑效应的被观察对象受到监督者的影响。如果对独裁者博弈进行修改，允许甲给予乙任何数目的金钱，而乙没有任何拒绝的权利。实验结果表明，甲平均给出 4 元钱。实验经济学家宣称，这些实验强有力地证明了人类的利他性，颠覆了有关经济人的传统阐释。

显然，这种断言人类天生就具有乐善好施的利他主义本性的实验，忽视了这种社会实验与自然科学实验的根本区别。在自然科学中，除非涉及微观领域，否则，实验者不会对物体的运动施加任何影响。但在这种社会实验中，不仅实验者会对实验对象施加影响，而且实验对象还要对实验者施加影响，以便减少实验者对实验对象的文化和制度的负面印象。不可忽视的是，对捐助的 20 元钱进行分配，并没有考虑到实验对象自身收入和地位的影响。例如，对于地面上的 1 角钱，在人均月收入只有 20 元的 1980 年代，绝大多数中国人都会将其捡拾起来归为己有。在收入较高的 2010 年,在人均月收入高达 2500 元的 2010 年,很多中国人就不会费力捡拾 1 角钱。如果人均收入到 2030 年达到 1 万元,那么,绝大多数中国人可能不会费力去捡拾 1 角钱。经济学家约翰·李斯特就沿着这条道路继续进行经济学实验,发现绝大多数利他主义的实验都是缺乏根据的,在实验室中得出的结果在现实世界很难站得住脚。

李斯特首先设计了一项买卖珍藏的棒球球员卡的实验。实验规则是,顾客首先从李斯特设定的 4—50 元的价格中选择一种,然后球员卡卖主根据顾客报价给出一张与报价相当的球员卡,然后顾客和卖主形成 5 个组合,交易五次。在李斯特的监督下,卖主通常会给出相应价值的球员卡,即报价与球员卡的实际价值的差距非常小,顾客与卖主之间相互信任。但是,一旦脱离李斯特的有形监督,让顾客与卖主直接交易,情形如何呢?尽管试验规则要求顾客出价 20 美元或者 65 美元和卖主将价值最高的相应卡片卖给顾客,但是,实际交易结果是,销售商不断欺骗顾客。一旦知道顾客的报价,销售商充分利用信息不对称性进行交易,总会寻找价值低的球员卡出售给顾客。而且,来自外地的销售商比本地销售商欺骗顾客的次数更多,因为本地销售商还有维持自己的声誉需要或者担心遭到顾客的报复。这个实地实验与人们的观察相吻合:旅游城市的商店更习惯于欺骗旅游者,出租司机经常对外地人多收费和绕行,流动商贩比固定摊位和商场更习惯于高价出售物品或者欺骗消费者。

然后,李斯特重复了独裁者博弈,发现 70% 的甲会给乙平均 25% 的战利品。李斯特进一步修改了独裁者博弈的规则,甲可以分配给乙 20 元内任何数目的钱,并可以从乙处额外拿走 1 元钱。结果显示,只有 35% 的甲会分配给乙一些钱,45% 分文不给,还有 20% 的人则从乙处拿走了 1 元钱。第三个规则是,甲被告知乙也得到 20 元钱,甲可以分配给乙钱,也可以将乙的钱全部拿走。这个实验显示,10% 的甲分配给乙一些钱,超过 60% 的甲从乙处拿钱,甚至超过 40% 的人全部拿走了乙的钱。第四个规则改为,甲和乙都靠自己的辛勤工作挣钱 20 元,然后进行分配或者拿走全部的钱。实验显示,2/3 的甲不分钱也不拿钱，28%的甲从乙处拿钱。显然，分配他人无私捐献的钱与分配劳动挣来的钱之间是存在根本区别的，因为前者不存在任何损失，后者涉及劳动的耗费。正如柏拉图在《理想国》中所说："赚钱者爱自己的钱财，不单是因为钱有用，而是因为钱是他们自己的产品。"如果这些实验成立，那么，当政府拥有对税收的任意支配权时，政府可能会尽量增加公款消费而减少民生支出。

即使李斯特的实验否定了利他主义的普遍性，但仍然未排除实验者的监督影响、密切监视行为和制度文化因素的作用。特别是，在实验背景下，实验室助长了一种强迫性配合的倾向，模糊了人们的真实行为与动机。选择性偏差的存在也有一定的影响，因为参加实验的人多是大学二年级的学生，具有更多理想的成分。相反，不愿意参加实验的人，更多地显示了自私和欺诈的成分。例如，政府官员、公司老总、影视界明星都不愿意参加涉及内在本性的实验，更不愿意透露出任何有关自私的秘密。

实际上，人们的利他主义行为表现，更多的是一种社会交往的信号。这是通过慈善捐款、助人为乐、帮助他人来获得更大范围的报酬和社会交往的互惠行为，社会和政府也通过奖励这些利他行为来增强社会的稳定和强化统治的基础。在人人都具有自私本性的假设下，遗产税可以增加个人的慈善捐款，减少社会财富的高度集中。在美国，遗产税的绝大部分收入来自1000万美元以上的遗产，而遗产税的个人起征点在2009年为350万美元。据估计，遗产税导致慈善捐款每年增加150亿美元。相比之下，中国没有遗产税，富人慈善捐款的动机也很弱，贫富差距在短短几十年内增长很快。因此，单纯地不考虑任何社会因素和利益的怜悯和同情的仁慈之心是罕见的。偶尔的一时冲动的帮助他人，如给乞丐钱，或者顺手搀扶倒在地上的人，都没有稳定的基础。恰恰在这一点上，孟子提出的仁政学说，希冀利用人们的仁慈之心来改善社会，是最靠不住的学说。

经济学家塞萨尔·马蒂内利（César Martinelli）和苏珊·W.帕克（Susan W. Parker）曾对墨西哥的10万名福利补助接受者的资料进行过深入的分析。这两位研究者发现，福利补助申请人往往会少报汽车、卡车、摄像机、有线电视和洗衣机等财产，以便让自己的财产状况看上去比实际情况更糟，从而获得申请表得到处理和接受并最终获得福利补贴。但是，在申请表中，福利申请人也会虚报室内管道、自来水、燃气炉、水泥地板等没有的财产。这两位经济学家认为，这是福利申请人的羞愧之心在作祟。即使穷困潦倒申请福利补贴的人，也不愿承认地板肮脏和没有卫生间。看来，在申请福利补贴时，申请人还是想尽一切办法，包括虚构的办法来维持自己那么一点人的尊严。"羞耻之心，人皆有之"没有错，但是，依靠羞耻之心来决定福利补贴的多少显然是行不通的。例如，中国冒领社会保险的人数从 2008 年的 3 万人增加到 2011 年的 6 万人和 2012 年的 7 万人，冒领金额从 2008 年的 6970 万元增加到 2011 年的 9475 万元和 2012 年的 1.18 亿元。

因此，除了人的本能自私外，社会性自私和社会性利他的分布受到群体互惠性、群体之间的冲突、制度文化传统和血缘关系远近的影响。也即是说，人的自私和无私都是受到所付出代价和所获得收益的影响。当群体之间的冲突激烈时，群体内部的利他主义倾向明显增强。这尤其表现在国家之间的战争、阶级斗争和政党斗争剧烈时期。每当战争爆发时，爱国热情都会瞬间高涨；每当阶级冲突剧烈时，阶级内部的兄弟之情就会爆发；当党派争斗火药味十足时，党派内部的团结合作就会强化。看到了这一点，政治家就习惯于通过操纵战争、阶级斗争或者党派斗争来强化内部的合作。但是，当群体内部的斗争激烈时，群体成员的社会性自私就会急剧增加。赵鼎新在《东周战争和儒法国家的产生》一书中认为，春秋战国时期频繁的低烈度战争和贵族之间的争斗推动了社会自私的发展。在专制政府的社会，官僚之间的激烈竞争进一步推动了官员的功利主义倾向。诚如马德在题为《扭曲》的短文中所说："再从容优雅的生命，久浸淫于阴森与阴险，倾轧与排挤，权谋与争斗，也会被扭曲到面目全非。"这意味着，人的功利主义倾向是与社会的激烈竞争程度密切相关的。

与市场的产品多样化的竞争机制相比，政治领域的竞争多是对同一政治权力的竞争。这样，市场经济不发达的政治和经济领域会表现出更多的功利主义倾向或者社会自私的本性。在英国，每年都有近

6000 人需要肾移植，但只有 1200 人进行了肾移植手术。在美国，2001 年有 2.3 万人接受了器官移植，但需要器官移植的人却有 7.58 万人；在需要肾脏移植的 4.43 万人中，只有 1.3 万人接受了器官；2009 年有 8 万人等待肾移植手术，但只有 1.6 万人获得肾移植手术。在中国，2008 年有 150 万人需要器官移植，但器官捐献者只有 104 人，加上死囚器官捐献者达到 1 万人。全球需要紧急器官移植手术的患者与捐献人体器官的数量比例为 20:1，在中国为 150:1，而在发达国家为 5:1。没有利他和博爱，如卢梭所说，"自爱精神与人们对除自己之外的世界漠不关心程度同比例地增长"。

我们这些理性的人，都会根据具体环境中的利得与损益进行权衡，做出最合理的决策和行为，包括自私与利他的选择。例如，人们的拾金不昧行为不仅仅依靠政府和道德的宣传，而是依靠大量的切身体会。当丢失的东西都能以很大的概率回到我们身边时，我们在捡到他人遗失的东西时，必将以同情的心态对待失主，返还遗失之物的概率很大。但是，当我们遗失的东西以很小的概率回到我们身边的时候，我们必然经常处于绝望之中，愤恨之情油然而生，返还遗失之物的动机就消失了。在经济学家看来，道德都是建立在利益基础上的。与一般的直接交换不同，道德的良好功用是实现间接的、长远的、非对称的利益交换，从而建起生活的安全阀。怜悯、同情都主要是针对弱者，是因为每一个希望自己成为弱者时会受到怜悯和同情。一旦这一长期的间接的互惠功用消失了，道德也就瓦解了。

不仅每个人的自私和利他的分布受到利益动机的影响，而且利他主义群体的大小也具有一定的周期性。美国经济学家赫什曼（Albert O. Hirschman）在 1982 年出版的《转变参与》（Shifting involvements）一书中认为，作为支配人类行为的利己动机具有很强的周期性。随着收入的提高和资产积累的增多，炫耀性消费开始占据主导地位，人们开始体验到生活的失落感。辛勤努力的工作也很难维持社会中的相对消费地位，慈善捐款和自愿的公益活动减少。部分不堪重负的消费者或者具有清醒头脑的人，开始提倡脱离炫耀性消费的竞赛，从公益活动中寻找生活的满足感。此时，知足常乐、简单生活、回归自然、悠闲的口号就会不绝于耳。这样，利他主义的人群开始增加，道德赞许和社会荣誉鼓励人们的无私奉献。但是，随着越来越多的人参与公益活动和进行无私奉献，高尚行为的炫耀性竞争开始发挥作用，道德标准得以提高。许多人开始感觉到无私的奉献并不能带来心理和道德的满足，于是，追求自我利益取代公益活动就成为新的偏好和时尚，利己主义和利他主义的循环就开始了。赫什曼认为，美国这类循环的平均时间大致是 20 年。在中国，这类循环的周期可能更长。

美国经济学家史蒂文·列维特认为："'利他主义精神是否是人类的天性'这一问题，是一个不恰当的问题。人不是'好人'，也不是'坏人'。人就是人，刺激之下，人会做出相应的反应。"如果硬要对人的本性进行区分，在本能自私外的狭小空间中，社会性自私和社会性利他是不断演化的。其演化程度受到社会的互惠性、群体之间和群体内部的斗争以及制度文化的制约。当人们的仁慈、同情、帮助他人的道德情操总是得到社会的赞赏并形成长期互惠时，当税收"取之于民，用之于民"时，人们会表现出更多的利他主义倾向。因此，经济学认为，与其利用不可靠的、时有时无的利他主义精神，不如充分激励每个人的自私本性，通过分工和交换实现社会的发展。

经济学让人更自私吗

在一次课下，一位爱思考的同学提出这样的一个问题：经济学让人变得更加自私吗？起因是这样的。这位同学与其他四位同学去吃自助餐，他们一起去取所需要吃的全部食物，结果导致所取的食物量超过了能吃的数量，造成食物浪费。这位同学学过经济学，知道每个人最了解自己的需求和偏好，按照自己的需求和偏好去取自己所需要的食物数量和种类，就会不造成食物浪费。这位同学的疑惑是：如果他向其他同学提出分开取食物的建议，人们就会说他自私，不考虑同学的集体行动乐趣。为了集体行动的乐趣而浪费食物的事情，让他感到非常心痛。

　　这是一个普遍的问题。每年，中国人在餐桌上的食物浪费就高达2000亿元以上。这些食物浪费绝大部分都是群体聚餐的结果。公款吃喝、生日酒宴、结婚酒宴、会议酒宴的浪费更是惊人。在集体行动中，人们得到的是乐趣，浪费的是食物，忘掉的是很多人的食不果腹。

　　其实，经济学专业的学生是否更加自私的问题，也一直困扰着经济学家。主流经济学教导我们说，任何追求自身利益最大化的行为都是合乎理性的，而且，任何人的行为都是自利行为。由于大量的经济学教材和经济学课堂都宣称，任何人的行为都是基于利益计算的自私行为，因此，长期接受经济学熏陶的学生，就会更加有意识地在生活和工作中进行利益计算。在日常行为中，这些人就会表现出更多的经济人特征。按照社会的标准，这些人就会表现得更加自私、吝啬、贪婪、善于欺诈，更加不愿意合作。

　　1993 年，美国经济学会主办的《经济学视野期刊》发表的一份报告指出，学习经济学会导致较自私的信念和行为。这个报告的结论是基于一系列的学术研究的评估。在 1981 年的论文中，威斯康星大学的社会学家 Marwell 和 Ames 在一个公共品投资实验中表明，经济学专业的学生更倾向于个人投资而不是集体投资。在 1991 年的论文中，Carter 和 Irons 在一个分配 10 美元的谈判实验中表明，经济学专业的学生在谈判时的出价（6.15 美元）高于非经济学专业的学生（5.44 美元），但要价（1.70 美元）低于非经济学专业的学生（2.44 美元）。弗兰克（Robert Frank）在 1993 年的调查表明，9.1%的经济学家从不向慈善团体捐钱，这一比例是其他学者的两倍。华盛顿大学的鲍曼（Yoram Bauman 和罗斯（Elaina Rose）进一步证实，经济学专业的学生比非经济学专业的学生更不愿意做公益，而非经济学专业的学生一旦选修经济学课程后的捐款比例也下降。基于这些以及其他大量的研究和观察，人们倾向于认为，学习经济学将会使人更加关注物质利益，将自利行为转化为自私行为。尤其是，当自私行为构成了人们的文化生活方式时，自私行为不仅不可避免地掺杂在我们解释现实的活动中，而且还会试图改变我们自身的行为方式。对此，哈格里维斯·希普（Shaun Hargreaves-Heap）和霍林斯(Martin Hollis)评论道："人类的自我认知方式影响了他们对自身历史的理解方式，而经济学家就是强有力的影响因素。如果正统观点成功地使我们视自己为个人的最大化，只是借助于现金系统或其他工具性关系而联结在一起，而且，如果它也能够使政府如此对待我们，那么，可以肯定地说，它的预言就会实现。这对于经济进步来说将是一个可怕的代价。"

经济学家耶策（Anthony M. Yezer）等人的研究表明，尽管在实验环境中经济学专业的学生被认为更自私，但是，在现实环境中，经济学专业的学生并没有表现出更多的自私。在实验中，他们将装有 10 美元现钞的信封遗失在经济学和非经济学班里，每封信上都填写了地址，贴了邮票，还说明这些钱是用来还人的。结果表明，经济学专业的学生有 56%将信封寄出，而非经济学专业的学生只有 31%将信封寄出。赫拉舒发在《价格理论及其应用》的经济学教材中总结说："经济学学生更坦白，承认自己有时会做出自私的行为。"

但是，这些研究都将经济学者和经济学专业的学生采取自利的模拟行为，解释为自私的结果，而不是解释为获取更多信息的过程中更加理性分析的结果。任何一个经济决策，不仅会受到信息量不同的限制，而且还会受到每个人不同的生活方式、性别、政治倾向、宗教倾向、教育水平、种族身份甚至出身的影响。每个人采取的行动，不是根据书本上所写的"经济人假设"，而是根据预期收益所实现的程度。正如葛兰西所说："一个人'预见'到的是他的行动所达到的程度，他的自愿努力的程度，从而具体地创造该'预见'的结果。"根据这种"预见结果"，人们在行动中来构建相互的社会关系，而不是单向性的社会关系。大量的经济学教材和经济学课堂，都在分析人的经济行为及其相互之间的联系，提供理性化的分析，以便切断盲目和迷信之源。如果一切现实都指明理性分析的结论是虚假的，那么，没有一个理智的人会长期受到这种经济学的愚弄。

这些经济实验研究存在一个共同的弱点，就是没有理解经济学的最终目的是研究行为之间的内在联系，以便发现经济规律和解释经济现象。如果我们知道了任何行为都会带来连锁效应，造成一系列的后果，那么，我们对是否采取这样的行为就会抱着更加谨慎的态度。如果任何行为带来的所有收益超过所有的连带成本，那么，我们就可以采取这样的行为。如果任何行为带来的所有收益低于所有的连带成本，那么，我们就不能采取这样的行为。例如，一个强人在愤怒之中殴打了一个弱者，强者获得的心理满足是 100 个单位，殴打的成本是个 10 单位，获得净收益 90 个单位。假设弱者遭受打击后支付的成本与强者的殴打成本相同，都是 10 个单位。这可以用物理学上的作用力与反作用力大小相等、方向相反的定律来辩解。当然，弱者可能遭受的损失更大，因为同样的力量会对脆弱的身躯造成更大的伤害。由于遭受了无端的打击成本，弱者可能会对社会或者他人产生愤怒或者不满的情绪，于是去破坏马路上的井盖和路灯，随便乱扔垃圾，殴打更弱的人，制造爆破物去伤害他人，参加恐怖活动，偷窃，参加犯罪组织等。假定这些破坏活动对社会造成的损失为 100 万个单位，弱者支付的成本为 1000 个单位。这样，强者殴打弱者的后果是弱者承担的损失为 1010 个单位，对社会造成的破坏是 100 万个单位。如果强者生活在弱者的社区，所遭受的损失概率为万分之一，那么，弱者的破坏行动对强者造成的预期损失就会为 100 个单位。这样，强者在获得收益 100 个单位的同时，最终支付了 110 个单位的成本。如果强者学过经济学，意识到任何行为之间的相互联系，那么，强者就不会采取过激的行为去殴打弱者，弱者也就没有动机去造成社会的破坏。

随着了解事物之间的联系越多，了解行为之间的相互影响越来越多，那么，人们就会变得更加理性，也就会更加理性地决策。所谓科学，就是研究事物之间、事物与人之间、人与人之间的不同联系，是将观察到的事实、逻辑与可验证的假设相结合的过程。经济学是研究经济行为之间相互联系的一门科学。马克思在《资本论》的序言中说："本书的最终目的就是揭示现代社会的经济运动规律。"这些经济运动规律能帮助人们"缩短和减轻分娩的痛苦"，即减少非理性的行为。随着对经济学的了解越来越多，我们就会对经济行为之间的联系有更深入的了解，更加了解经济行为的一系列后果，采取更加理性的行动。法国思想家霍尔巴赫说："有德之人和无德之人同样爱自己，但有德之人遵循理性，认为希望做真正幸福的人，就应当为别人幸福出力，哪怕只做到不妨害别人也好；无德之人既不善于思考，也不表现明智，只是沉醉于幻想：可以凭自己的力量单干也能得到幸福；由于丧失理性，他甚至盼望在众人的苦难中单独享受幸福。"

那么，如何在个人的责任和良心的问题上形成良好的判断呢？英国科学家卡尔·皮尔逊在《科学的规范》中认为，对所有人进行科学训练并形成科学的心智框架是健全的社会所必需的。科学训练的核心不在于科学理论做什么样的科学假设，而在于"对事实的清楚认识、对它们的关联和相对意义的正确估价"。在皮尔逊看来，教师要注重科学方法和习惯的传授，而不是对科学知识的鉴赏。学生在学习过程中要逐渐领会研究的方法和习惯，养成研究的兴趣和热情。在教与学的链条中，科学的精神训练就拥有了突出的社会功能。第一，科学的精神训练有助于人们更加理性地思考问题，排除情感的干扰。皮尔逊说："通过大量灌输科学的心智习惯而鼓励科学和传播科学知识，将导致效率更高的公民，从而将导致已经增进的社会稳定性。受到科学方法训练的心智，很少有可能被仅仅诉诸激情、被盲目的情绪激动引向受法律制裁的行为，而这些行为也许最终会导致社会灾难。"第二，接受科学事实和具有科学心智的人更容易形成道德判断，压缩盲目的社会本能和个人偏见在判断中的影响。皮尔逊认为，"道德的判断的形成，即个人合理地肯定的判断将有助于社会福利的判断的形成，并非唯一地依赖于准备牺牲个人的收益或舒适、准备无私地行动，它首先取决于知识的方法，对这一点无论怎么经常坚持也不算过分。国家对个人的第一个要求不是自我牺牲，而是自我发展"。在现代社会，大部分的决策都是公共决策，如政府机构和公司的决策、个人选举政府官员的决策、个人行为具有外部影响的决策。这些公共决策的有效性依赖于个人的理性判断，如严格的证据，事实分类与评价，事实之间的相互关联及相对意义的正确估价。第三，严格的科学训练有助于理性批判的形成，有助于健全人格的成长。马克思说，批判习惯的养成"使人摆脱了幻想，使人能够作为摆脱了幻想、具有理性的人来思想，来行动，来建立自己的现实性；使他能够围绕着自身和自己现实的太阳旋转"。在缺乏理性批判的环境中，人们容易受到迷信、虚幻的古怪念头的迷惑，受到愤怒或者狂热情感的左右，容易使自己成为他人幻觉的奴隶，丧失自我的本性。

回到前面提到的那位同学的例子。显然，那位同学将同学之间的友谊情感看得比较重要，结果造成了食物的浪费。如何在既保证友谊情感又减少食物浪费的问题上达成平衡，就需要这位同学或者社会的教育使其他同学了解到，浪费食物是可耻的，很多人还处在食物的匮乏之中，分开取拿食物并不会影响同学之间的情谊。这就意味着，这位同学需要支付教育成本，或者其他同学需要承担更多的心理成本。在更多的心理成本和教育成本的制约下，同学们就可能减少食物浪费，也能够保证友谊情感，还有每位同学更加理性地看待自己的集体行动所带来的后果。诚如冯·米塞斯所说："解决当代许多经济问题中的每一个都需要思考的过程，只有那些理解经济现象普遍的内在关系的人具备这种能力。"

当经济学家知道研究对象但不能说服普通大众和学术界同行时，他们所做的工作就是将知识和信息传播出去。但是，有些经济学家对研究对象根本没有深入的研究却试图根据信仰或者意识形态来说服我们，还有些经济学家对研究对象有深入的了解甚至知道真相但却用假象来迷惑大众。此时，这些经济学家就是站在利己角度公开地散布谎言。当真诚的公开辩论和批判精神比较缺乏时，探寻真相的过程就会变得迂回曲折。当真相被故意掩盖时，谎言或者含糊其辞的观点就会大行其道。这些缺乏分析的谎言会摧毁我们的分析辨别能力，以至于我们将成为谎言的俘虏。在这样的环境中，我们就逐渐成为谎言的辩护者，并将我们的判断力建立在谎言和谬论基础之上。

为了防止在生活中陷入这种被动，我们就需要对具体的观点进行深入的了解、分析和评估，在理性分析的基础上决定接受、拒绝还是反对。对于那些"相信自己所说的，并将其视为真理"的人，辩论无济于事，只有局势的根本改变才会改变这种人的信仰。对于那些"将自己所说的视为真理，并认为其反映了事物的本来面目"的人，我们就需要根据事实证据和理性的分析来判断这些观点是正确还是错误的。对于正确的观点，我们需要在理解的基础上加以接受并融入自己的概念框架系统。对于错误的观点，我们就需要公开的理性辩论，让证据和理性分析占据辩论的中心。对于那些"知道自己所说的并非事实真相"但却故意散布某种错误观点的人，我们就要努力揭露这种错误的源泉。

因此，了解事物之间和行为之间的联系，并不会使人更加自私，而只会使人更加理性。在理性的指引下，每个人就会变得更加有责任感、更具有道德、更加仁慈、更具有同情心。这些具有责任感、道德感、仁慈心和同情心的人，难道比不具有责任感、道德感、仁慈心和同情心的人更加自私吗？德国哲学家雅斯贝尔斯认为，个人参与的罪过有四种：违反法律的刑法罪过、个人错误行为的罪过、参与罪恶制度的政治罪过、不能尽人的责任去维护文明的人性的形而上罪过。尽管食物浪费不一定是违反法律的罪过，但却是个人错误行为、罪恶的社会习俗和危害文明的罪过。一个社会的文明化进程可以由每个人的理性化程度来衡量。理性化程度越高的民族，必然是文明化程度越高的民族。诚如赫伯特·斯宾塞在《社会统计学，或论人类幸福的基本条件》中写道："当文明得到改善时，个体的所有其他方面的正常发展都必定依赖于文明状态的存在。这样的个体恰恰得到收获，他们在组织良好的共同体中才会找到最好的舞台去表现自己。"

[2013 年 12 月 20 日]

暴力犯罪与恐怖分子

我们的时代是一个暴力犯罪频繁的时代。暴力犯罪不仅继承了历史的惯性，而且新添了恐怖分子的花环。我们可能因为自身的财富、美貌或者纠纷成为犯罪分子的袭击对象，也可能因为他人的不满或者权势人物的出现而成为意外袭击的牺牲品。前者导致我们遭受暴力犯罪，后者导致我们遭受恐怖袭击。"冤有头，债有主"的古训在恐怖主义的袭击中被炸得粉碎。暴力犯罪分子与恐怖分子是一类人吗？我们在不断询问。

对于强奸、殴打、绑架、谋杀等暴力犯罪的受害者而言，绝大多数受害者都与暴力犯罪分子认识，甚至非常熟悉。每个人都有机会碰上暴力犯罪，因为暴力犯罪分子就生活在我们的生活之中。但是，恐怖袭击却非常罕见。恐怖主义分子必须隐秘地生活，进行长期的精心策划和准备。一旦暴露，就可能会死亡。

如果说暴力犯罪分子尽可能掩盖犯罪现场、减少暴露的机会的话，恐怖主义分子则是尽可能渲染恐怖袭击的恐怖性，尽力扩大恐怖袭击的影响。对于遭遇恐怖袭击的受害人而言，遭遇的不仅仅是意外的横祸，而且是毫无理由的伤害。"把你杀死的人，既不认识你，也毫不在乎你的生活、你取得的成就和你爱的人。"在飞机上、火车上、人群中、坐在家里、步行在马路上，你都可能成为恐怖主义分子的牺牲品，如炸弹袭击、人体爆炸、病菌传染。

暴力犯罪的人，通常出生在贫困的家庭，受教育程度较低。出生在贫困家庭、受教育程度很低的孩子，长大成人后比其他家庭的孩子成为暴力犯罪分子的概率大得多。与一般人相比，恐怖分子则多出生在家庭较好、所受教育程度较高的家庭。美国经济学家艾伦·克鲁格（Alan Krueger）在分析 129 位黎巴嫩真主党的殉道者与普通的黎巴嫩人进行比较时发现，恐怖分子有 28% 出自贫困家庭，而普通的同龄人则有 33% 出身贫困家庭；47% 的恐怖主义者接受过高中以上的教育，而同龄人只有 38% 接受过高中教育。克劳德·白莱比（Claude Berrebi）对巴勒斯坦自杀式人体炸弹的分析发现，只有 16% 的人体炸弹者出自贫困家庭，而 30% 的巴勒斯坦男性家境贫穷。巴勒斯坦人只有 15% 接受过高中教育，但是，60% 以上的人体炸弹都上过高中。

对于恐怖分子出身良好和受教育程度普遍较高的事实，如何进行解释呢？克鲁格认为，犯罪分子主要受个人利益的驱使和情绪的失控而采取暴力活动，而恐怖主义者主要受到政治性的或者利他主义的利益驱使而采取恐怖活动。受过良好教育的人往往受利他主义因素的影响，需要通过自己的社会化行动来展示自己的优越能力和建立自己的社会地位。当受过良好教育的人在现实中不能实现其政治意愿或者掌控现实的局面时，这些人就会成为现实的极度不满者，或者针对政府采取行动，或者针对外国人采取行动。即使受过良好教育的人不会成为恐怖主义分子或者革命者，这些人成为社会改良者的概率也很大。

当这些采取行动的人极度相信自己的行动会推翻现存秩序时，这些人就成为革命者。例如，《水浒传》里的主要领导，都是对自己的职位或者前途不满的人，不管这种不满是基于制度的原因还是基于个人迫害的原因。当这些采取行动的人不完全相信自己的行动会推翻现存的秩序但又对现实高度不满时，他们就会把目标瞄向任何能产生轰动效应的地方，成为恐怖主义者。周有光说："不是贫穷和愚昧产生恐怖主义，而是富裕和愚昧产生恐怖主义。"与革命者坚定的目标与最大可能地说服大众参与其组织不同，恐怖主义者总是通过恐吓公众来实现其不可能实现的目标，发泄其内心的不满与愤懑。

经济学家史蒂文·列维特和记者斯蒂芬·都伯纳在《超爆魔鬼经济学》中说："恐怖主义活动尤其让人极为恼火的地方在于，杀戮本身倒并不是其主要目标。确切地说，恐怖主义活动是一种手段，一种把人吓得屁滚尿流的手段，一种将这些活人的正常生活搅得鸡犬不宁的方式。正源于此，恐怖主义的威慑效果极大，造成的恐慌是同等级别的非恐怖主义暴力活动所远远无法达到的。"恐怖主义者通过有计划地选择随机射杀，制造恐慌情绪，学校、商店、交通、正常的工作活动可能因此中止，整个社会将会陷入瘫痪。

尽管美国社会的自杀概率比遭到恐怖袭击的概率高出 575 倍，但是，人们不会担心自杀。因为自杀是个人的事情，而恐怖袭击可能意外地出现在自己的身边则使人惶惶不安。担忧意外遭到袭击的可能性，正是恐怖主义恐吓公众成功的地方。恐怖袭击不仅造成受害人的伤亡，如 "9.11" 恐怖袭击造成美国 2987 人丧生和 3000 亿美元的经济损失，也造成政府的大规模检查和监管，给每个人的生活带来巨大的社会成本。数不清的排队安检，还会造成巨大的时间损失和自由限制。恐怖袭击造成的心理伤痛，可能会导致人们酗酒和心理疾病加重。美国东北部在 2001 年 "9.11" 恐怖袭击后，酒后驾车的交通事故明显增多。当大量的经费和人员都用于对付恐怖袭击时，其他部门的经费必然受到影响。列维特认为，美国 2007 年爆发的金融危机或者就是投入追捕恐怖分子的力量过多而替代了金融监管资源的结果。当然，恐怖袭击的可能性，会抑制大型聚会的频率，减少公共场所的人流，从而间接地减少了疾病的传播。

在历史上，恐怖活动都是一种对付政敌的手段，很少波及无辜的贫民。《史记·刺客列传》就记载了大量的政治谋杀行为，如要离刺庆忌、聂政刺侠累、专诸刺王僚、荆轲刺秦王、豫让刺赵襄子、曹沫刺齐桓公。在1905—1907年期间，俄罗斯出现了3487起暗杀行为，造成2233人死亡和2490人受伤。这些暗杀行为多数都是针对政府官员。据说，在1906年7月至1907年5月期间，社会革命党就参与了72次暗杀行为，造成俄罗斯的10位省长、2个市长和诸多将军和元帅命丧黄泉。

现代恐怖主义的一个显著特征就是滥杀平民的恐怖活动。对于预防暴力犯罪而言，增加马路上的警察力量和强化暴力犯罪的侦破率、惩罚率，可以有效地预防暴力犯罪。采取预防暴力犯罪的手段来打击恐怖主义分子，不仅耗费的成本太过昂贵，而且效果也不尽如人意，因为恐怖主义分子本来就是以死亡为手段的亡命徒。

收集情报、监听电子通信、追踪跨国或者跨地区资金的流动，是人们最容易想到的寻找恐怖主义分子的预防手段。列维特分析了"9.11"恐怖袭击中19个恐怖主义者的行为特征包括，为每次袭击筹集的资金总额为30.3万美元，每人接近1.6万美元；美元存款账户上大约有4000美元的存款；以邮政信箱作为联系地址并频繁更换地址；有来自或者汇往国外的小额外汇；一次性存入大量的现金，然后小额支取；每个月存钱或取款的时间无规律可循；银行业务没有反映出正常的生活费用；支付现金比使用支票的比例高。根据这些行为特征，很难捕捉到新的恐怖主义分子。

2005年7月7日，英国伦敦遭受了4起穆斯林自杀式人体炸弹的袭击，52人死亡。为此，英国警方逮捕了大批可疑的嫌疑犯。分析其中的100多嫌疑犯的结果显示，使用穆斯林姓和名的人，在人群中的比例为二千分之一；仅有穆斯林名或者姓的人群概率为三万分之一；没有穆斯林姓或者名的人群概率为五十万分之一（英国人口为6000

万人）。而且，潜在的恐怖主义分子多为 26—35 岁的男性，拥有移动电话、多是学生、租房居住，不会开设银行的储蓄账户和投保人身险。但是，就业状况和婚姻状况不具有识别能力。

随着各国特别是发展中国家的教育水平的不断提高，政治冲突和文化冲突的可能性增加，暴力犯罪可能会减少，但是，恐怖分子可能会增加。在面对恐怖主义袭击不断滋生的世界，理性经济人的假设将会不断遭受打击，政治家的智慧会更加凸显其重要性。

和尚喝水

俗语云："一个和尚挑水喝，两个和尚抬水喝，三个和尚没水喝。"这个俗语被演化为一个需要齐心协力的合作故事。三个和尚也只是在遭遇意外的火灾之后才实现合作，而合作时间的长短尚不可知，因为"众人拾柴火焰高"凭借的是一时的热情和对灾难的深刻反思。但是，随着时间的流逝，三个和尚没水喝的问题依然会出现。大学生宿舍的脏乱差、相关部门在碰到城市地面塌陷问题时的相互推诿和扯皮、小学校门前等待接送孩子的拥挤人群，都是三个和尚没水喝的问题。这就意味着，只要认可每个人拥有独立的自主决策权，自愿合作就会面临困难或者解体的风险。

三个和尚没水喝的问题，在小学课本中被解释为需要培养团队精神，同时表现为对好逸恶劳和不劳而获的谴责。毫无怀疑，这个解释具有正确的一面。如果每个人都有无私奉献的精神，那么，团体合作就会形成"人多力量大"的局面。问题是，如果每个人都无私奉献、任劳任怨、不挑肥拣瘦，那么，每个人奉献的东西又归属于谁呢？

一种可能是，每个人无私奉献的东西都归于群体外的集团、政府或者上帝。马克斯·韦伯认为，只求奉献而不求回报的新教伦理精神，铸造了西方资本主义的商业精神。不过，西方的"只求奉献而不求回报"并非指企业投资不寻求利润最大化，而是指企业家在获得最大化的利润后要尽可能消费节俭，努力实现资本积累和让上帝感到高兴。

名义上的奉献归上帝所有，但资产的所有权还是掌握在资本家手中。当每个人无私奉献的东西归于少数集团或者政府官员时，我们就会看到多数人的贫穷和少数人的奢华，以及无私奉献者的能量如何补给的问题。在贫富差距持续发酵的条件下，无私奉献的精神毕竟不能持久，我们就会面临三个和尚加一个和尚没水喝的问题。

另一种可能是，每个人奉献的东西都归于群体所有。这就是三个和尚的问题。当每个人的体力和喝水量都不完全相同时，如何根据每个人的能力组织挑水并分配水资源就成为一个现实的问题。对于一个人来说，挑水的成本与所获取水的收益完全相同，达到了经济学家所说的最优化条件，以至于有"一个和尚挑水喝"的丰衣足食的命运。这里假设和尚是健康的人，不是老弱病残。如果第一个和尚是一个身患各种疾病的人，那么，他有喝水的需求但无人给他挑水喝，贫困会困扰这个和尚。在两个和尚的情况下，尽管体力和喝水量不完全相同，但是，喝水少的和尚会有足够的动力去监督喝水多的和尚。喝水多的和尚要么多承担一部分抬水的责任，要么少喝一点水。在监督成本许可的范围内，两个和尚各自的抬水成本和喝水收益可能会大致平衡。当三个和尚同时出现时，监督和测量每个和尚的喝水量就变得越来越困难。随着监督成本和测量成本的急剧上升，如何组织供水就成为一个现实的问题。

一方面，和尚会对各自的能力和喝水量进行讨价还价的协商和无穷无尽的讨论，留给供水的生产性资源就越来越少。这会形成光说不干、人多嘴杂的局面。随着参与人数的增加，自愿达成协议的概率也就越来越低。世界贸易组织有一百六十多个成员，每个成员国都对本国和其他国家的贸易保护程度、市场化规则和所获得利益争论不休，以至于从 2002 年开始的多哈会谈在十多年后仍然没有达成任何有效的协议。同样，为了应对全球气候变暖问题，世界各国也在污染的责任归属和污染减排份额的问题上争论不休。这意味着，在权利完全平等下，责任分摊机制很难在自愿的情形下确立起来。但是，由于每个国家拥有的资源不同，资源较少的国家就会退出谈判，资源较多的国家就会积极组织谈判。由于谈判活动本身就是积累国际政治资本或者获得国际社会赞同的手段，因此，根据拥有资源的不同和获取政治资本的动力差异，时间的延长就可能把谈判的国家数降低到少数几个国家，从而推动协议的达成。

另一方面，假如三个和尚达成了某种供给水的协议，如每个和尚每天轮流挑水、每个和尚每挑水承担三分之一的路程或者用水管竹筒将水引进寺庙水缸，但如何执行该协议又成为一个新的问题。假如每个和尚每天轮流挑水，但喝水量少的和尚就会少挑水，这将会导致喝水多的和尚在喝水不足的情况下也减少挑水量。为了保证协议的实施，每个和尚都需要监督其他和尚的挑水量，测量其他和尚的喝水量。按此逻辑，这个协议因为监督和测量成本太大而变得不可实施，最终会诱发每个和尚自己到水井去喝水，自愿合作瓦解为自给自足的经济。用水管或者竹筒引水的办法虽然好，但问题是谁会去安装一个这样的公共产品。经济学家通常认为，公共产品中成本的集中性和收益的分散性会导致公共产品的供给不足。因此，自愿合作随着人数的增加，不仅达成协议非常困难，而且监督实施也非常困难。在权利和责任得不到保障、权责不明、缺乏明确分工和没有外在威胁的条件下，每个人自利的本性和巨大的交易成本会导致相互推诿责任，从而抑制自愿合作机制的出现。

美国经济学家恩斯特·费尔和西蒙·加士德通过一次实验来检验人们之间的合作与信任问题。实验对象将一些钱放入"储钱罐"，然后同集体中的其他人分罐中的钱。如果每个人都合作，那么，每个人都分的钱最多。但是，人的自利性又推动某些人不会将钱放入储钱罐，以便既分钱又减少投入。在刚开始的时候，每个人都表现为某种程度的合作。在多次重复实验后，人们认识到某些人会作弊，然后自己也会选择作弊。当每个人都变得自私时，储钱罐的钱就没有了。但是，如果某些实验对象愿意花钱惩罚那些过分自私的人，那么，自私的行为将会极大地减少。

如同三个和尚的合作始于意外火灾后的情形一样，人类社会的合作也起因于战争和自然灾害（血缘家庭内部的合作除外）。为了对付敌对群体持续不断的侵略和攻击，自我群体就需要密切合作，共同生产、共同消费、共同防卫。这种外部威胁下的内部合作，必然将成员的部分权利转移给军事领袖或者部落首领，形成某种专制。当军事领袖或者部落首领获得群体资源的控制权后，被剥夺权利的成员就不能获得劳动奉献的全部成果，也不能自愿进入或者退出这个群体。在这样的环境中，群体内部的自愿合作在外部威胁的条件下就转变为强迫性的非自愿合作。控制资源的首领获得了监督的权力，其他成员就成为劳动者。在非自愿合作基础上出现的分工和协作就以国家的面目出现了。

可以说，国家通过暴力方式部分地解决了自愿合作的难题，并提高了社会运行的效率。美国经济史学家福格尔甚至认为，美国曾经存在的黑奴制显示了经济的高效率，以至于在奴隶制崩溃后美国南方长期陷入贫穷和种族隔离的深渊。尽管国家组织下的社会分工与协作的效率比自愿合作的效率要高，但是，这是以权利不平等为代价的。在某些极端的情况下，多数人就会成为被奴役的对象。哈耶克认为，管制经济也会最终走向奴役。因此，与直接自愿合作的低效率和自由相比，以暴力形式出现的强迫性非自愿合作可能会带来效率的提高，但牺牲的是绝大多数人的自由。如果人类的价值目标都是看重效率和自由，那么，很难判断国家的出现是否实现了真正的社会进步。但是，在国家奴役的状态下，人类社会在物质文明、文化、宗教、法律制度等方面取得了足够的进展。

更为关键的是，国家确立的大量制度规则和文化宗教为间接性的自愿合作提供了足够的保障。这种间接性的自愿合作既能提高效率，又能保障每个人的权利和自由。通过市场机制的分工和交换就是一种典型的间接性的自愿合作。在法律保障每个人权利的条件下，三个和尚可以根据自己的资源禀赋和偏好结构进行交换。如果胖和尚最擅长看守寺庙，瘦和尚最擅长招揽香客，中等偏高的和尚最擅长挑水，那么，三个和尚可以通过价值评估的方式组建寺庙企业，按照每位和尚资源价值进行收益的分配和各种服务的提供。或者，三个和尚按照市场交换的方式获得各种产品和服务，胖和尚也许会成为保安或者鲁智深式的人物，瘦和尚也许会成为李阳式的诵经大师，通过向市场提供服务来购买水喝。中等偏高的和尚也许最初会挑水来出售，但随着市场的扩大，也许会建立供水企业。按照比较优势理论，即使有些人拥有的才能和资源中都不占据绝对优势，但比较优势也足以保障每个人从市场交换中获益。

至于三个和尚是采取企业制还是直接的市场交换，主要取决于组建和经营企业的监督管理成本与市场交易成本的高低。如果监督管理成本较低，三个和尚最好组建企业。更通常的情况是，监督管理成本在最初比较高，并高度依赖于法律制度的完善程度，这意味着三个和尚在最初最好进行市场交换。随着市场经济的不断发展和法律制度的完善，三个和尚在相互了解的基础上可以组建企业。这就意味着，在国家存在的条件下，市场交换先于企业取得足够的发展，企业的出现是在市场交易成本不断下降和规模经济不断发展的产物。在市场和企业的交换与分工网络中，三个和尚实现了自愿的、稳定的、持久的合作，既提高了效率，也保证了自由。

随着市场规模和企业规模的扩大，人与人之间的信息不对称性就显得越来越严重，间接性的自愿合作机制就面临挑战。生产效率的提高为信息不对称性问题提供了破解的路径。反垄断、反对不公平竞争的法律制度对欺诈和不诚实交易进行严厉的惩罚。银行、保险、律师、会计师、资产评估师等中介机构不断从市场中孵化出来，对企业的资信和个人的品格进行评估，大学等教育机构对人才进行培养并进行甄选。

志愿者服务也能展现人们的公益合作精神。党国英说："公共领域只有体现一种服务精神，才对志愿者有吸引力。因为志愿者要的是社会的荣誉感，而不是转化为资本的权力。"德国有8200万人，其中近2500万人从事志愿者服务，14—24岁的青少年中则有近一半的人做过志愿者服务。这些志愿者服务包括球类的救援工作、照看与帮助老年人等。日本有41%的志愿者服务围绕老年人展开，如帮助老年人洗澡、购物、读书、餐饮、心理辅导等。英国有各类志愿者组织2.5万家，在帮助贫困儿童、弱势群体、残障人士等方面发挥巨大作用。

这些志愿者服务不仅降低了社会管理成本，弥补了政府服务的不足，而且强化了社会的自愿合作机制，促进了社会的良性发展。人们之所以进行无私奉献的志愿者服务，一是不愿意让他人把自己看成自私自利的人。二是培养自己的政治资本或者社会活动能力，在将来的社会活动和交流中展示自己愿意提供服务的意识和信号。三是法律和企业鼓励民众的志愿者行为，如德国志愿者费用可报销、获得社会保险的奖励甚至代替兵役，美国的企业和政府对志愿者在雇用时采取了优先的政策。美国总统小布什在回忆录《抉择时刻》中说："每当我需要招募新人，我首先界定工作职责，以及理想候选人的评判标准。之后我要求大范围搜罗候选人，并考虑多种范围的选择。对于一些要职，我会亲自面试。我会亲力亲为，判断他们的性格和人品。我希望聘用的人拥有正直的品格，工作能力强，有无私奉献精神，并能承受工作压力。我一直喜欢有幽默感的人，这是态度谦虚、有自知之明的表现。我希望广纳贤士，他们之间经验与能力互补，能让我放心地下放权力。我希望他们赞同政府的施政方向，但也敢于表达他们在任何问题上的不同看法。我工作的一项重要任务就是营造一种文化，鼓励团队合作，培养忠诚度。这不是对我的忠诚，而是对国家和我们共同理想的忠诚。"

因此，"三个和尚没水喝"的故事揭示，在没有外部威胁、分工和交换的条件下，直接的自愿合作机制是不稳固的，并且不能成为社会的主流机制。随着国家的出现，强迫性的非自愿合作机制取代直接的自愿合作机制成为人类历史发展的主要动力，但是，适合于分工和交换的法律机制逐渐发展起来。这些法律机制推动了企业和市场经济的发展。市场交换和分工为间接性的自愿合作机制提供了充足发展的条件。在市场经济条件下，无私奉献的志愿者服务也开始大批涌现。在奥运会、世界博览会、达沃斯论坛期间，中国的各大学、企事业单位和政府机构都组织了大量的志愿者，进行公益宣传和服务活动。与中国只有不到900家慈善机构相比，美国有多达10多万家慈善机构。这就意味着，在市场经济发展不足的国家，志愿者服务会存在严重不足的问题。

[2013 年 6 月 24 日]

理　性

　　所有动物都有本能和感觉，但只有人类才能进行理性地思考。思考就是大脑中的神经努力通过强有力的方式，试图理清大脑中的信息与各种问题的关系。因而，思考就是神经的高强度锻炼和建立信息联系的过程。在理查德·尼克松看来，"在两个小时集中精力研究问题之后，我感到比在两个小时内同 1000 个人握手或者在一个竞选日内发表15 次简短演说更为劳累"，但是，"思考是人的最重要的官能，也是运用得最少的官能。由于这是人的活动中最困难的活动，所以人们会竭尽能事地回避它"。电视、电影和计算机网络都可以让人们摆脱思考的枷锁，轻松愉快地享受画面或者传达的信息。

　　理性就是大脑在思考和分析现实问题时所形成的一种内在制度机制。这种制度机制是人类在漫长的演化过程中克服本能、情感、冲动等无规则因素而产生的，并受到竞争环境的刺激。按照丹尼尔·贝尔的说法，"理性有文化环境的特性"。毫无疑问，单纯依靠情感、本能或者冲动，人类也能生存，不过更接近于动物的生活和体验。斯密在《道德情操论》中探讨"自卫和种族繁衍"时认为，保证这些目的是"通过原始的和直接的本能"，"并不寄希望于理性缓慢的发展"。动物就是进化亿万年，还是那些生活和体验。人类的理性则不同，通过概念和语言来确定事物之间的恒常联系和相应的规律，从而构造出可以代代相传的理性知识。

　　威廉·詹姆士在《多元的宇宙》一书中谈道："理智的知识不是惟一充分的知识，而是很不充分的知识，但是理智知识惟一优越性是实用的优越性，使得我们能够在经验里取得捷径，从而节省时间。"有了他人创造的理智知识，我们就不需要对每个事物进行单独的体验，这样就可以节省体验事物的时间。接受的理智知识越多，节约的体验时间也就越多。在时间资源高度稀缺的情况下，在每一个人的生命都非常短暂的情况下，大量节约的时间就可以用来思考人生和任意联想。

恰恰是各种任意联想推动了人类的迅速发展，让人类远离了动物界。卢梭在《论人类不平等的起源》一书中猜测："不管伦理学家怎么说，人的智力在很大程度上要靠欲望来推动，但是大家也一致公认，人的欲望在很大的程度上要依靠智力来得到满足。"语言、文字、制度、道德、宗教、哲学、科学和技术都是人类任意联想的产物。人类的聪明之处在于，将这些任意联想的产物制度化、规则化，并将这些制度规则通过教育代代相传，从而造就了人类的文明与伟大。

当理性的制度规则帮助人类积累大量的知识和节约交往的大量时间时，在理性基础上发展起来的各种任意联想的产物就开始以不同的方式对待理性。哲学、科学和技术高扬理性的大旗，而文学、艺术、宗教和道德更多地举起反理性的大旗，倡导情感、本能或者冲动的原始本性。数学家约翰·纳什曾说："不论如何，恢复到常人的思维模式并非完全愉快的事情。因为理性思考限制了人对于他与宇宙关系的概念。"借助于理性的规则，这些反理性主义者要求任意联想，然后寻求理性的合意。

在哲学家眼里，理性就是逻辑一致性或者逻辑无矛盾性的规则，即使这个规则也受到人类智力水平的限制。有的逻辑学家证明，所有人类的智力水平在宇宙存在的时间内都不可能完成 138 个命题的逻辑一致性的证明。经济学家在哲学理性基础上增添了一些内容，以便满足人类智力有限性的要求。整个效用理论的基础假设就是理性假设的具体化，包装在分析数学的规则之中。不过，阿玛蒂亚·森却认为，逻辑一致性或者理性高度依赖社会文化环境。

如果说理性是整个大脑信息交换中精力耗损的节约，那么，社会中的各种制度也是社会交换的信息和其他费用的节约。这样，理性分析与制度分析就具有同一个逻辑结构。如同制度规则是不断演化一样，理性也是在不断演化的。卡尔·波普尔在《自我及其大脑》一书中提出了"演化理性"的思想，门格尔、哈耶克等人提出了制度演化的思想。由于理性和制度都是不断演化的，那种希求根据一时的认识就形成永恒真理的观念无疑就失去了存在的基础。至多，那些留存在人类知识库里的知识，会源源不断地受到理性的反对派和新的体验的挑战。

在这个意义上，对社会生活的思考也会随着理性的演化和框架体系的改变而改变。

德国社会学家马克斯·韦伯认为，现代社会就是理性化不断渗透到科学技术、商业活动、日常生活的社会。一切决策都建立在理性研究成果和思维的基础上，从而极大地提高了人类从事社会活动的效率。不幸的是，韦伯认为，官僚制度是最理性化的组织。一旦官僚制建立起来，整个人类的自由和创造性就会泯灭。美籍奥地利经济学家熊彼特也认为，企业的官僚制化是导致企业缺乏创新和技术革新的根源。

在经济学中，忽视理性法则的经济研究似乎并不缺乏。马尔萨斯在《人口论》中就武断地认为，食物供应量的增加将会导致人口繁殖的不断增加，最终迫使人们生活在贫困的边缘。在马尔萨斯看来，食物呈代数级数增长，而人口呈几何级数增长。为了控制人口，就需要推迟结婚，采取避孕措施，甚至战争或者饥荒的打击，否则人们的情欲就会泛滥成灾。作为证据，马尔萨斯主义者将贫困地区与人口众多捆绑在一起。殊不知，贫困地区的人口众多，就是因为贫困地区的人口死亡率高，改善生活的能力很低，迫使贫困地区的父母依靠更多的生育来增强生存的希望。当改善生活的能力得以增加，自我生存的希望得以加强，人们就会减少生育。一句话，任何人都是有理性的人，生育只不过是人们配置资源的一种手段而已。每个人都还有其他的手段配置资源，如果其他的手段存在的话。

尽管理性有助于我们克服体验的成本，但却需要我们广泛收集各种信息。用经济学的术语来说，就是信息成本比较高。当我们收集信息的时间和资源很少时，理性法则就会受到很大的限制。对于大多数远期行为，我们都能做到理性的思考和分析，但是，对于大多数眼前需要快速决策的行为而言，我们就很难做到理性的分析和思考，更多的时候我们就只能依靠本能或者情感做出决策。凯恩斯在《就业、利息与货币通论》一书中认为，我们大多数经济行为源自理性的思考，但也有许多经济行为受到动物精神的支配。市场投机就是如此。在金融高度发达的社会，伴随投机的动物精神甚至被看作经济发生大规模波动的主要原因。许多企业的营销充分认识到动物精神在销售中的作用，因为人们的购买行为并非都是理性的。于是，许多企业对产品进行精心的空间安排，将那些生活必需品放在遥远的边缘，将奢侈品放在显眼的通道，将一些可有可无的物品放在消费者随时都能看到的地方，以便充分利用消费者冲动的购买行为。

犹如制度规则很难形成一样，理性规则要在社会取得主导地位也是很艰难的。党国英在《变革的理性》一书中认为，公共危机带来的共同利益诉求可以对公共问题产生不确定的理性思考，但制度保障下的自由思想竞争或者有思想修养的社会精英阶层宣扬理性的观念，可以推动一个社会的理性化思维得到扩展，抛弃迷信和盲目的思维。因此，从个人的理性思维过渡到社会中绝大多数人都具有理性思维，这是一个艰难的过程。崇尚证据精神的推广和适宜的竞争制度是不可或缺的。在本书中，我们是抱着理性的观念，尤其是理性的分析，意图推动人们理性地思考更多生活问题。

曹冲称象与阿基米德定律

曹冲称象的故事在中国流传很广。从幼儿园开始，我们就听大人讲述这样一个故事。三国时期，孙权送给曹操一头大象。曹操是诗人和政治家，却非常关心大象的重量。于是，谋臣武士提出各种建议。有的建议将大象杀掉一块块称重，然后加总即可。这个建议不仅表露谋臣那因小失大的残忍，而且还混淆了毛重与净重之间的差别，故为曹操所不喜欢。正当众人议论纷纷之际，曹操的小儿子曹冲，也许当时才七八岁，提出一个惊人的建议。将大船放在水里，画上刻度，然后将大象赶上大船，再次画上刻度。等到大象下船之后，只要请士兵或者民工搬运石头到船上，达到大象在船上的刻度为止。然后，谋臣武士就可以将石块称重，加总即可知大象的重量。与大臣的宰杀大象后直接称重相比，曹冲的办法就仁慈多了，故为曹操所喜欢，也为后来的文人墨客所流传。不幸的是，曹冲只活了 12 岁就夭折。

与曹冲称象的故事相类似，西西里岛的一个国王请金匠铸造了一个皇冠，但怀疑金匠在皇冠里掺杂了大量的白银。于是，国王请希腊最著名的科学家阿基米德来检验皇冠的含金量。阿基米德在经过多次试验后得出，放在水中物体的重量等于排出水的重量。根据这个原理，阿基米德将一个纯金皇冠与需要测试的皇冠同时放在两个不同的水桶中，发现金匠制造那个皇冠排出的水较少，于是判断，金匠在皇冠中掺假。根据这次试验，阿基米德就提出了一个重要的物理学原理：当物体的密度低于水的密度时，物体的重量等于排出水的重量。

在中学的物理学课程中，我们都学过阿基米德定律。在幼儿园或者小学的课程中，我们学过曹冲称象的故事。利用阿基米德定律，大象的重量很容易称出。在一个标有刻度的大水池中，将大象赶入水中，水池上升的刻度就是大象的重量。如果水池是满的，大象进入水池后流出来的水的重量，就是大象的重量。利用杠杆原理，我们也可以称得大象的重量。

尽管曹冲称象的办法显示了儿童的机智聪慧，但是，这个办法只是一个就事论事的办法，很难得出普遍的结论。相反，阿基米德从判别王冠的真假，推断出一个普遍的物理学定律，显示的却是科学的智慧。同样不可忽视的是，曹冲称象的办法会有较大的误差。中央电视台曾经播放过影视明星马笑苏带领一个团队进行曹冲称象的实验。曹冲称象不仅面临将大象赶上晃动的船只存在困难，而且船体的晃动和水中的波浪会造成刻画和读取吃水线的困难和不准确。搬运到船上的石头刻画线与大象的刻画线存在一个误差区间，在将每块石头称重的误差加总时会存在放大效应。实验的结果是，采用船只称象的办法得到一头小象的体重为 2734.5 斤，而采用六米长的现代电子秤获得大象的体重为 3120 斤，误差率高达 14.1%。

也许，我们能从曹冲称象与阿基米德鉴别王冠的事件出发，判别东西方文化上的差别。东方文化是一种就事论事的经验主义文化，西方文化却是从现象中归纳或者推演出普遍结论的理性主义文化。前者注重生活经验和个别问题的解决，后者注重问题的普遍性，并演绎出科学精神。从阿基米德的研究出发，我们知道，物体的重量等于密度乘以体积，两个等量物体的密度之比，必然与体积之比成反比。沿着这个思路，我们就可以计算大象的密度和体积，粗略地估算出大象的重量。如果没有大象的密度，我们也可以寻找猪肉、牛肉的密度作为近似计算。这种计算方法的好处在于，当物体不可移动时，我们仍能大致估算出物体的重量。

根据曹冲称象的办法，我们无法称出一座山脉、一个铁矿的重量，也无法计算出月球、地球、太阳的重量，更不能计算出宇宙的重量。根据阿基米德的办法，我们可以计算出人和物体的重量。物理学家早已计算出月球的密度和体积、地球的密度和体积、太阳的密度和体积。到了 20 世纪 70 年代，瑞典一位物理学家根据宇宙星球的分布与水分布具有近似的特性，计算出宇宙的密度、体积和重量。

近年来，有一位叫吴长富的重庆人，开始用物质的密度或者重量的不同来辨别产品的真假。例如，电池主要成分是电解质，减少电解质的数量就成为不法商贩的牟利之道。经过测定，如果 1 号电池的重量低于 135 克，5 号电池的重量低于 23 克，7 号电池的重量低于 11 克，那么，就可以判断，购买的电池就是劣质产品，使用寿命较短。

在电气化的时代，所有的电器和机械都需要电线的连接。据估计，2012 年，中国家用电线的销售额就突破了 7000 亿元。电线主要由含量 99.9% 的优质铜和较少的绝缘外皮构成，铜的密度是每立方厘米达 8.9 克，而绝缘外皮的密度较小且价格便宜。在铜的价格不断攀升的时代，电线中减少铜的使用量和增加绝缘外皮的厚度就成为不法厂家的牟利手段。不幸的是，电线中含铜量的减少，会增加电线的电阻和热量，诱发火灾和各种事故。吴长富根据铜的密度和绝缘外皮的密度的巨大差异，经测定发现，100 米一卷的标号 1.5 平方毫米的电线，如果重量低于 1871 克，则可判断为劣质产品。标号 2.5 平方毫米、4 平方毫米和 6 平方毫米的电线，如果重量分别低于 2915 克、4312 克和 6107 克，那么，就可以判断其为劣质产品。这与阿基米德测量皇冠真假的方法简直如出一辙。

在中国的传统文化中，许多学者和官员也注意到了货币、交换、人的欲望与资源稀缺等现象。例如，《吕氏春秋》就说明了产权界定的重要性："今一兔走，百人逐之，非一兔足为百人分也，由未定。由未定，尧且屈力而况众人乎？积兔满市，行者不取，非不欲兔也，分已定。分已定，人虽鄙不争。古治天下及国，在乎定分而已矣。"《吕氏春秋·论人》还谈到了综合考察一个人以判断其性格品行的种种方法："凡论人，通则观其所礼，贵则观其所进，富则观其所养，听则观其所行，止则观其所好，习则观其所言，穷则观其所不受，贱则观其所不为，喜之以验其守，乐之以验其僻，怒之以验其节，惧之以验其特，哀之以验其人，苦之以验其志，此贤主之所以论人也。论人者，又必以六戚四隐。何谓六戚？父、母、兄、弟、妻、子。何谓四隐？交友、故旧、邑里、门郭。内则用六戚四隐，外则用八观六验，人之情伪贪鄙美恶无所失矣。"而且，对个人要"闻其声而知其风，察其风而知其志，观其志而知其德"。

但是，产权界定对经济生活和生产的分析，人性假设对推断各种社会行为和现象的分析，却只出现在西方的制度经济学和微观经济学中。《韩非子·六反》列举了医生、养马人、匠人、父母与子女、丈夫与妻子、官吏和君主都受到"计算之心"的驱使和提供的服务。"故王良爱马，越王勾践爱人，为战与驰。医善运人之伤，含人之血，非骨肉之亲也，利所加也。故舆人成舆，则欲人之富贵；匠人成棺，则欲人之夭死也。非舆人仁而匠人贼也，人不贵则舆不受，人不死则棺不买，情非憎人也，利在人之死也。"韩非子这段话与斯密的"无形之手"的阐述相比毫无逊色。司马迁在《史记·货殖列传》中就记载了地方土特产的分工对贸易的影响，但是，只是到了亚当·斯密的《国富论》时代，对分工和贸易的分析才造就了经济学的建立和发展。

看到某种社会现象并寻找到问题的解决办法，表现出这个社会的生存智慧。例如，有的学者就努力证明，斯密的"无形之手"或者市场机制理论，就是从阅读司马迁的《史记》中受到启发。还有的学者证明，计算机或者计算器的二进位制原理，就是德国数学家和哲学家莱布尼兹从《易经》中受到启发。宇宙大爆炸论似乎蕴含在《道德经》的"道生一，一生二，二生三，三生万物"的系统阐述之中，微观世界的 61 种基本粒子也可以从古代禅宗经典中找到模糊痕迹。在更为极端的情况下，盛洪甚至认为孔子所说的"君子和而不同，小人同而不和","这句话真是精辟之极,使得'现代的'经济学家实在无法超越"。

　　只有从现象中看到事物之间的普遍联系,并从中探索出共同遵循的规律,才进入了科学分析的领域。所以,我们不难发现,中国历史上的各种书籍积累了数不清的生存经验,但是,我们的祖先并没有将这些经验上升到科学的高度,没有建立起自然科学和社会科学。在一定程度上说,经验分析类似于关系特殊的交换,科学分析则类似于市场交换。市场经济恰恰是克服关系特殊交换的高额交易成本而发展起来的交易费用节约机制。市场与科学并行,关系与经验并行,似乎存在内在的联系。

　　即使西方的自然科学和社会科学已经输入中国三四百年之久,我们还是会不时出现以经验对抗普遍定律的情结。在研究领域,我们也习惯于从经验出发和利用经验进行论证,不愿意探索不同经验背后的普遍联系力量。经济学告诉我们,社会生活中的各种现象都可以看到人的欲望和资源稀缺性的影子。但是,经验主义者、道德英雄主义者、利他主义者却高唱人类的高尚,断然否决欲望和资源稀缺性在构造社会各种交易中的核心作用。于是,我们仍然回到经验主义的领域,寻找任何能够否定普遍推论的例子,并不时举起道德标准的"奥卡姆剃刀"删改各种现象。

　　例如,中国学者习惯于将房屋和商品的抢购、股市的频繁炒作、洋货的购买等行为,统统归于非理性的行为。重庆大学的蒲勇健对此评论说:"一些中国经济学家潜意识中具有浓重的规范思维风格,当经济现象不合理想中的规范时,就指责经济行为主体的行为不规范、不合理或'非理性',而忽视经济行为主体在一定的约束条件下产生一定的行为。"华东师范大学的国际关系研究学者杨成说:"中国的俄苏研究似乎非常抗拒理论,而理论的重要性其实是不言而喻的。"

　　即使像林毅夫这样的知名经济学者,也还在宣扬经验主义,认为某个社会现象的理论"通常只有在那个社会长大、生活的学者才会有较好的把握。一位不在中国长大、生活的外国学者要洞悉中国社会经济现象背后的逻辑很难",因为"发达国家的学者提出的理论,主要是在解释发达国家的现象"。在《经济学精神》中,盛洪甚至这样说:"在最高境界中，经济学不是一堆结论，不是一组数学公式，也不是一种逻辑，甚至不是一种分析方法，而是一种信仰，一种文化，一种精神。……经济学的真正魅力并不在于它是一门科学，而在于它不是科学。"在这样的对抗心态下，中国的社会科学举步维艰，在国际科学界的吵闹声中保持沉默或者自言自语。也许，根源在于曹冲称象的传统文化之中。

[2012 年 7 月 1 日]

冲　动

在经济学的势力范围不断扩张的时代，人们努力寻找经济学的最终边界，看一看哪些行为和现象是经济学家所不能分析的。冲动似乎是其中之一。乔治·阿克洛夫和罗伯特·希勒在《动物精神》一书中认为，传统经济学的缺陷就在于"并未考虑到人们受非经济动机的支配，而且没有考虑到人们的非理性程度或者被误导的程度"所带来的"动物精神"或者冲动。所谓冲动，就是行为的无意识的急剧爆发。按照英国 19 世纪的学者白芝浩（Walter Bagehot）的说法，"所有狂躁在某种意义上都是人们不能量入为出、量力而行所导致的结果。当然，这在某种程度上起因于想要致富的愿望，但在相当程度上也起因于对行动本身的热爱"。在冲动中，人们可以干出任何匪夷所思的事情来。吵架、谋杀、暴力殴打、购买、投机等行为，很大一部分都是冲动所为。世界卫生组织在 2013 年 6 月的一份报告中认为，全球 35% 的女性深受伴侣实施的身体暴力、伴侣与非伴侣实施的性暴力的伤害。

韩国经济学家李正典在《颠覆经济学》中说："从大脑的构造上看，人们习惯于靠直觉或情绪行动，而非先思后行。因此，不仅犯罪行为，人类日常生活中的大部分行为也都属于机械性行为或即兴行为。据犯罪学家分析，大多数犯人会在高度兴奋的状态下，实施冲动性犯罪。"如果冲动是非理性的，那么，经济学前进的步伐就会受到阻碍。

对于冲动是什么，经济学家说不出什么新的内容。犹如不谈偏好的内容而谈偏好的结构一样，经济学家对冲动的内容也不会谈什么，不管这种冲动是暴怒、骂街、打人抑或谋财害命。但是，对于冲动的运动规律，经济学家却有话要说。尽管冲动的时刻可能是非理性或者无意识的，但是，冲动的形成可能是一个理性化的过程。这个理性过程意味着，冲动的行为会受到冲动的收益和冲动的成本的制约。历史学家许倬云说："我至少常常想到，一己的情感冲动难免会影响到别人。自己怒时，可能以言辞伤人；自己怨时，可能不接受别人的善意；自己有求而不得时，可能嫉恨别人。因为对自己有这样的了解，我只要还有一丝理性，这一丝理性就会把我从激越的关口拉回来，叫我约束一下自己的行为和言词。这种在紧急关头的自我节制，往往可以在俄顷之后立刻反省。"

我们知道，很多犯罪分子都具有暴烈的性格，谋财害命或者强奸抢劫就是其劣迹斑斑的表现。我们也知道，不管多邪恶的犯罪分子，一旦被关进监狱，其温顺的性格就显露得多一些。所谓监狱，就是以暴力对付甚至制服暴力的地方。在监狱中，我们很少听到犯罪分子有过多暴力的冲动。之所以同一个人会存在监狱内的较少暴力冲动与社会上较多的暴力冲动的差别，主要是因为监狱内发生暴力冲动的结果可能是立即遭受严厉的处罚或者暴力打击。用经济学的术语来说，就是监狱与社会之间的巨大交易成本差异，改变了暴力分子滋生暴力行为的频率。如果交易成本的差异不能改变暴力分子的冲动频率，那么，我们就会知道，人类可能就是一块顽铁。在这样的环境中，不仅监狱失去了存在的理由，而且所有的行为刺激都失去了存在的基础。正是由于交易费用的差异可以改变冲动的行为，提高犯罪的侦破率、增加犯罪的惩罚力度就可以大大降低社会的犯罪率。美国经济学家列维特（Steven Levitt）在研究美国 1970—1992 年期间的犯罪率时发现，提高故意伤害罪的逮捕率会减少 75% 的故意伤害罪的发生，降低青少年犯罪 20% 的判罚率导致了青少年犯罪增加了 177%。

人类社会的进步在于交易费用的降低。在没有货币的时代，要买一块猪肉，也许需要 200 斤大白菜去交换。即使不考虑物物交换所带来的"需求双重巧合"的问题，单是运输 200 斤大白菜的运费或者精力耗损就成为购买猪肉的巨大交易成本。在这样的长途跋涉或者费心费力的交易中，消费者很少萌发冲动的买卖行为。毫不奇怪，在原始社会或者物物交换的社会，人们的购买欲望很低，只有富有的人群才能享受奢侈品的美妙。随着货币的出现，特别是纸币、支票、信用卡和电子支付的出现，人们的交易越来越便捷，但消费的冲动也会越来越强烈。美国发生金融危机的诱因之一，就是信用卡使用带来的消费过度和储蓄太少。与使用现金更能节省开支相比，使用信用卡购物时，消费者更易发生消费冲动，购买垃圾食品的比例更大，因为现金支付从心理上比信用卡支付更能增加心理痛苦。所以，当年纪大的人在超市或者农贸市场拿着大把的零钱购物时，数钱的痛苦会让他们购买物品更加理性和节俭。

在许多社会，官员总会在平民百姓面前表现出傲慢甚至不可一世的神气。这种神气"随着各个继承人的性情而改变，并且完全受制于每一个继承人的变化莫测的性情。它是凭感情冲动与偶然事件统治着的。它带着幼稚、老朽和昏聩等特征出现在人们面前；是一种要吃奶、要人牵着走或拄着拐杖走的玩意儿"（托马斯·潘恩语）。这种神气与道德无关，也与政治无关，但却与官员面临的交易成本有关。如果官员需要民众的选票或者大量的物质支持，官员在民众面前的傲慢冲动就会减少。相反，如果官员的傲慢冲动不仅不会受到惩罚，反而被认为是一种优良的品德或者高尚人格的表现，那么，官员就会变本加厉地表现得非常专横。云南陆良中学的两位高中生，因为在 2013 年 6 月 1 日课间休息时"吹泡泡"和扔纸飞机，被学校当局处以开除的处分。这个冲动的处分决定来源于学校对学生长期操有教育决定权的惯例，而忽视了学生的基本公民权利和教育的基本职责。由于学校的冲动性决定长期不受处罚，冲动性决定就在许多学校生根发芽。所幸的是，当地教育局撤销了开除学生的处分决定，但没有看到对冲动性决定的处罚。

不仅官员的冲动要受到交易费用的制约，而且所有不完全承担责任的行为都会刺激冲动决策的出现。当上市公司的经理不需要对数百万元甚至数亿元决策失误承担全部的赔偿责任时，上市公司就可能会违背股东的利益而做出冲动的决策。当所有的存款都由政府无偿担保时，储蓄者就不会在意银行或者其他金融机构的信誉，储蓄者和银行都会进行冲动的储蓄和投资决策。在经济学中，这样的行为被冠以"道德风险"和"逆向选择"的美名。其实，许多这样的决策都是冲动的决策。我们可以预计，在国营企业、上市公司、银行的决策不受制约的社会，冲动决策的频率是比较高的。

家庭中的行为具有更多冲动的内容。人们在上班时，为了维持良好的人际关系，满足工作的要求，会更多有意识地去交流或者微笑。教师、医生、警察、空姐、餐饮服务员、律师、节目主持人，都是如此。但是，一旦下班，人们更多地表现出沉默寡言。中国青年报社会调查中心在2012年8月对2750人进行了网络调查。调查发现，83.1%的人都承认有"下班沉默症"，75.4%的人认为身边存在"下班沉默症"的人。身心疲劳甚至长时间工作需要休息是主要原因。近四成的人还认为，对同事和顾客冷漠的交易成本太大，但对亲朋好友的少言寡语可能会得到更多的理解和宽容。而且，梁实秋在《男人》中还说："男子多半自私。在外面受了闷气，回到家里来加倍地发作。"家庭暴力的频繁发生也许与家庭冲动的交易成本太低有关。在非洲、中东地区和东南亚，社会习俗和法律支持丈夫对妻子和子女的惩处权，结果造成这些地区的家庭暴力非常严重。

除了交易费用，偏好的强度也会影响冲动的发生频率。人人都有爱美之心。当化妆、美容美体、理发、衣服、首饰、挎包等精美的物品，伴随着魅力十足的明星出现时，人们都会增强对这些物品的偏好和购买的冲动。正是利用了这一点，明星美女广告才会发生效用。所以，商品与广告一同出售，就成了许多精明商人刺激人们冲动购买的锋锐利器。

不可忽视的是，冲动还与人们的认知能力有关。究其实质，冲动就是行为表现或者决策不按照规则而出现的随机行为。当神经系统的信号联系规则得以建立或者加强时，冲动行为就会减少。教育和学习是强化神经系统的联系规则的主要方式。接受教育越多的人，能很好地平衡决策的成本和收益，冲动的决策行为就会减少。亚里士多德说：

"如果你能做到，在适当的场合，向正确的对象，在合适的时刻，使用恰当的方式，因为公正的理由而发脾气"，那么，这种理性的而非冲动的"发脾气就是值得赞扬的"。相反，接受教育越少的人，决策时冲动的频率会更高。据此可以推测，在教育水平越低的社会，群体决策时冲动的机会更多，投资冲动也就越多。当2013年4月黄金价格从每盎司1500美元大幅度下降到1300美元以下时，长期受困于高房价的"中国大妈们"凭一时的冲动，疯狂购买黄金300吨，最终被套牢。同样，中国股市的换手率是欧美国家股市的换手率的数倍甚至数十倍，其根源在于信息的匮乏造成认知能力较低和决策的冲动。

这样看来，人们在日常生活中之所以有很多冲动行为的表现，要么是冲动的收益很高，要么是冲动的交易费用过低。当一个人面临失去所有的东西时，他很难做出冲动的举动。父母暴打孩子、教师侮辱学生、官员欺侮平民的冲动之举，就是没有交易费用的制约在起作用。在一个冲动频繁的地方，我们只需要增加冲动的交易费用或者提高人们的认知能力就行了。弗洛伊德甚至认为，在缺乏制度规则的地方，冲动和理性具有很强的同一性。弗洛伊德说："我们的表面的理性能力和道德不过是一桩欺骗。实际上，那不过是用另外的方法去追求那同样的黑暗而盲目力量的满足而已。位于道德和抽象的理想之下的诸力量与所谓的理性和传统的道德声称要诅咒、拒斥并反对的那些冲动是同一的。它们与后者的区别仅在于，它们是迂回的、不诚实的，且有产生精神病的倾向。"[①] 人类的历史，可以说就是设立各种制度机制限制冲动行为的历史。婚姻、家庭、监狱、警察等机构，就是其中的代表。因此，冲动行为也是一种理性行为，受到成本和收益的制约。

[2012年6月16日]

---

① [英]欧内斯特·盖尔纳：《理性与文化》（周邦宪译），贵州人民出版社，2009年，第74页。

迷　信

　　我们生活在一个迷信的世界中。古代人有古代人的迷信，现代人有现代人的迷信。文盲有文盲的迷信，科学家有科学家的迷信。有些迷信比较原始自然，另外一些迷信则披上了科学技术的外衣。有些人迷信政府的权威，另外一些人则迷信市场的神奇魔力。自从人类出现以来，我们的生活周围就伴随着各种迷信的风俗习惯。人类的进化史，可以说是一部迷信不断产生然后又不断消亡的历史。

　　在中国，迷信一直比较盛行。《日书》认为，生老病死、婚丧嫁娶、衣食住行、升官发财、福禄寿泰、饲养家畜、五谷种植，都与选择时日的吉凶有关。《论衡·讥日》曰："世俗既信岁时，而又信日。举事若病、死、灾、患，大则谓之犯触岁、月，小则谓之不避日禁。岁、月之传既用，日禁之书亦行。世俗之人，委信信之；辩论之士，亦不能定。是以士人举世，不考于心而合于日，不参于义而致于时。"风水、卜筮、命相、鬼神、占星术、财神爷、幸运数字、幸运饰物的迷信就更加盛行。本命年扎根红腰带，外公送外甥女一把红雨伞辟邪。电话号码、门牌号码、车牌号码都要尽可能选"6"或者"8"，要做到无时无刻不在"顺顺顺"、"发发发"。在重大的体育赛事中，球员穿着"幸运号码"的球衣，发球时亲吻戒指或者做出各种习惯性的怪异动作。香港电台只要播放郑少秋的歌曲，股市就会大跌，形成所谓"秋官效应"的迷信。

　　迷信，按照马克·布洛赫的说法，"使人们的思想不断地、近乎病态地关注各种各样的征兆、梦境或幻觉"。有位浙江官员将祖坟迁到天山脚下，希望自己成为天之骄子。国家行政学院在《我国县处级公务员基本科学素养调查与分析研究》的调查报告中显示，在接受调查的900多名县处级公务员中，52.4%的人相信"求签"、"相面"、"周公解梦"、"星座预测"等迷信。一份研究指出，迷信电脑算命的大学生占29.8%，阅读有关算命看相书籍的大学生占26.5%，承认有迷信行为的大学生占 23.6%。

美国 19 世纪的外交家何天爵在《中国人本色》中对中国社会的迷信及其后果有深刻的认识:"迷信在每个中国人的日常生活中发挥着重要的作用,控制着经济和生活的规划,坚定或消融意志,影响财产的价值,决定结婚对象和时间,干预和子女的关系。迷信有时甚至缩短生命,并且总是在控制着葬礼的时间、仪式以及墓地的选择。迷信存在于各阶层之中,上至皇亲国戚,下至贩夫走卒,影响着生活中的一举一动,扭曲了理性能力,损害了逻辑判断。"随着迷信思想的深入发展,何天爵认为,"明显地,它干预了经济,控制了企业,妨碍了对健康发展必不可少的个人自由。但是它影响的还不止这些。它使人们成为狂热的疯子,没有思想的懦夫。真正的懦夫也不会像他们一样对摸不着看不见的危险充满恐惧。他们认为这种危险是战不胜、逃不掉的,因而陷入绝望"。

人类学家和民俗学家试图探寻各种迷信及其他风俗习惯的内在合理性。经济学家好像对迷信不感兴趣,因为在传统的经济学里,迷信就代表着不理性的行为表现。诚如何天爵所说:"迷信只是一种反常的信仰,一种孤立的、不可描述的奇怪的信仰。"如果经济学不能对普罗大众中广泛存在的迷信问题提出一点解释,那么,经济学的科学形象必然会受到极大的损坏。

传统上,迷信在人们的心目中是与科学相对立的意识和行为。江绍原在《中国礼俗迷信》中认为,"一切和近代科学相冲突的意念、信念以及与它们并行的行止",都叫做迷信。这种贬低迷信而绝对崇尚科学的做法,不外是一种新型的科学迷信。科学领域依然广泛存在着大量的迷信:基因与蛋白质存在一一对应的关系,人类是从灵长类动物进化而来的,人类的历史是线性发展的。经济学家迷信,通过发展科学技术和持续不断的经济增长,不断积累财富,人类社会就有可能彻底消除极端的贫困。当环保主义者迷信气候变暖主要是人类的二氧化碳排放的产物时,其他的科学家则坚信过去四十万年期间气候的变化呈现周期性的规律而与人类的活动无关。当人们接受作为能量的信息需要储存在有形物质中的观念时,人们就设计芯片将这种想法付诸实施。尽管量子论认为世界的本原就是能量，世界的能量就是信息本身，量子计算具有实验上的可行性，但是，人们仍然无法突破信息需要储存的信念。2013 年诺贝尔经济学奖获得者尤金·法玛（Eugene Fama）高呼："连上帝都知道，市场是有效的！"格雷格·布雷登在《深埋的真相》中对此说："显而易见，对人类生活和世界构成最大威胁的正是我们一直誓死捍卫的信念，而这些信念是建立在过去的错误理念之上的。"

如果科学领域也广泛存在迷信，那么，我们则不能将科学与迷信简单地对立起来。其实，科学和迷信都可以看作资源稀缺条件下所形成的理性决策规则。英国科学家卡尔·皮尔逊曾在《科学的规范》中说："在人的胸怀中，存在着用某一简明的公式、某一简短的陈述恢复人的经验事实的永不满足的欲望。它导致野蛮人通过把风、河、树奉为神明来'阐明'一切自然现象。另一方面，它导致文明人在艺术作品中表达他的情感体验，在公式或所谓的科学定律中表达他的物理经验和心理经验。"

科学规则强调从观察和理性思辨中提出问题，然后对问题提出解释或者假设，借助于实验或者实证检验的事实来评估解释或者假设。如果事实支持假设，则形成某种现象的理论；如果事实不支持解释或者假设，则需要提出新的解释或者假设，然后利用事实进行新的评估检验。这就意味着，科学方法是一套以事实为中心进行联想和解释的规则。按照皮尔逊的说法，"通过大量灌输科学的心智习惯而鼓励科学和传播科学知识，将导致效率更高的公民，从而将导致已经增进的社会稳定性。受到科学方法训练的心智，很少有可能被仅仅诉诸激情、被盲目的情绪激动引向受法律制裁的行为，而这些行为也许最终会导致社会灾难"。在科学规则的帮助下，人类的知识获得了巨大的发展，但也隐含着巨大的认知成本。借助于科学的认知和提供的信息，人类就可能做出科学的决策。进化生物学家 E. O. 威尔逊认为，"世界将由那些智者所掌控，他们能在适当的时候搜集正确的信息，批判地看待这些信息，然后再作出选择"。

相比之下，迷信则是以联想和解释为中心进行事实增删的一套规则。迷信和科学都是从最初的偶然的事实出发进行联想。斯金纳认为，人类具有强化的习惯。当随后的行为反应和强化物之间存在偶然的一次联系时，我们的行为就走向了迷信行为。尽管迷信具有个别的事实和经验依据，但更多的是"夹杂着多量的不可靠的观察和言过其实的传闻，无稽的古史和颠倒的记忆，白天的幻想和夜间的梦寐——又加之以不合章法的推论，而错误的判断遂成；既成又受了旁的相类似的错误的烘托与习惯的拘束，于是它就根深蒂固，莫可动摇，世代相传，不容疑问，成为我们所谓的迷信"（江绍原语）。尽管科学可以借助新的信息对联想进行改变，但是，迷信则对新的信息进行修改以服从先前的联想。当现实与迷信规则不相符合时，迷信的人们最通常使用的手段就是认为自己努力不够、心不诚或者技术不先进，紧守着"心要诚，法则灵"的古训。由于信息吸收的严重不足，依赖于迷信的决策会出现系统性的偏差，错误也在所难免。

因此，迷信就是在信息不足的条件下断定事物或者现象之间存在特定联系的行为或者想法。迷信的世界观、世俗迷信的文化、个人的神秘经验和个人的迷信，构成了迷信行为和想法的世界。问题是，为什么有那么多人依赖于迷信而不是科学进行决策？或者说，迷信形成机制是否有一种经济解释呢？

尽管科学知识和科学理论有助于人们的日常生活和工作决策，但是，科学研究与日常生活工作几乎没有多少必然的联系。为了获得科学知识或者科学理论，人们必须投入大量的资源和时间用于学习和理解。这就意味着科学决策的固定成本是比较高昂的。一旦获得了科学知识，与特定科学知识相关的决策可变成本就非常低廉。但是，科学知识只是现实世界决策所欲求知识的很小一部分。即使将所有人类知识都能学习和掌握，人们也无法做出完全正确的决策，因为人类的认识是在不断地发展、修正和不完善的。考虑到科学知识的增长率和修正率，那么，科学决策的固定成本将会更高，其可变成本也会提高。

更严重的问题是，任何个人的时间和资源都非常有限，无法掌握和理解足够多的科学知识来帮助决策。这样，在科学知识无法达到的地方，人们必须要依赖某种规则来进行日常生活决策或者增强日常生活决策的信心。这种决策规则的学习成本很低，在极端的情况下只需要虔诚的心态或者某个固定的行为就可以实现。这个决策规则就是迷信。因此，迷信具有较低的固定认知成本。考虑到迷信带来决策失误的概率较高，迷信的可变成本比较高。因此，与科学决策的固定成本较高和可变成本较低的特点相比，迷信的固定成本较低但可变成本较高。美国学者格雷格·布雷登在《深埋的真相》一书中认为，"有时在采取行动之前不妨先仔细研究一下问题。我们对困境了解得越多，就越有把握找到解决办法。但过于审慎却非好事。有时最好的办法就是先立即采取行动来应付危机，然后再利用争取到的安全时间对问题进行仔细研究"。对于大量从容研究过的问题，我们无疑可以借助于知识和经验找到解决的办法。但对于大量缺乏所有细节信息而需要立即作出决策的问题，我们可能只能依靠某些信念或者按照本能进行行动。

这样，迷信就是在决策时依靠某些固定简易程序进行快速决策的一种制度机制。算命、八卦、扔硬币都是迷信的表现形式。迷信之所以是合理的，就是因为科学决策所需要的信息成本太高的缘故。由于人们的资源非常有限，连续不断的决策就需要连续不断的信息输入和资源的耗费。当决策的信息成本太高时，决策者就会采取简便易行的方法来进行决策。詹姆斯·蒙蒂尔在《价值投资》一书中认为，人们决策更多地是依靠信心而不是正确的信息。尽管信息的准确性与可信度恰好重合的时候有90%的概率认定决策的正确性，但是，信息不准确但怀有强烈的信念时依然有66%的概率认定决策的正确性。这还是比根据准确但却被认为不可信的信息进行决策时认定的60%正确性高一些。因此，迷信的人其实是非常理性的人。他们总希望用最小的代价获取异想天开的收益。由于信息的局限，他们认识不到异想天开的收益的实现可能性是非常小的。在均衡上，迷信所获得的收益仅仅是心理的平和或者情绪的稳定。

詹姆斯·蒙蒂尔和格林瓦德（Bruce Greenwald）的调查显示，超过80%—90%的学生都认为自己的成绩排名全班的前50名，95%的人认为自己比一般人更具幽默感，74%的收入更高和自我意识更强烈的投资管理者也自认为他们高人一等。这些调查结果显示，至少有一半的"优势"根本不存在。但是，这也说明人主要是情感性动物和具有乐观的本性，喜欢对自我进行积极评价和乐观认知。随着时间的缩短，每个人对自我积极评价的动机就越强，以便形成自我保护。在社会丑闻的报道中，许多政府官员在第一时间就会这样回应：这是他人的有意造谣、一切不存在问题、所有措施都合法，根本不管事实和证据如何。这种乐观情绪就是迷信的情感根源，利用迷信维持自我的生存。人类学家泰格（Lionel Tiger）在《乐观主义：希望生物学》（*Optimism: The Biology of Hope*）一书中认为，乐观精神是人的生物适应性表现，乐观主义者比悲观主义者能更好地应对坏消息或者疾病。

迷信最容易发生的领域需要外在环境的高度不确定性和决策时间的短暂性。环境越是具有不确定性和不可控制性，个人的主观能力和努力因素越受到压制，迷信的倾向越强烈。考大学、出海航行、做生意、股市投资、农业歉收、疾病、灾难、官场斗争的高度不确定性，都容易导致人们的迷信。事实是，女性比男性更迷信，自尊水平较低的人更迷信，认知能力较差和压力大的人更迷信，时时刻刻感觉到险恶环境的人更迷信，运动员面对强敌时更易迷信，竞赛水平越高的比赛更容易迷信。显然，在不可控制的机遇面前，能力、努力、任务难度和情绪等价值都遭到贬低，人们在模仿学习他人的迷信中错误地将成功和平安归因于外在不可控制的因素，以便造成心理的平和。

在迷信中，成败取决于虔诚和信心这些可以两面解释、不可验证的心理，有助于形成"自我应验预言"。当迷信严重时，人们的努力就会变成毫无价值的东西，人们将更加依赖于比努力更灵验的迷信手段。虔诚的崇拜、征兆的搜寻、谣言的传播、幻觉引起的恐慌，都与迷信有千丝万缕的联系。当人们把"那些折磨人类的战争、大风暴、瘟疫和各种疾病"当作是"魔鬼操纵下发生"的迷信时，对这些事物认真的观察和其原因的探索通常会被忽略。人们的知识和信息就会处于封闭状态之中，很难得到扩展和更新。

由于迷信与科学的选择依赖于认知成本的高低，因此，所受教育越少或者所接受的信息来源越单一的群体，接受和理解新知识的难度越大，其迷信程度越高。我们每个人在儿童和青少年阶段接受信息的来源和种类越少，越易形成单一的观念和迷信。可以推测，接受正规教育越少、所接受教育的内容越单一的群体，迷信程度越高。这就意味着，迷信的人群随着所接受教育和信息多样化程度的提高而减少。辽宁省辽阳县曾调查当地请巫医治病、请阴阳先生看风水的农户，发现 70%以上的户主是文盲和半文盲，而乡村中读过大中专的人无一卷入。藏民居住地区到处都修建有转经白塔，人们出行时都手持转经筒，这可以表明藏民中文盲和半文盲的比例较高。

科学认为，当新的事实和证据不再支持已有的观念和思维方式时，改变思维方式的时候就到了。格雷格·布雷登在《深埋的真相》一书中说："思维方式的革命就像一场大地震一样，使我们看到了'超出传统意识范围'的新思想，正是它们将我们视为珍视的传统科学信念夷为平地。"但是，思维方式是我们在积累大量观念和信息的基础上衍生出来的思考和处理问题的方式。在某种程度上说，这就是我们大脑中的文化投资。这个投资越是巨大，其累积的资产越是具有专用性，我们越是无法接受新的观念。人的自私性不仅表现在欲望的自私性，而且还表现在观念的自私性上。当我们坚守某种信念时，我们对生活更有信心，更容易做出某种决策。但是，这种信念本身屏蔽了大量新的观念，让我们对许多更有价值的观念缺乏任何动力去寻求。当接受新的观念意味着旧观念的贬值，学习新观念的成本越大，人们越是陷入旧观念的巢穴，就越容易迷信。在科学分工日益深化的今天，跨学科学习的成本也越来越大，人们坚守本学科的意识也越来越强烈，学科迷信的风气也越来越流行。这就意味着，科学发展到一定程度，我们就走到了科学迷信的阶段。迷信封锁了所有外在信息的进入，造成科学的自我封闭状态。

事情要发展到什么程度你才认为经济危机确实已经发生了，尽管有大量的失业、破产、银行流动性不足、通货膨胀严重的问题存在？事情要发展到什么程度你才认为地球危机确实已经发生了，尽管有大量的物种消失、全球气候变暖、河流和湖泊到处都受到污染、空气质量越来越差、新疾病不断出现、土壤全面的沙漠化等问题到处都存在？事情发展到什么程度你才认为教育危机确实已经发生了，尽管整个社会缺乏创新活力、应试教育的缺陷日益显现、科学功利主义日趋严重、基础科学缺乏生气、孩子的负担越来越沉重？事情发展到什么程度你才认为家庭危机确实发生了，尽管离婚率不断增高、留守儿童不断增多、临时夫妻和包二奶的问题越来越严重、家庭暴力不时升温、不孕的人数急剧增加？事情发展到什么程度你才认为身体危机确实发生了，尽管肥胖症越来越严重、脑溢血的人越来越多、工作死亡急剧增加？经济危机、全球危机、教育危机、家庭危机、身体危机也许已发生了，但我们依然按照过去的思维在生活和工作，好像一切都没有发生一样。这种忽视大量事实的行为态度与迷信有什么区别吗？当我们嘲笑看相、算命、看风水的传统迷信的时候，我们是否也处于现代的意识迷信之中呢？

因此，迷信是一种理性的行为，受到环境的不确定性、认知成本和思维模式的制约。所处的环境越是具有不确定性，认知成本越高，资源越稀缺，思维模式越固定，那么，迷信的程度越高。思维模式的构建和确立为决策提供了简便的规则，但也排挤了大量的有用信息，形成了人们的"理性无知"。如果没有固有思维模式的障碍，所有决策都会采取理性预期的模式。当一个社会处于读书无用论、诈骗横行的时代，迷信必然猖獗，气功治病、泥鳅治病的迷信也会滋生。这样，减少迷信的办法就是提高人们获取信息的效率。这就需要一个社会实行多元化的、科学普及性的教育，增强人们的劳动努力与劳动成果之间的联系程度，维护社会的公正性。

[2013 年 7 月 14 日]

谦虚的权力游戏

谦虚是一种美德，人人都这么说。孟德斯鸠说："谦虚是不可缺少的品德。"加尔多斯说："一种美德的幼芽、蓓蕾，这是最宝贵的美德，是一切道德之母，这就是谦逊；有了这种美德我们会其乐无穷。"清人张廷玉也说："盛满易为灾，谦冲恒受福。"那么，谦虚是如何获得世人的赞誉呢？或者说，谦虚是如何成为美德的呢？

我们知道，谦虚是一种人际关系交往的伎俩，是在考虑他人的情感和利益的情况下对自己行为、言语和态度可能产生意想不到后果的习以为常的谨慎处理。一个人对待自己的财富、优良品质、杰出的艺术才能、做出的成绩，可以有多种办法展示。谦虚美德告诉我们，不要实事求是地展示，也不要自夸或者自满地展示，而是要采取谦虚或者贬抑的方式展示。

从本能上说，每个人都有展示自己的骄人成绩和杰出才能的愿望，不管这种展示是实事求是还是自夸自满。与实事求是的展示相比，自夸自满的展示似乎更胜一筹。诚如纳撒尼尔·布兰登所说："骄傲是人对自己拥有获取价值的力量所做出的反应，是人为自己的能力而感到的快乐。人必须通过努力争取才能获得骄傲，骄傲是努力和成功的奖赏。"骄傲是深入我们骨髓的，因为"人是宇宙万物的尺度，是存在者存在的尺度，是不存在者不存在的尺度"，是人类傲视万物的资本。德国大数学家高斯这样说："骄傲是一种伟大的品质。"美国思想家富兰克林说："国民的感情中最难克服的要数骄傲了，随你如何把它改头换面，与之斗争，使之败阵，扑而灭之，羞而辱之，它还会探出头来，显示自己。"这种展示自己的好处，按照中国社会科学院研究员党国英的说法，就是"信息的充分扩散，可以降低社会的交易成本"。

不幸的是，骄傲的这点好处在人类社会内部就成为巨大的陷阱。邓小平这样说："'骄傲'两个字我有点怀疑。凡是有点干劲的，有点能力的，他总是相信自己，是有点主见的人。越有主见的人，越有自信。这个并不坏。真是有点骄傲，如果放到适当岗位，他自己就会谦虚起来，要不然他就混不下去。"老舍甚至说："骄傲自满是我们的一座可怕的陷阱；而且，这个陷阱是我们自己亲手挖掘的。"培根也说："凡过于把幸运之事归功于自己的聪明和智谋的人，多半是结局很不幸的。"这样，如英国戏剧家莎士比亚所说："一个骄傲的人，结果总是在骄傲里毁灭了自己。"因此，骄傲是人类社会的死敌，是无数次宣判过死刑却又无数次死里逃生的生命力顽强的害虫。即使骄傲有根有据，还是找不到生存的地方。所以，诸葛亮的箴言是："不傲才以骄人，不以宠而作威。"吕坤建议我们："气忌盛，心忌满，才忌露。"

　　在人类社会中，杰出才能之人或者能做出骄人业绩之人是罕见的，位高权重者也是稀罕之物。否则，人们不会去争权夺位，也不会去崇拜才能杰出之人，更不会去渴望骄人业绩。不幸的是，人无完人。功有所不全，力有所不任，才有所不足，智有所不明，也是稀松平常之事。这个"不幸"为庸人满足本能愿望提供了良好的机会。因为，实事求是地展示自己诚实的品格和杰出的才能，必然会伤害那些比自己的财富、品质、艺术才能较差的人群。自夸或者自满地展示还可能扩大了伤害的人群。

　　美国加州大学对156名女生的研究表明，那些自认为长得漂亮的女生碰到矛盾时更易发怒，而自我感觉容貌一般的女生处理矛盾的方式较为温和。正如美国社会学家布劳所说："呈现一个令人印象深刻的自我形象要承担某些风险：显得自夸或自满的风险，强迫别人接受极端意见的风险，一般还有招致别人非难的风险。"在讲究权威和等级制度比较严重的地方，这种风险尤其巨大，功高震主是要杀头的。"在一个群体情境中，令人印象深刻的品质在某种意义上使一个人有吸引力，而在另一种意义上则使他没有吸引力，因为他们引起了群体中的其他人担心自己被拒绝的恐惧，并对他们构成了一种地位威胁。"人类社会是一个民主机制，赞成少数服从多数的原则，这个原则就是去骄奢，存谦虚。无论你是多么富有，无论你有多大的权势，无论你有多少杰出的才能，你都不能扭转这个民主原则。与骄傲的本能反应相比，谦虚是社会性的规则，是众多本能与少数本能相抗衡的产物，是多数人维持其生存的一种信仰，因而是弥足珍贵的。

　　拉·罗奇福考德在《箴言录》中说："谦虚应归于一种对招致很自然会有的嫉妒和轻视的恐惧，这种恐惧伴随着那些被好运陶醉的人：它是精神力量的一种毫无用处的显示；那些想获得最显赫地位的人的谦虚是由于他们想显得比他们的地位更伟大的渴望。"在比较注重人际关系的群体或者社会中，谦虚地展示自己便缩小了可能被伤害群体的范围，却带来了自己虚伪的品格和才能的贬低。"因此，造成社会整合悖论的因素是这样一种令人印象深刻的品质，这些品质使一个人成为一个特别吸引人的和重要的群体成员，同时也对其他人构成一种地位威胁。结果便是一种防御性的不情愿，不情愿让自己轻易地给他人留下深刻印象，并且这种不情愿在为获得社会承认的竞争中是一种重要的策略，带有群体形成早期阶段的特征"（彼得·M.布劳语）。

在谦虚品格的指引下，具有优良品质的人不去展示自己的杰出才能、财富、美貌、崇高的社会地位，而是努力寻求自己与群体成员拥有的共同利益、价值标准、看法和观点。俗语云，好说己长便是短，自知己短便是长。这样，拥有谦虚品格的人在表示尊重他人的同时就缩短了与他人的距离，同时也不对任何人带来地位威胁，从而建立了与他人的联系纽带，获得了他人的信任、尊重和爱戴。在其他人看来，拥有优良品质的人没有去展示自己的与众不同的才能和地位，而是强调自己大众性并尊重大众的一面，这本身就给他们带来了心理和精神上的满足。作为回报，人们就会尊重、信任、甚至爱戴这些具有谦虚品质的人。在讲究谦虚品格的环境中，人们更多地要求"枪打出头鸟"，以维护每个人现有的地位和权威不变。特别是在尊敬、权威等社会资源固定不变的情况下，谦虚就剥夺了竞争这些品质的机会。更准确地说，谦虚的群体是不鼓励和培养竞争机制的群体。

在信息高度不对称的社会中，拥有优秀品质的人，往往需要最先采取行动。这些人采取的最佳策略，就是不管对方的反应如何，自己采取谦虚的策略，或者采取对他人尊重的策略。采取谦虚策略的代价就是，或者不明显地展示自己的才能，或者贬低自己才能和资源的价值。这种代价往往是心理上的或者精神上的，是一种内在报酬的损失。但是，这种报酬的损失，是可控的、暂时性的。这种代价获得的好处就是，尊重他人，不会威胁他人的地位，也不会导致他人意想不到的报复和怨恨。诚如布劳所说，"这种自我贬低的谦虚是能消除敌意的——它确实如此，因为它消除了对防卫的需要"。

因此，在人际交往必然面临各种机会成本的情况下，即使他人不尊重自己，谦虚策略的行动成本是最小的。如果在此基础上，谦虚的品格能够博得他人的尊敬和尊重，借助于自己优良的品格，自己就很容易获得促使他人顺从的权力。亚里士多德曾说："在不太平常和显而易见的事情上，适当地运用自我贬低具有某种并不令人讨厌的气度。"在布劳看来，谦虚的品格，在充满利益冲突的囚犯困境的社会中，无疑对已经展示优秀品质的人来说是一种最佳策略。这意味着，在交易成本存在的情况下，不管群体成员采取何种策略，拥有优势的一方在谦虚品格的指引下获得了最佳优势，因为在优秀品质中略加缺点会增强优秀人物的亲和力，并减少反感情绪。《抱朴子》的作者葛洪早就看到了谦虚的优势，他曾这样说："劳谦虚己，则附之者众；骄慢倨傲，则去之者多。"

　　布劳在《社会生活中的交换与权力》中令人信服地分析了谦虚品格对优势地位的人所带来的数不尽的好处。"已经获得高地位的那些群体成员也倾向于采用自我贬低的做法。当他们的能力和贡献为他们赢得了尊敬并迫使他人遵从他们的意见时，这些义务就被体验为约束，这些约束妨碍社交性的互动，并在处于领导地位的群体成员和其他成员之间产生一定的社会距离。尽管高度尊重是报酬性的，但是，不仅被人尊重，而且被人喜欢并被充分承认，才更富有报酬性。此外，小群体中的领导要依赖他们的追随者结成支持性纽带，因为没有任何独特的领导亚群体提供这些纽带。最谦虚的领导可以无拘无束地承认他们在某些方面赶不上其他人，这些领导通过承认其他人的较高能力来回报他们，并以不坚持在各个方面维持对其他人的优越性来缓和和他们的从属关系所造成的负担。对于其地位已经牢固树立的人来说，表示这种谦虚是一件很容易的事，因为这样做不可能危及他的位置。相反，他的谦虚可能为领导者赢得他的追随者的赞同和忠诚，以补充他的能力所带来的尊敬。此外，只要处于较高地位的几个成员为获得群体中的领导地位而进行竞争，那么他们的讨人喜欢的谦虚实际上就是在这种竞争中赢得群体支持的一种策略。"

　　在处于优势地位的人谦虚并坦率地承认自己的缺点过程中，其他下属人员或者芸芸众生也更可能谈论各自的爱好和缺点，从而进一步发现群体成员的共同爱好和不足，并迫使缺点过多和优秀品质不足的人退出地位竞争。所以，朱熹说："谦固美名，过谦者，宜防其诈。"因此，谦虚的品格是一种强者的生存策略，是一种增强群体凝聚力的策略。所以，卢梭说："伟大的人是决不会滥用他们的优点的，他们看出他们超过别人的地方，并且意识到这一点，然而决不会因此就不谦虚。他们的过人之处越多，他们越能认识到他们的不足。"印度诗人泰戈尔更是如此说："当我们是大为谦卑的时候，便是我们最近于伟大的时候。"谦虚与伟大，就是一个硬币的两面。周国平说："正如大才朴实无华，小才华而不实一样，大骄傲往往谦虚平和，只有小骄傲才露出一副不可一世的傲慢脸相。有巨大优越感的人，必定也有包容万物、宽待众生的胸怀。"谦虚也就成了强者的生存哲学。

站在弱者或者穷人的角度看，谦虚的品格就不是一种良好的竞争策略了。弱者之所以是弱者，就是因为他们的拥有的优良品质不多，或者没有拥有明显的优势地位。更为宽泛地说，弱者就是拥有各种物质的、精神的、身体的、社会的、文化的资源不多或者一无所有的人。在社会交往中，弱者就是不具有足够吸引力的人。在这样的环境中，谦虚进一步弱化了弱者那不多资源的价值，更多地暴露了自己的弱点，进一步拉大了自己与富有知识、品格和财富阶层的差距。当需要获得他人尊重时，谦虚品格的弱者只能表现得更顺从，更温顺。法国思想家卢梭这样说："最盲目的服从乃是奴隶们所仅存的唯一美德。"当人们不了解穷人或者弱者的具体情况、只能从经历中推断各种刻板印象时，谦虚的品格只能使弱者和穷人雪上加霜，他们看上去更加贫穷，品格更加恶劣，可交往的东西更少。在一个群体中，在涉及到地位和权威领域的品质中，下级表现得非常谦虚，就说明了这一点。作为报酬，上级在不涉及地位和权力范围的领域表现得比下级更谦虚。

对穷人和弱者而言，谦虚的品格就像通货膨胀带来的财产贬值一样，没有大量固定资产却只有少量流动资金的人，在谦虚中可能变得一贫如洗。富人不一样，因其拥有的固定资产多，且拥有的固定资产比例大，通货膨胀尽管对部分流动资金造成了损失，但却增大了富人的财富。穷人在通货膨胀中，损失的是流动资金的价值，但却从微薄的固定资产中几乎一无所获。犹如通货膨胀对富人有利一样，谦虚的品格也对富人和权势者有利。但在权势者和富人都采取谦虚策略的情况下，穷人和弱者别无办法，只好披上谦虚的外衣，以防"枪打出头鸟"。正如德国哲学家尼采所说："虫被踩后蜷缩起来，这是明智的，它借此减少了重新被踩的概率。用道德的语言说：谦恭。"

在谦虚的品格展示中，个人是从关注他人的角度出发进行决策的。当我们出现在一个需要展示我们的才能和品格的新的群体面前时，谦虚的品格将会使我们失去给他人留下深刻印象的机会，也无法展示我们的品格和才能。恰当地说，谦虚的品格只有在比较习以为常的环境中是有利的，因为人们有时间和机会来了解自己。在不断变动的社会和群体中，谦虚的品格放走的是机会，获得的是较大的风险。当然，如果个人的财富和资源能够很明显地体现出来，如美貌、巨富、高级官员、学术权威的名头所显示的，那么，谦虚的品格将会是减少愤恨和反对力量的最佳策略。"满招损，谦受益"的俗语，在这个意义上才是真实的。即在固定不变的群体和社会中，抑或是部分品质有所显露的情况下，谦虚是值得提倡的优良品格。

当需要在短暂竞争的环境中展示优良的不为人所知的品质时，谦虚不是一个好的值得推荐的品质。歌厅、舞厅、酒吧都不是展示谦虚品质的地方。积累财富、学识和资源时，谦虚的品质也找不到恰当的位置。只有在稳固的环境中，谦虚才是美德，因为谦虚确保了拥有地位的人安然无恙，也确保无地位的人不威胁拥有地位的人。为了保证各种地位和秩序的不变性，也为了增强拥有这些地位和秩序不变性的群体的内在凝聚力，谦虚就成为一种群体整合的策略，也是保持地位差距的最佳策略。在谦虚品格被无以复加地抬高后，任何有违谦虚品格的行为都要受到打击。"木秀于林，风必摧之；堆出于岸，水必湍之；人出于行，群必攻之。"不谦虚的位高权重者，不是被历史打入冷宫，就是被历史学家打入冷宫。不谦虚的才华横溢者，不是被驱逐出历史舞台的中心，就是在人们的冷漠中被淡忘。至于不谦虚的庸人之辈，他们的声音早已消失在荒漠和山林中。

如此想来，注重谦虚品格的社会，必然是一个保守、不思进取的社会。注重谦虚品格的群体，必然是一个相对僵化的群体。注重谦虚品格的文化，也必然是一个退化的文化。马克思说："真理像光一样，它很难谦逊；而且要它对谁谦逊呢？对它本身吗？真理是它自己和虚伪的试金石。那么，对虚伪谦逊吗？如果谦逊是探讨的特征，那么，这与其说是害怕虚伪的标志，不如说是害怕真理的标志。谦逊是使我寸步难行的绊脚石。它是上司加于探讨的一种对结论的恐惧，是一种对付真理的预防剂。"创新的社会是找不到谦虚的地位的。这就是谦虚的权力游戏。

知恩图报

徐志摩说，我们中国人是在灾难里讨生活的，所以，我们知恩图报。周友斌在《好人》一文中说："感恩，就是对世间所有给予自己帮助的人和物表示感激，是每一位不忘他人恩惠的赤子萦绕心间的情感。懂得感恩，是为了将无以为报的点滴铭记于心而不致忘形；懂得感恩，是为了擦亮蒙尘的心灵而不致麻木。"在世风急转的时代，见着满地乱爬的忘恩负义、过河拆桥、吃里扒外、落井下石的数不清的芸芸众生，有的人从传统的"知恩图报"那里看到了问题破解的曙光。近年来，不少的慈善行为都提出受施者要知恩图报。一些慈善基金甚至要求，接受捐助的学生签署一份"道德协议"，保证以后"回报社会"，或者偿还奖学金，或者帮助其他学生，防止受助者出现"忘恩负义"的情形。人们在争论，这种带有"定向培养"味道的强制性道德协议，是有助于培养慈善意识和社会责任感，还是更多地对学生的尊严造成损害？

西方历来比较注重知恩图报的行为。西塞罗说过："没有一种义务比回报他人之善更不可或缺的了。"因为"人皆不能信赖已忘人之恩者"。德国社会学家齐美尔从交换行为出发，认为知恩图报可以增强社会的平衡与团结，增加施助行为。

其实，中国儒家的文化传统一直非常注重知恩图报的传承，知恩图报不是舶来品。"羊有跪乳之恩，鸦有反哺之义"，就是儒家宣扬的最普遍的知恩图报行为。《礼记·礼运》有"太上贵德，其次务施报"；《诗·大雅》赞成"无德不报"；孔子主张"以直报怨，以德报德"（《论语·宪问》)。西汉刘向在《说苑》卷六《复恩》中说,"夫施德者,贵不德;受恩者,尚必报。……君臣相与,以市道接,君悬禄以待之,臣竭力以报之。逮臣有不测之事,则主加之以重赏;如主有超异之恩,则臣必以死复之。……夫臣报复君之恩,而尚营其私斗。夫祸乱之原也,皆由不报恩生矣";"唯贤者为能报恩,不孝者不能","夫禽兽昆虫有知比假而相有报也,况于士君子之欲兴名利于天下者乎"。宋朝司马光也在《迪书》中说:"受人恩而不忍负者,其为子必孝,为臣必忠。"朱熹的《治家格言》也有"施惠勿念,受恩莫忘"的句子。宋朝袁采在《袁氏世范》中对不知恩图报的人抱怨道:"今人受人恩惠,多不计省;而有所惠于人,虽微物亦历历在心。"

按照美国社会学家彼得·布劳中的说法,"一个不能报答恩惠的人被指责为忘恩负义的小人。这种指责本身表明回报是人们所期望的,并且,它作为一种社会制裁,使个体不要忘记他们对伙伴的义务"。[①]这样,报恩就与名利忠孝之类的实际利益和道德情操联系在一起,如不知恩图报,则必是禽兽不如的东西。所以台湾学者文崇一在《报恩与复仇:交换行为的分析》一文中研究了古代的知恩图报行为后说:"恩惠不论大小,回报是必须的;回报的方式可以相同,也可以不相同,但价值不应低于所受之恩惠;实际回报的条件越优厚,则越受到赞扬;报恩是一种与名利道德攸关的行为,从社会规范而言,几乎已经成为一种强迫式的行为,来而不往,非礼也。很明显地,这是一种有条件的交换行为,虽然没有明白地把条件提出来。"

在这样的伦理道德甚至实际利益的重压下,凡是接受过他人的一饭之德、惠、赠与、招待、救济或者救命的行为,都算作一种恩惠,受恩者就必须涌泉舍命相报。俗语说:"人情大似债,头顶锅盖卖。"蒙田说:"欠情乃是残酷的绞刑。"汉朝张苍是这样报答王陵的救命之恩的,"苍德王陵,及贵,常父事陵,陵死,苍为丞相,常先朝陵夫人上食,然后敢归家。"韩信因在一老妪家吃过一次饭,当为楚王时,"至国,召所从食漂母,赐千金"。荆轲报燕王,陈平报魏无知推荐之功,

---

① 彼得·布劳:《社会生活中的交换与权力》,商务印书馆,2008 年,第 51 页。

南朝宋高祖报王密还债之恩等，也是"知恩图报"的典型。

"漆身吞炭"的成语，就讲了一个因知恩图报而仇恨变态的故事。春秋末年晋国大夫智伯被赵襄王杀死，其家臣豫让发誓要杀死赵襄王报仇。一次，豫让潜入赵府行刺被捉，赵襄王为他知恩图报、以死效忠的精神所感动，释放了豫让。为了不让赵襄王再次认出自己，豫让决定毁容和变音，找些生炭涂在脸上，烧毁了皮肉，生吞火炭，烧伤了嗓子，走在路上连自己的妻子都没有认出自己。豫让非常高兴自己的变形之术，决定再次行刺。不料被赵襄王再次捉住，决定杀他。在临行前，豫让知赵襄王敬重他的义士行为，便请求道："如果你能脱下袍子让我刺几剑，了却我为主人报仇的心愿，死也瞑目。"赵襄王大度地脱下袍子，叫他刺了几剑，然后豫让就横剑自刎。我们看出，豫让的知恩图报，不过是儒家传统的"愚忠"行为的另一面镜子而已，忘却的是赵襄王的宽宏大量和对人格的尊重。

清代经学大师俞樾曾在《右台仙馆笔记》中记载了一个"卖糕得妻"的故事。一八七六年，河北省一对农民夫妇携带妹妹到天津行乞，夫妇俩买了一块切糕分着吃了，妹妹在饥饿难耐中只好落泪。到天黑时，卖切糕的人送给妹妹一块切糕以解饥饿。当哥嫂催着妹妹继续赶路时，妹妹对哥嫂说："前途茫茫，行将安住？往而无食，亦无生理。吾受此人一饱之恩，不如从彼去，免为兄嫂累也。"这位"萍水相逢，遂成伉俪"的姑娘，真是做到了"滴水之恩，当以涌泉相报"和"一饭之恩，千金以报"的中国传统美德。

社会中最大的恩，不外是"师恩"、"提拔之恩"、"救命之恩"。在师恩中，西方讲究"吾爱吾师，吾更爱真理"。在有些人看来，这不过是背叛师恩一个借口，因为真理是抽象的，而吾师确是具体的，报师恩最能考验一个人的品质和道德，追求真理和科学精神就让位于情感或者利益了。谢泳在一篇《不骂帮助过自己的人》的文章中说，应善待帮助过你的人，尽你所能为他做事（沉默也是帮助），特别是"恩人"成为众矢之的而你自己又面对强大的外在压力时。当周作人被当作汉奸后，最关心他的是作家废名——周作人的学生。这被当作知恩图报的一个美谈。其实，这不是孔子的"以德报德，以直报怨"，而是老子的"以德报怨"。民族大义与私人恩惠不分，还谈什么美德。当然，特殊时期造就特殊的人才，作为汉奸的周作人与作为文学家的周作人应该区分开来。在特殊历史时期结束后，我们至少应该以人道的态度宽容那些曾经站在民族对立面的人，因为每个人都有生存的权利。这就超出了知恩图报的范围。

文崇一从中国历史典籍中找出四十五个施恩和报恩的行为，三十个官吏和十五个平民是施恩者，三十五个官吏和十个平民是报恩者。这四十五个施恩行为的方式包括二十三次生活救济、十次挽救生命、十次照顾失业、三次赠送女子、两次抚养和一次感德。报恩的方式包括挽救生命十次、厚赠十四次、举官升官十次、养育五次、效死三次、免责三次。施恩与报恩方式完全相同的占十三次，两者不同的有三十二次。可见，中国的史书也非常看重报恩的行为。

看到施恩有如此保障的高额回报，有些人做起了施恩的投机把戏，或者在他人危难之时施恩，或者制造灾难让他人危难施恩，或者把正常的职业关系转变为施恩与报恩的行为，或者把施恩当作作恶的护身符。这种用金钱收买或者意图收买的施恩行为，不过是从中渔利罢了。《册府元龟》就看到了报赏行为泛化的这种利益追求现象："乃有感宽宥之惠，则争其死所；蒙推荐之私，则让彼封爵；或施之甚薄，而报之甚厚；或拔于困辱，而事于荣达。"据《后汉书·刘盆子传》记载，一位吕母的儿子因为犯小罪为县令所杀。为报仇，吕母散尽家财而衰败，众人设法偿还她，吕母哭泣曰："所以厚诸君者，非欲求利，徒以县宰不道，枉杀吾子，欲为报怨耳，诸君宁可哀之乎？"

这种预谋已久的施恩行为好像很多。美国有一部电影，讲的是一位妇女利用收养孤儿和无家可归妇女的社会美德来从事犯罪活动的事迹。这位妇女培训被收养的孤儿到各种商场去偷窃食物、服装、金银首饰，并采用暴力行为教导这些小孩要"知恩图报"——以偷窃或者抢劫的方式来回报他们没有流落街头的厄运。当大量的犯罪事实被报告给当地警察时，几乎没有人相信这样一位社会的慈善家会利用"知恩图报"的方式进行长达几十年的犯罪活动。近年来，我国的个别不法之徒看到施恩的巨大收益，也利用慈善行为来获得社会赞誉的美名和掩盖罪恶勾当。攫取上海社会保险资金高达 32 亿元的张荣坤，就是依靠多次捐款高达 3000 万元的慈善与公益活动，获得了上海慈善基金会名誉副会长、上海工商联副会长、全国青年常委、全国政协委员的头衔，进而与上海社会保险局局长和上海市市长等人拉上关系，利用行善来"作恶"，攫取社会保险资金。

日本也往往利用知恩图报的方式来回报那些为日本人服务的外国人，培养国外的买办阶级。在美国官员离职后，日本以签订咨询合同、从事院外集团活动、写报告或者作讲演的方式回赠"礼品"，表现出深谙"分期补偿"的远期交易方式的现代金融精髓。最有名的友谊礼品是 1989 年里根的日本之行的演说，在作了 20 分钟的演讲和几个场合的抛头露面后，里根就得到了 200 万美元的酬金。一位日本政治家对此这样说："里根总统保护日本免受国会里保护主义者的批评，而且允许我们出口到美国的市场。日本人都喜欢他，我们要让他知道我们非常感激他为我们国家所作的一切。"

鉴于此，熟悉中国历史的人都知道，要尽量避免他人的刻意的施恩，以免落入他人设计的圈套。于是，"人情紧过债"、"赖债不如赖人情，赖了人情难做人"、"钱债好还，人情债难还"、"不可欠人人情"，就成为中国最重要的社会格言。史今臣在《愿体集》中说道："不望报而施，圣贤之盛德，君子存以济世。若望报而后施，无大小不可不忘，人有德于我，遂笑不可忘也。"张扬园《训子语》有"德不可轻受于人"。《袁氏世范》曰："居乡及在旅，不敢轻受人之恩，方吾未达时，受人之恩，每见其人，常怀敬畏，而其人亦以有恩在我，常有德色。及吾荣达之后，遍报则有所不及。不报，则为亏义。前辈见人仕宦，而广求知己，戒之曰：'受恩多则难以立朝'，宜详味此。"

曾国藩在家书中说："将来万一做外官，或督抚，或学政，从前施请于我者，或数百，或数千，皆钩饵耳。渠若到任上来，不应则失之刻薄，应之则施一报十，尚不足满其欲。故兄自庚子到京以来，于今八年，不肯轻受人之惠，情愿人占我便宜，断不肯我占人的便宜……此次澄弟所受各家之情，成事不说，以后凡是不可中年人半点便宜，不可轻取人才，切记！切记！"俗语曰："吃人一口，报人一斗。"所以有人说:"一旦人情示之于人,则即使最初之债已经偿付,其情谊之结永续不断。"知恩图报的害处可见一斑。

一旦施恩者把"知恩图报"的偶然、无意识行为转变为有意识的封闭式交换行为,或者当作一种关系借贷和融资的行为,知恩图报就失去了其本来的意义。那些把"施恩"的慈善行为当作牟取私利的广告行为,或者把正常的职业关系演变为牟利的道德关系,培育的是一种道德风险,蕴含着利用道德的幌子谋私利的动机。在"知恩图报"的幌子下,一切行为都成了功利主义的,不能给予"回报"但急需帮助的人便失去了得到救助的机会,社会的冷漠性格由此而生。有的人说,讲求知恩图报的社会,是一个冷漠,有时是灭绝人性的社会,因为人们的同情心在知恩图报的侵蚀下磨灭殆尽。

德国社会学家马克斯·韦伯在《中国的宗教》中,对孟子的同情心学说在中国社会中没有得到广泛发展评析道:"这其中既然并无宗教性的同情动机来加以折中,可见的此种(慈善)情怀未必特别地发达,尽管伦理学说(孟子)对于同情心的社会价值大加赞赏。无论如何,同情心并没有在儒教的温床上大大地发展起来。即使是提倡兼爱的(异端)代表人物(例如墨翟),本质上也仅是就功利的立场来看待同情心。"没有同情心,基本的人道尊重就很难涌现,难怪中国古代的各种戏剧小说都充满了人情冷暖、世态炎凉的无限感慨。冯友兰在《新事论》中把"施恩拒报"的行为称为超越道德的高尚行为,其意义就非比寻常了。

如果他人是有意识的帮助自己,那么,索取回报之心本身就是一种投机,是一种阴谋,是利用他人的身陷泥潭获得巨额报酬设下的陷阱,你也没有必要去回报什么,更需要增添一份警惕之心。有时,许多人把职业中的义务当作权力使用,遍地制造所谓的"恩"来获利。医院就走在"知恩图报"的前沿,红包满地飞,或者医生乱开昂贵的药方,或者进行各种收取昂贵费用的检查,因为命捏在医生手里。更有甚者,上海某家医院以周末休息为由拒绝为产妇剖腹产,导致新生男婴因缺血缺氧死亡,医院因构成一级甲等医疗事故被判赔7万余元。现代的许多社会达人,也学会了"清官骑瘦马"的"知恩图报"绝招,在官位上为他人牟利，离职后收受钱物。深圳市南山区前审判员杨某，在离职后三年，于 2007 年 8 月 3 日被深圳市检查机构以受贿罪被捕和起诉。尽管深圳市南山区的龙煤集团七台河东风煤矿在 2005 年发生大爆炸，死亡 171 人，但是厂长马金龙等 11 名事故责任人一直逍遥法外两年多，因为他们有审判员"知恩图报"的庇护。把职业也当作知恩图报的手段，得到的教训是何其悲惨！

李白说："草不谢荣于春风，木不怨落于秋天，万物兴衰皆自然。"如果是无心的帮助，他人并非求助于回报，我们只要知道社会中存在帮助的时刻、需要温情的地方，多伸出我们援助之手，社会就会变得更加温暖。2007 年，湖南电视台播放了黄小勇与黄舸"知恩图报"的事迹。黄舸在八岁时就被医生诊断患上了"先天性进行性肌肉不良"的不治之症，最多能活到 18 岁。当一岁时父母离异后，黄舸一直由父亲黄小勇一人照顾，邻居也不断伸出了援助之手。在得知黄舸的疾病后，远在全国各地的许多好心人在随后的八年中送上了自己的一份爱心，捐款给黄舸治病。为了铭记那些不知音容笑貌的好心人，黄小勇和黄舸父子把每位恩人的姓名和电话都记在一个"恩人笔记"上。当2003 年黄舸 15 岁时，黄小勇突然感觉到儿子离去的时日已不多了。为了报答那些曾经在困难中帮助自己的人，黄小勇用一辆三轮车，载着半身知觉麻木的儿子开始了查访恩人的旅程，希望在儿子有生之年当面对恩人道一声"谢谢"。在随后的三年中，黄氏父子骑着三轮车，冒着风雨与酷暑，翻越高山与低谷，在全国行程 13000 公里，足迹踏遍祖国的 87 座大中城市。他们本着"努力不一定成功，不努力一定失败"的精神，以一份真诚的情感，谱写着人间那一份至诚的爱。这是真正意义上的"知恩图报"，是知其不可为而为之的"知恩图报"。那些在危难之处显身手的良知者，也在冷漠的世界中得到心灵上的慰藉，亲眼目睹爱心在心灵深处的成长和传递。

在美国，也有的人把"施恩"作为激励自己更加努力工作的动力。美国纽约大都市博物馆的一名职员，从事布料收藏达 37 年，生活清贫，从不去餐馆吃饭，走路上班，在退休后向曼哈顿的亚洲文化委员会捐款 100 万美元。1995 年，一位老年洗衣妇也向南密西西比大学捐款 15

万美元，令人惊讶不已。据推算，在 2000 年每一美元的慈善捐款中，捐款人因此收入水平提高 3.75 美元，因为捐款的高期望促使个人在经济上和精神上更加成功。记得少年罗曼·罗兰在精神困惑与迷茫时，托尔斯泰的一封回信是如何深深地感动了罗曼·罗兰。借着这种精神，每逢少年人给他写信，罗曼·罗兰几十年来都用一种慈爱诚挚的心亲笔回信。这种"不勉强的善事就比如春天的薰风，它一路来散布着生命的种子，唤醒活泼的世界"（徐志摩语），这种"知恩图报"，是最纯洁的、最高尚的人类互爱精神的时代见证。我们每一个人都有一颗善良的心，总需要那一把温暖的钥匙去开启和传递。

施舍的前提是，接受施舍的人是偶然的、无意识的贫穷行为。一旦受助者改变策略，把施舍作为一种职业进行敛财活动，这将会助长不劳而获的恶德，造成这部分人的依赖心理。在大学附近，时常出现乞丐乞讨的现象。令人难以置信的是，乞讨的总是那几个人。有的职业乞丐据说成为了百万富翁，每天雇佣着数不清的小乞丐帮助他们乞讨，几乎榨干了世人的那么一点点同情心。柯云路这样评价《渔夫和金鱼的故事》，认为知恩图报的小金鱼是造成社会贪欲无限上升的悲剧根源。他说："造成悲剧的不是渔夫的妻子，而恰恰是知恩图报的小金鱼。一个人对生活的满足感或不满足感不是和拥有物质多少成正比，而是与现实同理想之间的差距有关。两者差距越大就越不满足，而缩小两者的可能性越大也越不满足。小金鱼是整个悲剧的制造者，而不是知恩图报的可爱的孩子。每次给予都让渔夫夫妇一步步走向贪婪的深渊，而最后执行惩罚的正是好心的金鱼自己。他是在抑善扬恶，玩弄无知善良之人（尽管有些贪心和懦弱的小缺点）于股掌之间，最后把他们一棍子打到初始状态，让他们为自己的'贪心'而懊悔终生，却不知其故。"

我们不必刻意去挑选出那份能给我们带来利益的恩惠，因为我们从社会中获取了无穷尽的恩惠，柴米油盐酱醋，衣食住行，都是他人给我们提供的。我们"知恩图报"的最好办法，小则言之，就是在各行各业具有敬业精神；大则言之，就是在力所能及的范围内全心全意为人民服务。每个人在道义上应该关心、帮助他人，而不是对自己的行为那么吝啬，把一切都限制在交易报酬、投机范围内。对于被帮助的人来说，也不要过于牵挂，因为在劳动分工的社会，每个人都是在直接或者间接帮助他人，区别只是有的帮助不易察觉，有的帮助比较显著罢了。如是，我们就成为有道德有修养的新人。

孝　道

　　虐待老人的事在各国都时有发生，有的人甚至假借体检来骗卖父母的肾脏。印度议会在 2007 年颁布了《老年人法案》，要求子女必须善待父母，否则处以罚款、刑罚或者监禁。在面对有的子女虐待父母或者长辈的情况下，中国政府也适时地提出，要"大力弘扬中华民族尊老敬老的传统美德，给予老年人生活上的帮助和精神上的安慰，让所有老年人都能安享幸福的晚年"。中国社会科学院和中国伦理学会，在 2008 年 2 月举办了"第二届中国演艺界十大孝子颁奖盛典"活动，冀图演艺明星的知名度能呼唤传统孝道美德的传承。谭晶、李双江、陈好、王文杰、斯琴高娃、张建国、金巧巧、陈小春、吕丽萍、于文华获得了殊荣。谭晶在父母结婚三十年时补拍了一套婚纱照，李双江演唱了《再见吧，妈妈》，斯琴高娃与母亲演唱了《草原之歌》，陈小春演唱了《妈妈的话》。2009 年 9 月，天津市举办了"首届天津市孝亲敬老模范家庭"评选活动，要求"家庭子女孝敬老人，老人在家庭中能得到细心的生活照料和精神慰藉，家庭关系温馨和睦。老人住房、婚姻、财产等合法权益有充分的保障，人格受到充分的尊重。家庭人口数在 4 人以上，老人的生活水平要优于家庭其他成员。家庭孝亲敬老模范事迹突出、感人，并得到邻里的认可和好评，具有一定的社会影响力"。尊老敬老的美德一时在中华大地弘扬起来。

　　可是，有的人却把尊老敬老的美德，等同于儒家"修身齐家治国平天下"的孝道思想，认为一个人只要孝顺父母与老人就是一好百好，从而可以用道德评价来取代社会的实际贡献和拼搏精神。比如，中国政协委员李宝库在 2007 年 9 月 23 日厦门大学作了"中华孝道与和谐社会"的学术演讲,"考察干部也要看是不是孝子,一个孝敬父母的人坏,也坏不到哪去;一个不孝敬父母的人好,也好不到哪去。……一个不仅要在家里孝顺,在社会上也应该是守规矩、有作为的人,让家里的父母过得安心、舒心,这才是真孝"(《老年报》2007年9月26日)。这句话是《论语·学而第一》中一句话的翻版:"其为人也孝悌,而好犯上者,鲜矣;不好犯上,而好作乱者,未之有也。君子务本,本立而道生。孝悌也者,其为人之本与!"可是李宝库委员忘记了,咱们的共和国开创者们都是革命家,但他们也非常孝顺父母;日本帝国主义侵华时的大部分士兵,我相信是非常孝顺父母的,但他们却屠杀了上千万的中国人;没有几个人相信,所有的黑帮老大都是不孝顺父母的人。因为孝顺父母的亲情与社会的人际关系根本是两类不同的人际关系。

中国有讲究孝顺的传统,先秦有鲁孝公、晋孝侯、秦孝公、赵孝成王、燕孝王,汉代皇帝死后都以"孝"为谥号。在儒家的《孝经》看来,孝是"天之经也,地之义也",乃"父子之道,天性也"。既然孝顺是出自人的"天性",也就"百善孝为先","五刑之属三千,罪莫大于不孝"(《孝经·五刑章》)。《礼记·祭义》甚至认为,所有道德的缺陷都可以追溯到孝心的不足。"居处不应,非孝也;事君不忠,非孝也;莅官不敬,非孝也;朋友不信,非孝也;战阵无永,非孝也。"孝顺有这么多的社会好处,难怪我们的先辈们牢牢抓住孝道思想不放了。

汉朝以孝治天下,把忠与孝首先捆绑在一起。"臣事君,犹子事父母也",把孝道无限地扩大到君臣、师徒关系上,皇帝的统治就名正言顺了。东汉实行"举孝廉"的政策,每二十万人口举一人当官。对于父母的过错,《礼记·内则》说:"父母有过,下气怡色,柔声以谏;谏若不入,起敬起孝;说则复谏,不说,与其得罪于乡党州闾,宁熟谏。父母怒,不说,而挞之流血,不敢疾怨,起敬起孝。"西汉宣帝甚至利用法律保护子女包庇父亲的过错行为。"自今子首匿父母,妻匿父,孙匿大父母,皆勿坐。"相反,不为父母隐瞒过错,反而要受到法律的惩罚。西汉衡山王太子告父不孝,弃市。在《汉书》中到处都充满了为父母报仇杀人得到减刑或者免刑的事例。既然父母的过错都得到法律的保护，皇帝的过错就自然不是问题了。在孝道思想中，皇帝永远正确的思想就逐步建立起来了，因为指出皇帝错误的想法是要杀头的。难怪，中国历代的谏官很少有得好死的。

其实，孝顺并非出自人的本性。人类学的大量研究表明，父子之道是人类社会很晚才出现的，更多的是一种父权的产物，孝道没有任何理论基础和历史依据。老子看到了这一点，说："六亲不和，有慈孝；绝仁弃义，民复慈孝"。在一定程度上说，传统的孝顺，往往是出于感激之情，是知恩图报在父子关系中的延伸。《孝经·圣治章》说，父母死，要守孝三年，因为"子生三年，然后娩于父母之怀"。孔子曰："父在观其志，父没观其行，三年无改于父之道，可谓孝矣。"郑玄说："孝者，善继人之志，善述人之事者。"

守孝三年或者遵从父之道三年，都是因为父母有三年的哺育之恩。明恩溥说，中国人孝顺的动机完全是由恐惧感和自私造成的，因为"种树得荫，养儿防老"，"眼前没有尿床团，将来坟前没有纸"。蒲松龄在《聊斋志异》中记载了许多孝子的事迹，如"曾友子"、"杜少雷"等。所以，李霁野说："这儿女尽孝道简直是放债讨债，哪里谈得上什么天伦之乐。当作应尽的义务，孝是没有许多人实行的；就是实行的少数人，也往往不真不深，敷衍敷衍面子。"这句话，可以说看清了传统孝道的真实本质。在《儒林外史》中就有匡超人那样的伪君子存在。

亚当·斯密在《道德情操论》中认为，父母子女之间的天赋感情是建立在社会行为互动基础之上的。按照罗素的见解，抚养孩子或者照顾孩子的事实，会逐渐培养出一种父母疼爱子女的普遍倾向或者父母对子女的普遍情感联系。这种情感联系在男人所喜爱女人的孩子中会不断增加。可以说，父亲对子女的照顾在人类早期更多的是一种无私精神或者本能的慈爱。儒家思想把父亲与子女单向度的关系转变为一种双向的关系，父慈子孝发展为父亲与子女的主仆关系，把孝顺演变为忠诚和绝对的服从。罗素认为，在父权社会中，父亲对子女的感情建立在爱好权力之心和生命延续的欲望基础之上。这种情感的建立是以关注妻子的道德为代价，以便保证孩子的合法性和生命的延续。男人对妻子贞洁的要求，或者说女人的自由放荡行为的丧失，只能出现在父权社会，因为婚姻外的性行为都是罪恶的，要受到惩罚的。结果，女人在生理上及后来在精神上都处于隶属地位。因此，中国传统的"孝道"是建立在子女和妻子的从属地位基础上的，是一种不平等权力关系的表现，脱离了情感和本能的因素。父权的维持在于无休止的祖先崇拜以及父亲对子女生杀予夺的权威。

这样，追求孝道的社会，必然是牺牲纯洁爱情和子女天然情感的社会。君权社会也就是模仿家庭的父权社会建立起来的，所以儒家学说中把君臣关系等同于父子关系，忠君思想与孝道思想相提并论。在一定程度上说，早期儒家借助君权与父权的类比，建立起了一个类似家庭专制体系的社会专制体系，孟子也从本能或者偶然的冲动来建立仁政的社会专制体系，可以说是同根的。因此，传统孝道的真实目的，就是要子女对父母和长辈产生普遍的、无条件的、绝对的责任感，以便在衰老过程中仍然获得幸福生活所必需的物质和精神支柱，让老年人在土地上生活得更长久些。孝道的本质是儿子对父亲的绝对服从和女儿对父母婚前的服从及婚后对生理父母的关系割断，以及媳妇对公婆的绝对服从。有了这种绝对的责任感，年长者就可以获得完备的绝对支配权，也可以对自己的行为采取不负责任的态度。在某种意义上说，孝道使老年弱者获得了权威，使社会强权者获得了锋利的宝剑。

在孝道思想的遮阳伞下，中国历史演绎了一幕幕压迫子女和妻子、歧视女性、偷盗抢劫、杀人放火的罪恶勾当。鲁迅在《二十四孝图》谈到，"怀橘遗亲"故事中的陆绩，以孝顺父母的名义偷窃橘子；在"为母埋儿"的故事中，郭巨为了母亲吃得更好干脆打算把儿子活埋了。二十四孝图中的"卧冰求鲤"、"饱喂蚊虫"，就是道学家宣传的荒谬的孝行，把真实的情感隐藏，要求追求虚伪的社会功利性的孝道。在"不孝有三，无后为大"的思想中，大人先生们可以名正言顺借"无后"休妻、纳妾，享受三妻四妾的一夫多妻制。孝道的目的是传宗接代，重男轻女，导致了社会的早婚与人口泛滥，也是一夫多妻制度和纳妾制度的渊源。有人说，中国贫困的根源是崇拜祖先带来的孝顺之道，因为"父母在，不远游"，都守着父母哪里有心思去做生意、开拓进取。在这种老年人思维的社会中，个人的天性遭到严重压抑，年轻人的思想被禁锢、驯服，社会的发展也就可想而知了。

　　王蒙曾在一篇题为《孝子》的杂文中，对不合时宜的孝道极尽讽刺之能事。"孝国"的申极孝有五个儿子：大孝、至孝、忠孝、哀孝、苦孝。五个孝子的孝道程度，"登峰造极，无以复加"。为了给申极孝过四十大寿，五位孝子大献殷勤，买来了人参蜂王精、胎盘素、西洋参、麝香、天麻、地黄、按摩椅、健身器材、中医营养食谱，包下了海滨疗养院、西餐食堂，请来了美女按摩师。结果，申极孝在儿子的孝道横行中，"在四十七岁上卧床不起了"。孝子们见状，立即请来了美国医生，把申极孝的所有器官都用现代医疗设备穿刺了一遍，天天祈祷，割股剜肉给父亲吃。五孝俱尽，申极孝也一命呜呼，并告诫后人"莫叫我老儿再落入孝子之手也"。姑且不论孝子让老父命丧黄泉，但是为了孝道，就请来了一切牛鬼蛇神，迷信、贪污、崇洋媚外、沽名钓誉、蔑视生命也名列其中。更有甚者，利用孝道牟利。孝心经济在母亲节前急剧膨胀，许多商场和花店都打出"恩深似海"、"母爱无边"的优惠招牌，把内心的情感转变为物质享受。有的旅行社也做起了孝顺的生意，只要交足钱，就能帮助爸爸妈妈组织"爸妈之旅"的豪华旅游，以便让公司替"儿女尽一份孝心，完成他们的心愿"！有些官员，利用孝敬父母的机会，紧紧抓住父母过生日或者丧事，摆各种排场，豪华轿车大聚会，收受礼物几十万上百万，把孝道当作敛财的幌子。这是值得我们警惕的。所以，陈独秀在新文化运动时期高喊"万恶孝为首"。

　　中国民间文艺家协会副主席刘铁梁认为，"孝文化"尊崇都应该是敬老爱幼、父慈子孝、兄友弟恭、阖家团圆、亲善为道的儒家核心伦理价值观。我们不希望孝道的社会泛化，并不是主张家庭不注重孝道思想的传承，因为社会仍有孝道的需求。黄坚厚在2006年的《现代生活中孝的实践》一文中对687位初中生、311位高中生和198位大专生的调查后发现，95%以上的被调查者都认为行孝"仍然有些必要"和"仍然十分必要"，71%的被调查者认为行孝"没有困难"或"略有困难，但无多大妨碍"。在以10分为标准的行孝自我评价中，绝大部分被调查者给自己打了6.75分到7.25分之间。这与1982年对282位初中生、213 位高中生和 162 位大学生的调查结果相类似。

尽管现代的青少年仍然实行一定程度的孝道，但杨国枢在 2006 年的《中国人孝道的概念分析》一文中指出，传统的孝道与现代的孝道存在根本差别。传统的孝道是建立在农业社会和人口流动较少基础上的，大量的孝道行为都混入了功利的思想，忽视了真实的情感需求。俞平伯说："真实的感情是复杂的，弹性的，千变万化，而虚伪的名分礼教却是一个冰冷铁硬的壳子，把古今中外付之一套。……以功利混入感情，结果是感情没落，功利失却，造成家庭间鄙薄的气象，最为失算。"

现代社会的孝道是建立在工商业活动和人口大量流动基础上的。在一定程度上说，近现代社会就是一个逐步建立以个人为中心取代传统家庭为中心的社会。人类的目光从氏族和家庭事业不朽的追求中转向个人在社会中追求事业。远离家庭的长期教育，子女因职业关系分散在世界各地，这些因素都削弱了天赋情感的紧密联系。诚如斯密说，"要使他们能够成为孝敬父母的孩子，成为对兄弟姐妹们亲切厚道和富有感情的人，就必须在你自己的家庭中教育他们"，或者防止家庭后代"为利益或爱好所驱使而散居各地"。由于现代个人事业的成功往往取决于个人的专业技能和身心素质，追求较好的工作和报酬需要不断地变化工作类别和地点，因此，个人也就从家乡中分离出来并不断游动，个人的权利与义务成为社会评价的中心。离婚的方兴未艾进一步削弱了家庭的内部分工和专业化的功能，传统孝道的基础逐渐被瓦解。传统家庭的式微也就削弱了传统孝道的品评人物的功能。看来，不了解时代的变化，对传统的东西不加分析，是一种错误的源泉。

因此，现代社会的孝道与传统社会的孝道建立的基础和表现形式是完全不同的。传统孝道总是局限于父母的晚年安享，培养的是血缘的私心，推却的是政府和社会的责任。在《论语》中，讲慈的地方比讲孝的地方多，后来就专讲孝而不讲慈了。孝是情感回赠的说法，只能让我们回到古代。要想回到孝道的传统，必然要回到家庭紧密结合的"养儿防老，积谷防饥"传统农业社会中。

在现代社中，女儿在婚后更多地与生理上的父母保持一种天然的情感联系，而与婚后的公婆关系较为疏远；儿子也在婚后与生理上的父母关系较为疏远，反而因为妻子的联系而与姻亲父母保持更多的关系。这种孝道是自然的，不需要有意识的宣传或者与官位挂钩。俞平伯建议，要行孝道，最好的是父母要尽"慈道"，教育子女成人，更多地造福于社会与后代。因此，父母之道，儿女成年前要积极地帮助和教育，在儿女成年后要消极地不妨碍子女的发展和奋斗。

社会环境变化了，"不孝有三，无后为大"的时代也一去不复返了，"重男轻女"的早婚早育的孝道观也随风而去了。封建时代的家庭伦理本位让位于现代的个人与企业伦理本位了。尽管过去的孝道观不在现代社会中占据绝对的主导地位，但我们还是还原父母子女关系的本质：人与人之间最起码的尊重。在《论语》第二章，孔子对孝的解释是"无违"："生，事之以礼；死，葬之以礼，祭之以礼。"要尊敬父母，不能把父母当作猪狗来养。孔子说："今之孝者，是谓能养。至于犬马，皆能有养；不敬，何以别乎？"在孔子看来，孝顺是养老和敬老的意思。现在有的人走过了头，以为不讲孝道，就可以骑在父母头上拉屎拉尿。现代的年轻人为了结婚，往往把父母赶出刚装修的新家，让父母出去租房子过日子，父母过去的劳动成果转眼之间就为子女所霸占。所以，我们现在要提倡孝道，就是要那些无视父母权利的人尊重父母的基本权利，而不是把孝道当作某些人高升的门神。

每一个年龄都有自己的外表，自己的环境与温度，自己的欢乐与痛苦，自己的任务和生命赋予的意义。把自己的幸福建筑在他人牺牲和痛苦的基础上，这不是我们时代的道德要求。传统孝道是让年轻人背上沉重的十字架，以赎回父母养育的"付出"，高龄的人也因此生活在已逝的岁月中，像牛反刍那样不断的回味沉浸长年累月咀嚼的汁液。牢牢地把不同生命光彩的人捆绑在一起，那必定是很劳累的人生，拖累的不仅仅是一代人，而是世世代代的人。在"传统"孝道中，人们追忆的不是往昔的欢乐、形象和面容，充满生气的目光，而是月光下的凄凉、生活的影子、路途的艰辛，时时充满愤怒的怨声载道。看不到宽厚的仁慈，静心养性的闲适，生活中总是笼罩着忧伤的面纱。

谎言与欺骗

　　说谎是人类区别于动物的最关键特征之一，因为语言本身就包含虚构的含义。自从语言从 10 万年前产生开始，人类的历史就充斥着谎言和欺骗。"君权神授"、"天命观"就是这样的谎言和欺骗。

　　在日常生活中，人们会碰到数不清的说谎和欺骗的形式。胡说八道、绯闻、吹嘘、虚假的广告、伪造的证书、捏造的数据、低报纳税收入、虚报利润、奇迹、大而无当的理想，就是这样的谎言和欺骗。国家统计局公布的数据显示，2001 年到 2003 年，全国立案侦查的统计违法案件 5.92 万件，其中虚报、瞒报、伪造、篡改统计资料的超过半数。《现代汉语词典》（1983 年版）认为，欺骗是"用虚假的言语或行动来掩盖事实真相，使人上当"；诈骗则是"用狡猾奸诈的手段骗人"，以便非法占有他人的财物。一般来说，欺骗有善意的欺骗，也有恶意的欺骗；有有意的欺骗，也有无意的欺骗，但是，诈骗都是有意的、恶意的欺骗。从社会角度看，欺骗是一种违背道德伦理或者民事法律的行为，而诈骗则是违反刑事法律的行为。

　　谎言的根源也许是人们的认知不足，也许是人们的虚构事实的偏好，也许是人们的行动跟不上言语的步伐，也许是为了满足他人的情感需要，甚或是利用信息的不对称性对他人实施欺诈的语言。理想、希望、梦想成真、智谋、赞扬、谴责，都是滋生谎言的温床。为了达到怀孕的目的，爱人对伴侣说谎；为了不加重病人的心理负担，医生对病人说谎；为了不让大众感到贫穷的痛苦，政治家会用"望梅止渴"的办法来安慰。某些愤世嫉俗的人甚至说，政治家都是说谎的政客，政治就是谎言交流的场所。约瑟夫·熊彼特就是其代表，因为他说过"民主就是靠谎言进行统治"和"你必须说出某种谎言才能领导人们"这样的话。

　　如果说谎言是人类所独有的话，欺骗则是所有智慧生命所共有的特征。伪装和潜伏就是动物的欺骗形式。人类继承了动物伪装和潜伏的本能，并将其发扬光大，构建了人类特有的欺骗与反欺骗文化。人类不仅欺骗动物，将其驯化然后当作食物的主要来源，而且还欺骗同类，借助谎言和暴力从他人那里攫取劳动果实。贪官都是些欺骗他人的高手。重庆市北碚区区委书记雷政富是个有名的贪官，但多年前他曾说出了这样著名的"语录"："领导干部要牢固树立正确的权力观、地位观和利益观，从政先修德，做官先做人，律人先律己，时时处处自重自省、自警自励，慎行慎独、慎始慎终，认真算好利益账、法纪账、良心账，自觉筑牢拒腐防变的道德防线。"机关算尽，"嘴上说的"和"心里想的"的差距，终于在"艳照门"事件中暴露无遗。

更奇怪的是，人类还习惯于自我欺骗。理想、幻想、希望、宗教、梦想、迷信，在某种程度上都是个人在精神上的自欺。没有这些自欺，每个人都是功利主义者，一切都会围绕权力和利益进行算计。自杀是人类的一种独特现象。中国每年有25万人死于自杀，而自杀未遂的人高达200万人。有的人之所以自杀，就是明白了自己处境的极端恶劣，也深信自己无任何力量改变自己的处境，失去了自我欺骗的能力。在某种程度上说，自杀的人都是些理性主义者，在焦虑和抑郁中结束了自己的生命。

如果说谎言是弥补欲望与手段之间差距的语言艺术，那么，欺骗则是意图增强手段的丰富性以满足欲望的行为艺术。谎言和欺骗的共同点在于都是以极低的资源耗费获得了欲望的满足。人的欲望，一部分是生存攫取的欲望，一部分是社会性的欲望。欺骗动物的欲望和欺骗同类的欲望多是生存攫取的欲望，自我欺骗和谎言都是实现社会性的欲望。但是，自我欺骗和谎言都是从生存攫取欲望的欺骗开始的。

在《自私的基因》一书中，理查德·道金斯探索了儿童说谎和欺骗的源头。在道金斯看来，儿童说谎和欺骗主要来自家庭权力的不对称性，因为儿童面对的都是在体力、智力、意志力和生活能力优越于自己的成年人。受到基因驱使的父母会对儿童问寒问暖，并根据儿童对饥饿和不舒适的表现程度提供相应的喂食和照顾。过度热情的父母们所没有料想到的是，幼童们根据夸张的饥饿和不舒服的信号获得了最大的满足，谎言和欺骗的种子就这样诞生了。在孩子成长的过程中，有的父母为了省事，减少监管和教育的责任，武断地要求孩子听话和顺从。殊不知，听话就是掩盖孩子心灵表达和抑制孩子们自我塑造的过程。所谓自我塑造，按照吴若增的话说，"是一个持续艰苦却也是苦中有乐并总是看得见希望的奋斗过程"。当父母们没有心情去关注孩子们自我塑造或者潜能的艰苦发挥过程时，孩子们的心灵就对父母关闭，满口的谎言随时在应付长辈们的诉求。

真实，只有赤裸裸的真实，才是人性的本原。社会的真实，就需要与谎言教育决裂，让孩子们在真实中成长。可是这样一来，父母、教师和社会就需要在孩子面前暴露更多的真实，倾听孩子喜怒哀乐的成长，尤其是孩子特立独行、桀骜不驯、妄自尊大乃至独断专行的成长。尼克松说："不让挑战和竞争的烈火在孩子们成长过程中给他们以斗争的锻炼，他们会性格软弱，在以后的生活中遇到不可避免的而且往往是可怕的考验时，他们就会缺乏准备，无力应付。"因此，家庭教育最关键的地方，就是要让孩子们"懂得生活并不容易，懂得应付生活的挑战的力量要靠小时候锻炼培养"。没有这些，真实独立的人格就很难生根发芽。

在听父母的话、听老师的话的环境中长大的孩子，虚伪的人格就是最大的自我塑造。没有自己的真情实感，没有自己的理想和追求的真实流露，没有自己的思想的自主培养，留下的只不过是虚伪和谎言的躯壳。所以，孟庆德在题为《说谎》的短文中说："孩子是最常说谎的，因为年小，因为无力，因为胆怯，因为懦弱，因为地位低，因为常受大人限制，因为总受大人压迫。"沿着这样的道路前进，我们就不难理解，家长那么讲究听话，社会那么提倡孝顺，为什么有那么多分裂人格、阳奉阴违、作威作福、贪污腐败的人充斥在社会中？

从家庭和学校教育走向社会的人们，首先面对生存和社会立足的问题。如果生存存在问题，欺骗甚至诈骗就会伴随在工作和生活之中。如果得不到社会的尊重，自我欺骗或者谎言就开始登上社会的舞台。欺骗和说谎也遵循需求定律，受到欺骗和说谎成本的制约。社会和法律对欺骗和说谎越宽容，欺骗和说谎的次数就会越多。在所有宗教中，诚实都是值得赞扬的美德，谎言和欺骗都是受到谴责的罪恶。在戏剧和小说中，说谎的人都会受到最终的惩罚。这样的宗教和文化就会增加欺骗和说谎的心理成本甚至社会成本，降低人们欺骗和说谎的心理冲动。但是，在军事、战争、外交和政治领域，说谎好像是一种美德。"兵不厌诈"就传达了其中深意。在这种文化熏陶下，欺骗和说谎就可能变成生活的本能。因此，人们采取欺骗和说谎的多少，就与社会文化和法律的宽容成反比。凡是在比较专制的文化中，欺骗和说谎就是司空见惯的事情。凡是在比较民主的文化中，欺骗和说谎就会受到舆论的谴责和法律的制裁。

欺骗和说谎的数量不仅与欺骗和说谎的成本制约有关，而且与人们的欲望构建有关。除了生存欲望外，人的绝大部分欲望都是文化、习惯和社会构建的。崇尚权力和官僚的社会容易造成欺骗和说谎的偏好。位高权重者不仅可以压制真实的表达，而且人们可以利用位高权重者的显赫威望来获得利益。吉米·卡特曾在回忆录中说："当人们认识到坦率地表示反对不会有结果时，诚实和勇敢的人是可以被弄得沉默无言的。那些胆怯和地位不安全的人，是可以被威胁住的。一些狡诈的人可以勾结在一起，取得和瓜分职位。他们可以易如反掌地把一些通常看起来可敬，然而为了头衔和地位可以与之合作的官员，选举上去。陪审团名单，选民名单，都是可以被人控制的。……那些受到贪官污吏威胁的人，并不一定喜欢受人威胁。如果给予他们某种领导的机会，他们愿意站起来，站在正派的一边，站在诚实的政治和政府一边。"[①]在中国目前流行的电话和网络诈骗中，很大一部分都是利用了法院、检察院、公安局等权威机构的威望来实现诈骗。

同样不容忽视的是，欺骗和说谎的数量还与人们所拥有的权力、地位和财富有关。对于拥有权力和财富越多、地位越高的人，任何真实的表达和公开的行为都面临着权力和财富的暴露，甚至牵涉到家人的生命安全。在面临巨大的潜在损失的威胁下，达官显贵总是慎言慎行，依靠欺骗和说谎来进行伪装和掩饰。有证据表明，说谎的用词选择是根据人们在社会生活中的地位而定的。在偶像崇拜的时代，影视

---

① 张海涛：《吉米·卡特在白宫》（上），四川人民出版社，1982年，第18页。

明星多掩盖自己的婚姻历史，利用自己迷人的笑脸和美妙的身段来欺骗更多的少男少女。这样，随着权力的增大、官位的提升、地位的攀升和财富的增多，人们进行欺骗和说谎的动机就越强烈。

对于平民百姓而言，没有什么权力，也没有多少值得夸耀的财富，地位也很低下，反倒解脱了欺骗和说谎的包袱。在流动性较小的社会中，"邻居和同等地位的人对他们的好口碑"就是一个人生活的巨大资源。而且，每个人都渴望受到别人的高度尊重，而诚实是普通人获得尊重和信任的主要源泉。但是，随着社会流动性和个人拥有资源的增加，社会规模的扩大，诚实的重要性就不断下降，以至于熊彼特说，"不诚实是人类所有特点中最富人性的特点"。

在农村，人口是固定的，长时期的信息积累和居民群体形成的严厉惩罚压力，都使农村发生欺诈的事件不多。随着农村的定居人口向城市的流动人口的过渡，产品质量问题、欺诈问题变得越来越多，因为距离、信息不对称性和信息积累问题都是伴随人口流动和规模增大而来的。由于劣质商品的收入弹性问题，富裕的人很少购买劣质商品或者被欺诈，穷人因为收入不足只能购买劣质商品。恩格斯在《英国工人阶级状况》中还说，富人的高收入使他们有能力和时间收集更多的商品信息，识破欺诈骗局。这样，有毒食品、有毒环境、被欺诈的其他物品不成比例地落到穷人头上。

没有巨额投资的资产损失和信用损失的忧虑，测量成本高昂带来被发现或者惩罚的概率很小，政府进行法律追究的可能性更低，这些都会推动个人欺诈在城市的陡然增加。尤其是在小商人居多和流动性较大的地方，大量的欺诈会导致警察力量不足和处罚不严重。这意味着，在过度竞争的条件下，信息的不对称性使政府打击商业欺诈的成本比较高，商业欺诈可能非常普遍。当企业规模增大时，企业打击商业欺诈的监管成本会降低，也促使商业欺诈减少。这不仅是因为企业巨额的投资和大量资产信用都具有专用性的问题，即欺诈的资产损失率较高，而且因为大企业的产品众多，购买者人数和势力集团众多，劣质产品被发现的概率和被惩罚的概率较大，还因为政府会根据企业的损失额和社会成本最小化来增强监管的力度。但是，大企业并非不进行欺诈或者巧取豪夺，而是因为在政策层面或者法律层面获得的价格优势、垄断权或者市场优势可能超过欺诈所获取的收益。

这样，在一个社会中，当诚实的成本不断上升，谎言和欺骗的代价不断下降，那么，我们就会看到谎言和欺骗满天飞，诚实遍地难寻。政府管制越严，道德卫士越多的社会，诚实的代价也就越高，谎言也就越可能滋生。只有在自由、无拘无束的环境中，诚实才最容易生根发芽，甚至遍地开花。而且，随着教育水平的提高和人们的辨别能力的增强，信息不对称性的降低，谎言和欺骗也会受到限制。

面对欺骗和谎言受到交易成本、社会地位、财富、权力和欲望构建的制约，人们首先想到的是谎言和欺骗会导致整个社会的道德水准下降和经济损失的增加。盛洪认为，"欺骗就是让被欺骗的人付出的成本多于应该付出的，或获得的收益少于应该获得的。被骗不仅意味着个人的经济损失，而且意味着社会的经济损失"。因为欺骗将资源转移到分配性的斗争中，减少了欺骗者的生产性投入，增加了被欺骗者的非生产性的投入。

欺骗者和被欺骗者生产性投入的减少，必然会减少社会财富的生产。伴随着财富总量的减少，欺骗也会减少交换的频率和社会交流的需求，抑制信息的自由流动，增加信息鉴别的成本。在欺骗带来的交易成本急剧上升的社会中，信守承诺就失去了存在的价值。因为人们不再进行远期交易或者期货交易，人们最多相信现金交易或者易货交易。由于缺乏信任，优质产品可能被评为劣质产品，或者如阿克罗夫所说的"柠檬"产品。卖方就会降低产品的质量，买方就会进一步降低产品的评价。这种螺旋式的互不信任，最终将市场交换瓦解。社会的信任机制就会崩溃，社会群体被分割，人们的生活圈子进一步缩小，人类也就会退回到原始部落甚至穴居的时代。

但是，没有欺骗和谎言，人类的生活是否会更好呢？显然不是。古罗马诗人朱文纳尔曾说："诚实被称颂但也带来饥饿。"在没有谎言和欺骗的社会中，爱情、诗歌、戏剧、小说、神话、传说都将不存在，理想、幻想、梦想、宗教也将失去光辉，人们追求的是赤裸裸的暴力和掠夺。没有了谎言和欺骗，钻戒将消失，迷人的笑容很难看到，人们所面对的都是生活的艰辛和生命的短促。没有了谎言和欺骗，理性将消失，智慧将退化，人们所拥有的只能是本能地生活。爱尔兰《圣经》注释学家巴莱克曾说，幸福的生活存在三个不可或缺的要素：一是有希望，二是有事做，三是能爱人。

看来，诚实并非都是美德，谎言和欺骗并非都是罪恶。我们人类所需要的其实是诚实与谎言和欺骗的混合。尽管亚当·斯密认为，诚实是普通人最好的策略，但是，普通人最好还需要对生活抱有一份理想和幻想。这样的生活才富有朝气与活力。尽管经济学家认为市场经济本身会创造诚实，但是，确保交易的诚实还需要制度机制的设计、适合个人天性的教育培养和强化社会信息的流动性。由于说谎和欺骗更接近于人的本能，诚实在很大程度上是一种情景上的偶然，因此，各个社会都将诚实当作一种社会整合和稳定的美德。

无商不奸

无商不奸在中国有悠久的传统。宋人周密在《癸辛日记》中记载，宋朝时期的商人为了牟利，不择手段，"酒掺灰，鸡塞沙，鹅、羊吹气，鱼肉灌水，织作刷油粉"。这些"奸伪"的手段，甚至连法国思想家孟德斯鸠在《论法的精神》中都愤懑不已。孟德斯鸠说："中国人的生活完全以'礼'为指南，但他们却是地球上最会骗人的民族。这特别表现在他们从事贸易的时候。虽然贸易会很自然地激起人们信实的感情，但它从未激起中国人的信实。向他们买东西的客户要自己带秤。每个商人有三种秤：一种是买进用的重秤，一种是卖出用的轻秤，一种是准确的秤，这是与那些对它有戒备的客户交易时用的。"

缺斤短两的不守信用如果说还可原谅的话，挂羊皮卖狗肉、劣质产品坑人就让人忍无可忍了。在当今市场经济的社会，大米中的石蜡、米粉、面粉中的吊白块，咸鸭蛋、辣椒酱中的苏丹红，海鲜中的福尔马林，银耳、蜜枣中的硫磺，木耳中的硫酸铜，油条中的洗衣粉，螃蟹、黄鳝中的避孕药，牛肉、猪肉、鸡肉中的瘦肉精，馒头中的漂白粉，白酒中的工业酒精，牛奶、奶粉中的三聚氰胺，大虾中的注胶，餐馆中的地沟油，生姜中的有毒物质，都让人不寒而栗。

难道中国人就不能改变无商不奸的传统吗？显然不是。无商不奸不是来源于中国人特殊的本性①，而是来源于信息的不对称性，特别是商人对产品的质量、产品的衡量标准、产品的构成比消费者有更多的了解，以及有效制度规则的缺失。传统上，我们把那些采取最小成本追求自己利益的人叫做奸商。在缺乏政府和行业制度规则的约束下，市场的竞争将会迫使人们使用成本最低廉的原材料和辅助材料来生产产品。许多成本低廉的原材料或者辅助材料就是有毒、有害或者虚假的产品。要使这些奸商的意图得逞，就需要产品、商人或者消费者具有高度的流动性，以便造成交易后寻求赔偿或者退货的成本非常高。流动的小商小贩、大量的跨地区贸易、旅游地点的购买、人口的频繁流动或者不受控制的垄断，就为奸诈商人提供了滋生的土壤，商誉就消失在缺乏创新的同类产品之间的白热化竞争之中。

在一个个体户较多、商店频繁倒闭和监管缺失的国家，声誉是很难建立起来的，因为建立声誉需要巨额的投入，其产品的成本和价格都比较高。在完全竞争的市场上，这些高价产品就会被市场淘汰掉。一旦个人能够随便关门大吉，也不因为欺诈顾客而受到惩罚，那么，商人就有动机去进行欺诈或者出售劣质产品。但是，在频繁交易的情况下，即商店和顾客都比较固定的情况下，声誉就慢慢地浮出水面，并能够为商店带来收益。

陈大超在《衬托》（《今晚报·副刊》2012年12月29日）中谈到保质保量与劣质减量经营后果之间的差别："我总是劝他们，不要怕别人分量少了占便宜，他们那样做，实际上是在衬托我们——衬托我们做生意实在，衬托我们为人老实，时间长了，受益的肯定是我们。我的体会是，不管干什么事，你只要路子走得正，做人做得好，就总会有人来从反面衬托你。有人从反面衬托你，那就等于是人家在拆自己

---

① 马克思在《资本论》中提到，一位法国化学家检查了600多种产品，发现许多产品都有多种掺假方法。例如，糖有6种掺假方法，橄榄油有9种，奶油有10种，盐有12种，牛奶有19种，面包有20种，烧酒有23种，面粉有24种，巧克力有28种，葡萄酒有30种，咖啡有32种。

的台，补你的台啊！”

当两家餐馆都从相同质量和价格的菜肴起家时，削减分量或者降低菜肴品质和服务质量的餐馆最终会走向门前冷落的破产地步，而保质保量的餐馆则会欣欣向荣并走向不断扩大经营规模的方向。这是因为在完全竞争中，消费者会有足够的时间和信息去甄别餐馆质量的优劣，最终在性价比中将劣质企业淘汰出局。只有在信息高度不对称、缺乏交流或者垄断的环境中，劣质企业才有可能战胜优质企业。很多中小企业在创立的二三年内就破产，除了资金短缺和缺乏经验外，产品和服务质量的滑坡是关键。当企业在经营中毁坏质量和诚信合同时，消费者就会挑选诚信度更好的企业产品和服务。

公司的声誉能够为公司带来产品的“溢价”，顾客愿意为其良好的声誉支付较高价格部分。例如，欧美国家的产品在中国的价格一般都要比国产货要高。这种溢价的基础在于公司在长期中承诺对劣质产品的赔偿或者退换，因此需要花费额外的材料成本、人工成本和生产成本来保证公司产品的质量。消费者支付这个优质产品的溢价就相当于购买了一份产品的责任保险，在碰到劣质产品时可以获得更换新产品或者赔偿的机会。同时，消费者愿意为产品的质量安全感支付溢价，以便减少心理成本。只有在未来预期收益能够超过成本，包括潜在损失的情况下，商店才有动机信守承诺。当有关某家商店的声誉在社会上得到流传时，这家商店的顾客群体就会不断扩大。垄断性的高价和市场增长潜力就会刺激其他商店的模仿行为。由于先前声誉较好的商店进行了大量的声誉投资，因此，后来的商店要再想获得优良的声誉，就必须做出更多的努力，向顾客群体做出更有利的承诺。这就推动产品质量和服务行为不断改进，整个社会的产品质量和商人的声誉都得到改善。

尤其是，当政府加入到对欺诈行为和奸商行为的处罚时，企业就会更加看重声誉的价值。在 20 世纪 80 年代，美国政府对企业欺诈行为的处罚中，平均罚金额相当于顾客损失的 75%，而有 50% 的欺诈罚款不及顾客损失的 50%，而对环境污染罪的处罚金额相当于污染损失的 3.7 倍。那些被判有欺诈行为的公司，其股票价值在 20 世纪 80 年代平均下跌了 6100 万美元，政府的罚款和公司因欺诈而遭受的销售额、利润和股票价格下跌的声誉损失加在一起，相当于顾客损失的 11.5 倍。这些损失将会迫使公司将更多的资源投入到产品的质量保证、诚实的销售行为和捍卫公司的声誉价值。

因此，企业要想从无商不奸的传统中摆脱出来并建立声誉，就需要一些客观条件。第一，消费者能够区分优质产品和劣质产品，这需要消费者具有较高的文化素质和教育水平。在教育不普及的时代，人们缺乏足够的信息去区分和辨认产品的优劣，无疑为奸商的经营提供了肥沃的土壤。第二，公司生产的产品具有标准化和质量具有连续性的特征。在产品很难实现标准化和质量很难控制的条件下，人们就没有动机去维持产品的商誉。大量的海鲜产品、鱼类或者农副产品都面临这个问题。第三，法律和司法机构能够确保各公司生产的产品具有明显的识别特征。商人的奸诈，意味着产权的缺失。当大量的合意需求被宣布为非法交易时，伪劣产品就会居多，如外汇黑市的欺诈、赌博中的欺诈。这就需要政府担负起监督和市场管理的职责，确保公司的产品权利得到保障，让尽可能多的交易得到法律保护。第四，每个公司都只为其自身生产的产品负责，受害的顾客享有法律赋予的追溯权。当跨境购买或者在旅游地点购买导致很高的维权成本时，政府要承担起代替受害者维权的责任。例如，当日本的汽车公司在全球召回数百万辆问题汽车时，中国政府要确保中国的消费者要享有获得赔偿的同样权利。第五，公司能够持续经营。也就是说，政府要尽可能降低企业的交易成本，维持良好的制度规则，确保公司能够长期经营下去。在目前的情况下，中国民营企业的 80% 都是在六年之内破产消失。这不利于需要大量投资和创新的耐用品企业声誉的建立，也无疑刺激了企业的短平快投资或者急功近利的本性。第六，产品的质量信息得到快速传播。当劣质产品出现时，社会允许采取公开、公平和透明的方式加以披露，以对企业的行为进行社会性的约束。

如果这些条件得到满足，公司就有动机去建立良好的声誉，获得声誉带来的溢价，不管是直接出售产品收取高价或者直接将声誉转卖给他人。一旦公司的声誉建立，潜在的巨大损失就会促使公司保持诚信。在消费者的眼中，产品的质量就体现在公司的声誉之中。许多公司的资产价值据说主要是其声誉的价值。消费者就能够根据公司声誉所包含的质量信息进行商品的选择，以至于出现了富有阶层全身包装名牌产品的现象。

利用公司的声誉，许多公司将声誉长期出租给其他加盟的店铺，长期收取加盟费或者管理费。对于那些回头客比较多的地区，加盟店就会努力维护公司的声誉，需要公司总部进行监管的地方很少。但是，对于回头客比较少的地区，如高速公路旁边的加油站，基本上都由公司直接经营，因为这些地区的加盟店更可能会欺诈临时路过的顾客或者提供更加劣质的服务而不承担任何损失。相反，这些加盟店的欺诈行为却会危及公司其他地区加油站的声誉，造成公司的较大损失。在中国的超市内部，绝大部分都是采取出租的方式将柜台或者货架出租给个人或者其他企业的销售人员，超市本身就成了维护声誉的主要地方，因为顾客的流量直接影响到超市的管理费和租金收入。

看来，企业的诚实与不诚实经营，都是对外在刺激所做出的利己反映，"无商不奸"最多只能算一个伪命题。

拖　延

在生活和工作的周围，我们总是会看到各种各样的拖拖拉拉的行为。我们会看到有吃饭拖延和请客拖延的人，也会看到学业拖延和工作拖延的人，还会看到结婚拖延、还款拖延和毕业拖延的人。大学生在娱乐、上网打电子游戏、游玩等方面从不拖延，而经常会推迟学习、读书或者写作论文。研究显示，70%—75%的大学生承认在学业上会拖延，如不学习、未完成阅读任务等。许多工作的人会按时完成工作任务，而在偿还信用卡、房屋抵押贷款等方面则可能会表现拖延，以至于不断累积的债务几乎压垮了他们。许多老年人会按时吃药、按时睡觉，但是，他们在回电话、购物、安排旅游计划等方面总是表现出拖延的倾向。许多女人在购买衣服、化妆品、首饰等方面从不拖延，但在结婚、生孩子方面一再推迟。

繁杂的生活现象告诉我们，人是一个拖延与非拖延的矛盾体。世界上没有一个人在所有方面都是拖延者，也没有一个人在所有方面是非拖延者。因此，心理学把拖延当作一种心理疾病，一种冲动的、非理性的行为，一种非理性地反抗他人的不恰当的手段。这些看法无疑是不正确的。

在经济学家看来，拖延是一种理性的行为。哈佛大学的经济学教授戴维·拉宾认为，人们是否采取拖延行为，取决于按时完工和拖延完工所带来的奖励、付出的代价，以及贴现率。明天完成某项任务所获得的奖励，如果贴现率是 50%的话，就只相当于今天获得同样报酬的一半。为了阻止拖延行为，拉宾建议，每个人都给拖延明码标价。拉宾就曾对同事们说，如果他没有按时提交一篇已经答应交稿的论文或者没有完成某个研究，那么，他就付给他们 500 美元。毫无疑问，给拖延标价，是能够减少拖延行为的。银行是依靠罚息来催促还款的，税务局是依靠罚息和吊销执照的方式来催促企业缴税的。教师是依靠学生的自我意识或者负罪感来交作业的，当然效果不会太好。

尽管经济学家将拖延看作一种理性行为比心理学家将拖延看作一种非理性行为要好，但是，拖延被当作一种简单的成本收益比较的行为可能并未抓住解决拖延行为的关键之点。当犯罪被当作一种成本与收益的比较行为时，单纯增加犯罪的成本并不一定会降低社会的犯罪率，尤其是在自杀性爆炸频繁的伊拉克、阿富汗等地区更是如此。同犯罪一样，拖延不仅仅是一种理性行为，而且还是一种个人和社会的制度机制。

在心理学家看来，拖延（procrastination）是一种自己养成并不断强化的耽搁或者不作为的习惯。这种习惯是一个人自愿地、有目的地、有意识地推迟开始或者完成某项活动的时间，致使个人表现出焦虑、后悔等负面情绪。因此，拖延是在理性思维指导下逐渐演化出来的一种行为习惯。

拖延习惯的形成，与幼年时父亲的严厉和无法交流、与母亲的无主见、生活中缺乏鼓励和在学校过多地得到否定性评价等家庭和学校环境有关，从而造成幼小的心灵利用拖延作为保护自己的策略。在拖延者的记忆中，过去令人不愉快的事情总是历历在目，成为了他们心中的一块伤疤。任何风吹草动，都会刺痛这块伤疤。由于总是生活在过去的阴影之下，拖延者对将来和现在的生活不抱一点希望，总是通过纵情享乐、虚度光阴来麻痹自己。拖延者将时间分解为痛苦不堪的过去、纵情享乐的现在和采取行动完成任务的明天。将明天采取行动赋予了至关重要的意义，就忽视了当下采取行动的必要。

　　某种行动的拖延者与非拖延者的区别在于，赋予今天行动的价值不同。拖延者赋予明天巨大的价值，非拖延者赋予今天巨大的价值。于是，拖延者就选择那些不需要任何技能、不需要付出艰辛努力的纵情享乐之事来耗费时光。随着需要付出的努力和耗费的代价越大，许多事情都会不断地被拖延，特别是要支付拖延的实际成本很小时更是如此。例如，学生不按时交作业，往往说是"忘记了"、"生病了"、"课程太多"、"打印机坏了"、"放在宿舍了"。对于这些借口，老师通常不会让学生提供证据或者做出处罚，而是简单地告诉学生下次记住按时交作业。这样，老师的不作为实际上鼓励了学生的拖延交作业。而且，和颜悦色的老师，对学生越宽松，学生就越可能在这门课上会迟到、延期交作业或者论文。

　　因此，拖延某项任务的概率就与完成这项工作所需要的时间长短成正比，与个人的能力和从中获得的收益成反比，与工作的复杂度和付出的艰辛努力成正比。丹·埃雷利在网络上对3000人的调查表明，人们在某些任务上比在其他人任务上更容易拖延。拖延者更倾向于选择需要社交技能的工作而不是认知技能的工作，而非拖延者则没有明显的偏向性。与同龄人在一起娱乐、交流或者玩游戏，拖延者感觉更容易得到同伴的认可。可以说，拖延者将主要精力耗费在他们认为最能提升他们的社会认可和尊重的事情上，而对于提升认知技能的评价不高，并努力掩盖自己的认知技能的不足。拖延的任务绝大多数都是那些需要付出大量努力的、令人不愉快的、非常棘手的事情。

　　可以说，拖延者是冷漠环境下培养出来的具有高度社会不安全感的人格。这样，拖延者就与了解其长处或者得失的朋友更容易发生争吵或者意见不合，因为这些最亲密的朋友经常提醒拖延者那些因为拖延而带来的失败。这种不断提醒失败的行为在拖延者心中烙下伤痕，让他们感觉到，他人只关注他的失败或者过错，而看不到自己的优点或者成功的地方。朋友和家人越是明晰拖延者的行为，越容易在拖延者与他们之间造成隔阂。为了避免旧的伤疤被不断提起，拖延者就采取了逃避的态度，不是敞开心扉接受那些说实话的家人或者最好朋友的劝告，而是寻求那些不了解他们的生活经历和过去失败的普通朋友圈，这样的朋友圈能给拖延者以理解和同情。

俗语云，物以类聚，人以群分。拖延者的朋友自身也许就是拖延者，都是一些浅层次、临时组合的朋友，因为在拖延者的眼中，当他们寻求帮助时，其他拖延者不会提供可靠的帮助。尤其是，拖延者是公认的懒怠者，在集体合作中总是表现出偷懒的习惯或者不如其他人努力。这样的关系决定了拖延者的朋友不会有深入的交往。当生活周围的朋友都习惯于拖延时，要想改变自己的拖延习惯就更加困难了。

当机会出现时，拖延的人无法判断成功的概率，于是就为自己设置完成某项任务的障碍，以便为失败准备好谴责的借口。例如，拖延者倾向于选择有嘈杂噪声干扰的环境，以便分散自己的注意力，从而好将自己的失败归因于环境的影响。这样，拖延的人就会对自己潜能的发挥加上一个自我束缚的牢笼，以合理化自己的行为和决策。在给自己加上束缚后，拖延者自然会减少努力完成某项任务的动力，从而妨碍自己的行动和成功的概率。这是因为，拖延者容易受当前享乐需求的刺激，无法将精力集中在当前的任务上，从而缺乏平衡工作的效率与按时完成工作任务之间的关系的自我调控能力。

当行为的成本与收益不对称地分配在行为人身上时，拖延的深度和广度都具有扩大的趋势。如果成本高度集中在行为人身上，而收益分散在人群之中，那么，这样的行动就会被行为人拖延。对于从事工作的人来说，从事自主经营的人比受雇于他人的人更少拖延的倾向，因为拖延的损失完全由自主经营的人承担。同样，脑力劳动者比体力劳动者具有更多的拖延倾向。美国心理学家约瑟夫·费拉里在《万恶的拖延症》中的调查发现，18%—20%的脑力劳动者自认为是拖延者。

这是因为，脑力劳动者可以将工作延误的原因归于很多难以监督和控制的因素，比如问题的难度很大、缺乏灵感、资料难以找到、计算机程序不灵，以及数据出了问题等。核实和检查这其中的任何一个问题都会有巨大的成本。相比之下，体力劳动者的工作，都是容易观察和检测的，监督成本很低。这样，监督成本的差异就造成体力劳动者和脑力劳动者在拖延方面的差异。同样，公司员工比非公司员工、销售人员比中层管理者更容易拖延，也是因为监督成本的差异。此时，拖延就成为一种成本与收益不对称下的搭便车行为。

可以预计，随着组织规模的扩大，组织的部门种类日益增多，部门之间的结构和权力关系日趋复杂，那么，这样的组织就具有更多的拖延症。大型企业、银行和政府部门就是具有各种拖延习惯的官僚组织。高速公路收费已经超过了偿还贷款的期限，但是，许多高速公路还拖延着继续收费。原来政府规定，节假日高速公路免费放行。但是，为了在2014年除夕前夜多收取高速公路费，国家假日办公室就将春节从初一开始放假。看来，利益是许多单位拖延办事的核心所在。

针对许多单位办事拖拉的习惯，人们在无奈之中采取了增加拖延成本的办法。例如，温州市的黄先生因信用卡过期而多交纳的1154元被银行冻结。在经过几个月催促银行和解冻未果的情况下，黄先生带着1000元钱到该银行要求办理1000张活期存款存折，每张存1元。在面对黄先生惊人的要求后，该银行的办事员又是报警，又是向领导请示。无奈，法律没有规定一张身份证能够办理存折的数量。在办理1000张存折的巨大人力和物力成本面前，银行领导只好同意对信用卡的解冻。此时，黄先生已办理好23张1元钱的存折。96%的网友都支持黄先生对付银行拖延的做法。因与莆田农商银行的劳资纠纷长期得不到解决，被银行辞退的张女士在2013年10月23日到11月4日之间到该银行的各个支行共办理了762笔业务，包括开设417本活期存款、50张定期存单、32本定期存折和销户55张定期存单。在缺乏制度性约束的条件下，许多企事业单位都在工作中办事拖拉，甚至部门之间相互踢皮球，造成整个社会的办事效率低下。

高科技似乎日益成为拖延的护身符。手机、电视、电脑、互联网都会耗费人们很多的时间。《纽约时报》在 2008 年的一篇报告中指出，公司员工每天将 28% 的时间耗费在高科技产品上，致使工作不得不经常中断。《芝加哥论坛报》在 2008 年的一篇文章中指出，46% 的公司员工声称，他们花费在手机、电子邮件、互联网上的时间越来越多。特别是，网络购物和聊天视频让更多的冲动跑进办公室，分散我们的注意力，将更多的时间耗费在与工作无关的事情上。如果工作的速度和效率不变，那么，完成一件工作所需要的时间就要延长，形成一种高科技下的拖延病。

20% 的成年人承认，拖延是他们的一种生活方式。人群中具有拖延的比例与性别、年龄、婚姻、教育程度无关。尽管有的人抱着"压力下会做得最好"的想法，但是，如费拉里所说，"事实上，不管在哪种时限下，拖延者总是会比非拖延者犯更多的错误，任务完成得也不尽如人意。拖延者似乎无法很好地规划自己的时间，而且也没有能力同时做多项工作。拖延者没有按时完成任务，关键是他们没有能力按时完成任务"。研究发现，学业拖延的学生与按时完成学业任务的学生相比，考试成绩和论文成绩都会较低。这些学业拖延者没有学习的兴趣和动机，也缺乏组织和纪律性，对自己学业和生活上的成功缺乏信心。对于工作的人而言，拖延行为不仅降低了工作效率，而且造成了顾客与公司员工、公司员工与管理者之间的冲突与矛盾。在他人看来，拖延是在完成指定任务过程中对压力的反抗、对指定任务的人的报复、对弱势群体的特权表达，尤其是当这个人感觉自己的个人控制权或者自由被剥夺时更是如此。在美国，有 39% 的职工有过超负荷工作的经历。这种过度劳累很容易激起人的逆反心理，拖延是报复自己不满意的一种策略。研究发现，一个人一生中寻求的报复越多，他就会做事情时表现出更多的拖延倾向。

因此，拖延是一种制度环境下的习得行为。尽管每个人都会在不同的行动中表现出不同的拖延行为，但是，制度的差异会扩大或者缩小人们的拖延倾向。在公众的心目中，拖延者是一群无助的、渴望被关注的对象，他们总是希望别人帮助他们做事，帮他们完成任务和承担责任。因此，改变拖延的习惯首先需要有制度约束和人际关怀，对拖延者的优点和缺点做出明确的评价，让拖延者看到自身的价值。在寻求帮助的人群中，拖延者会尽量寻求家人的帮助，而非拖延者则会向朋友寻求社会的帮助。通过逐渐匹配拖延者的能力和相应工作的难度，将其权利与义务结合起来，拖延者就会逐渐改变自身的价值观，对复杂程度较高的事情评价更高。如是，通过个人和社会的努力，我们会将拖延的浑水转换成按时完成任务的蛋糕，让每个人都生活得更加惬意，不用担心自己或者他人的拖延，给自己所带来的伤害或者报复。

[2014 年 1 月 11 日]

第三章
市场与定价

　　我们最大的缺点在于，我们更倾向于相信那些明显的无稽之谈，只要它们恰好与我们过于简单、陈旧、理想化或自我满足的世界观相符合；我们最大的缺点还在于，我们天真地认为那些用假象、语言、金钱和权力控制我们身心的人会始终把我们的利益放在心上。

——英国文学评论家安德鲁·雷诺德

吉芬商品的揪心

　　凡有规则，便有例外。这是人世间的法则。在思想领域中，有例外的规则就是一个互相矛盾的规则。例外会腐蚀规则，以至于规则会拜倒在例外的脚下。如果说有什么例外的规则最让经济学家揪心，那么，毫无例外地要数需求定律旁边的吉芬商品。张五常说："需求定律是经济学的灵魂。"经济学的基石，按照弗里德曼的说法，是建立在需求定律之上的。需求定律说，人都有趋利避害的本能，利多，需求多；害多，需求少。所谓，利或者害，就是价格或者代价多少的问题。物品的相对价格上升，需求量必然下降。这就是需求定律，经济人假设和资源稀缺性假设有机结合的通俗表达形式。

吉芬悖论却说，人们有可能是趋害避利的。马歇尔在《经济学原理》第三版论述需求定律时说："然而，存在一些例外，譬如吉芬爵士曾指出，面包价格的上升，导致英国劳动阶级家庭的收入遭受如此重大损失，以至于货币对他们的边际效用大幅上升，迫使他们缩减肉类和昂贵的淀粉类食品的消费。相比之下，面包依然是他们所能获得的便宜食品，他们不仅不会少消费、反而会多消费面包。"斯蒂格勒在《价格理论》中论述需求定律时也说："十九世纪英国经济学家罗伯特·吉芬爵士（1837—1910）在研究爱尔兰的土豆销售情况时发现，当土豆价格下跌时，对它的需求量也减少；他还发现，贫民在面包涨价时反而购买更多的面包。这显然与上述需求规律相矛盾。"这就是著名的"吉芬悖论"。

这个悖论说，某种商品的价格上升，实际收入会减少。较低的实际收入在原有商品中进行消费，有可能出现价格上涨的商品多消费的情形。焦虑不安的马歇尔赶紧说："但这样的例子毕竟不多见。一旦碰到这样的案例，则必须根据具体情况来分别处理。"例外不是不多，好像还很多。中国的茅台酒和高档洋酒，价格越高，喝的人越多。房地产和股票，也是价格越高，购买的人越多。名牌服装降价后，买的人就会减少。对于劣质食品，价格越低，购买的人也越少。沿着这条道路前进，需求定律的适用范围就会不断地被蚕食，以至于需求定律将成为一个例外。张五常在《科学说需求》一书中说："从逻辑上，吉芬物品不限于面包——任何物品都可能是吉芬物品。换言之，吉芬物品是贫穷物品推到极端：某物品的价格下降带来的实质收入增加，导致该物品的需求量下降。逻辑上这是对的。"

面对需求定律的摇摇欲坠，弗里德曼在1949年的《马歇尔需求曲线》一文中，试图解决吉芬悖论的问题，以挽救需求定律。弗里德曼不是从个人角度，而是从社会整体的角度入手。弗里德曼假定，社会资源总量不变，相对价格只改变产品供给量的分布和资源的转移，不会改变人们的实际收入。根据这个假定，经济整体的需求曲线就会向右下倾斜，不存在吉芬悖论。如果需求曲线只包含替代效应，不包括收入效应，每一条需求曲线都只对应于一个实际收入水平，那么，吉芬悖论也不存在。这样，通过将收入效应与替代效应进行隔离，弗里德曼自认为解决了吉芬悖论的难题。但是，只要收入包含了价格因素，任何相对价格的改变都必然会影响实际收入的变化。试图将收入效应从需求曲线中隔离开来挽救需求定律，其局限性是非常明显的。

张五常从交易的角度判断，吉芬商品只存在一个人的世界中，多人存在的世界是不可能有吉芬商品的。如果价格越高购买的人越多，那么，售卖者就可以不断提价，以至于没有实际的成交物品。按照张五常的逻辑，市场竞争会淘汰吉芬商品，因而市场上不会有吉芬商品。但是，需求量是指有意愿有能力的人的意图购买量，不是实际的成交量。利用实际成交量的有无来否定意愿成交量的多少，这是概念偷换。从逻辑上说，只要价格提高，有意愿购买的人增加，就说明吉芬商品是存在的，不管市场是否实际成交。

经济学教材继承了马歇尔的传统，将吉芬商品作为需求定律的反例而存在。弗里德曼、张五常，还有数不清的学者，都试图解开吉芬商品之谜。莫菲特（P.E. Moffatt）在 2002 年的《数理经济学杂志》上构造了一个能从理论上推导出向上倾斜的需求曲线。根据这个数学理论，只要商品是劣质商品，收入效用大于替代效应，那么，需求曲线的某个部分就会向上倾斜，价格上升会导致需求量的增多。但是，很少有学者去认真调查马歇尔所引用的吉芬爵士所描述的英国 19 世纪的消费状况，看一看到底是什么制度和文化环境，迫使工人们在面包价格上涨时还会需求更多的面包。显然，在价格上涨和名义收入固定时，需求量还会增加，必然蕴含着其他诱导消费或者需求的因素的出现，如消费者偏好、其他产品的相对价格、人们的预期发生改变。

在中国城市房屋拆迁的过程中，居住面积越小的房屋，每平方米的价格越贵；居住面积越大的房屋，单位价格越便宜。如果询问为什么会有这种情况出现，我们就会发现，房屋买卖不是以平方米计算的，而是以对居住面积打包出售的。例如，一套房屋可能是 30 平方米、50 平方米、80 平方米、150 平方米或者 300 平方米。这种打包出售的方式实际上就将收入群体进行了分类，低收入者购买 30 平方米以下的房屋，中低收入购买 50 平方米或者 80 平方米的房屋，中高收入购买 150

平方米或者 300 平方米的房屋。如果按平方米计算出售，低收入者可能还会购买 35 平方米或者 45 平方米的房屋，但就是购买不起 50 平方米的房屋。同样，中低收入者可能会购买 120 平方米或者 135 平方米的房屋，但就是购买不起 150 平方米的房屋。这样，经过对收入群体的市场划分，低收入群体的人数急剧增加，中高收入的人数急剧减少。这样，我们就会看到，更多的低收入者去抢购高价的小居室，较少的中高收入者去购买价低的大居室。用镜子一照，吉芬商品就仿佛出现在房地产市场上了。仔细一分析，原来是人们将房地产的单位面积价格和单套房屋价格混为一谈了。任何物品的出售，都涉及到单位度量的问题。单位度量的非均匀改变，就会造成物品价格在不同度量单位下发生改变。价格的单位度量模糊不清，是吉芬悖论的来源之一。

茅台酒似乎是吉芬商品的例子。茅台酒的价格从 2005 年的每瓶 300 元涨到 2012 年的 1500 元以上，但真假茅台的销售量从过去的不到 10 万吨增加到现在的 30 万吨。在这些茅台酒销量中，据说真实的茅台酒只有不足 2 万吨。如果不是假酒的影响，中国人对茅台酒的意愿购买量可能还会增加。相反，许多没有名气的低价白酒，其销售量却越来越低。如果照此分析下去，我们就会感觉中国的白酒市场完全是一个吉芬商品充斥的市场。肯定是我们忽略了某些关键因素。原来，中国人是一个崇尚社会交往的民族，社会交往通常体现在名酒上。近年来，中国人的社会交往越来越频繁，高档的社会交往被认为是地位、身份和权力的象征。于是，名酒就成了地位、身份和权力的化身。茅台酒的内在收益急剧增加，没有名气的低价白酒的内在收益急剧下降。收益的这种变化，就使得茅台酒越贵，其内在价值越高，其他低档酒的内在价值就显得越低。忽视了社会文化的变迁，我们就不会理解茅台酒的价格节节攀升和销售量不断上涨的原因。有些酿酒商看到了其中的内在机理，就使出各种招数打广告和出名，以便抬高其酒的价格。酒鬼酒和其他酒类红极一时，但最终没有能够确立起地位和身份，终于垮下来，就是例子。将物品的内在收益与成本价格混为一谈，是吉芬悖论的来源之二。

美洲的印第安人曾经存在这样一个传统。在每年举行的部落大会上，各部落都要把部落内最值钱的物品搬到会场。各部落首先评比各部落搬来的物品数量，然后开始举行物品破坏竞赛。哪个部落搬来的有价物品越多，破坏得越多，这个部落就成为胜利者。这看来又是一个吉芬悖论。实际上，各部落通过破坏活动来推举部落联盟首领。越是那些意愿当联盟首领的部落，其所带来的物品越多，破坏的数量越大。显然，是当部落首领的收益，而不是物品的成本，确定了破坏物品的数量。忽视物品的内在收益或者可能的交易费用，是吉芬悖论的来源之三。

　　显然，吉芬商品是不存在的。逻辑上不存在，现实世界中也不存在，存在的只是似是而非的分析。张五常认为吉芬商品在逻辑上和一个人的世界中还存在，是错误的。弗里德曼让价格变动而真实收入不变动来处理吉芬商品，在逻辑上是不可能的。斯蒂格勒在《价格理论》一书中写道："有许多证据表明：这种所谓的'吉芬之谜'从来都没存在过。"我们会看到价格和需求量同方向运行的情况，但这并没有否定需求量与价格呈反向运动的需求定律。

　　从数学角度上讲，吉芬商品"应该存在"的理由就是，价格变动的收入效应完全主导替代效应，且消费的产品突然成了劣质产品。斯蒂格勒在《价格理论》中这样说："在正常情况下，它（收入效应）增强了替代效应：由于价格下跌而带来的实际收入增加量的返还，也导致了 X 产品的消费量的额外增加。但是，对于低档商品，诸如粗制面包、公共住宅等，收入效应却是负的。它甚至可以控制替代效应。这样一来，我们就要遇到吉芬矛盾。"相反，如果发现价格和需求量呈同方向运动，我们必须深入调查隐藏在这种变化后面的真实原因。也许是度量发生了变动，也许是物品的内在收益发生了变动，也许是被忽视的交易费用发生了变动。经济学应该是对真实世界进行调查和研究的科学。缺乏真实的调查和研究，想当然地对各种现象贴标签，将数学可能性等同于现实可能性，显然不符合科学精神。吉芬商品的阴魂不散，说明科学精神在经济学中受到挤压，想当然充斥着经济学家的思维。

[2012 年 5 月 27 日]

经济学上的量度

　　秦朝统一中国后的一个伟大成就，就是实现了度量衡的统一。统一的语言、统一的货币和统一的测量单位，确保了中国大一统的长期趋势。拿破仑在近代世界历史的重大影响，是与其推行统一的测量单位密切相关的。重量的千克、长度的米、液体的升等单位的统一规定，为科学和工程的发展创造了有利的条件。如果没有这些统一的量度，人们的交流和贸易必然受到严重的限制。美国还在使用英国的加仑、磅等计量单位，引来了世界各国的嘲讽。

　　经济学家对计量单位不是很重视。从逻辑上说，人们可以购买任何意愿的单位物品，最终实现边际收益等于边际成本的那个均衡点。这实质上是在假设，测量单位的形式与物品所包含的内容永远是一致的。

　　按照享乐价格理论，任何房屋的价格都可以分解为舒适、宽敞、尊贵、方便、体面等性质，后者又与房屋的大小、高度、位置、质量、材料、方向，及附近的娱乐设施、基础设施等因素密切相关。如果能够对住房的每一个特性定价，那么，房屋的价格就是各种特性价格的总和。反过来，住房也需要按照这些特性矩阵的各种变化建设和定价，从而形成各种特性不同组合的房屋价格。如果能够这样，我们将会看到市场上有数百万种奇形怪状的房屋，而不是目前的只有几十种或者几种房屋的结构。空中楼阁也可能会出现。要做到对房屋按特性定价，房地产商和购买者就需要对房屋的各种特性有完全的知识，也需要能够对房屋的各种特性进行机械分割和处理。显然，认识成本、测量成本和加工成本太高，会造成市场上没有任何房屋供应。

　　为了克服这一点，各个社会和民族发展出了不尽相同的物品单位的计量方法。例如，房屋会按照套数出售，或者按照间数、床位数出租，每套、每间、每床的房屋有一定的面积。当人们习惯于这种间接测量方式时，房地产商就会努力扩大房屋的容积率，不太注重房屋的质量、使用的材料或者其他许多纬度的特性。即使在房屋按套出售时，每套房屋都是一个 30 平方米、80 平方米、150 平方米等的包裹。如果任何商品都有多个纬度，那么，商品的打包出售就等于捆绑销售。测量单位的任何改变不仅会影响到商品的价格，而且也会影响到商品的质量等特性。忽视测量单位的改变，往往是经济学思维混乱不清的来源。

厂商经营的一个基本法则就是，不断增加一个商品包中的商品数量和种类，以便利用规模经营获取更高的收益。尽管单位商品的价格可能降低了，但是，整个商品包的价格却不断攀升。汽车的发展历史就是一个商品包不断扩大的历史。凡是能够将新技术纳入一个商品包的物品，其生命力总是会长盛不衰。相反，那些不纳入新技术、只是在商品包中不断减少物品的企业，必然会面临经营不善的后果。当存在要素价格不断上涨但产品却受到价格管制时，企业最简单的办法就是减少商品包中的物品数量或质量。在通货膨胀大潮中，许多饮料企业就会在瓶子的整体外形保持不变的情况下，将瓶子的底部内凸或者腰部瘦身，从而减少饮料的剂量。当对出租的房屋实行租金管制时，房屋的建筑和维修质量将会显著下降。

传统上，房屋以套出售，手表论只计，点菜按份算，衣服按件卖，酒按斤计算，工资按时间支付，汽车按辆计算。经济学家说，如果所有物品的测量单位都为原来的 10 倍，价格增加 10 倍，那么需求量不会改变。即只有相对价格才重要。但是，我们注意到，相对价格仅仅是测量单位的相对价格，没有包括没有被测量单位的相对价格。如果所有的房屋都是按一栋楼出售，那么，我们将会看到，由于收入分配的严重不均和收入水平的高低不同，每栋房屋的面积就会缩小。我们将会很难看到现在的摩天大楼，会看到更多紧密相连的低矮房屋。如果所有的房屋都按照窗户数量征税，如英国 16 世纪所证明，房屋的窗户数量会减少，穷人只能住在黑漆漆的房屋内，富人也只有少量的窗户透光。环保主义者可能会极力反对这种政策。餐馆如果不按份计价，而是按人头计价，我们将会看到，餐馆的人均销售额会增加，人们会吃得更多。自助餐就是如此。美国的袜子和内衣内裤按打（12 件）出售，就比按件出售的销量大、单件更便宜。所以，经济学家在计算通货膨胀时，如果忽视了商品包测量单位的改变，可能会得出错误的结论。

企业家会看到改变测量单位中的创新机会。我们都知道，商品包的大小在现代经济中起着至关重要的作用，规模收益递增就是其表现。沃尔玛利用其大规模的低价采购，然后分包出售，成为美国第一大零售企业。现代大型零售企业都逐渐采用沃尔玛的经营方式：直接从生产企业大批量采购，然后分包出售，从而将批发与零售业进行了整合。日本的丰田汽车公司，也是采取大批量采购、分包组装和分包出售的方式，从而一跃成为全球第一大汽车公司。大批量的采购、流水线的生产和分包的出售，从而将生产成本、采购成本和销售成本降低到最小。当然，批发商和零售商也主要依赖于批量采购和分包销售来获取差价。银行的各种理财产品，如自由存款不受限额，购买理财产品却只有 5 万元、10 万元、50 万元或者 100 万元的少数几个档次。这有助于降低理财产品的销售费用而不挤压自由存款。

张五常将经济学上的测量单位区分为真实的测量单位（有质之量）和替代的测量单位（委托之量）两种。真实的测量单位有米、千克、升等，替代的测量单位有件、包、栋、只、头、个、箱等。西瓜按斤出售和按个出售，哪个销售快？当然是按个出售销售快，因为一个西瓜可能几十斤重。张五常认为，真实的测量单位不会对人们的需求造成扭曲，而替代的测量单位会对产品的构成和质量形成影响。实际上，这种区分只是相对的，所有测量单位都是人为的简便替代。例如，如果我们只重视物品的重量，那么，物品的其他特性就会受到忽略。这是我国生产杂交水稻、规模化养猪、池塘饲养海鱼、温室种植蔬菜水果所面临的问题。这些只重视重量的产品，质量都存在下降的趋势。原生态的蔬菜、水果、鱼类、肉类也就成为市场的奢侈品。

由于产品质量的重要性，人们会花费很多时间和费用去区分产品的质量。越是贵重的物品，人们要花费越多的时间去区分、辨别；越是贵重的物品，人们讨价还价的意愿也就越强。购买房子、古玩、珠宝花费的时间就比购买鸡蛋花费的时间多，讨价还价的时间也越长，因为单位时间耗费所获得收益越高。由于有大量的测量和辨别费用存在，中介机构就发展起来，利用其专业知识进行产品的质量鉴定和搜寻，如房地产中介、珠宝商、古董书画拍卖行都是如此。很少见到廉价物品的鉴别机构，就是因为这些专业知识绝大部分都是生活常识，很难利用微小的差价获得机构的生存。

近年来，经济学逐渐将产品的测量和度量费用提高到一个基本理论的高度。这种理论认为，测量费用是市场交易中广泛存在的费用，构成了产品代价中的很大一部分。如果测量费用很大，市场的销售量将很小，除非有专业的中介机构存在。将测量费用纳入产品的价格，我们就会看到产品需求量的急剧变化。

[2012 年 5 月 27 日]

等价交换

经济学的基础是基于等价交换原则的使用。只有每个人都是自愿地、等价地转让自己的财产去获得自己需要的财产和服务，市场经济才能发展。在等价交换的基础上，会计学家利用复式记账的方法构建了会计恒等式和资产负债表的借贷平衡，银行家在会计恒等式基础上利用储蓄的集聚实现了货币创造，宏观经济学家利用收入等于支出或者储蓄等于投资的恒等式构建了国民收入核算体系和相应的宏观经济分析，国际经济学家利用进口等于货币的支出或者出口等于货币的收入构建了国际收支平衡表和相应的国际经济学分析。没有等价交换的原则，整个经济学甚至经济的基础就会塌陷。

所谓等价交换原则，就是"每一个主体都是交换者，也就是说，每一个主体和另一个主体发生的社会关系就是后者和前者发生的社会关系，因此，作为交换的主体，他们的关系是平等的关系。在他们之间看不出任何差别，更看不出对立，甚至连丝毫的差异也没有。其次，他们所交换的商品作为交换价值是等价物，或者至少当作等价物。……等价物是一个主体对于其他主体的对象化；这就是说，它们本身的价值相等，并且在交换行为中证明自己价值相等，同时证明彼此漠不关心"①。在马克思的视野中，等价交换不仅意味着交换的名义价值相等，而且隐藏着交换物的内在价值相等，以及交换物品以外的任何社会关系都不具有重要性。马克思说："主体只有通过等价物才在交换中彼此作为价值相等的人，而且他们只是通过彼此借以对方而存在的那种对象性的交换，才证明自己是价值相等的人。"② 对于任何个人或者企业的决策来说，名义的等价交换就演变为边际原则。当边际成本等于边际收益时，决策行为会导致利益的最优化。如果每个人都按照边际原则行事，所有的人在市场上按照等价原则进行交换，那么，新古典经济学就会推断出一个一般均衡存在的理论。这个理论断定，竞争性的市场是最优效率的。

但是，人们为什么会在交易中按照等价交换的原则行事呢？马克思断定，作为弥合人们在需要和生产之间差异的手段，等价交换原则体现了人类社会对劳动的偏好和推崇。当任何产品都是人类劳动的产物时，等价交换原则就体现了等量的社会必要劳动时间具有相同价值的观念。马克思在《1857—1858 年经济学手稿》（《全集》第 30 卷，93 页）中说："为了对产品进行比较—估价，为了在观念上决定产品的价值，只要在头脑中进行这种形态变化就够了（在这种形态变化中，产品单纯作为量的生产关系的表现而存在）。在对商品进行比较时，这种抽象就够了；而在实际交换中，这种抽象又必须对象化，象征化，通过一种符号来实现。"但是，资本与劳动的交换，只是一种表面的等价交换，因为"资本得到的价值必须大于他付出的价值"，"剩余价值总是超过等价物的价值"。这样，资本和劳动的交换包含着流通领域的等价交换和生产领域的不等价交换。"在资本和劳动的交换中第一个行为是交换，它完全属于普通品的流通范畴；第二个行为是在质上与交换不同的过程，只是由于滥用字眼，它才会被称为某种交换。这个过程是直接同交换对立的；它本质上是另一个范畴。"③

---

① 《马克思恩格斯全集》中文 2 版，第 30 卷，人民出版社，1995 年，第 195 页。

② 《马克思恩格斯全集》中文 2 版，第 30 卷，人民出版社，1995 年，第 196 页。

③ 《马克思恩格斯全集》中文 2 版，第 30 卷，人民出版社，1995 年，第 233 页。

　　马克思认为，流通层面的等价交换掩盖着生产过程的不等价交换和剩余价值的生产。"在现存的资产阶级社会的总体上，商品表现为价格以及商品流通等，只是表面的过程，而在这一过程的背后，在深处，进行的完全是不同的另一些过程，在这些过程中个人之间表面上的平等和自由就消失了。"① 如果考虑到剩余价值的生产和再生产，等价交换就成为了虚假的假象。马克思说："不过，作为在法律上表现所有权的最初行为的等价物交换，现在发生了变化：对一方来说只是表面上进行了交换，因为同活劳动能力相交换的那一部分资本，第一，本身是没有支付等价物而被占有的他人的劳动；第二，它必须由劳动能力附加一个剩余额来偿还，也就是说，这一部分资本实际上并没有交出去，而只是从一种形式变为另一种形式。可见，交换的关系完全不存在了，或者说成了纯粹的假象。"② 因此，马克思认为，等价交换在没有剩余价值生产、劳动同劳动产品没有分离的社会还成立，但在追求利润和劳动同资本分离的社会就只是一个假象。等价交换原则也是具有历史条件的。

　　显然，马克思用劳动价值论来解释等价交换原则，不仅面临着市场价格与产品价值的系统性背离问题，而且需要任何人拥有无限理性和无限信息来确定产品中所包含的与不断变动的社会必要劳动时间。针对交换中的信息不对称性对等价交换的影响，马克思说："在相互估价时只可能发生主观上的错误，如果一个人欺骗了另一个人，那么这种情况不是由于他们借以互相对立的社会职能的性质造成的，因为这种社会职能是一样的；他们在社会职能上是平等的；而只是由于有的人生来狡诈、能言善辩等造成的，总之是由于一个人对另一个人具有纯粹个人的优势造成的。"③ 显然，将交换中普遍存在的信息不对称性问题归结为某些人更聪明，是不能解决问题的。因此，测量成本的无限性和个人信息的有限性就阻止了劳动价值论作为一种解释等价交换原则的有效理论。

---

①《马克思恩格斯全集》中文 2 版，第 30 卷，人民出版社，1995 年，第 202 页。

②《马克思恩格斯全集》中文 2 版，第 30 卷，人民出版社，1995 年，第 450 页。

③《马克思恩格斯全集》中文 2 版，第 30 卷，人民出版社，1995 年，第 195—196 页。

新古典经济学则用效用价值论来解释等价交换原则。在新古典经济学家看来，消费者和生产者都对产品具有偏好需求，分别形成了产品的需求曲线和供给曲线。当消费者对产品的偏好或者价值评估恰好等于生产者对产品的价值评估时，市场交易就会发生。这就意味着，在理性假设的基础上，人们偏好的多样性和自愿交易的耦合性是等价交换原则的基础。但是，效用价值论解释等价交换原则存在的一个问题是，由于第三方测量交易的意愿性具有很高的成本，因此，独立的第三方就很难断定哪些财产转移的行为是自愿交易的行为。这样，在新古典经济学家世界里，就不存在非自愿的失业、盗窃、抢劫、强奸、谋杀、有组织的犯罪等行为。因为这些行为在独立的第三方的眼中，需要极高的成本才能断定为非自愿行为。

在现实的合同中，法律要求交换必须有合意的对价，而不是要求交换物品的价值必须相等。巴泽尔在《国家理论》一书中问道："为什么除非合约满足这个条件，这个合约才是有效的呢？为什么国家会施加这样的条件呢？一个可能的理由就是没有这个条件，争议的范围可能会扩大，人们有时会说：'如果你给我一个微笑，我就给你 100 万美元。'如果任何这种情况都可以诉至法庭，那么，法庭里就会人满为患了，或者华丽的词藻就会消失了。但是，给定约束'钱必须与货相一致'，那么，困难就大量地消失了。法庭服务——国家不按边际收费来提供的服务——的成本，就更易于管理了。"在这里，巴泽尔主要从国家的管理成本角度对等价交换原则进行解释，而且强调等价只是名义价值的相等。

如果人们不认可等价交换原则，会有什么后果呢？杭州市发生了房主攻击房地产商的事情。近些年来，杭州市的房价出现零星下降的趋势。为了将手中的房屋尽快出售，房地产商就打出了降价销售的广告，这可急坏了在较高价位买房的人。如果一套 100 平方米的房屋在 2011 年是 250 万元，房地产商在 2014 年降价百分之二十，那么，降价后的房屋就只卖 200 万元。眼看着花费了 250 万元的房屋，现在只值 200 万元，购买者的失落感是可想而知的。购房者无法控制房价，但他们怀疑，这是房地产商的阴谋，是他们将自己辛勤的劳动所得进行欺骗定价的结果。愤怒在心中燃烧，他们要阻止房地产商降价的浪潮。于是，感觉上当受骗的购买者，就群起攻击降价的房地产商，形成中国房地产市场的一道独特风景。地方政府也不想房屋降价带来税收的减少，也对购买者的打砸行为放任自流。

显然，这些攻击房地产商的购买者，认为他们过去的交易是不等价交换，因为一套房屋有了多种不同的价格。拒不承认名义价值相等的交换是等价交换，就对新古典经济学的边际理论提出了挑战。

毫无疑问，等价交换作为一种制度规则，是一个渐进的演化过程。在人们的信息不完全和有限理性的条件下，确认产品和服务的内在价值几乎是不可能的事情。这就容易滋生出依靠暴力攫取产品的行为。暴力行为的普遍使用，对国家的权威构成了挑战。随着交易的产品种类和数量越来越多，参与交易的人群的范围越来越大，暴力行为的后果就会越来越严重。为了切断交易与暴力之间的联系，国家或者其他权力机构就会参与交易规则的制定，以便减少交易成本和管理成本。这个规则规定，只要自愿合意的、按照名义价格进行的交易，都是等价交换。所谓合意，就是指购置产品所带来的收益，或者节约的劳动成本，要大于所支付的成本。所谓自愿，就是买卖双方在交易时没有强迫性的行为发生。至于同类产品对不同交易者或者在不同时期是否具有多种价格，交易者是否对产品的价格具有充足的信息，则不在等价交换规则之内。可以说，等价交换规则所带来的，是最低的交易成本，也是最低的政府管理成本。

因此，等价交换原则，是一个逐步演化的市场规则。这个规则确保地是市场交易成本和政府管理成本的最小化。其形成的基础是旨在减少人们交易活动中所发生的纠纷甚至暴力活动，依靠的是人们的信息收集能力和对自己暴力嗜好的节制，是对契约的遵守。如果说等价交换原则是市场效率的基础，那么，我们将会看到，市场还不成熟的地方总会存在偏好不等价交换的人。如果使用垄断甚至暴力来抢劫他人的财富，那不是不等价交换，而是抢劫了。将抢劫与不等价交换等同起来，是对等价交换的误解。在等价交换的演进中，我们看到了市场成熟的希望。

价格机制

　　价格机制是市场的灵魂。所谓价格，就是为获得某种东西所愿意牺牲的各种代价之和，不仅仅是金钱。100 万元的一栋楼房，其价格可能是 10 年的努力工作收入，也可能是 15 年的体育奖励，还可能是 1 年的当官报酬或者 1 年的疾病折磨。犹如喝酒的朋友喜欢说，感情深，一口闷，市场机制的所有感情都浓缩在价格的传送带上。

　　乔治·施蒂格勒在《价格理论》一书中说："价格不仅显示出了期望获得某种商品的紧迫性，而且还表明了区分各种商品的意愿。"谁能得到奥运会的门票？那些愿意支付最高价格的人。市场给予稀缺资源以最高的回报，这是经济效率的源泉。之所以市场竞争能够产生效率，就是因为市场竞争的交易费用最低或者是"唯一的不会导致租值耗散的竞争准则"（张五常语）。能够对稀缺资源提供最高回报的人，必然是最有经济实力的人群。

　　除了价格外，交易量也起着奖勤罚懒的功用，传达着买卖双方的能力和信用。尽管市场经济的链条会将贫穷的人群卷入市场经济的大潮之中，但是，犹如奥运会强调"更高、更快、更强"的体育竞技精神一样，市场也会强调"更强、更富、更快"这些决定竞争胜负的准则，将老弱病残者推向贫困的边缘。这就是市场经济的内在缺陷，也是所有传统社会的缺陷：服务于强者，淘汰凌辱弱者。这也是生存竞争，适者生存的本质含义。

　　其实，市场机制还与非市场机制有一个根本的不同。在市场中，每个人都可能成为决策者和资产拥有者。只要我们能够提供市场需要的产品或者我们有能力购买市场的产品，我们就在进行市场决策，共同形成市场规则和价格。按照哈耶克在 1945 年发表的《知识对社会的用途》一文的见解，人们的知识是高度分散的，价格包含了很多人的知识和信息，以此指导资源的分配最为有效。按照市场规则进行交易，就需要契约得到很好地执行，产权得到很好地界定和保障。在非市场的环境中，只有极少数人成为规则的决策者，这些人通常都是政府的官员或者权势者，绝大多数人都是按照固定的或者弹性的规则行事。

毫无疑问，在资源稀缺的情况下，规则制定者将会对资源的分配拥有最终决定权，而绝大多数人只能在残余的资源中按照非市场规则进行争夺。茅于轼在《经济学教育亟待改进》一文中谈道："最近有机会到几个省市去考察，接触到负责项目、计划、筹资、定价等部门的领导。他们对情况都很熟悉，对事物的分析也相当深入，可是无例外地对经济学的知识非常欠缺，对价格如何引导资源配置完全不了解，只懂得价格在利益分配中的作用。这些政府官员在全社会的资源配置中起着关键性的作用，配置效率的高低就在他们的一念之间。"在非市场的环境中，绝大多数人不拥有资源的产权，政府垄断了绝大部分资源。诚如美国记者查尔斯·惠伦在《赤裸裸的经济学》中说："私营部门把资源配置到能够获得最高回报的地方。相比之下，政府将资源配置到政治程序所规定的地方。"这就是非市场规则的结果。

市场经济通过价格链条将社会整合起来，同时产生出强者与弱者。那些有能力和机会迎接新技术的人成为市场的强者和富豪，那些受教育少的人被迫成为市场的弱者和穷人。非市场经济却通过价格外的链条将社会整合起来，强者与弱者是预先注定的。这样，弱者在市场经济中可能会改变自己的命运，变为真正的强者。犹如查尔斯·惠伦所说："市场的进化过程是一股异常强大的力量，它来源于对敏捷的人、强壮的人和聪明的人的回报。"尽管市场经济仍然存在弱者并不断生产弱者，但是，弱者在市场经济中获得改变命运的机会更多，至少比传统社会要强。因此，就机会公平性与效率角度上说，市场经济都要优越于传统社会。

由于服务于强者，市场经济可能会对许多穷人非常需要的廉价物品缺乏生产和供给的动力。医疗系统不为穷人提供医疗保险，教育系统不为贫穷的山区提供适宜的教育，企业系统不生产传统的低价物品，就是几个明显的例子。在这样的动力下，大量的低价产品和服务就消失在历史的长河中。市场经济不仅仅是"创造性地破坏"，而且还习惯于遗忘。凡是那些不能带来高额利润的产品和服务，都将被市场和企业忽略或遗忘。历史文物古迹被摩天大楼掩盖了，古老的坟墓消失在房地产的伟业中，怀旧的人在不断感叹。

面临市场经济的"劫贫济富"和忘记历史的本性，人们扛起了非价格机制的大旗。查尔斯·惠伦这样评论道："受到竞争困扰的组织可能会寻求贸易保护、政府保护、税收优惠、限制技术竞争或其他一些特殊的措施。"按照非市场机制对产品定价的方法就是价格管制。当产品的价格定得足够低时，供给就会不足，服务质量将会下降，产品将会卖给那些排在最前面的人。施蒂格勒说："排队的长度可以显示出人们多么急切地希望在货币价格不能完成上述职能的地方购买某种商品。"火车票、医院挂号都是如此。火车的拥挤、医院的服务质量差，都与低价管制有关。

更有甚者，在自然垄断和政府定价的行业，暖气、煤气、水管、电力等国营企业对建筑安装的破坏不负责，铁道部和国营航空公司对火车拥挤、飞机晚点不负责，供电部门和供水单位随时中断水电供给而不告知。在这些价格管制的行业，支付的低价、额外的不确定性损失以及承受的官气十足和命令的心理成本，才是价格管制中消费者支付的全部代价。当产品的价格定得很高时，企业都会采取非价格竞争的方式吸引顾客。在航空管制时代，航空公司提供的食品质量很不错，座位宽大舒适，空姐也长得非常漂亮。在汽油价格受到严格管制的时代，人们通常会为加油站的优质服务所打动。当加油站的服务人员穿着整齐的制服，跑出来加油、检查油箱、擦拭挡风玻璃的时候，我们一定知道，汽油价格规定得太高，加油站利用非价格服务来吸引更多的汽车加油。

在极端的情况下，按照非市场规则进行交易，除了价格管制外，还会进行生产的管制、购买量的管制、消费方式的管制，甚至行政管制。例如，对房屋的购买仅限于本地人，每个家庭最多购买两套房。当管制越来越多时，我们就看到了计划经济的身影。那是一个什么都短缺的时代。因此，如查尔斯·惠伦所说，"管制会扰乱资本与劳动力的转移，提高商品和服务的价格，抑制创新并束缚经济发展，那正是善意所激发的管制。最糟糕的是，管制可以成为自利的工具。许多企业利用政治体制为自己牟利"。如果管制是不健全的，则会滋生更多的问题。比如，北京市在 2003 年有 2400 多家网吧，但开业手续和证照不全的网吧有 2200 多家，结果造成许多网吧存在严重的火灾隐患，成为贩毒和网络欺诈的主要场所之一。

即使仅仅进行生产和消费的管制，濒临灭绝的物种也会加速灭绝。黑犀牛角的黑市价格高达 3 万美元/支，因为黑犀牛角被认为是效果奇异的春药和退烧药，甚至制造剑柄或者显示权威的装饰品。在高价的刺激下，大量的黑犀牛被偷猎捕杀，非洲南部的黑犀牛数量从 1970 年的 6.5 万头减少到 2000 年的 2500 头。为了保护黑犀牛，非洲的许多政府环保部门开始捕捉黑犀牛，将其角锯掉，以防止偷猎。殊不知，犀牛角数量的减少将犀牛角的黑市价格推得更高，为偷猎者捕杀剩余的有角犀牛提供了更大的动力，顺便将无角犀牛进行捕杀和肢解。

其实，最好的解决办法就是允许犀牛角的合法交易。为了保护野生动物，政府应该规定，人们可以饲养犀牛。一旦饲养成功，犀牛角就可以按照市场价格进行生产和消费。有了猪、牛、羊的成功饲养，谁会担忧野猪、野牛、野羊的灭绝呢？在中国，华南虎和东北虎都成功地实现了饲养，但是，政府禁止销售虎皮、虎骨、虎肉甚至虎骨酒，最终导致饲养无利可图，华南虎和东北虎最多只能在动物园内存在，以便保存其早就不存在的野性。

如果对濒临物种不能实现成功饲养，那么，较次的办法就是将濒临物种生活的区域圈起来作为保护基地，同时允许附近的居民利用保护基地的濒临物种来进行旅游服务，以便减少捕杀者的人数和扩大人们保护濒临物种的积极性。哥斯达黎加的热带雨林公园每年为其带来了 10 亿美元的收入，大大减少了热带雨林的破坏。非价格机制不能拯救濒危物种，价格机制能行。

人们有时感到奇怪，为什么主要的创新源泉都来自市场经济国家？因为价格机制还能鼓励创新。当产品价格足够高时，如果没有限制，那么，新产品就会被开发出来。施蒂格勒说："价格是促使人们从事生产并发现新的生产可能性的最基本的激励因素。那些遵从价格指示的人，特别是那些对未来的价格趋势猜测得比较准确的人，将会在商业事务中繁荣昌盛，并勤俭地生活，家庭也会富裕起来。"石油价格在 2005—2012 年期间的高涨，会将海底的石油和天然气开发出来。日本就在东海和太平洋的浅海湾进行成功的能源勘探，并诱发了许多国家的资源争夺战。所以，美国联邦储备委员会副主席小罗杰·弗格森这样说："那些不能正确衡量竞争环境的残酷震荡与创造财富之间的关系的政策制定者，最终将把精力放在衰败的方法和技术上。一旦这么做，他们所建立的政策就是在保护脆弱的、过时的技术，最终，他们会减缓经济前进的步伐。"毫无疑问，以保护垄断为目的的价格机制就具有这种效应。

[2012 年 8 月 22 日]

成本加成与边际原则

在新古典经济学中，企业生产和定价的基本原则是边际原则。只要每增加一个产品的边际成本等于销售这个产品获取的边际收益，那么，企业就能实现利润最大化。根据边际原则，企业就能确定最佳的产量和最优的价格。许多经济学家调查了企业的定价策略和决策方式，发现几乎没有任何一个企业是按照边际原则来确定产量的。

对于理想的决策方式在现实中找不到一点月光影子的悲哀，激发了芝加哥大学的经济学家米尔顿·弗里德曼构造了一个奇怪的逻辑。按照弗里德曼在 1953 年的论文《实证经济学》中的说法，只要企业好像是按照边际原则进行产量和利润最大化决策就行了，企业实际上如何决策与经济学家的理论无关。经济学家阿尔钦（Alchian）从进化论角度寻找利润最大化和边际决策的依据。在阿尔钦看来，所有不按照边际原则进行决策的企业都消失了，所有留存的企业都是按照利润最大化目标进行决策的。

尽管弗里德曼和阿尔钦的辩解在经济学家中获得了经久不衰的掌声，但是，问题依然是，如果边际原则是那么的神圣，为什么在现实中找不到任何证据呢？相反，绝大多数企业的定价策略都是采取成本加成的办法。如何协调平均成本加成与边际原则之间的鸿沟呢？

我们的观点是，在新古典经济学的完全理性和完全信息的假设条件下，成本加成和边际原则是无法协调的。对于任何企业家来说，他所生产和经营的世界是一个不确定的世界。他无法确切地知道原材料成本、人工成本、加工费用在任何可预见的时刻都保持不变，也无法确切地知道产品的价格波动和产量变动情况。为了要确定任何一单位产品的成本变化和价格变化，企业需要投入大量的测量费用和其他的交易费用。当测定产品的成本和价格变化的费用较高时，平均成本加成的定价方法就会节约测量和其他相关费用。

更为关键的是，经济学家假设，在一个集中交易市场，企业将所有产品在规定的时刻内完全拍卖掉。企业就不需要承担销售产品的交易成本，也不需要承担产品价格不断波动所带来的溢出效应问题。实际情况是，企业出售产品是一个连续不断的过程。即使生产成本都相同，每个产品因销售时间不同而会承担不同的销售费用、库存成本等交易费用。显然，最先销售出去的产品会让企业承担较少的交易费用，而最后销售出去的产品会让企业承担更多交易费用。如果按照边际原则进行定价，那么，企业的产品就会随着销售时期的不断延长而不断涨价。

更为重要的是，价格不仅仅是传递产品稀缺性的信号，而且还是传递企业对消费者的尊重和企业自身诚信的信号。当企业的价格永远处于不断变动状态时，消费者就会认为企业是在欺诈消费者。最为明显的是，企业在自然灾害中突然提高产品的价格，就容易引起公众的愤怒。于是，消费者就会与企业进行讨价还价或者避免购买企业的产品，这无疑又增加了企业的经营费用，迫使企业再次提高产品的价格。在完全竞争条件下，这样的企业就会被其他企业挤出市场。

显然，按照边际原则定价，企业就需要对产品的价格进行不断调整。这会导致调整费用和交易费用不断提高。哈佛大学的经济学家格列高利·曼昆就认为，考虑到产品价格的调整费用等菜单成本，企业会在一定时期内保持价格不变，而不是进行连续不断的价格调整。如果测量费用和其他交易费用比菜单成本高得多，那么，企业将会在更长期间内保持价格不变。当企业将价格稳定和交易费用纳入定价决策的范围时，企业就不会采取连续的边际原则来进行产品定价，而会采取平均成本或者边际成本加成的办法进行定价，从而将交易费用和价格的外部成本限制在最小范围内。因此，只要我们认识到边际原则定价的办法具有高昂的交易费用和价格具有很强的外部效应时，我们就能够解决企业很少是按照边际原则定价的现实困境。

　　作为利润最大化推导的必然结果，边际成本定价方法必然体现在企业经营的某些时点上，以确保企业不会出现亏损和破产。但是，对于大部分时间的企业定价决策来说，能够使交易费用和价格外部性成本最小化的决策办法就是成本加成办法，以至于实际调查中很难发现边际原则定价的影子。因此，企业不是"仿佛"在进行利润最大化的，而是在实际上按照利润最大化和边际原则进行决策的。只是交易费用和价格的外部效应掩盖了边际原则的定价方式，反而让企业的定价策略表现为成本加成的办法。

[2012 年 10 月 29 日]

打　折

　　我们都有购买打折产品和服务的嗜好。只要见了打折或者处理品的字样，我们就好像立即中了魔似的，大批大批的产品往家里搬，管它有用没用、合算不合算，以至于许多产品堆在家里最终成了垃圾。我们在购买这些打折产品的时候，曾经询问过为什么商家要采取打折的方式销售吗？也许，探寻价格打折背后隐藏的奥秘，我们就会更多地欣赏商家的精明，也会更加理性地看待我们的购买欲望。

　　任何企业要获得生存和发展，产品的定价就必须保证总的销售收入要超过总成本，产品的价格要超过平均成本。在部分产品的价格远远高于平均成本的情况下，企业就可以把其他部分产品的价格定得低于平均成本，甚至比边际成本还低，以便减少储存成本或者腐烂变质

163

的成本。商场里不断出现的换季甩卖、尾货处理和每天关门前的熟食降价销售，就使用了不同时段的折价销售办法。

企业尽可能将消费者按照价格弹性进行细分，打折就是市场细分或者进行价格歧视的一种手段。与一般的价格歧视有所不同的是，购买打折产品人需要做出一定的努力，如花费时间在报纸上或者广告上寻找打折的票据、高度关注企业对特定产品打折的时段、询问企业产品打折的具体信息、经常光顾企业的店铺以便获得打折券或者满足打折的要求。显然，不愿意花费时间和精力的人或者对价格不敏感的人，就必须支付高价。企业不仅通过市场细分尽可能地扩大了销售市场，而且让习惯于打折产品的人成为公司的信息专家，无形之中对企业的产品进行宣传，节省了企业的营销成本。这些购买打折产品的人，频繁地进出商场，无形之中也增加了商场的客流量，让其他消费者感觉这家商场的产品是价廉物美的。借助于从众效应，商场的市场就会不断扩大。因为大量的购买信息是在个人之间传递的，而不是通过报纸或者广告传递的。

同样重要的是，折价销售限制了竞争对手之间的价格竞争。按照经济学的理论，完全竞争会推动所有同类企业采取相同的价格。在价格信息公开透明且企业和消费者都无成本地搜集信息时，完全竞争条件下的价格还等于边际成本。当价格信息不完全公开透明或者信息搜寻成本较高时，产品的价格就不会等于边际成本，不同的企业也可以采取不同的商品价格。当产品价格与折价的组合不断进行调整时，竞争对手就很难完全获取企业的产品价格信息。打折的不断变动增加了竞争对手的信息搜寻成本，从而赋予企业产品的定价权。与直接进行降价处理相比，折价销售方式不仅具有价格调整的灵活性，而且有助于防止降价的外部性问题。例如，2012年初，当杭州市的房地产商降价出售房屋回笼资金时，先前购买房屋的人群起而攻之，阻止房屋降价，防止自家房屋价值的贬值。为了控制降价销售的外部性问题，厂商和零售商采取了临时性、难以捉摸的打折销售方式。

飞机票在周末的打折幅度就比平时要大，一个原因是平时坐飞机的人多是商务界人士，机票费用由单位报销，而周末坐飞机的人多是家庭成员或者游客，需要自己掏腰包。由于商务人士出差具有临时性和对价格不敏感的特点，所以，航空公司多规定，提前订票可以打折扣，但是预定当天的飞机票却需要全价。除了商务人士，那些非得预定当天飞机票的人，也是因为有紧急的业务或者事情需要处理，其需求也是刚性的，支付全额票价也不觉得昂贵。那些提前订票的人却是对票价高度敏感的人，大幅度的折扣有利于吸引这群顾客。而且，提前预订票有利于航空公司的计划安排，节省了部分的其他成本。另外，航空座位销售的时间越短，销售出去的可能性就越小。在最后时刻为乘客提供机票的航空公司，必须将机票价格定得足够高，以弥补未能销售出去的机票所带来的收入损失。这样，最后时刻的机票价格就比提前预订的机票价格高出不少，如三分之一或者一半。中国内地游客到中国香港以及东南亚各国的飞机票价很低，就是旅游公司提前大批量预订机票、充分利用连续转机填补空座的缘故。

对于像娱乐消费或者精神享受的戏剧演出而言，提前预订票的人总是对戏剧最感兴趣或者对其估价最高的人，而演出前临时决定买票的人一般是对戏剧不了解或者对其评价较低的人。由于观众的偏好不同，有些剧院就规定，提前订票的人需要支付高价，但在演出前临时排队买票的人可以得到大量折扣。美国百老汇的许多剧院就是按照这个方法定价的。当然，提前预订戏剧票的人多是高收入群体，而临时排队买票的人多是较低收入的群体。由于高收入群体的时间机会成本较高，而低收入群体的时间机会成本较低，因此，高收入群体在支付高价购买戏剧票的时候就减少了排队等候的时间，而低收入群体则通过排队等候来获得一定的折扣，或者承担不能买到适宜票价的风险。通过大量的排队等候，剧院事实上也等于在做广告宣传，即演出的戏剧受到大众的普遍欢迎。从剧院的角度看，演出前折价出售戏剧票，可以通过观众的等待和交流来扩大宣传和培育新的观众市场，特别是培养那些对戏剧不感兴趣的人的观赏乐趣。

在中国，由于电影院较少，上座率较高，买一张电影票通常只能看一场电影，并且还需要对号入座。在美国，观众通常买一张电影票，可以观看多部电影。一旦顾客在影院购买了电影票，就可以通宵达旦地在电影院看放映的任何电影。显然，这是与美国电影院的数量众多和上座率较低密切相关的。在有空位的情形之下，增加一个人看电影的成本接近于零。电影院也知道，在美国这样的高收入社会中，时间资源非常紧缺，能够花费时间看多部电影的人必然多是有空闲时间且身体状况较好的人。这些人通常是青少年或者电影迷。所以，让这些人群看多部电影，实质上是对有空闲时间的人进行折扣，并通过售卖饮料和爆米花之类的食物获得一定的回报。通过这种折扣，电影院还培养了一群忠实的观众群体，保证影院市场具有稳定的客源。这样，通过允许看多部电影的方式，美国电影院实质上进行了市场细分，将刚性顾客和弹性顾客区分开来，并可能将弹性顾客转变为刚性顾客，同时还减少了监督成本。

一般来说，厂商会将有瑕疵或者残缺的产品低价出售。这些产品绝大多数都是在运输或者搬运过程中碰损的。购买这些产品的人通常都是低收入者，能够忍受残次产品带来的痛苦。有时，为了扩大消费者群体的范围但又不影响正常消费者的购买行为，一些销售电视机、电冰箱、灶炉等大件产品的商家，会故意将产品弄成残次产品，从而提高了这些产品的销售额，降低了单位储存成本，防止了高收入阶层购买这些功能齐全的残次产品。不仅电器销售商，而且电脑企业和软件行业也会故意破坏完整的商品，以便销售给那些能够容忍残次产品的人。

众所周知，IBM 公司的低档激光打印机"LaserWriter E"和高档激光打印机"LaserWriter"的价格相差很大。这并不是两种打印机在制造时有什么根本的不同，而是为了进行市场细分，让更多的消费者购买激光打印机但又觉得物有所值。IBM 就在高档激光打印机中内置了一块芯片，让它的速度慢下来。这种内置减慢速度芯片的激光打印机，就成了"LaserWriter E"低档系列。软件公司经常向市场提供一个专业版和大众版的软件。大众版的软件与专业版的软件不同之处在于，专业版的软件在废除许多功能之后，就成为了大众版软件。芯片制造商英特尔公司也通常销售没有废除功能的高级芯片和被废除许多功能的低级芯片，以便售卖给不同的消费者群体。

在这几个例子中，被废除功能或者被故意砸烂的产品的制造成本与完整产品基本上是相同的，但却需要支付额外的费用来废除某些功能。情况似乎是，具有较高质量的产品成本较低，而销售价格较高，这就为厂商获取高额利润提供了广阔的空间。残次产品或者被废除许多功能的产品，非常类似于贫瘠土地上生长的农作物一样，其生产成本较高但很难卖个好价钱。生产商或者销售商之所以这么做，就是为了进行市场细分，杜绝消费者之间进行套利的行为。与高质量产品放在一起的时候，残次产品无形之中衬托出高质量产品的优越性，让高收入阶层或者有实力的企业心甘情愿支付高价购买高质量的产品。而且，购买劣质产品或者被废除许多功能产品的消费者，也许会在使用过程中，逐渐讨厌这些产品，并逐渐转向质量更好或者功能更全的产品。

通过提供残次产品进行市场细分的做法，不仅仅限制在制造业。许多服务业也开始广泛采用这种办法，尽管引来不少顾客的抱怨。银行通常按照顾客存款的金额，区分为金牌客户（VIP 会员）和一般客户。VIP 会员通常需要一次性存款 10 万元或者 100 万元。有了这些存款的记录，VIP 会员就会在与银行打交道的过程中，不用排队等候，直接可以到专门服务的窗口或者专门的接待室，获得快速高效的服务。相反，一般客户只好在大众窗口前等候，许多人通常需要排队一两个小时。排队时间越长，越多的 VIP 会员就会看到，他们获得了不需等待的优质服务。这样，通过牺牲一般客户的利益，银行就创造了 VIP 会员的特殊群体。

同样，在教育日益分化的时代，许多教师和学校采用上小班或者国际班的方式，进行分类教育。与国际班相比，普通班就是功能不全的残次产品，有许多重要的教学内容就从正常上课中被教师或者学校故意略去，以便推动更多的人去上国际班或者高价班。为此目的，许多中学都要求学生参加奥林匹克数学培训或者特殊的英语考试。这样，奥数和英语就成为区分国际班和普通班的分界线，成就了教育的高档版本。尽管许多学生家长和社会大众都对此深恶痛绝，但是，参加奥数培训却成为区分愿意花钱的家长与不愿意花钱的家长的分界线，许多学校和教师竭尽所能地根据家庭的偏好提供价格不等的分类服务。甚至有的情况下，一部分教师为了自己的私利而开设小班，将正常课程的教学内容故意在课堂上删去，而在小班上讲授完整版。在教师利益的驱使下，中国大地到处都衍生了暑期补习班的繁荣，正规教育也日见显露出残次产品的特性。

为了吸引更多的本地顾客，许多旅游景点的商店和餐饮业都采取了对本地人打折的服务方式。例如，伦敦滑铁卢地铁站的 AMT 咖啡屋，就为在伦敦工作的人提供 10%的打折。因为本地人对本地的咖啡店拥有更多的信息，可以找到更廉价的咖啡屋，替代性更强。到伦敦旅游的外地人，因为时间仓促，对伦敦了解不多，也对价格不甚敏感，所以需要支付较高的价格获取方便。佛罗里达的迪斯尼乐园，对本地人提供 50%的折扣票价，而对外地人收取较高的票价。对外地人来说，价格降低并不能吸引更多的游客，因为相对于乘坐飞机和出行时间的旅游成本而言，迪斯尼门票价格在外地游客中的旅行成本中所占比例较低。但是本地人却对迪斯尼乐园的价格很敏感，因为本地人还可以选择到其他地方去旅游，较低的价格可以吸引更多的本地人去观光旅游。这种折价方式，可以说是针对特定的群体折价，只需要工作证、身份证、驾驶证就可以进行区分。许多餐馆、快餐店和咖啡馆向学生或者过生日的人群提供优惠价的食品，也与此类似。

许多咖啡店采取其他方式区分对价格敏感度不同的消费者，如承诺向贫困国家或者地区的种植户提供优惠价格的咖啡要高价，其他同样成本和产品的咖啡要低价。或者咖啡采用大小杯、添加特殊口味的果汁、巧克力粉或者奶油的方式进行折价销售。通过这样的价格等级，咖啡店就可以向愿意支付高价的人提供略为不同的咖啡，而向对价格敏感的顾客提供低价的或者具有打折性质的咖啡，尽管这种经营策略没有明显提到打折问题。美国的许多餐馆可以为顾客免费添加可乐、白水等饮料，而不是价格较高的酒精饮料或者其他饮料的方式来进行打折。这种免费添加饮料对于餐馆的价格极低，但对于需要的人来说，却是价值极高。由于绝大多数人喝一杯饮料就得到极大的满足，能够喝完添加饮料的人必然对饮料的需求极高。这样，通过免费添加饮料的方式，餐馆对这部分顾客进行了折扣，确保了这部分顾客获得了消费的满足，从而有可能让这部分顾客成为长期的忠实顾客。当然，免费添加饮料的过程中，顾客还可能吃一点什么食品，也为餐馆创造了收入。

在房地产、汽车等产品价格很高的行业或者地摊等劳动力价格较低的行业，许多企业甚至采取一级价格歧视的定价策略，即对同一种产品根据每一个顾客的偏好和购买能力提供不同的价格。在实行一级价格歧视的过程中，销售人员需要花费大量的时间和谈判技巧进行讨价还价。现在，许多消费者的信息都会在超市、银行、电话公司、网络企业等留下明显的记录，如亚马逊公司就曾经利用计算机软件"Cookie"跟踪消费者的消费信息，然后对消费者的购买行为进行分别定价，如对同一本书制定不同的价格。显然，这将会节约销售人员的讨价还价的时间，利用技术革新推动一级价格歧视的发展。在极端的情况下，绑架勒索者和索马里海盗会根据家庭收入或者国家富裕状况索取被绑架人质的赎金，都是利用一级价格歧视的行为。

因此，即使在完全竞争的市场上，企业也不是完全被动的价格接受者。企业会根据销售的时段、毁损产品的程度、产品和服务的多样化、信息的搜寻等方式来进行不同程度的打折销售。这些不同种类的打折销售，成功地实现了产品市场的细分化，最大化地满足了各收入层次的消费者偏好，也充分利用了消费者的时间机会成本不同的特点。可以说，成功的企业都是在不断避免恶性循环的价格竞争中进行创新的企业，通过折价等创新方式逃脱了价格等于边际成本的魔咒。

商店的定价

在经济学的传统教导中，完全竞争的企业都是被动的价格接受者。这好像在说，每个企业都是按照现有的市场价格在进行买卖经营，没有任何一个企业单独决定产品的价格。如果没有一个企业能够决定产品的价格，每一个企业都是在看其他企业的眼色行事，那么，市场价格不知从何而来。事实上，任何企业都不是完全的价格接受者，他们也不会心甘情愿地支付源源不断的监督和测量费去观察其他企业的价格情况。他们会根据产品的特性、经营地点的位置、产品的空间布局等方式来确定产品的价格。

确实，许多超市利用特殊的地理位置和顾客寻求便利的特点，将产品价格定得明显高于周围超市的价格。这些位于地铁附近、火车站附近的超市，主要是利用消费者信息不完全获取高额利润，当然也要支付较高的租金。在繁华区和贫民区的商店，采用了不同的定价策略，繁华区的商品规格通常要高一些，价格自然高出不少，而在贫民区的商品规格要低一些，价格也要低不少。由于污染严重，食品危害身体健康的报道时有发生，"原生态食品"就成为健康的保护神。由于原生态食品的养殖成本较高，其价格自然加高。但是，由于原材料成本只占商品销售成本的很小一部分，许多超市利用天然食品将许多产品的价格抬高，以便获取超额利润。例如，将大量的天然食品与其他更高价格的食品堆放在一起，让人们觉得其他食品的价格不高，从而推动消费者购买更多的高价食品。相反，超市很少将原生态食品与其他传统的低价食品堆放在一起，以防止凸现原生态食品的高价。

更经常的定价方式是，各个超市都在许多产品的定价方面要略为低于附近的超市，以便吸引顾客。同时，这些超市在其他商品的定价方面可能会明显高于附近的超市，以便利用消费者的连锁购买心理或者信息不足来获得超额利润。从现实情况看，一个超市的所有产品价格都高于附近超市同类产品价格的情况是非常罕见的，因为顾客可以通过一段时间的对比，发现其中的玄机，最终会迫使同类产品采用同一价格。但是，采用多样化的定价策略，就可以避免顾客的简单对比或者完全转换购买市场，因为比较众多的产品是非常耗时耗力的事情。通过设置测量成本和其他交易成本，超市就可以采用不同的定价策略。

为了进一步模糊顾客对不同超市的价格差异感觉，超市经常会进行价格调整，如在春天和秋天大幅度减价或者促销减价。尽管对大量的商品进行大幅度价格调整会增加商店的菜单成本，如制定新的标签、更换广告、调整计算机系统中的价格等，但是，大幅度减价有助于商店吸引对价格变动比较敏感的消费群体，从而扩大消费群体的范围。

同时，对于习惯于价格比较的群体来说，价格的不断变动也增添了收集信息的成本。当两家超市在一定区域要争夺相同的顾客群体时，部分商品的折价销售就有助于吸引喜欢购买廉价物品的顾客。由于这些群体一般收入较低或者有闲暇时间，比较会关注和传播折价信息。因此，购买廉价商品的人又通常会成为超市的广告员，降低了超市的促销成本。在此过程中，超市通常会在对某些产品折价促销的同时提高部分商品的价格，尤其是价格很低但不容易引起人们注意的商品的涨价。为了涨价而不被注意，超市通常会改变包装的大小或者引进更多高价的物品，取消更多低价的同类物品。为了阻止富有的消费者可能会购买廉价的产品，商店通常会增加廉价产品的低劣程度，如看起来非常不舒服的外观设计包装、将廉价商品放在非常不容易拿到的地方。这样，通过增加价格的波动性，同类商店之间的价格比较就显得尤其困难。显然，只有那些有充裕时间、不怕麻烦和善于观察的消费者，才能够在价格比较中发现超市的定价秘诀，在"货比三家"中买到更多价廉物美的便宜货。多制造门槛或者交易成本，就是超市限制消费者发现秘诀的最佳武器。

现在，互联网上的许多网络商店，就为这些寻求打折产品的顾客提供了大量的机会。这些网络商店不用租赁昂贵的门面，只需要找一个郊区或者高速公路旁边的仓库，就可以按照最低的价格在网上出售各种廉价商品，如服装、鞋类、化妆品、手提包、书籍、光盘等。无疑，这些网上商店会侵蚀一部分超市的利润，但从目前来看，网络的零售额还是很低的，不足以构成超级市场的威胁。

当然，要想实现成功的打折定价策略，超市和其他商店得想尽一切办法区分开富有的消费者和贫穷的消费者，同时想尽一切办法防止享受折扣的消费者将产品进行套利出售。因此，商品的同质性仅仅是商店定价策略中的一个要素。这个要素会推动同类商品的价格会趋向一致。但是，商店还会利用产品的组合、商店的地理位置、价格的不断调整、打折等多种手段来改变被动接受价格的可能性。在某种程度上说，商店的定价是一个创造性的行为，需要发挥销售管理人才的天赋。

排队问题

排队就是数量丰富的资源与数量稀缺的资源匹配时出现的一种不对称经济现象。美国经济学家巴泽尔曾用"排队理论"来解释资源的配置问题。比如，官位是有限的，想当官的人数是众多的，政府或者任何组织治理的技巧就是如何设计一个按照年龄、出身、血统、资历、背景、工作能力或者考试成绩来进行选拔与官位一样多的人数的机制。中国历史上就曾采取举荐制、九品中正制、科举制等机制来选拔官僚。

当人口越来越多时，人们早就认识到，没有一个恰当的机制去排队分配土地、自然资源或者有限的物品时，就必然会发生战争或者冲突。在经过各种尝试之后，人们发现，在产权规则确立的情况下利用市场交换，能够更好地把有限的资源在整个社会群体中进行分配，排队等待的时间最短或者冲突最少。当有人利用垄断权力和产权规则的不完全性进行寻租活动时，其他人的排队等待时间就极大地增加了，效率损失就出现了。

在首届华罗庚数学竞赛上，有这样一道排队的题目。几个人拎着水桶在一个水龙头前面排队接水，水桶大小不均。假设水龙头的供水速度不变，每个接水的人都在桶满之后才走。问题是：这些人应该如何排队，才使得总的排队时间最短。这是一个寻求最优化的数学题目，目标是节省排队的总时间。

从数学上说，假设每个人排队的位置和时间记为 A_i，有 n 个人进行排队，那么，排队的总时间 $S=nA_1+(n-1)A_2+\cdots+A_n=n(A_1+A_2+\cdots+A_n)-[A_2+2A_3+\cdots+(n-1)A_n]$。由于每一个排队接水的人需要等待的时间，等于前面每个接水所耗费的时间和自己接水的时间，所以，前面的水桶越小，每个人等待的时间越短，也即 $A_1<A_2<\cdots<A_n$。这样，如果不考虑时间的机会成本问题，那么，最优的排队等候就是水桶从小到大进行排列接水。

但是，这种最优化的排队方法，没有考虑到每个排队的人的权利和时间机会成本的差异，简单地把每个排队的人当作排队的物品进行统一协调和配置。如果考虑到每个人的排队权利，那么，先来排队、持有大桶的人就需要与后面的人进行交易，才有可能把位置让给后面的人。交易的价格大致位于排队所耗费时间的机会成本区间之内。那些时间机会成本高的人，愿意给予时间机会成本低的人一定补偿。这个补偿额高于让出位置那个人的时间机会成本，但低于自己的时间机会成本。其交易价格位于时间机会成本区间的哪一个点，取决于讨价还价的能力和时间机会成本的大小。

如果大桶的时间机会成本较高，那么，后来的人需要先接水，就需要付出较高的补偿费用。在均衡状态，后来的人要实现插队接水，就必须支付的补偿费用等于其时间的机会成本。这样，经过交换，时间机会成本较高的人，在支付一定的费用后，就不需要排队。考虑到时间的机会成本和每个人的排队权利，那么，经过交换过的最优排队，就是时间机会成本最高的人排在前面，时间机会成本最低的人排在后面。

如果你每个小时的工资报酬足够高，那么，为了买飞机票、火车票、奥运会门票、剧院票、旅游景点的门票，你就可以雇用一个人去帮你排队买票。被你雇用的这个人如果是在你的企业工作，那么，这个人就是你的下属，其工资必然比你低。被你雇用的这个人如果不是在你的企业工作，那么，这个人就是中间服务机构的职工或者黄牛中介。沿着这样的思路前进，你会发现，排队等候的人必然是时间机会成本较低且大致相等的人。如果仍然有少数人的时间机会成本较高，那么，这些人就可以从黄牛中介或者排队的人那里购买到插队的权利。最后，我们将会发现，排队的人都是那些时间机会成本较低的穷人。每年春节期间火车站挤满的人群都是民工和学生，就是如此。

排队的人群越多，排队的时间越多，那只能表明一个社会越贫穷，将大量的时间租金耗散。公司老总、政府高官、演艺明星、足球巨星是根本不可能有排队体验的。当时间机会成本较高的这些人通过交换节省了时间租金的耗散时，经济学家就会说，这些人充分利用了自己的比较优势。看来，交换不一定需要市场才会发生。如果这些人的时间机会成本非常高，那么，这些人不仅不需要排队，而且还会形成服务的专门市场。拥有专车、专门的飞机、专门的演出、专门的旅游景点别墅、专门的警车开道、专门的餐馆、专门的购物中心，就是时间机会成本高的人解决排队问题的手段。

因此，在频繁排队等候的社会，就会出现两个截然不同的现象。一个是贫困人群在任何地方都在排队。大量排队时间耗费的结果是，这些人群更加贫穷。另一个现象是富裕的人群根本就不需要排队。大量排队时间节约的结果是，这些人群更加富裕。因此，排队现象所揭示的是，一个社会的贫富严重不均，其根源在于供给的垄断性。随着竞争程度增加，人们的时间机会成本会上升，排队等候的时间就会缩短，社会就会走向更加公平，也会更加富裕。

[2012 年 7 月 3 日]

旅游门票"打包"

近年来，中国的旅游景区也开始利用旅游景点的稀缺性，将优质景点与劣质景点捆绑销售，取消各景点的单独售票，实行大景区的通票制度。湖南凤凰城就在 2013 年将所有景区的门票捆绑为 148 元，结果引起旅游者人数剧减，当地的商贩和餐饮业损失惨重。

捆绑销售，在中国又称为搭售或者附条件交易，就是在销售一件产品时附带销售另外一件产品的交易行为。捆绑销售的例子很多，如医疗服务与药品出售捆绑，贷款与存款、购买理财产品捆绑，职业应聘与父母官位捆绑，盐业公司出售盐与搭售洗衣粉的捆绑，旅游公司旅游服务与购买商品的捆绑，优质产品与劣质产品或者新产品的捆绑，入网赠手机，冷饮店销货送冰棒。一般来说，捆绑销售都是利用其垄断理想，限制竞争，超过消费者需求部分会降低消费者的效用。

当一个景区有多个旅游景点需要单独买票时，实行"一票制"确实有助于简化购票手续和多次排队买票的时间。一票制有多种表现形式，如游客自选旅游景点的一票制，按照旅游景点的多少收钱或者实行一定的折扣或加价，许多城市的公共汽车收费就是按照乘坐的站数多少收费；旅游景区将全部景点捆绑成一个票价出售，这个票价可以是单独门票价格的简单加总或者实行一定的折让，而对单独的景点不再出售门票。

　　自从 2011 年 7 月以来，华山景区、秦始皇兵马俑、河南云台山都实行大景区一票制度，将各景点的门票加总然后给出一定的折让后捆绑出售。对于旅游景区管理公司来说，这是"让利于民"的行为表现，不仅减少了重复购买门票的等待时间和票价总额，避免了过去一些景区实行"景中景"和"园中园"的单独收费，而且有助于提高旅游的质量和减少游客的拥挤度，将更多地游客消费新的旅游景点。对于像华山、神农架、九寨沟这样的自然景区，疏散游客有助于生态植被的恢复。

　　但是，游客则认为，大景区的通票制度没有考虑游客的个性化需求，变相地剥夺了游客的景点自主选择权，强迫游客要么消费所有的景点，要么放弃部分景点的消费，要求景点管理公司出售散票、实行混合式的连票制度，如品牌景点与其他景点进行合理搭配，或者游客自行选择景点组合。比如，参观秦始皇兵马俑就需要购买秦始皇陵、秦始皇陵遗址公园、百戏俑坑博物馆、文官俑坑博物馆等多个景区 150 元的门票。由于各高度分散的景点之间的距离在 2 公里之上，每个旅游景点都需要排队和搭车一两个小时，参观一个旅游景点至少需要半天或者一天的时间。在跟团旅游和出差旅游的人群中，旅游时间的稀少（1 天或者半天）就迫使大量的游客放弃许多旅游景点，对参观的旅游景点就等于"变相涨价"。华山景区的打包门票 180 元，包括华山、仙峪和西岳庙，有效期为 2 天。爬华山需要大半天，造成体力透支，再想在一两天内去旅游其他景点，非常困难。

　　假设天山景区有 A、B、C、D 四个景点，单独售票为 A 景点 60 元、B 景点 50 元、C 景点 40 元和 D 景点 30 元，一个人购买这四个景点的门票费为 180 元。显然，由于旅游是时间密集型的消费产品，在时间资源非常有限和旅游资源的吸引力分布不均的情况下，只有很少的人会参观所有的景点。当各旅游景点的空间距离增大时，人们参观所有景点的概率会缩小，而选择一两个景点的概率会增大。

假设有 100 个人自愿选择参观天山景区，有 10%的人群会购买所有景点的门票，20%的人群会购买任意三个景点的门票，30%的人群购买任意两个景点的门票，40%的人会购买一个景点的门票。最终有 70 个人参观 A 景点，60 个人参观 B 景点，50 个人参观 C 景点，40 个人参观 D 景点。天山景区的销售收入分别为 A 景点 4200 元、B 景点 3000 元、C 景点 2000 元和 D 景点 1200 元，加总收入 10400 元。

现假设天山景区实行捆绑销售，四个景点 180 元的门票按照 150 元出售。显然，对参观所有四个景点的 10%的游客来说，这无疑是一个"让利于民"的行为。对任意购买 3 个景点门票的 20%的旅客来说，不存在任何亏损。购买 ABC 景点的旅客没有获得任何收益改进，购买 ABD 的旅客获得净收益 10 元，购买 ACD 的旅客获得净收益 20 元，购买 BCD 的旅客获得净收益 30 元。

对于购买任意两个景点门票的 30%的旅客来说，则存在净亏损。购买 AB 景点的亏损 40 元、购买 AC 景点亏损 50 元，购买 AD 和 BC 景点亏损 60 元，购买 BD 景点亏损 70 元，购买 CD 景点亏损 80 元。对于任意购买一个景点的 40%的旅客，也是普遍存在更多地亏损，A 景点亏损 90 元、B 景点亏损 100 元、C 景点亏损 110 元和 D 景点亏损 120 元。假设所有参观天山景区的旅客的消费者剩余都在 120 元以上，那么，所有的旅客仍然会购买"打包"门票，只是消费者剩余会大幅度缩减，而天山景区的销售收入则会提升到 1.5 万元，比分别销售门票增加收入 4600 元或者 43%。当然，实行"打包"门票取代单独销售门票而游客不减少的必要条件是，景区中至少有一个旅游景点的需求过剩。在旅游资源高度稀缺和需求过剩的情况下，门票打包制度就等于事实上提高了绝大多数旅客购买的门票。当需求过剩和旅游出现拥堵时，较高的门票会减少游客的数量和提高旅游的质量，从而将那些旅游不强烈的人群排挤在外。

实际上，旅游门票打包蕴含着旅游资源的高度稀缺性和垄断性，也意味着旅游需求量的巨大性。在中国，所有的景区都是实行收费管理的，而每年旅游的人数多达 30 亿人次。2012 年，中国有 3A 级景区 500 多家、4A 级景区 800 多家、5A 级景区 136 家，在 136 家 5A 级景区中，票价在 200 元以上的占 26 家，超过 100 元的占 94 家，部分免费的占 9 家。有的人计算，玩遍所有的 5A 级景区需要花费 19085 元，外加 1064 元的园中园收费和 2387 元的观光车和隧道收费。例如，黄山景区收费 230 元，张家界收费 258 元。在神农架的票价为 221 元，其中神农顶票价 140 元和大九湖景区门票 120 元。

从社会角度来说，旅游门票打包提高了旅游的门票价格，事实上是将大量的中低收入阶层的人群排除在游览祖国名胜的市场之外。当大量的人群对祖国的名胜没有切身的感受时，美妙的诗篇，深厚的情感，就消失在历史的烟波浩渺之中了。

店铺开张与折扣

店铺开张是一个地方繁荣的标志。新开店铺越多，该地就越繁荣。那些数十年没有新店铺开张的地区，必然是死气沉沉、毫无生气的地方。但是，新开店铺面临着高度的风险和不确定性。顾客群体的偏好、物品和服务的价位、顾客人流的稳定性、附近地区的竞争、消费者接受产品和服务的程度，这些问题都将从计划阶段走向实施阶段，开始从店铺老板的设想转化为现实。在新开店铺中最为关键的决策之一，就是如何确定产品和服务的价格并能为消费者所接受，最终实现稳定的人流和消费群体。"开张酬宾"、"开业大折扣"显然是最醒目的策略。

在我们生活的周围，饭店、理发店、美容店、洗浴中心都习惯于采取开业打折扣的营销策略。在开业的一周或者一月内，这些新开的店铺通常会半价或者七折销售，或者免费体验。采取折扣销售的方式，一是吸引顾客的眼球，等于打广告；二是试探产品和服务的定价策略是否合理；三是确定产品和服务的消费者偏好，估算顾客群体的人流量。一旦新店铺能够确定合理的人流量和适宜的价格，那么，"开张酬宾"时期就结束了。店铺是否能够继续发展，就主要取决于产品质量的延续和改进，产品种类的增加，服务的改善等环节了。缺斤短两、分量不足和服务质量较差的店铺就会被淘汰。

在面对其他餐馆的饭菜分量越来越少时，一位餐馆老板说："不要怕别人分量少了占便宜，他们那样做，实际上是在衬托我们——衬托我们做生意实在，衬托我们为人老实，时间长了，受益的肯定是我们。我的体会是，不管干什么事，你只要路子走得正，做人做得好，就总会有人来从反面来衬托你。有人从反面衬托你，那就等于是人家在拆自己的台，补你的台啊！"（陈大超《衬托》，《今晚报·副刊》2012年12月29日）。如果产品的质量、种类和服务都能得到消费者的肯定，那么，消费者就会向其亲朋好友传递有关信息。这样看来，"开张酬宾"的打折就等于雇用喜欢打折的顾客进行广告宣传和信息传递的费用，也包括顾客放弃原有店铺消费的补偿费和意外消费新店铺的转换费和体验费用。

顾客群体越是年轻，转换和体验越容易，新店铺吸引顾客的折扣就越低。相反，顾客群体年纪越大，转换和体验越困难，新店铺吸引顾客的折扣就越高。同时，折扣的有效性还受制于消费群体的收入高低。当消费者的收入和时间机会成本普遍较低时，适当的折扣就能吸引巨大的人群。对于顾客来说，折扣就等于降低了新店铺的产品和服务的价格，部分补偿了产品和服务质量不确定性的问题。如果新店铺和老店铺的产品和服务具有可比性，那么，折扣就有助于通过相对价格的下降来提升新店铺的销售量。一旦开始体验新店铺的产品，消费者获取新店铺产品的信息就开始增加。新店铺的信息量越多，消费者就越有可能被新店铺的优质产品和服务锁住，继续消费这种产品和服务。

在所有折扣销售中，肯德基、麦当劳或者比萨饼店对儿童顾客赠送气球或者连续消费中的玩具是最为成功的。在"五一"、"十一"、儿童节、春节、圣诞节等节假日，麦当劳、肯德基等店铺最喜欢向儿童免费赠送便宜礼品，或者积累消费积分获得玩具。由于儿童对各种产品的价格和可替代信息不如成年人那样丰富多彩，再加上儿童不用自己支付购买产品的费用，因此，任何能够增加儿童满意度的产品和服务，都能够将儿童的偏好长期锁定在某种产品和服务上。麦当劳、肯德基等快餐服务恰好看中了这一点儿童心理，于是在节假日的店铺里免费赠送气球或者玩具。获得免费赠送品的美好记忆，增进了儿童对麦当劳、肯德基的好感。这就为儿童将来推动父母和亲朋好友带他们购买麦当劳和肯德基的产品奠定了基础。这个气球或者玩具，就具有了"四两拨千斤"的力量。相反，如果将气球赠送给成年人或者由成年人转交给自己的孩子，那么，气球的价值在成年人眼中很低，孩子也不会将免费气球与麦当劳的产品联系起来。这些店铺通过向儿童赠送气球玩具，或者时不时地打折促销，将儿童培养成为麦当劳和肯德基等快餐店的忠实顾客群体。这些折扣和免费赠送礼品的促销策略，足见麦当劳等快餐店的经营智慧。新饭店要想把这些忠实顾客群体吸引过去，饭菜的打折幅度就不会是一个气球那么简单。

比麦当劳和肯德基免费赠送气球更具有杀伤力的，是美国奶粉公司的免费赠送奶粉。现代社会进步的一个伟大标志就是，孩子多在医院出生。许多母亲在孩子出生后由于缺奶或者不愿母乳喂养孩子，奶粉就成了天然的替代品。由于新生儿的口味完全取决于最初接触到的奶粉，更换奶粉会造成儿童便秘或者几天的饮食不良，最初给儿童喂养的奶粉就取得了独占权。美国的奶粉公司看到了这一点。每当新生儿出生时，奶粉公司就委托医院免费赠送新生儿两袋奶粉。这个赠送行为，不仅提高了医院的服务质量，而且还减轻了新生儿母亲的烦扰。更重要的是，新生儿一旦接触某种奶粉，就容易上瘾和形成偏好。赠送 2 袋奶粉换来的是一两年的 100 罐或者 200 袋奶粉消费量。"从娃娃抓起"，美国的奶粉公司和快餐店做到了这一点。

由于儿童的偏好处于未形成时期，所以，凡是那些有助于形成儿童偏好的营销策略，都获得了经营的成功。在中国，适合于儿童玩耍和观看的产品和服务太少了。大众图书馆借书需要办理繁琐的证件，加上借书费用，导致大量的儿童和家长都没有阅读兴趣，图书市场也因此遭殃。又有谁相信，中国图书市场的衰落是与图书馆的各种繁琐程序和费用有关呢！中国的各种体育馆似乎天生不喜欢孩子，总是禁止父母带着孩子参观比赛。

看一看足球世界杯和欧洲杯、美国的篮球职业联赛（NBA）和橄榄球的超级联赛,有多少父母是带着自己的孩子成群结队参观比赛的。对球类的爱好从参观比赛和亲临现场的体验那一刻开始,就已经在孩子心里扎下了根,形成了他们天生爱好运动和追求成功的偏好。运动员、球迷和各种球类产品与服务的消费群体,就在亲身体验中捆绑了个结结实实。反观中国,禁止孩子进入各类体育场馆的后果就是,大量的中国孩子和父母不喜欢甚至贬低体育运动,以至于我们在精英体育的小道上蹒跚而行。有众多的体育金牌,但缺乏体育爱好者或者观众。与泰国的 28 万注册足球运动员相比,拥有 13 亿人口的中国只有注册足球运动员 8000 到 1 万人,难怪中国足球的进步非常艰难!

店铺在不时开张,孩子在不断出生,儿童在不断成长,新的偏好需要形成。在偏好形成过程中提供的产品和服务,无疑占据了市场的制高点。苹果公司的"iphone4"、巴黎的时尚和香水、意大利的皮包、美国的大学,都形成了各自领域的消费偏好,引领着全球消费者不断前进。经营这些产品和服务的公司和企业也因此获得了巨额的经济租金。

[2012 年 6 月 28 日]

免　费

经济学家喜欢说,世界没有免费的午餐,因为任何产品和服务都要耗费资源。亚当·斯密在《国富论》中这样谈道:"每一样东西的真实价格,也即对想要得到它的人的实际成本,就是获得它所花费的血汗和工夫。对已经得到了它、想要转让它、或用其他东西交换它的人来说,这样东西实际所值的便是它能使他免去的血汗和工夫,以及它能给其他人带来的血汗和工夫。"即使世界上最无私的父母之爱,中国人还发明了孝敬的学说来补偿父母资源的耗费。最近的调查表明,中国老年人养老还是主要依靠子女的关心照顾和金钱补贴。但是,免费的东西是实实在在存在的。只要你花费足够的努力和金钱,就可以得到希冀的免费之物。

公司都知道，免费可以吊起任何人的胃口，恐怕鲨鱼都会垂涎。于是，免费的东西就成为了吊起人们欲望的鱼钩，顺便捎卖的东西就成了公司盈利之所在。一家美国公司免费提供价值 6 美元的早餐，结果引发各大报纸免费帮这家公司做广告，还诱发了 200 万人闻风而来。在等待过程中，公司顺便卖掉了大量的饮料和苏打水。最后一算计，免费的早餐让这家公司赚了个结结实实。

西班牙马德里市的一家服装商店，在 2011 年 6 月 21 日展开了一场促销活动。活动规定，前一百位仅穿内衣购物的消费者可免费获赠从头到脚的一身衣服。这个"半裸来，全套走"的促销活动，吸引了大量的仅穿内衣的消费者还有更多的看客，公司也顺便出售了大量的服装。

河南省安阳市的汽车出租公司，采取"零租金"的租车方式。凡是租车的人在公司抵押相当于汽车价格 1.5 倍的现金，并保证租车一年，就可以免费租到汽车。利用顾客提供的巨额现金，租车公司广泛经营其他行业，获得了巨额利润。杭州火车站附近的成良面馆在 2013 年 6 月 24 日开张时，打出了"当您遇到困难时，可以在成良面馆免费吃上一碗热气腾腾的面"的广告。这家免费"一碗面"的餐馆的"爱心书柜"、每卖出一碗面都捐款 1 元钱的慈善，无疑是在为老板经营的房地产公司打广告。

更为神奇的是，在 1989 年柏林墙倒塌之际，可口可乐公司的欧洲总裁道格拉斯·依维斯特（Douglas Iverster）决定派遣销售人员，免费向东德人赠送可口可乐和冷藏设备。看起来是一桩亏本买卖，但前东德的人均可口可乐消费量到 1995 年就达到了西德的水平，巨大的消费市场就这样落入了可口可乐公司的怀抱。

拉吉·帕特尔说："提供某种免费的东西，能诱使你将来回到店里；当你拿起免费东西的时候，你会为平常不愿意掏腰包的贵东西买单，消费得更多一些。"免费的东西是改变个人的偏好所在。从出生之日开始，奶粉公司就会免费赠送你两袋奶粉。一旦你喝完了这两袋奶粉，你的胃口就习惯了这种奶粉，就需要高价购买你所偏好的奶粉。

凡是在免费产品上进行过大量投资，你的消费行为就与这种产品捆绑上了。

新产品上市，通常惯用免费体验或者免费培训的手段，因为消费者对这些产品一无所知。在 19 世纪晚期，存在几十种不同的键盘格式。键盘公司都免费培训顾客敲打键盘，最终只留下目前的 QWERT 键盘。软件产品也是如法炮制。习惯了微软的 Windows 操作系统，就很难再去试用苹果公司或者 IBM 的操作系统。比尔·盖茨就是依靠 IBM 免费使用其操作系统进行捆绑销售和成为世界头号富豪的。帮助盖茨获得 IBM 免费体验其操作系统的是盖茨的妈妈，一位 IBM 的董事。拉吉·帕特尔说："对这些实体来说，'免费'就是打赌，它有赔率和一定程度的不可预测性。"

在多数情况下，最初阶段的免费产品都获得了极大成功。具有网络外部性的产品更是如此。在那些依靠人际关系做生意或者升官发财的地方，凡是能够免费提供一个把各大公司老总召集起来的地方，都能获得丰厚的利润。国内的许多著名大学，都瞄准了高管市场，开办 EMBA 班，以学习为名，为各地不相识的高管牵线搭桥，充分利用了免费的好处。

对于成年人特别是老年人来说，免费意味着内心的愧疚。公司就在赠送免费产品之际，名正言顺地要求体验者购买正在销售的产品。现在，免费体验的产品越来越多。中国保健品市场大约有 2000 亿元的规模，老年人的保健品消费占了 50%以上。在推销保健品时，经常会出现"免费赠品"、"免费名医会诊"、"保健知识免费讲座"、"免费旅游"这些瞒天过海的陷阱。

以"老年人免费旅游"为幌子、行高价卖保健品之实的诈骗事件不断在老年人眼前上演。一位天津市老太太跟随一家公司"免费旅游"天津市附近的怀柔 3 次、盘山 1 次和蓟县 1 次，被迫购买了价值 2 万元的保健品和保健器材，其中一种成本不足 100 元的保健品花费了 5960 元。还有的人参加免费专家义诊，结果药品花费 1 万多元。这些"陷阱公司"成功的关键，就在于利用这些老人缺乏子女的关爱，借助于亲密服务，最终掏尽了老人的腰包。拉吉·帕特尔说："'免费'其实是在拉消费者当壮丁，如果我们需要负担完整的成本，它提供的那些东西我们根本不会选择。"

更有甚者，在你享受免费产品之际，免费供应者趁机做起了偷窃或者抢劫的罪恶勾当。许多人被骗，都是吃了免费产品的亏。现代流行的"按政策退学杂费"、"中大奖领汽车和彩电"的诈骗，就是以退学杂费或者免费领取汽车和电视为幌子，要求被骗人汇寄"联络费"、"邮寄费"、"公证费"、"增值税"等名目繁多的"税费"。一旦被骗人汇寄了成百上千元的税费之后，诈骗人就关闭手机而消失。

许多电视节目也如法炮制。打着"参与有奖竞猜"的旗号，这些电视节目要求观众拨打电话或者发送短信，每条短信价值1元。观众可能没有领到过什么奖品，但却损失了大量的电话费或者短信费。

许多信用卡公司和电话公司，只要顾客填一张附有自己信息的表格，就可免费获得一个茶杯、一把雨伞之类的物品。随后，信用卡公司和电话公司出卖了你的免费信息，你就可以接到各种稀奇古怪的电话，要你买这买那。

电话公司习惯于免费赠送廉价手机，随后你就忍不住乱拨电话，高昂的电话费和各种附加费用就是免费手机的代价。更有甚者，许多短信公司向手机用户发送大量具有诱惑性或者不健康的短信。只要手机用户点击这些免费信息，就会被电信公司扣除话费，然后电信公司就与手机公司分享短信费用。有人帮你免费付账单，你需要做出投桃报李的回报。免费就成了预收费用或者等待将来支付巨额费用的代名词。

是的，社会还是有免费之物。当你在站立在十字路口彷徨迷惑时，行人免费的指点可能节省了你数不清的焦虑。登山旅游者或者山区居民在掉入某个山崖的洞穴时，政府会派出搜救队进行免费的搜救活动。沿着这条免费的道路前进，你就看到了社会的温暖，文明的光辉。在2005—2010年期间，天津市有53.42万人次参加无偿献血，其中无偿献血10次以上的人有10537人。但是，在追求利润或者讲究交换的地方，免费不免有些空虚，也许还是一个陷阱。毕竟，正如社会学家马塞尔·莫斯（Marcel Mauss）在《礼物》一书中总结说："在任何社会中，出自互惠互敬的期待而且免费的东西，是很少见的。"

当然，如果你有足够的权力，免费之物就随处可取了。陕西省丹凤县政府与企业签订合同，要求300多名学生停课持花站在路边苦等领导2个多小时。南京市有关学校和政府机构在2013年6月，要求小学生在烈日暴晒下等待英国足球巨星贝克汉姆。宁波机场打乱航班次序，以便"让领导先飞"。

《论语》曰："有君子之道四焉：其行己也恭，其事上也敬，其养民也惠，其使民也义。""行有行规，帮有帮规"的古训，在以太般的权力面前早已销声匿迹。还好，俄罗斯一名机长违抗命令等候州长的事迹，证明行政权力不是黑洞。2011年6月8日，俄罗斯一个州的州长因为开会延迟两个小时，要求航班晚点起飞两个小时。对于调度室的这个要求，该名机长回答："让高级官员乘坐他自己的私人飞机，我要送这些乘客走。这不是包机，而是定期航班，请让你们的高官别迟到，这样就能和我们一起飞。我已经关闭舱门，不会再让任何人登机。"尽管这位勇敢的机长最后被迫推迟一个小时起飞，但是，那名州长也被迫在舆论面前向乘客道歉，以稳住自己的政治生涯。看来，权力的免费产品是有限的，说不定还需要超额付费。

免费实习与流动性陷阱

人都有占小便宜的习惯。"九折优惠"、"亏本大甩卖"、"清仓处理"、"买二送一"、"买别墅送宝马车"、"买房办蓝印户口"，还有数不清的营销广告，无时无刻不在吸引着消费者前仆后继。前一百位只穿内裤或者胸罩的顾客，可以免费到商场领取一套衣服；最先到柜台的前20位顾客，可以免费领取一台计算机。这样的免费领取贵重物品的广告，曾让数不清的消费者排成长龙，彻夜守候在商场前，以便在第一时间内争抢到免费物品。正是看中了免费和打折的好处，商家变着花样提供免费和打折商品，以便尽可能多地销售其他商品。

商家提供免费商品的魔力，在大学生实习问题上消失得干干净净。每年毕业的六百多万大学生，都曾经为免费实习而苦恼。大学的各院系，也是各显神通，借助于校友的帮助，才勉强为大学生免费实习争取到了一个机会。说来奇怪。在中国，企业和各单位招聘正式员工，都非常看重实习经验。但是，很少有企业愿意提供免费实习的机会，以至于造成数不清的学生实习造假。为什么大学生还找不到免费实习的机会呢？

在中国，由于缺乏足够的市场机制去鉴别实习生的好坏，致使大学生找工作和实习都很困难。即使免费实习，企业也不雇用实习生，因为实习生会带去很多额外的管理成本。更为重要的是，在企业缺乏核心信息和技术的前提下，大量的日常普通信息都被当作了需要保密的信息。在法制不完善的社会，这些普通信息可能会触及偷税漏税、贪污腐败、员工的个人隐私、采购回扣等核心信息。从企业的角度看，实习生所能带来的收益是非常有限的，但是，实习生可能带来的损害却是非常大的。白宫实习生是最有名的，也是因为性丑闻事件。基于这种防范的心理，很多企业都不招收实习生。当迫于人际关系被迫招收实习生时，企业通常会派专人负责实习生的工作，将实习生与企业的正常经营活动隔离开来。有的企业甚至将实习生当作了潜在的顾客群体。例如，有的银行要求，只有在实习的银行存款50万元以上的人才有资格成为实习生。这些做法，基本上断绝了大学生获得工作经验的机会，也妨碍了企业知识在社会的传播。

幸运的是，大量的餐饮服务业和零售企业，为许多大学生提供了获得工作经验的机会。由于大学生特别是贫困家庭的大学生实习非常困难，许多公益基金也开始关注大学生参加社会活动或者实习的问题。例如，浙江省宁波市的"公益服务促进中心"与宁波高新区的一家中介机构签订合同，要求该中介机构建立一个帮助1000位大学生兼职就业的网络，保证每位大学生每年获得的兼职收入不低于5000元。如果符合合同条件，该中介机构就会分期获得该公益基金的10.6万元的支持。也许，通过慈善捐助和中介机构的努力，大学生实习的问题能够得到解决。

随着最低工资的提高，实习生所带来的收益将会不断增加。随着社会交易成本的降低，也许，在某一个临界点，企业会非常喜欢免费实习生，甚至还会支付实习生一定的报酬。在美国，公司经营的高度透明和工资的昂贵，致使实习生成为许多公司招聘临时劳动力的一个必要组成部分。

如果说劳动力市场的免费实习困难与信息传播成本密切相关，资本市场的免费贷款就很难理解了。为了解释经济危机中投资不足的问题，凯恩斯提出了流动性陷阱的假说。所谓流动性陷阱，就是指在利率水平非常低的情况下，贷款需求都呈现萎缩的状态。在日本1991—2005年的经济停滞阶段，银行贷款利率为0.15%，但是，贷款数量也没有明显增加。如果贷款额不需要偿还的话，肯定有数不清的企业和个人去贷款。在经济危机期间，由于预期收益率很低，或者亏损是一种普遍的现象，企业就很难保证如数归还贷款。预期到贷款的损失很大，银行就会尽量减少贷款，或者不贷款。

我们看到，免费实习的困难和流动性陷阱的出现，都是因为市场的交易费用很高的缘故。只有降低市场的交易费用，清楚地界定企业的产权，我们才能解决实习难的问题。要解决流动性陷阱的问题，就需要有投资机会的出现。在很多种情况下，投资机会与打破垄断和放开市场管制有关，也与打开国外的市场有关。一旦企业经营的交易费用不断下降，大学生就很容易找到实习的工作机会，银行也容易找到有偿还能力的企业。如果政府在经济危机期间不打算削弱垄断和管制，反而强迫银行贷款，那么，整个银行体系就会充斥着呆账，银行体系的破产也会为期不远。

[2012年6月6日]

城市的产品为什么又好又便宜

如果说产品的价格与发展程度成反比的话，那么，产品的价格在农村与城市之间也存在类似的规律吗？这里，我们谈论的不是城市或者农村的理发、餐馆服务等非贸易品，而是同时在农村和城市流通的贸易品。例如，广西在 2009 年秋冬种植蔬菜面积达到 1177.61 万亩，销往华北、长江三角洲、珠江三角洲和港澳地区的有 780 多万吨，约占广西总产量的 70%。在同一种产品在农村和城市同时流通的情况下，是否存在农村的产品质量差而价格昂贵的问题呢？

美国的华盛顿州是盛产苹果的地区，每年的销量占了美国苹果市场的销售量的近 40%。美国经济学家阿尔钦（Alchian）在 20 世纪 60 年代发现，盛产苹果的华盛顿乡村地区出售的苹果总是个儿较小、质量比较差、颜色参差不齐、价格昂贵，而远在几千英里之外的纽约市销售的华盛顿苹果却是色彩鲜艳、个儿大、质量好、价格便宜。不但是苹果，其他商品也有类似的销售现象：好商品总是出现在繁华之地，价格便宜，而次劣产品总是在出现在贫穷、封闭地方销售，价格还贵。例如，甘肃省定西市，被誉为"中国马铃薯之乡"，马铃薯的种植面积为 280 多万亩，总产量达到 400 多万吨，千吨以上的马铃薯加工企业 13 家、每年加工淀粉 5.5 亿公斤，销往国内外的马铃薯达 15 亿公斤。但是，在价格方面，定西市的马铃薯价格比大城市的马铃薯价格还要高。

阿尔钦主要从固定运输成本对不同质量的产品价格的影响寻找原因。我们知道，在同一个地方，低劣产品的价格要低于质量好的产品价格。当低劣的产品和优质的产品都从生产地方运输到遥远的销售地方时，运输费用的多少只与产品的重量和运输距离有关，而与产品的质量无关。这样，当单位重量的好产品和坏产品承担同样的运输费用时，低劣产品必然表现出较高的运输费用与单位价格的比重。当低劣产品的价格一般不能定得较高时，远距离运输带来的高昂运输成本以及不确定地销售低劣产品的较高销售成本可能会远远高于低劣产品的销售价格，以至于低劣产品在繁华之地毫无市场。

阿尔钦曾这样解释："假设在美国顶级的苹果是每个二毛，次级苹果是每个一毛。其相对价格是二比一。如果把苹果运到香港，每个加运费一毛，到了香港顶级的是三毛，次级的是二毛，其相对价格是三比二。二除以一是二，三除以二是一点五，一点五低于二。结论是，苹果运到香港后，虽然顶级与次级的市价都比美国为高，但以相对价格而言，顶级的在香港比较便宜，所以红苹果而不是其他的就运到香港来了。"运用简单的数学公式就是，如果最好苹果的价格是 A，其他苹果的价格是 B，运费是 C>0。如果 A>B，那么，（A+C）/(B+C)<A/B。也就是说，美国的苹果在中国香港销售，其性价比要高于美国，所以优质苹果更能外销。

毫无疑问，高昂的运输成本是导致劣质农产品不能远距离运输并销售到大城市的一个原因。而且，蔬菜、水果中的次劣产品的保质期较短，无法远距离运输去销售。但是，在中国质量监管体系比较脆弱的情况下，大量的劣质产品随时都充斥在农村和城市的市场上。显然，处罚成本的高低也会影响产品的空间分布。当城市的质量监管体系较严而农村的质量监管体系较差时，高比例的劣质产品就会云集在农村市场和城市的边缘市场。三鹿奶粉主要危害的是农村的孩子和中小城镇的孩子，就是因为农村的质量监管更加薄弱的缘故。这样，包括运输成本和质量监督成本在内的交易成本差异，是构成农村劣质产品集中的主要原因。

但是，农村人不成比例地购买劣质产品，主要是与农村人的收入低有关。随着收入水平的提高，人们对产品的质量更为挑剔，更加关注产品质量对自身健康的影响，购买劣质产品的需求量急剧下降，而购买优质产品的需求量急剧增加。这会带来销售优质产品的规模经济，降低储存成本和销售成本。

农村深受劣质高价产品的困扰，主要是与农村的信息不足有关。繁华之地的产品质量信息流动速度快，影响范围广，持续时间长，而封闭和贫穷地区的产品质量信息流动速度慢、影响范围小和持续时间长。由于繁华之地销售的产品都具有风向标的作用或者具有很强的溢出效应，所以，生产者往往都把最精良的产品销往发达地区和繁华之地，把低劣的产品留在封闭和贫穷地区销售。大城市的消费者由于收入高、见多识广，对商品的品质有更多的知识与经验。这样，大城市的消费者会将优质产品赋予更高的价格，而对质量较差的产品赋予更低的价格。同时，大城市的同类产品的产地多样化，也为城市居民提供了更多的质量比较空间。按照行为经济学的理论，商品比较对象的变化会对产品的质量和价格产生显著的影响。

　　这样，在大城市和繁华的地方，市场规模大且竞争激烈，产品之间的替代性强，而封闭地区和贫穷地区的市场规模小和垄断程度高，替代程度较低。这就可能造成好产品在大市场的价格便宜和低劣产品在小市场的昂贵。钻石、黄金产品都是伦敦、纽约、香港等繁华都市比较便宜，而在小城镇和乡村地区的价格较高。

　　不仅优良产品都向富裕的地方云集，而且农村的优秀人才和资本都往大城市集中，大城市的优秀人才和资本向发达国家集中，这就是造成农村地区的贫困和城市富裕的原因、发展中国家贫困和发达国家富裕的原因。穷人之所以是穷人，不仅因为他们的收入水平低，而且还因为他们较低的收入只能购买较高价格的物品，结果只能消费很少的物品。这就是穷人，收入低和高价格都迫使少消费的人。城市的物价便宜和农村的物价昂贵推动更多的人和产品涌向城市，造成大城市的过度发展。

最低消费

　　在"勤俭节约光荣，铺张浪费可耻"的时代，餐饮业的最低消费标准引起众人所怨，吸引了媒体和记者们的注意。在春节期间，有的餐馆规定，顾客只能包桌，不能单独点餐。每桌的费用标准从 880 元到 1800 元不等，有的甚至达到每桌 5000 元的标准。在 2012 年全国消费者协会受理的 54.3 万件投诉案件中，餐饮业的最低消费，与网络团购陷阱、家电售后服务、汽车售后服务、电动自行车售后服务、银行服务管理、宽带网络服务、高价白酒的假冒伪劣，及房屋合同纠纷和儿童用品质量安全问题，同列为消费者投诉非常集中的 10 大问题。北京市消费者协会认为，最低消费的规定造成了过度消费和铺张浪费，有悖于勤俭节约的美德和文明健康的消费方式，应该彻底取消。

　　在我们的生活中，时时能够碰到"最低消费"规定的情形。饭馆、酒吧、卡拉 OK 厅、洗浴中心的最低消费规定自不必说，银行贷款、理财产品、股票购买、教育服务的最低消费规定也不用说。单是市场的日常消费，我们也面临最低消费的规定。超市的一个大礼包、批发的一箱带鱼、零售市场的一个鸡蛋，都是一种最低消费的例子。我们不能买半个鸡蛋、五粒米、半瓶醋，也不能去洗半个澡、仅选大学的一门课、购买半股股票。

　　这样看来，最低消费有两种含义。第一种含义是从单位产品的角度去界定，我们不能购买任何低于单位量度的产品。所有的生产企业都必须在产品的单位上下功夫。一瓶酒是一两、二两、半斤、一斤还是两斤，一箱苹果是 4 个、8 个还是 16 个，一袋米是 1 斤、2 斤、5 斤、20 斤还是 50 斤。在设计产品的单位时，制造企业必须考虑产品便于搬运和销售，也要尽可能使包装费最低。当零售商在售卖单位产品时，只要拆散包装不会明显增加产品的交易费用，那么，零售商就会适当改变产品的单位构成。例如，50 斤的大米按斤两出售可以，但不可以按颗粒出售；一箱苹果可以按个数或者斤两出售，但不能以口数、四分之一个出售；服装可以按套件出售，但不能以裤腿、袖子、半件出售。任何社会都不会反对产品按照单位量度出售，这是习惯使然，也是交易费用最低的表现。如果产品包装过度，社会仍然会有反对声音。例如，月饼礼盒中包括 8 块月饼、2 瓶洋酒、4 包茶叶、5 盒保健品。对于这样的月饼礼盒，还有粽子礼盒、汤圆礼盒等，人们会反对。但是，只要有需求，政府不会去限制这样的最低礼盒消费。

　　最低消费的第二种含义，就是按照服务的购买额确定。餐馆每桌消费 1000 元、理财产品每张 10 万元、酒吧每人消费 100 元、卡拉 OK 包间 2 小时 500 元、婚纱照 2500 元、大学学费 5000 元等服务消费，就是这样的最低消费规定。没有人反对理财产品的最低消费，因为理财产品是依靠大面额实现高收益。花旗银行在 2002 年规定：凡是存款低于 5000 美元的客户，每月需要缴纳 6 美元或者 50 元人民币的理财服务费。在人人都外出就餐的时代，餐馆的最低消费就受到众多的非议。特别是在五一、十一、春节期间，结婚和办喜事的订餐猛增，最低消费的规定就被大众当作劫取不义之财的行为。在普通大众的压力之下，许多市政府就规定，禁止饭馆采取"最低消费"的措施。尽管有政府的禁令，但是，实行最低消费的餐馆却越来越多。与卡拉 OK、婚纱照、酒吧一年四季实行最低消费相比，许多餐馆都是在节假日的高峰期才实行最低消费。

那么，为什么越来越多的服务场所都采取了最低消费金额的营销策略呢？我们知道，任何服务场所都有固定的租金、固定的工资、水电费用、维修费用和营业费用支出。同时，服务场所也有固定的营业时间。单位时间的固定费用支出必须摊销到单位时间的顾客人流上。这部分人均固定费用就构成了最低消费或者入门券的一部分。除了人均固定费用外，顾客还需支付饮料、食品和单独服务的可变费用。

面对固定费用和可变费用两部分，服务企业可以采取两种营销模式。一种营销模式就是门票制。任何进入服务场所的消费者都需要首先支付相当于固定费用的门票，然后根据购买的饮料、食品和单独服务收费。这种经营模式在旅游景点、公园、影剧院、球类比赛、旅馆等得到普遍应用。为了让消费者支付固定费用的门票，服务场所就需要提供普遍、适合大众的服务。由于餐馆、卡拉 OK 厅、酒吧等地方缺乏普遍化的服务，第二种营销模式就出现了。将固定费用与一定的可变费用进行捆绑，实行最低消费。消费者可以选择最低消费的各种食品和服务的组合，然后可以在最低消费基础上额外购买任何所能提供的食品和服务。

在实行固定费用与可变费用进行捆绑销售时，顾客在购买最低消费的食品和服务的单位价格就比较高，而额外消费食品和服务的单位价格，因为只含可变费用，就会降低。这样，实行最低消费的服务场所，就为额外消费食品和服务的灵活定价提供了方便。如果不实行最低消费的捆绑制度，那么，服务场所就需要将所有产品和服务的价格大幅度提高，不利于企业的经营。

最为关键的是，最低消费的捆绑销售制度，事实上起着"信息甄别"的功能，有利于将低消费者或者那些指望免费享受服务场所普通服务的"吃白食者"排除在外。蒲勇建在《禁止"最低消费"是否合理》一文中写道："通过'最低消费'这道门槛，商家可以将顾客中的'高支付意愿'顾客与'低支付意愿'的顾客区别开来，避免'低支付意愿'顾客挤走'高支付意愿'顾客，同时也避免了'高支付意愿'顾客'伪装'成'低支付意愿'顾客。"之所以服务场所需要将"低支付意愿"的消费者隔离在服务场所之外，是因为服务场所的高度稀缺性所致。由此可以推知，最低消费金额越高的服务场所，其供给数量就会越少，竞争强度就会越低。

相反，那些最低消费金额越低的服务场所，其供给数量就会越多，市场竞争就会越激烈。不存在最低消费的小餐馆，必然是供给量最大的。由于餐馆、酒吧、卡拉 OK 厅等服务场所的投资规模有限，技术含量较低，所以，这些供给数量有限的服务场所必然是受到政府管制的制约。当最低消费金额越高时，这些服务场所就受到政府管制的力度就越强。为了获得营业执照，这些企业就需要支付大量的费用。所以，我们看到一个奇怪的现象：政府既要管制服务企业，以便收取管制费用，又要限制企业将管制费用转嫁给消费者。如果政府既要对服务企业实行进入管制，又要对服务企业实行最低消费的管制，那么，服务企业必然面临着亏损和退出的风险。如果政府要实行最低消费的管制，那么，政府最好允许企业自由进入和退出服务企业，利用市场竞争来降低服务的价格。

在不允许实行最低消费的地方，如果政府也放弃了进入的管制，那么，我们将会发现，原有的优质服务企业会降低服务的标准，以便降低固定费用的支出。在没有最低消费的地方，优质服务企业必然会提高单位产品和服务的价格，这必然推动大量的消费者购买少量的食品和服务，增加企业的服务成本。当大量的低消费者占据着购买大量食品和服务的消费者空间时，高额消费者感觉服务质量也会下降，从而减少消费或者转移消费场所。由于高消费者减少，企业会降低服务质量，或者减少服务场所的维修，以便降低经营成本。这样，禁止最低消费的规定，就必然会出现低消费者挤出高消费者的情形，同时伴随着企业的服务质量不断下降的趋势。

在节假日期间，不实行最低消费的中高档餐馆也都采取最低消费的营销模式，就是高额消费者高度集中的结果。为了获得高额利润，也为了最大限度地满足高额消费者的需求，中高档餐馆采取了最低消费的措施，将低消费者排除在市场之外。如果政府仅从低端消费者的利益出发去禁止最低消费，那么，企业和高端消费者的利益必然受损。在餐馆资源有限的情况下，实行最低消费就等于按照货币支出的额度进行排队或者拍卖。显然，最低消费的排队方式，与日常生活中所见的随机排队和先到先得的方式有所不同。先到先得的随机排队方式是最没有效率的资源配置方式。这种方式有利于时间资源丰富的穷人，但不利于时间稀缺的富人。最低消费的排队方式，有利于使服务企业的经济租金最大化，有利于货币资源充足的富人，但不利于货币稀少的穷人。禁止最低消费具有某种救济穷人的含义，牺牲的却是企业和社会的效率，还有那些最有意愿消费的群体。

如果考虑到最低消费的普遍性和资源的稀缺性，我们就知道，最低消费是一种资源有效配置的方式。将企业资源最有效地配置给那些意愿消费最强的人，是市场经济的实质。在资源稀缺和不允许最低消费的条件下，企业只能采取等级、身份、地位、权力、贿赂、拒绝等"信息甄别"方式将低意愿消费者排除在外。这些非价格排斥的手段，都会带来更多的交易费用和效率损失。

[2012 年 7 月 1 日]

市中心的东西很贵

城市就是一个金字塔。沿着城市的边缘向市中心走，一切东西都逐渐变得昂贵起来。房价很贵，房租很贵，人工很贵，商品的价格也很贵。经济学家很早就注意到了这一现象。

城市经济学认为，之所以市中心的地价高于城市边缘或者郊区，主要是通勤费用节约的结果。由于每单位的地价较高，房地产商就努力在市中心建设高楼大厦，争取通过楼层的增加来降低单位土地使用费。但是，楼层越高，楼房的单位建筑成本和地基稳固成本就越高。最适合的楼层数量就是每增加一层楼所节约的土地使用费大致等于每增加一层楼所增加的单位建筑成本和地基稳固成本。

　　随着城市规模的扩大，我们就会看到城市高楼的数量不断增加，高楼大厦的楼层也不断增加。例如，天津市有800多栋20层以上的高楼，上海市则有7000多栋20层以上的高楼。对于152米以上的摩天大楼，美国现有533座、在建6座、规划建设24座，而中国现有470座、在建332座和规划建设516座。美国的纽约和芝加哥曾经建有世界最高的摩天大楼，但近几十年来不断被曼谷、台北甚至上海、武汉的第一高楼所取代。632米的上海中心大厦、636米的武汉绿地中心、646米的深圳平安国际金融中心、848米的长沙"天空城市"在不断刷新摩天大楼的高度。如果上海、曼谷等地的地价还未达到纽约、芝加哥等地的地价，那么，第一高楼的不断刷新，只能说明，这些地区的预期地价将会攀升很快，或者是非地价的因素攀升很快。

　　随着地价和建筑成本的增加，市中心的房屋价格和租金也就不断提高。城市规模越大，市中心的租金就会越高。随着市中心的租金不断提高，大量生产低价物品的土地密集型企业就被迫搬迁出市中心，为土地节约型企业腾出空间。毫无疑问，那些不使用大量的机器设备、仓库和物品存放的企业，如律师事务所、会计师事务所、金融证券机构、教育中心、会展中心、互联网等，就是土地节约型的企业。即使那些需要占用一定的地方存放物品的企业，如购物中心、超市、专卖店、酒楼等零售企业，其产品的存放多采用立体空间而不是平面空间，以便最小化房屋租金。

　　当生产成本高的产品和生产成本低的产品都加上高额的租金费用时，我们就知道，两种产品的成本比率将会缩小。例如，两种产品的成本是a和b，a<b，租金费用是c。根据不等式定理，我们就会知道，$b/a > (b+c)/(a+c)$。而且，随着租金c的不断增加，$(b+c)/(a+c)$会越来越接近于1。即是说，两种产品的最初成本差距在增加了巨额的租金费用后，就开始变得越来越小。在均衡状态下，相对成本就是相对价格。这就意味着，成本不同的物品在加上固定租金后将会使高成本物品变得相对便宜。这样，高昂的租金就会推动市中心出卖高价物品，尽量减少便宜物品的出售。当我们从城市的边缘到市中心购物时，我们立即会发现，市中心的商品非常昂贵，廉价餐馆和杂货铺很难找到。

　　为了将昂贵的物品卖给消费者，市中心的企业不能简单地说，我们市中心的地皮费很贵，顾客上帝您就可怜我们吧。如果是这样，这样的市中心企业只会很快破产，搬出市中心。市中心的企业也不能采取收取门票的办法，将门票的价格规定在单位地皮费以内，这样也会排挤大量的消费者到市中心采购和消费。为了将地皮费成功地附加到产品的价格上，市中心的企业就必须想办法把消费者吸引过来，并让消费者觉得购买高价物品是物有所值。

　　一方面，市中心的企业会在商店的装修上下功夫，让消费者感觉到非常温馨。这就要求市中心的企业要比郊区或者农村的店铺装修得更加豪华、更加气派。另一方面，市中心企业雇用的员工，会更加漂亮、更加帅气，其服务更加周到体贴。所以，到外国大城市去旅游的人，不要以为外国人都是如此的礼貌或者服务周到，也不是那样的苗条迷人，那仅仅是因为你被带到了高价物品区的必然享受。

　　有了舒适的环境和魅力十足的员工，市中心的企业就会尽可能出售独具特色的高质量产品和服务，以便切断消费者将乡村或者城市郊区的廉价物品与之进行比较的企图，实现市场分割。这种独具特色的产品就是名牌产品、专卖店、高档酒楼、娱乐中心、公司总部。这样，随着城市规模的扩大，品牌产品就会云集到市中心的各种商场和店铺。许多品牌产品在较小的城市或者乡村很难见到。

　　在炫耀性消费的驱动下，乡村和中小城市的富翁就会前赴后继地奔赴大城市的市中心，购买独具特色的名牌时尚产品。纽约、洛杉矶、巴黎、香港的购物中心，不仅可以看到本地富裕的消费者，更多时候是来自其他较小城市或者贫困地区的富人。大城市的市中心还出售独具特色的金融、教育和人力资本服务，将中小城市的企业家都吸引到大城市来。这样看来，地方保护主义是无助于大城市的金融与服务中心定位的。

　　当一个城市的各个商场所售卖的商品和提供的服务大同小异时，我们就知道，这个城市还没有集聚的功能，市中心还未发展起来。这样的城市必然是大量的小城市和乡镇的简单叠加。随着同样的商品在不同商店的销售价格呈现阶梯式分布，随着商品分类销售的大规模出现，市中心（CBD）开始出现，城市的专业化分工得到发展。在这样的环境下，市中心的人流就会越来越多，地价开始上升，高楼大厦开始建立，物品和服务业开始变得昂贵起来。在这一过程中，大量的制造企业和廉价服务企业就会搬迁出市中心，让位于高端服务行业和高质量高价物品。这样，我们从乡村向大城市张望，会发现大城市的楼层高、人也帅气、物价也昂贵，达到多种宠爱集于一身的天人合一的境界。

[2012 年 7 月 4 日]

掠夺性定价与倾销

在自由竞争的市场上，企业掌握着定价的主动权。只要对企业有利，企业就可以采取任何价格，不管这种价格是低于还是高于成本。传统经济学认为，价格等于平均成本会实现完全竞争的均衡，是最有效率的价格。如果价格高于平均成本，那么，企业就会获得垄断租金。垄断则是经济学家所反对的事情，尽管企业自发形成的垄断有助于创新。只有政府支持的垄断和管制才会造成进入壁垒，对社会造成效率损失。

当企业制定的价格低于平均成本特别是平均可变成本时，那么，掠夺性定价就出现了。这种掠夺性定价是美国反托拉斯法所力图阻止的事情，因为美国政府担心，掠夺性定价的目的就是要把竞争者驱逐出市场而最后获取垄断利润。利用掠夺性定价的法律，美国政府拆分了标准石油公司、美国电话电报公司（AT&T）等巨无霸企业，促进了美国市场竞争机制的深入发展。

在面临多家竞争者时，采取掠夺性定价的公司会在最初的很长一段时期内面临亏损破产的威胁，因为售价低于平均成本或者平均可变成本。公司实行掠夺性定价的时间长短等于公司的净资产价值与每月销售损失的比值。公司的净资产和流动资金越多，可变成本越低，那么，采取掠夺性定价的时间就可以保持很长。如果竞争对手的平均成本高于采取掠夺性定价的公司，其净资产规模较小，那么，竞争对手会按照平均成本的高低和净资产规模的大小被先后挤出市场。这个推理是以竞争对手采取相同的定价策略、创新很困难和忽视消费者反应的假设为前提的。

在竞争对手众多、企业的净资产差距不大的情况下，掠夺性定价几乎是不可能的事情。只有在企业规模差距较大的情况下，掠夺性定价才有可能出现。在很多情况下，企业采取兼并竞争对手的成本要远低于采取掠夺性定价的成本。因此，我们更多地看到企业兼并与合并的行为，看到采取掠夺性定价的情形不多。只有在企业的管理阶层对企业的净资产损失采取无所谓的态度，如国营企业的管理层免费使用国有资源为个人利益服务时，掠夺性定价才会较为普遍。所以，在国营企业比较多的国家，政府很害怕企业拿着国有资产去进行价格竞争或者采取掠夺性定价，于是采取普遍的价格管制政策。

同样，企业在一定时期采取掠夺性定价，可能是一种广告策略。销售的损失就相当于广告投资。一般来说，新进入某一个行业的企业，通常在开业阶段都会采取折价销售的策略。这非常接近掠夺性定价，但其目的不是为了驱逐竞争者，而是为了在市场中立足。当一个企业在国外销售初期采用这种办法时，就会被冠上倾销的名声：国外销售价格低于平均成本或者国内的价格。由于销售价格低于平均成本，竞争对手最好的策略就是全力采购所销售的产品，然后在进入者提高价格时按照略高于其成本的价格出售，最终会把进入者赶出市场。这就根本不需要政府的反倾销政策帮助进入者稳定地把价格提高。

另外，在经济萧条时期，为了回笼资金和保证企业的流动性，企业可能以低于成本的价格出售产品。在企业准备破产的阶段，为了节省销售费用，企业也会降价出售。因此，企业采取低于成本定价可能出现的情况是：破产处理、萧条时期的回笼资金、开业之初和进入市场的广告投资、过剩产品的市场处理、销售产品外获得额外的收入（广告收入、政府补贴、出口退税）、公司管理层不负责任的行为或者挤出竞争者。

采取自杀的方式挤出竞争者是最不可能出现的行为。在国外市场上，由于竞争对手众多，采取掠夺性定价的方式通常与政府的财政补贴、出口退税密切相关。只要政府的财政补贴和出口退税高于销售的损失，那么，采取掠夺性定价的倾销就是有利可图的。如果公司取得国内垄断的条件是生产多于国内需求的产量，那么就可能出现在国内高价出售而在国外低于成本的价格出售其产品的情形。也就是说，如果没有政府的支持，公司采取低于成本的掠夺性定价来挤出竞争对手是最不明智，也是最不可能的行为。

其实，倾销与价格歧视有关。所谓价格歧视，就是同类产品在不同的市场出售的价格不同，如同样的产品在市中心卖得贵、在发达国家卖得便宜。在后一种情况下，价格歧视就具有倾销的嫌疑。一级价格歧视就是销售者按照每个消费者的需求曲线进行单独定价，从而将每个单位的消费者盈余全部转移到销售者那里的行为。在讨价还价的地方，一级价格歧视很明显。

二级价格歧视与一级价格歧视相似，但是销售者根据每一个批量收取不同的价格，从而将每批量的消费者剩余转移到销售者那里的行为。批量采购、批量销售、阶梯电价或者累进所得税率就是二级价格歧视的例子。在二级价格歧视中，消费者还会保留每单位消费者剩余的一部分。

三级价格歧视就是不同市场（群体）的消费者支付不同的价格，而同一市场（群体）的消费支付相同的价格。例如，高考按照民族、性别不同采取加分的政策，按照地区不同采取的录取分数不同的录取政策，就是三级价格歧视。户籍制度、非国民待遇，非最惠国待遇也在城市与乡村、本国人与外国人、外国人与外国人之间体现了三级价格歧视。

传统理论认为，三级价格歧视之所以存在，是因为不同市场的需求弹性不同。为了实现收入最大化，需求弹性高的市场要求价格低，需求弹性低的市场要求价格高。如果国外市场的竞争激烈，那么，需求弹性就大，出口产品就需要在国外市场以较低的价格出售，而在国内以较高的价格出售。这就是倾销的由来。如果国外的市场竞争不如本国激烈，那么，出口产品就需要高价出售而在本国以低价出售。

张五常认为，价格歧视的出现与信息费用和资源空置密切相关。支付信息费用较高的人需要支付高价，而资源空置多的地方则容易出现价格歧视，如飞机票的折价。资源超负荷运营的地方则很少有价格歧视出现，如中国的火车票都是一个价。按照张五常的推理，国外倾销与信息费用和产品过剩密切相关，而与产业结构无关。

实际上，在考虑不同国家的产品销售价格不同时，不仅需要考虑信息费用，更重要的是考虑整个的交易费用，特别是制度费用。尽管马克思和恩格斯在《共产党宣言》中指出，"商品的低廉价格，是它用来摧毁万里长城、征服野蛮人最顽强的仇外心理的重炮"，但是，倾销也会培养仇外心理，诱发国家之间的贸易战。

[2012 年 9 月 5 日]

微软定价与反垄断

微软公司垄断操作系统已经几十年了。似乎是天理昭彰，微软在 20 世纪 90 年代吃了一场反垄断官司，最终被拆分成操作系统、浏览器和互联网三个组成部分。

微软吃反垄断官司的理由很特别。一般人们认为，垄断者尽可能收取垄断高价，最大限度地剥夺消费者。微软却采取的是垄断低价的做法，甚至免费赠送初级版的操作系统和浏览器。垄断高价可能最大限度地剥夺消费者，而垄断低价却吸引越来越多的普通民众使用微软的操作系统。微软的竞争对手康柏（Compaq）、戴尔(Dell)、网景（netscape）和 Java 看到了垄断低价的魅力，于是联合起来起诉微软，因为没有任何价格比接近于免费的价格更能打击竞争对手。

传统的经济学认为，微软长期采取低价营销操作系统的策略，来源于软件行业的规模经济和普通民众的网络效应。凡是熟悉软件编写程序的人都知道，经营软件的费用主要是软件设计和编写的固定费用。一旦软件编写完成，生产一个软件拷贝的边际成本几乎是零。软件公司的工作，主要就是如何推销自己的软件。只要软件价格（250 美元）

199

高于营销费用和拷贝成本，足够大的销售量会最终补偿设计和编写软件的固定费用。因为信息行业具有比较特殊的网络效应。如果更多的人使用微软的操作系统，意味着熟练掌握微软操作系统的人，将会有更多机会找到工作。在这种网络效应的驱使下，操作系统就像英语和汉语一样，将会席卷整个世界。微软的竞争对手是这么想的，人们也是这样认为的。

接下来的问题是，如果网络效应锁住了越来越多的消费者，为什么微软不提高操作系统的价格，获取更多的经济租金？戴尔、康柏等计算机生产商曾向司法部证实，如果微软将操作系统的价格提高 10 美元，他们也只能接受。如果价格提高不影响产品的供给量，那么，这部分提高的价格就是经济租金。除了微软的视窗（Windows）操作系统，美国还有少数学校使用的 Linux 操作系统、苹果、太阳的操作系统，其他国家的公司还有一些零散的操作系统。但是，这些操作系统都很难构成对微软操作系统的威胁。在面临竞争对手不强的环境下，微软不采取垄断高价获取经济租金的做法引起了经济学家们的猜疑。

一种观点认为，微软还生产了许多互补性产品。我们知道，微软除了生产操作系统外，还生产 Office 等各种软件。当微软将这些非操作系统的软件定价足够高时，利用捆绑销售的做法，微软就能获得经济租金或者超额利润。第二种观点认为，微软的操作系统需要不断升级。如果定价太高，那么，大量的消费者就不会升级操作系统。结果是，许多消费者可能会讨厌高价的微软系统，进而转向其他操作系统或者采用盗版软件。还有一种可能是，新的公司将提供与原有操作系统相关的服务。当微软不断强迫顾客将视窗操作系统及其应用软件升级的时候，网景公司就为视窗的老客户、Unix 的客户和 Macintosh 的客户开发了浏览器，获得了市场的进入机会。为了维持在浏览器方面的优势地位，微软被迫推出那些支持非视窗操作系统和老视窗操作系统的浏览器平台。为了维持稳定的收入来源，微软最好的策略就是采取低价策略，免费提供浏览器。这样既可以防止反垄断官员的注意，也可以预防计算机生产商出售未安装操作系统的计算机和消费者使用盗版操作系统。这些观点就是美国司法部起诉微软的主要理由。

但是，我们认为，微软采取低价策略，还有其他方面的考虑。使用计算机软件与其他产品不同的地方在于，使用计算机软件需要消费者花费众多的时间学习和使用。学会使用电冰箱可能需要几分钟的时间，学会开车可能需要几天的时间，可掌握操作系统和其他软件需要花费几个月甚至几年的时间，有时还需要支付其他的学习费用。这个学习和使用成本就是使用计算机的交易成本。在面临巨额交易成本的背景下，高价策略无疑会破坏软件使用的网络效应。许多软件包，如SAS、Limdep、Stata、Matlab 等都采取高价策略，从而妨碍了其推广和使用。

所有计算机软件都是编程语言。在日常语言学习中，人们投入了巨额的人力资本，从幼儿园、小学到中学和大学，才能熟练地掌握和应用语言技巧。如果还需要支付语言的版权费，那么，学习一种新语言的热情就会急剧萎缩。学习和使用计算机语言也是如此。一旦人们熟悉了微软的操作系统，就会很自然地使用 Office 和微软的其他软件，因为使用这些应用软件的学习成本将会大大降低。

所以，微软对操作系统采取低价的策略，主要是因为学习和使用操作系统的交易费用太高的缘故。美国司法部没有看到这一点，于是对微软采取处罚性的措施，以为微软滥用了其优势地位。美国经济学家理查德·施马兰茨（Richard Schmalensee）说："事实上大多数的企业几乎总是在向反垄断机构抱怨其竞争者有不正当行为，如果反垄断机构不是独立的，在政治上有倾向性，而且没有很多经济知识，那么它很有可能会阻碍竞争。"要是司法部的经济学家更多地从交易费用角度看问题，微软也许能避免被肢解的命运。

[2012 年 6 月 9 日]

大城市吃早点

不知从何日起，在大城市吃早点逐渐演变为一个社会性的问题。在城市生活的人，时常发出早点越来越难吃的感叹。人们越来越难找到一个价格合适、味道可口的早点铺了。在城市与乡村交接的地方，不仅早点好吃，而且也便宜。市中心便宜可口的早点铺不仅少，而且也很昂贵，点心、糕点、油条的味道越来越差。是我们时代的富裕使然，还是我们的口味更挑剔了？

外地人到北京，第一感觉就是吃早点难。北京的油条，不仅不好吃，而且也贵。早在 2001 年，北京市的一份调查表明，70%的市民不满意早点市场的现状。上海市在 2000 年就鼓励发展大众早点的政策，早点企业的贷款利息由政府补贴 50%，符合资格的企业在税收上享受先征税后返还的优惠政策，房租则按照相关行业给予优惠。天津市等城市也在近年来资助早点企业的发展。那么，是什么原因导致经营早点企业的经营越来越困难呢？

显然，最为根本的原因是城市的房租太贵。从 2002 年起，中国各大城市的房价就持续上涨。在短短的十年期间，许多城市的房价就上涨了四五倍。中国城镇的平均房价从 2003 年的 2381 元/平方米增长到 2012 年的 5791 元，年均增长 10.3%。广州市的房价从 2003 年的 3888 元/平方米增长到 2012 年的 14044 元，累计增长 261%。北京市的房价从 2003 年的 4456 元/平方米增长到 2012 年的 20700 元，累计增长 365%。上海市的房价从 2003 年的 5118 元/平方米增长到 2012 年的 22595 元，累计增长 341%。深圳市的房价从 2003 年的 5680 元/平方米增长到 2012 年的 18900 元，累计增长 233%。平均房价掩盖了市中心与郊区房价增长的不均衡。在北京市、上海市、深圳市的市中心，房价早已超过了每平方米四万元。由于餐馆经营成本中房租所占的比例较大，因此，房屋价格的持续上涨无疑会增大餐饮业的经营成本。

而且，市中心的卫生质量要求高，这无疑增加了食品的成本。在北京市，从 2002 年开始，所有经营早点的餐饮企业，必须具备符合标准的加工车间和室内就餐场所，不得露天自售，单价在 1 元以下的品种不得少于 5 种。只有政府确认达标的企业，方可获得卖早点的资格，且享受政策优惠。为了获得政府颁布的早点经营许可证，企业必须建立正常的进货渠道，煎炸食品用过的油脂必须在保质期内，早点经营人员必须持有健康证和卫生知识培训合格证。中小企业的早点品种要达到 10 种以上，较大型企业品种达到 15 种以上，且店堂需要冬季保暖、夏季降温等设施。

相对较高的人工成本，加上昂贵的房租和卫生检疫成本，提高了市中心的食品价格，也迫使非正规的食品店很难生存。这样，就为流动性极高、技术性极差的小摊小贩留下了生存的空间。在天津市，大量的早点铺都是流动摊位经营。他们集中在居民区的犄角旮旯儿，室内装修简陋，桌子、墙壁和衣服上都沾着油污，很少有经营许可证。一般来说，城市居民愿意承受的早点价格多在 5 元以下，少部分人可以承受 10 元钱的早点。大量的酒楼和大型餐厅很少经营微利的早点，因为早点是劳动密集型产业，而正餐则是附加值比较高的。比如，一个早点铺的客流量为 1000 人，人均消费 5 元钱，只相当于酒楼两三桌的消费金额。2011 年国庆期间，天津市的 485 家餐馆接待了 1.53 万对婚礼，婚宴 45.9 万桌，而家宴友宴 47 万桌。这些餐馆共推出传统菜品 1200 种，新品种 600 多种，80%的单桌餐价都在 1800 元以上。面对利润丰厚的正餐和晚餐，很少有大型餐馆经营早点就不奇怪了。

为了把价格控制在合理的范围内，市中心的小贩或者早点铺只有采取质量较差的原材料，使用机会成本较低的人工，或者降低早点的卫生质量。由于城市的规模不断扩大，城市与郊区之间的距离通过马路的延长和坐车成本的提高而不断加大。这事实上就把郊区与市中心区分为两个不同的市场，高昂的时间成本和交通运输成本就是造成市场分割的关键原因。由于市中心的居民收入比较高，比较注重产品的质量问题，结果造成很多居民购买质量好、价格高的食品，只有少部分人购买质量差、价格略低的食品。随着房价和房屋租金的不断上涨，市场规模的缩小，进一步提高了小商小贩供给食品的固定成本，被迫提高早点食品的价格，直到小商小贩没有生存余地为止。

其实，早在 1817 年，英国经济学家和股票经纪人李嘉图，就在《政治经济学及赋税原理》中注意到，只要顾客愿意为早点支付高价，重要的早点铺位置就能得到高额租金。在这样的位置，必然是人流量很大，例如地铁出口、重要交通要道的十字路口。但是，随着城市人口的高度集中和高端服务业向市中心云集，市中心的房屋用途变得越来越多样化。只有支付最高租金的银行、保险、会计、快餐店、咖啡屋、酒吧、高档餐厅等才最有可能租赁到一个最佳位置的房屋。相反，那些人流量较少或者单位成本较高的店铺，就必然搬离市中心。在这样的租金压力下，传统的早点铺，就必然会被市中心淘汰，让位于快餐或者其他连锁经营点。在这个转换过程中，市民也需要逐步转变饮食口味，习惯于质量更有保证但价格更高昂的连锁餐饮店。也就是说，随着城市规模的扩张和收入水平的不断增加，餐饮业的空间分布也需要不断调整，传统早点铺就会从市中心逐步消失，进入地租更便宜的郊区或者城乡结合部，新的连锁经营店铺就会进入市中心。在早点铺消失的同时，批量生产的各种面包、点心和早餐食品将会不断扩大营销规模，分享早点铺消失后的市场机会。

但是，在中国，由于政府在城市建设过程中的广泛参与，大量收入比较低的市民仍然云集在市中心，而不是根据实际的收入状况搬迁到郊区或者城乡结合部，较高的早餐价格就为这些市民带来了独特的困难。郑州市在 2012 年计划在全市 5 个区内建设 20 家高起点、高标准、规范化和现代化的早餐示范店。凡是验收合格的早餐示范店可获得 20 万元的政府补贴。此前，郑州市推行过 5 次早餐工程，均以失败告终。同时，大量流动早点铺的存在，也为那些不了解城市早点价格与租金关系紧密的市民带去了希望。这些市民希望政府积极干预，保证他们能够吃到质量有保证但价格适中的早点。但是，这些市民不了解，城市人口的高度集中和摩天大楼的云集，早已把城市的租金抬高到了一般廉价早点铺所能承受的范围之外。这不是某一个人的过错，而是所有的人都为追求自己利益所带来的意想不到的结果，繁荣意味着某些行业的衰落和新行业的不断出现。

只有那些搭便车的或者流动早点铺，因为免交租金，还能继续生存。随着城市综合治理的加强，这些流动早点铺迟早会消失。所以，城市的综合治理，在改善城市环境的同时，还间接地取消了城市居民对流动早点的选择自由，这会在某种程度上抬高早点的价格。在英国伦敦，20 世纪 30 年代建立了一条环绕城市的"绿化带"。这条绿化带在阻止伦敦无计划侵占周围地区的同时，也间接地提高了伦敦的租金，因为更多的人需要争夺非常有限的房屋。到过伦敦的人很快就会发现，伦敦西区的写字间租金远高于纽约的曼哈顿或者日本的东京。

同样，在中国的大城市，各种综合治理实质上也具有这样的效果。取消某种选择实质上就是创造垄断，而增加选择实质上就是在鼓励竞争。城市公交系统特别是地铁的发展，极大地扩大了人们选择租赁房屋的范围，在某种程度上降低了市中心房屋租金快速增加的压力。但是，地铁的发展并没有改善人们吃早点的情况，因为很少有市民打算花费几个小时去吃早点。相反，地铁系统的拓展，不断提高了靠近市中心周围的房屋租金，也附带地推动了许多餐饮业的发展，但却会对传统早点铺产生极为不利的影响。所以，我们将会看到，在城市地铁系统发展较为完善的地方，如北京和上海，传统早点的供应问题就越发突出。

其实，早店铺的消失，仅仅是城市产业空心化的开始。2000年，北京市中心的房屋还可以看到每平方米五六千元的价格，十年之后，我们只能看到每平方米四五万元的价格。伴随着房地产价格的飙升，房屋租金也急剧膨胀，大量的商铺面积也急剧缩水，市中心的制造业企业艰难地生存，其控制的土地早已成为房地产商的"天鹅肉"。在高房价和土地转让金的诱惑下，大量的制造业企业要么转向房地产行业，要么将土地和房产卖给房地产企业或者出租。房地产企业在大量的土地上建立起各种办公楼、高档餐厅，银行、保险等服务业也蜂拥进入城市的黄金地段。城市租金的上涨，就这样将制造业驱逐出了城市，而将占地很少的服务业吸引到了市中心。纽约、伦敦、巴黎的租金很高，制造业很少，就是城市空心化的表现。北京、上海、广州也会走上同样的道路，而且速度可能会更加迅猛。即使城市规模远不如这些大城市的温州，也早已在房租的压力下走向了产业空心化。

经济危机与民主

亚洲金融危机、拉美债务危机、美国次贷危机、欧洲主权债务危机，连接着 20 世纪的末端与 21 世纪的开端。不知从何时起，经济危机就在经济学著作中扎下了根。马克思从经济危机中看到了资本主义自我毁灭的希望，凯恩斯从经济危机中看到了政府铁血政策的威力，哈耶克从经济危机中看到了资本主义自我清洗毒素的必要。对于经济危机，人们抱有复杂的感情，有人欢欣，有人忧愁。面临失业的工人，即将破产的企业，害怕危机。富有同情心的经济学家希望，经过经济学家的不懈努力，最终驯服经济危机，地球上将会出现一个没有危机、只有繁荣的应许之地。

自从 1825 年英国发生第一次经济危机以来，数不清的经济危机摩肩接踵。莱斯特·瑟罗认为，资本主义经济具有"两个先天的弱点：它有与生俱来的周期性衰退，还有与生俱来的金融灾难"。人们于是争论，经济危机是否有规律可循，多长时间发生一次危机，是什么原因导致危机的发生，危机对社会的危害有多大，危机在国际上是如何传染，如何利用财政政策和货币政策磨平经济周期？这些问题耗费了经济学家过多的精力，以至于他们看不到，没有经济危机的世界，是一个更加难以理喻的世界。

经济危机仅仅是工业革命的产物。在没有工业革命的历史中，我们看到的是战争、饥荒和数不清的自然灾难，以及人为的屠杀和政治迫害。在没有工业革命的国家，我们依然看到战争、饥荒、屠杀和政治迫害。随着工业革命在世界范围内的扩展，经济危机也扩展到越来越多的国家。影响最为深远的经济危机，就是 1929—1933 年期间的世界性萧条。大量的企业破产，工人运动风起云涌，就是这场危机的最好写照。绝大部分工业化国家都卷入其中，民权运动也得以发展。只有那些仍然处在农业社会的国家才避免了自身的经济危机，换来的是不变的社会结构。杨小凯认为，没有经济周期和失业的社会是一个没有分工的、生产力低下的社会，自由市场的周期性行为表示着专业化分工的过度与不足需要调整。因此，那些长期处于小农社会的国家，对经济危机的诅咒，只能说明自身的落后。可以说，经济危机是一个国家工业成熟的标志之一。

更为重要的是，经济危机是一种市场经济特有的现象。美国诺贝尔经济学家基德兰德（F.E. Kydland）和普雷斯科特（E.C. Prescott）认为，经济周期是市场均衡本身的波动，是对生产技术及生产率变动的自然反应。那些非市场经济的国家，没有技术变迁，是很难见到经济危机身影的。政府插手其中，想要经济危机都很困难，代价就是社会的灾难。当日本在 1991—2005 年期间经历长期的经济萧条时，经济学家就会说，日本经济开始成熟了，也开始进入全面的市场经济了。1997—1998 年的亚洲金融危机，也预示着韩国、泰国、印度尼西亚、马来西亚的市场经济开始成熟，政府之手开始受到限制。接着发生的事情，泰国、印度尼西亚、马来西亚等国，都开始向真实的民主转型。

在没有经济危机的市场经济中，我们将会看到，富人永远都会是富人，穷人将永远是穷人。没有经济危机，也就没有破产，没有新的赢利机会的产生，富人要变得贫穷谈何容易，穷人要变富裕更是难上加难。在这样的环境中，我们只能看到贫富界限的分明，社会等级的坚实。没有失业的痛苦，没有破产的艰辛，我们怎么会珍重他人，怎么坚信机会是均等的。没有了机会，没有了珍重，民主也很难扎根。对此，马克思评论道："因此，流通中发展起来的交换价值过程，不但尊重自由和平等，而且自由和平等是它的产物；它是自由和平等的现实基础。作为纯粹观念，自由和平等是交换价值过程的各种要素的一种理想化的表现；作为在法律的、政治的和社会的关系上发展了的东西，自由和平等不过是另一次方上的再生产物而已。"

秦始皇一统中国后，曾经寻求长生不老药，以求万世之基业。结果落得，"徐市载秦女，楼船几时回，但见三泉下，金棺葬寒灰"。历代的统治者，都有此宏愿，换来的是数不清的起义与革命。寻求躲避经济危机的长生不老药，不知道能够换来什么。社会的永久固化，还是民主的遥遥无期，我们不得而知。

[2012 年 6 月 6 日]

第四章

讨价还价与交换

就理解社会问题来说，经济学真的是一种重要的工具。经济学不仅有助于理解为什么人们买车和诸如此类的东西，经济学还有更广泛的适用性。

——加里·贝克尔

讨价还价

张五常曾询问："为什么在有竞争的市场上，购物者会讨价还价？""为什么没有一个出售者高举'不二价'之牌，强迫他家跟着不二价，从而减低讨价还价及顾客到处议价的费用呢？"这个问题让张五常思考了三十多年。张五常最终在 2012 年出版的《经济解释》（卷三）中的解释是："重点是有讯息费用存在，尤其是物品质量的讯息与其他出售者的售价讯息，顾客知得不足够。"结合商家的"资源空置"，张五常认为信息费用就能解释讨价还价的现象。

但是，这样的解释是不全面的，因为讨价还价的现象在世界各国并不是均匀分布的。发展中国家的讨价还价的现象可以说是司空见惯。农贸市场、地摊、拍卖市场、合同签订、贸易协定的谈判，都是讨价还价的地方。发达国家的讨价还价的现象相对比较少。英国一家"金钱超市"的网站在 2009 年底调查 2500 多名英国人时发现，英国人因为不讨价还价、不买打折商品或甘愿接受低质量的服务支出而多花费 3000 英镑，约合 4800 美元。大约三分之一的消费者说自己购买时从不讨价还价，因为这些英国人担心大吵大闹引人围观、不愿开口要求打折、不愿显得素质低下，不知如何抱怨以及没有时间抱怨。大约有十分之一的消费者经常在购买物品时讲价还价。有人推断，英国人每年多花费 740 亿英镑或者 1200 亿美元的"冤枉钱"。显然，有的英国人不愿讨价还价并非是因为信息不足。卡尔·波兰尼认为，人们参与贸易和讨价还价的经济行为，是受到风俗习惯、宗教目的、公共义务、法律和行政要求、社会地位和个人名望的考虑和制约。这些制约因素构成了想象的或者真实的交易成本。因此，解释讨价还价就需要考虑交换的收益和交易成本的差异。

一、讨价还价与交换

亚当·斯密在《国富论》中说："喜欢交换是人人所共通的，而且只有人类才喜欢交换，其他动物则不然。"在卡尔·门格尔看来，人类之所以会发生交换，不是由于交换本身是一种快乐和愉悦的行为，因为交换本身意味着"艰辛的、并伴随着危险和经济牺牲的行为"，而是由于交换让交易的双方从所换财物中得到的欲望满足要比不交换时得到的欲望满足多。

所以，要使交换行为得以发生，门格尔认为，需要三个条件：一是经济主体所支配的财货价值加上交易成本要小于欲交换的财货价值；二是经济主体必须认识所欲交换财货价值的情况；三是经济主体必须具有进行意欲财货交换的能力。而且，经济主体必须考虑因交换所作的经济牺牲，如"运输费、运输酬金、关税、海上损失、通信费、保险费、佣金、手续费、经手费、称量费、包装费、仓储费、商人及其辅助劳动者的一半生活费以及汇兑上的损失等"。这种经济牺牲就是交易成本，必须包含在所支配物的价值之上。在两种物品价值相等的地方，交换就应该停止，以便实现每个人的欲望满足的最大化。

但是，人们对于物品的主观估价，并不是一成不变的，而是受到众多因素的影响。第一，物品对经济主体所提供的欲望满足意义的变化。如果人们对一件物品的欲望或者兴趣减弱或者增强，那么，这件物品对经济主体的价值就会降低或者增高，经济主体就越有可能将这件物品用来换取更有价值的物品或者将其当废物一样处理掉。所有过时的产品都会面临这个问题。第二，物品的属性发生变化，如产品的破损、质量不合格甚至变成有毒产品。三鹿奶粉、混杂地沟油的炒菜和其他有杂食品、散发毒气的地板、高度污染环境中的楼房，其价格都会下降甚至成为非经济财货。第三，人们所能支配的物品数量变化。随着支配物品数量的增多，人们对物品的主观估价会急剧降低。按照边际效用递减的规律，每个经济主体对某种财货交易的界限就是其所支配物的价值不再小于被交换物的价值。

根据门格尔的主观价值理论，交换价格的形成过程就是一个讨价还价的过程。在《国民经济学原理》中，门格尔说："一个正确的价格理论所应说明的，是经济人在企图尽可能地满足其欲望的努力上，如何以一定量的财货相互交换。"①讨价还价的基础在于，交易双方对所支配的物品和所欲交换的物品具有不同的主观估价比率或者交换数量的比率。

比如，甲拥有 100 单位的谷物，希望换取至少 40 单位的葡萄酒；乙拥有 40 单位的葡萄酒，希望换取至少 80 单位的谷物。那么，每单位的葡萄酒就会换取 2~2.5 单位的谷物，甲希望每 2 单位的谷物换取 1 单位的葡萄酒，而乙则希望 1 单位的葡萄酒能够换取 2.5 单位的谷物。这样，"两人都将尽量利用这个机会，为获得愈多愈好的经济利益，而要求尽可能的高价"。于是，讨价还价的现象就发生了。

如果甲希望用不足 2 单位的谷物换取 1 单位的葡萄酒或者乙希望用 1 单位的葡萄酒换取 2.5 单位以上的谷物，那么，讨价还价的现象

---

① [奥]卡尔·门格尔：《国民经济学原理》（刘絜敖译），上海人民出版社，2005 年，第 112 页。

就不会发生。这就意味着，讨价还价首先取决于人们对物品的主观估价。只有买卖双方对物品的主观估价具有重合区间时，讨价还价才具有可能性。卖方总是希望探求买方的真实偏好和需求曲线，尽可能地索取高价。对于卖方的这种想法，买方就会尽可能掩饰自己的真实意图，同时希望尽可能了解产品的品质和在同类产品中的地位。对于买方的这种想法，卖方总是尽可能掩盖产品的真实情况，不愿意透露产品的缺陷和成本。在买卖双方不完全了解对方或者产品的质量和价格不完全不确定的情况下，在需求曲线和供给曲线无从知晓的情况下，讨价还价就必然会发生。

在门格尔看来，商品的市场可售性或者销售力受到许多因素的影响。第一，销售对象的限制。对商品无需求的人、因法律或者物理的理由不能购买此种商品的人、不熟知交易机会的人和商品的价格高于其主观估价的人都不能成为商品的购买者。第二，销售地域的限制。没有物理或者法律的障碍且交易成本要小于销售利润的地区，才可能成为销售的地区。第三，销售数量的限制。"一商品的销售力还被该商品未被满足的需求量所限制，同时也为经济交换基础还能存在的数量所限制。"[①] 第四，销售时间的限制。这包括季节性产品、时鲜性强的产品和需要较多储存成本的产品。这些因素都会影响厂商讨价还价的能力。销售力较大的产品或者与人们的需求密切相关的产品，就越有可能成为货币或者标准，发现和利用具有较大销售力的产品就成为企业家的重要功能。

在确定买卖双方对物品具有重合的主观估价基础上，对物品的讨价还价次数和最终的价格确定取决于物品市场的竞争性和买卖双方所愿意支付的交易成本。如若双方势均力敌或者处于完全竞争的状态，那么，当交易的价格处于交易双方主观估价的平均值时，交易双方可以实现各自利益的最大化。约翰·纳什议价理论（bargaining theory）轻易地解决了这个问题。在以上例子中，甲乙双方就会形成 1 单位的

---

① [奥]卡尔·门格尔:《国民经济学原理》（刘絜敖译），上海人民出版社，2005 年，第 151 页。

葡萄酒换取 2.25 单位的谷物的交易价格。

　　但是，如果交易双方的个性、对交易物品的主观估价、经济实力、愿意承担的交易成本、知识拥有量和交易带来的乐趣不同，那么，交易价格就会出现明显的多样化，讨价还价的时间长短将会明显不同。当买方能从讨价还价中获得乐趣，愿意支付大量的时间进行讨价还价，意愿支付的价格较低，对物品的价格信息有较多的了解，那么，买方就能从支付较高的交易成本中获得较低的物品价格。因此，讨价还价与时间的机会成本密切相关，在收入较低和失业较多的群体中，讨价还价非常普遍。随着物品价值的提高，讨价还价也会在非常富有的人群中出现。因此，讨价还价的次数与物品的价格成正比，与收入和时间的机会成本成反比。可以预计，老年人和贫穷的人更热衷于讨价还价。贫穷国家和落后地区到处充斥的讨价还价现象就说明了这一点。

　　当垄断者以一种财物与众多的竞争者的另一种财物进行交换时，交易价格更有利于垄断者。作为垄断者，"无论在何种场合，他都可以不受其他经济主体的影响，而完全出于自己利益的考虑，或定其提供交易的财货数量，或定其垄断财货的价格；从而或调节其出售数量以规约价格，或规定其出售价格以规约数量，而一切均以其经济利益为依归。"[①] 如果垄断者只有 1 个单位的不可分的物品，如字画、文物、土地或者某种特许权，那么，"这个垄断财货的价格，将决定于两个最热切交换且最有交换能力的竞争者所提供的另一财货数量的界限以内"。[②] 这通常出现在拍卖行业中。拍卖价格将会略微高于"最热切交换且最有交换能力"的第二竞争者的主观估价但会低于"最热切交换且最有交换能力"的第一竞争者的主观估价。维克里（William Vickrey）的最高出价人支付第二高价就属于此种情况，因为拍卖活动还需要支付交易成本。

　　如果垄断者拥有 5 个单位的财货，而有多余 5 个人的竞争者购买

---

　　① [奥]卡尔·门格尔：《国民经济学原理》（刘其敖译），上海人民出版社，2005 年，第 125 页。

　　② [奥]卡尔·门格尔：《国民经济学原理》（刘其敖译），上海人民出版社，2005 年，第 119 页。

此财货，竞争者购买多个财货的主观估价遵循边际收益递减的规律。垄断者就会根据每位竞争者愿意出的最高价格和自己的主观估价形成讨价还价的范围并尽可能获得一级价格歧视，竞争者会根据自己对每个产品的主观估价和其他竞争者的主观估价形成讨价还价的范围并尽可能略高于竞争者的估价，逐个交换其产品。在这种情况下，垄断价格就"决定于参加交换这种交换能力最低、交换欲望最弱的人所愿提供的'相对财货'数量与被排除于交换之外的交换能力最大、交换欲望最强的人所愿提供的'相对财货'数量的界限以内"。①

　　垄断产品的数量越大，交换价格就愈低，以便交换能力较小和交换欲望较弱的人能够参与购买，从而购买者获得的欲望满足就越多。如果垄断产品的主观估价较低但交易成本较高，那么，垄断者就不会按照一级价格歧视的方式逐个销售其产品，而通常会规定一个统一的价格出售其产品。如果价格定得太高，那么，垄断者就不能销售其全部产品，需要承担较多的销售成本和储藏成本。为了获得垄断高价，垄断者甚至可以将那些需要较多销售成本和储藏成本的产品毁弃或者生产停闭。大规模的房屋拆迁，荷属东印度公司在摩鹿加群岛焚毁香料和缅甸政府从 2013 年起开始关闭大量的翡翠玉石开采矿区，都是获得垄断高价的行为。

　　如果垄断价格定得过低，那么，购买者的需求量就会多于销售的产品，购买者就需要付出额外的交易成本，如排队或者贿赂等方式，来获得这种垄断产品。购买火车票、上大学、医院看病就需要支付巨额的排队等待费用来获得受到管制的垄断低价产品和服务。在 20 世纪 70 年代的石油危机中，尼克松政府迫于石油价格上涨过快的压力，对汽油进行价格管制。面对石油成本的不断增加而汽油价格的固定，石油公司的销售利润率就不断降低。为此，石油公司就有动机去限制生产量和汽油供给量。在较低的汽油价格限制下，较少的汽油供给量只能分配给那些愿意且有能力等候几个小时排队的司机。司机的等待成

---

① [奥]卡尔·门格尔：《国民经济学原理》（刘其敩译），上海人民出版社，2005 年，第 122 页。

本便消耗在低价汽油之中，造成社会的净损失。一旦限价政策取消后，供给短缺的问题就突然消失了。因为估价高的消费者愿意支付较高的价格购买汽油，从而刺激了石油公司扩大生产和增加供给量。

二、拍卖与讨价还价

讨价还价可以是销售者与购买者之间的直接博弈行为，如地主与佃户、政府与工会、旧车推销员与买主；也可以是销售者之间的直接博弈行为，如固定需求下的进口配额、员工招聘；也可以是购买者之间的直接博弈行为，如固定供给下的上大学、医院看病、行政审批、拍卖。在经济学中，购买者之间的直接博弈行为特别是拍卖行为近几十年来得到富有成效的研究。拍卖就是在销售者保证按照市场价格出售产品的条件下，通过购买者之间的竞争来揭示购买者对销售产品的偏好，从而让销售者实现按照一级价格歧视的方式出售产品的行为。

购买者之间的直接博弈行为，最能体现在那些供给非常有限的产品，如文物字画、无线电频谱牌照、矿井开采权、土地等。在中国，尽管矿山开采权和无线电频谱的牌照还没有形成拍卖市场，但是，文物字画和土地的拍卖范围却是在不断扩大。例如，中国演艺产业博览会举行的演艺产品拍卖活动，在 2011 年的天津会场，就拍卖了 31 个剧本、剧目和剧目冠名权，还有 135 件字画，成交金额达到 3200 万元。在这些有限供给的产品中，销售者不知道购买者对这些产品的偏好程度如何或者能为购买者带来多少利润。拍卖理论（auction theory）所需要解决的问题，就是如何设计有效的机制，让销售者能够确信购买者最能有效地利用这些产品或者确定这些产品的真实价值，以便最大化销售者的利润。

第一，设计拍卖制度机制就是要努力排除那些干扰的噪音。即排除那些对购买特定产品不感兴趣或者有兴趣但缺乏购买力的人，让那些既有意愿也有能力的购买者参与竞购行为。要做到这一点，销售者（拍卖行）就不仅需要做大量的广告宣传，让购买者认识到购买这些产品的机会是存在的，而且还需要购买者能够做出某种参与交易的承诺。

一般来说，对特定产品感兴趣的人，多数都是旁观者，他们一般都不会做出过多的承诺。有时，许多具有神经质或者故意破坏倾向的人，将会有意抬高竞标物品的价格，但不会购买。著名经济学家维克里（William Vickrey）设计了一种名叫"第二价格密封竞标拍卖"（second-price sealed-bid auction）的方案。每位竞标人都会用一个密封的信封将竞标价格交给拍卖人，出价最高的竞标人胜出但只支付第二高的报价。尽管这种密封拍卖能限制投标者花费资源来了解竞争者的标价，但是也会导致竞标人报出天价而只支付非常低价格的问题。例如，1990 年新西兰政府按照维克里拍卖的方案进行了一场无线电频谱的拍卖会，竞标人仅仅利用 6 新西兰元就得到了一张价值 10 万新西兰元的牌照。为此，销售者就可以要求潜在的购买者购买比较昂贵的门票或者交纳一定的保证金。产品的价值越高，要交纳的保证金或者购买的门票价格就需要越高，但不能高到几乎没有人参与竞标购买的情形。

第二，拍卖机制的设计要努力防止购买者之间的串谋行为，以便降低激烈竞价的程度和掩盖其真实的偏好。1994 年，美国政府竞拍洛杉矶和圣地亚哥的无线电频谱牌照，就面临这样的问题。在几次拍卖会之后，竞标公司故意在竞标价格中报出地区代码，从而间接地向其他竞标者说明其喜欢的牌照类型和有秩序地瓜分美国电信市场的信号。每个竞标公司只对自己感兴趣的牌照出价，同时不参与其他区域的牌照竞争作为补偿。结果，到 1997 年 4 月，美国政府筹集的拍卖费还不到其预期收入的 1%。显然，未能有效地控制购买者之间的串谋行为，是这类竞标失败的根本原因。许多文物字画的竞标公司，就利用串谋能够获利的特点，经常参与许多大型拍卖活动但不去竞标，以便获得其他竞标者的补偿。在中国的土地拍卖市场上，当主要的竞争者都是比较熟识的房地产公司时，地方垄断和瓜分市场的计划就可能限制土地拍卖的成功概率。

第三，拍卖机制要让购买者显示的真实偏好的信息得到公开展示和流通。在拍卖会中，任何参与拍卖的竞标人都必须参与竞标，愿意支付当前的最高价，否则就要放弃竞标的权利和退出拍卖会。在这种制度机制设计中，每一个竞标人的真实偏好信息得到展示，而那些对产品估价较低的参与者就可能会最先离开，只留下那些继续报高价和愿意支付保证金的人进行竞标，直到只剩最后一位出高价的竞标人夺得标的为止。这种低意愿者需要退出和分离真实竞标人的机制，与著名拍卖行苏富比（Sotheby）混同潜在的竞标人和旁观者的拍卖机制就具有显著的不同，也比销售者与众多的购买者秘密谈判并利用谎报信息来欺骗其他购买者的办法更有效。这里的关键设计就是，竞标人要不断提高可能会损失的保证金来表达并公开其竞标的意愿，即对特定产品的真实估价。随着损失的增大和其他高价竞标人的信息传播，低价竞标人就会首先选择退出，以便降低其损失的幅度。

英国政府在 2000 年拍卖 3G 无线电频谱就考虑到了拍卖的这些制度机制问题，获得了历史上最大的一笔拍卖收入，高达 225 亿英镑。首先，英国政府设计了 5 张无线电频谱牌照，其中 4 张为老牌公司拥有。这就增强了新公司与老牌公司之间展开竞争的激励。其次，英国政府进行了大量的广告宣传，对拍卖方案进行了计算机模拟，要求每位竞拍人都需要交纳 1 亿英镑的定金。根据公开的遴选，最后有 13 位竞标人参与投标，其中包括 9 家新公司。最后，英国政府利用新牌照的竞争来抬高 4 张老牌照的价格，以便融资 30 亿英镑。每位竞标人都可以参与任何一张牌照的竞价，连续三轮不参与竞标的公司将会退出。在竞标的一周内，竞价稳步上升；在第 25 轮竞标以后，每张牌照的价值就上升到 4 亿英镑；在第 50 轮竞标以后，总的竞标价达到 50 亿英镑，而且 13 位竞标人都还在竞价；在第 80 轮竞标之后，总的竞标价达到 70 亿英镑。在第 93 轮（竞标达到 100 亿英镑）以后，有五家公司陆续退出。这些有实力的大公司的退出，向其他竞标人传达了强烈的信号：3G 牌照的报价已经太高了。随后又有 3 家公司退出，最终购买新牌照的 TIW 公司支付了 43 亿英镑，沃达丰（Vodafone）从英国电信（British Telecom）手中以 60 亿英镑抢走了牌照 B，而英国电信只拿到一个较小市场的牌照。显然，英国政府成功地实现了电信牌照的一级价格歧视，获得了丰厚的拍卖收入，不管这些高昂的牌照成本是否会拖垮这些竞标公司。

　　可以说，拍卖行成功地实现了高度稀缺或者垄断物品进行讨价还价的制度化。在维克里看来，只要制度机制设计得当，不管是投标价值逐渐上升的英式拍卖，还是投标价值逐渐下降的荷式拍卖，抑或是密封拍卖，都能给买者带来相同的平均收益。但是，这个拍卖的收入等价定理，没有考虑不同的拍卖机制蕴含不同的交易成本和卖者主观估价信息披露的现实。密封拍卖不仅使卖者不透露任何信息，而且也造成卖者与竞标者之间的信息高度不对称。因此，在密封拍卖中，卖家欺诈就非常普遍，拍卖的公正性有时很难得到保证。在中国，政府采购招标或者土地拍卖，往往就存在此类问题。荷式拍卖揭示了卖家对物品的最高主观估价，希图通过降低交易成本来实现鲜花等拍卖物品的快捷交易。因此，交易成本和卖家的公正性会制约拍卖机制的设计，从而最大化拍卖的收益。

三、讨价还价的消失

　　当然，当今世界经济的交换都不是简单孤立的交换或者完全的垄断行为，而是受到众多的消费者和生产者的影响。在高度竞争的市场上，众多的销售商需要估算每个购买者对各单位产品的主观价值以及自己对产品的主观估价，购买者也需要估算每单位购买产品的主观估价和销售商对产品的主观估价。在众多的购买者和销售商的主观估价之间形成一系列的估价区间，购买者和销售商就在各自己的估价区间内进行讨价还价。高度竞争市场的讨价还价与垄断市场的讨价还价没有本质的区别，只不过高度竞争市场的估价区间数量较多且每一个估价区间的范围比垄断情况下较小，而且众多销售商对产品的主观估价范围比垄断销售商的估价范围要大。这样，高度竞争的市场就会以较低的价格销售较多的数量，克服垄断者毁坏或者控制商品数量以提高价格的努力，也会剥夺垄断者的一级价格歧视的权利，产品的质量在高度竞争状态下也可能会提高。

　　国际贸易就通过扩大消费者的主观估价范围和限制厂商的主观估价上限而强化了竞争，降低了产品的价格。相反，战争或者大规模的自然灾害，如地震或者飓风，都将摧毁大量的生产设施或者削减厂商的供给量。在这种情况下，较低的或者预期较低的供给量就只能在现有的消费者中进行分配，只有提供较高估价的消费者才能获得需要的产品，如汽油。生产商也会做出相同的价格上涨预期并调整价格。这样，受到战争或者灾害影响的产品价格就会上涨，形成短期的高物价现象。这种价格上涨一方面可以抑制需求，增加未来的供给量；另一方面也会诱发生产设施受到破坏的公司加速修复道路、管道、运输设备或者生产设备，尽可能恢复或者扩大生产，或者在灾害发生前增加储存量或者加大生产。生产商的努力最终会扩大供给量，从而降低价格。这就意味着，在战争或者大规模灾害面前，政府对物品实行价格管制最终会降低物品的供给并形成供给短缺，造成更多的受害者得不到及时救助。

更重要的是，在众多的销售商和众多的购买者中，要准确合理地估算消费者对产品的各种主观价值就需要花费较高的估算成本、信息搜寻成本和大量的其他交易成本。信息不对称性越大，讨价还价的力度也就越大。公司之间的交易、公司和一般顾客之间的交易，都是在讨价还价的努力下完成的。但是，随着交易的持续进行，卖方对消费者的偏好、收入、所愿意接受的价格、同类产品的质量和地位就会越来越了解，越来越确信价格与自己产品质量之间的关系。由于这些交易成本占销售成本的很大一部分，竞争市场的销售商就会采取统一定价的方式，将价格简单地定在平均成本加成的基础上，以便尽可能地获得那些主观估价高于平均成本加成的消费者的购买量。在这种情况下，公司就会调整产品的价格，从最初的尽可能索取高价调整到随后的统一标准价格。由于这种统一定价方式的出现，特别是超级市场统一定价方式的出现，消费者和厂商之间的讨价还价现象就显得有些模糊，好像讨价还价的现象成了不可理解的事情。所以，面对市场经济社会中的各种定价现象，我们不是问"为什么会有讨价还价的现象"的问题，而是问"为什么会有大量的公司定价而取代讨价还价的现象"的问题。随着公司生产和销售在各个社会逐渐占据主导地位，统一定价的形式越来越突出，讨价还价也越来越多地出现在小商小贩、信息高度不对称性的大宗产品，及各种拍卖等较狭小的领域。

同时，随着生活经历的增加，对产品的质量和性能的了解，并对企业的声誉有所耳闻，消费者就可以确定产品价格在同类产品中的合理性。这样，买卖双方都会随着信息的增加而不断减少讨价还价的次数，降低交易成本。企业也不断展示可信的真实信号，如电视广告、信用评级、产品质量检测、损害赔偿、不满意退货、豪华的建筑大楼等，让消费者最好别讨价还价。

特别是大规模生产带来的标准化产品，更是降低了产品质量的多样化和分别定价的需求，促进了超级市场的产生，统一标价就成为现实。为了降低讨价还价的成本，企业尽可能将产品的质量和信息标准化，如黄金的各种品质、牛奶的各种构成信息。完全具有标准化信息的产品，就容易成为货币或者交易中介。对于那些创新的产品，不断调整价格是为了寻求一个消费者可以接受又能保证生产成本得到补偿的市场。随着购买这种产品的人越多，如果大量的人都不讨价还价，每个人都相信其他人的智慧和感受真实的话，那么，这些购买本身就代表了消费者的真实评价。也就是说，人们在边买边学（learning by buying），消费者购买产品的存量与购买效率之间存在显著的正相关关系。讨价还价比较明显的地方，很难呈现经济周期，最多是季节性的周期。一旦讨价还价消失，有固定的价格，企业就会按照这个价格去大量生产，造成价格和产量的周期性波动，经济危机就会出现。

当然，统一定价并不是唯一限制讨价还价的方式，因为价格的调整涉及信用的外部性问题。如果企业不断调整产品的价格，那么，购买这种产品的人越多，其资产损失就越大，企业的信誉威胁就越大。为了更好地探寻消费的偏好和对产品的主观估价，销售商经常进行产品折价而不是降价销售。对于未来提供的产品，为了降低无限制讨价还价的成本，买卖双方通常需要签订契约，而未来的市场价格与谈判价格之差就是交易双方为未来交易所冒风险的预期损益。期权就是这种限制未来讨价还价成本的一种机制。同时，政府还通过颁布法律来限定讨价还价的范围和对象，也通过第三方调解和法院来解决讨价还价的双方不能就交易物品达成共同协议时按照惯例或者强行制定一个价格，以便节省交易成本特别是对社会造成的外部成本。同时，为了减少讨价还价的交易成本，厂商经常对同种产品进行局部的包装或者性能调整，以便使包装精良的物品卖给那些主观估价较高或者需求欲望较强的消费者，而包装一般的物品卖给那些估价较低的消费者。图书的精装版与简装版、月饼和粽子的豪华包装礼盒和简易包装的区分就是如此。

因此，讨价还价或者动态的竞争就是交易双方发现信息的过程和在不确定的条件下进行协商和达成协议的过程。新古典经济学应用市场均衡的概念模糊了讨价还价应有的地位和作用，也过度地夸大了政府在市场经济中不应有的作用和地位。美国经济学家罗纳德·科斯从环境污染和其他经济外部性寻求突破口。以阿瑟·C.庇古为代表的传统经济思想总是武断地认为，只要出现污染问题，就需要对排污者课税以补偿受害者。这些传统经济学者总是梦幻般地强调，政府的使用是免费的。基于这样的幻想，美国财政学家理查德·马斯格雷夫在《公共财政理论与实践》中，神奇地赋予政府在资源配置、再分配和稳定经济方面的巨大作用，一点也不谈论政府在广泛实施这些经济政策时为社会带来的巨大伤害。如果天底下没有免费的午餐，那么，政府的实施征税权本身就会对污染受害者和排污者带来很大的成本。在《社会成本问题》一文中，科斯明确指出，即使没有政府的帮助，只要收益大于成本，受到污染损害的人们也可能会与排污者达成协议。受到科斯研究思路的激励，后来的经济学家广泛寻求在离婚、契约、诉讼和环境问题等领域出现的交易双方的讨价还价或者庭外调解的证据。

其实，如果不是新古典经济学过度重视均衡而忽视交易的过程，那么，我们就会发现，科斯的研究贡献仅仅只是对新古典经济学的一种纠正。更重要的是，按照门格尔的分析，如果讨价还价具有普遍性，那么，政府在众多领域的作用就非常小。如果政府能够保证每个人和集团的讨价还价的权利，那么，即使是面对垄断者，个人或者集团都能够获得应有的收益。在《国家》（*The State*）一书中，奥本海默（Franz Oppenheimer）提出，获取财富的方式只有两种：一是市场交换的"经济方式"；二是用暴力攫取或者剥夺他人生产成果的"政治方式"。政府所需要做的仅仅是，尽可能限制政治方式获取利益，而尽可能地保护每一个人按照"经济方式"获取利益的讨价还价方式。不幸的是，基于节约交易成本的大量制度创新，模糊了讨价还价在经济学中的基础地位。

讨价还价与明码标价

在生活中，讨价还价可以说是无所不在。只要资源有限、只要人们对某种东西的价值无法完全确定、只要存在交换，那么，讨价还价就会发生。缺少法律和度量的强制标准，无疑会为讨价还价提供额外施展的空间。讨价还价或者由买方出价，或者由卖方出价。买者希望低价，最好白送；卖者希求高价，最好价值连城。"人们出的总是比最终给的少，要的总是比预期的多。"如果时间没有机会成本，或者时间是无限的，那么，买卖双方就可以无限制地进行谈判磋商，买家从零开始逐渐加价，卖方从非常高的价格开始逐渐减价。拍卖就是如此。但是，时间是稀缺的资源，没有人为了很小价值的东西耗费过多的时间，除非讨价还价本身就是乐趣。

当时间机会成本在买卖双方不对称分布时，讨价还价必然有利于愿意花费时间的人，或者说是低收入阶层。在很贫穷的地方，获得货币收入很困难，人们习惯于对任何物品都无休止地讨价还价，希图利用充裕的时间资源去获取任何可以获得的货币收入或者货币支出的节省。在农村的集市，买货的人对任何卖家的要价都要大打折扣。打折的理由五花八门，公正、正直、真理、老天的名号，可能都会在语言的唾沫中横飞。考虑到打折的因素，卖家就会将价格抬高，直到打折之后的价格符合预期价格为止。旧货市场的漫天要价、黑出租车和地摊的随地喊价，都是如此。

对于买家来说，生活经验丰富的人会讨价还价、货比三家，生活经验或者信息不足的人就会支付卖家的要价。这样，因为信息费用和讨价还价的费用不同，同样的商品就可能对不同的消费者收取不同的价格。在经济学上，这就叫做价格歧视。传统理论认为，卖家要实行价格歧视，顾客群体必须能够进行细分隔离，且不同的顾客群体的需求价格弹性不同。当然，这种理论没有考虑买卖双方的信息不对称性、讨价还价的可能性和信息搜寻成本的昂贵性。为了有效地进行价格歧视，卖家一般对商品和服务不明码标价，以便根据每个顾客的偏好获取最大化的收益。猜测到卖家的生意伎俩，买家也毫不含糊，只要时间许可，就漫无目的地讨价还价，或者干脆不买。

当卖家是小商小贩时，买家和卖家的讨价还价所耗费的时间机会成本还是很低，只要所赚之钱足够弥补单位时间内的人工报酬就行。讨价还价的时间长短就受制于买家的出价和卖家的要价，以及买卖双方的时间机会成本。如果买家的出价为 P_1，卖家的要价为 P_2，买卖双方的时间机会成本为 a 和 b，最后的成交价或者均衡价格为 p，那么，买卖双方讨价还价的时间为 $(p-P_1)/a=(P_2-p)/b$。显然，买卖双方的时间机会成本越低，买卖双方的要价与出价的价格差越大，产品越昂贵，那么，讨价还价的时间就越长。

简单的计算表明，均衡价格 $p=(aP_2+bP_1)/(a+b)$。也就是，最后的成交价是买卖双方的要价与出价对时间机会成本的加权平均数，卖方的要价受到买方时间机会成本的制约，买方的出价受到卖方的时间机会成本制约。富裕的人群很少在廉价物品方面讨价还价，就是因为他们的时间很有价值。由于贫困人群的时间机会成本或者单位时间内所赚得的收入较低，所以，穷人进行讨价还价的情形就会非常普遍。拿破仑曾说："达到重要目标有两个途径：势力和毅力，势力只是少数人所有，但坚忍不拔的毅力则多数人均可实行。它沉默的力量随着时间发展而至无可抵抗。"讨价还价最终体现了坚忍不拔的毅力和时间机会成本的差异。

19 世纪美国外交官何天爵在《中国人本色》一书中认为，中国人交易中的"讨价还价实际上是一种智力比赛，要仔细观察并且具有古代武士果敢的决心。人们可以听到雄辩的语言，充满活力的表达，自由的姿势，就为了争两磅的卷心菜，一块冰凉的煮红薯，或者是一根黄瓜！人们引经据典，煽动旁观的人，有理有据地论辩，指桑骂槐，就为了不到一美分。"在进行这种细致的观察时，何天爵没有注意到当时中国普通人的贫困和获取货币收入的艰辛。

根据《吕氏春秋·离谓》记载，郑国有个富家子女溺水而死。"人得其死者，富人请赎之，其人求金甚多，以告邓析。邓析曰：'安之，人必莫之卖矣。'得死者患之，以告邓析。邓析又答之曰：'安之，此无所更买。'"过去人们认为，邓析"以非为是，以是为非，是非无度，而可不可日便"。其实，这并非邓析故意混淆概念和引发社会矛盾，而是看到了这个独买独卖的讨价还价行为。对于死者家属来说，对死者的及时厚葬是尊重死者的良善行为；对于打捞尸体的人来说，估算死者家属对死者的尊重是确定价格的筹码。在面临这种只有一个买家和只有一个卖家的情形时，双方就要进行智力比赛，展开各自的智慧得到合意的价格。

当然，讨价还价除了获得价格的让步外，还会带来自身的喜悦。何天爵认识到，"公平地说，这种讨价还价更多的是出于争论的乐趣，锻炼肺活量和发音器官，最重要的是获得胜利的满足"。如果我们了解了讨价还价的这么多好处，我们就不难理解，中国城市中的老人都喜欢逛早市，进行讨价还价了。原来，他们是把讨价还价当作锻炼身体的方式了。当讨价还价被当作"一场智慧的较量，最聪明的头脑获得胜利"的时候，娱乐中的老年人就获得了讨价还价的优势，总是以最低的价格买到最合适的蔬菜、水果和日常用品，顺便还延年益寿。

随着卖家规模的扩大，个体商贩就向规模化的企业经营发展。从极端的情况来看，当卖家的时间机会成本是买家时间机会成本的数倍甚至数十倍时，最后的成交价就比较接近于买方的出价。进货品种的增多、房租成本的上升、雇用职工的工资增加、电费和机器设备费用的增加，都迫使卖家采取讨价还价的方式进行经营，利用大批量销售获得差价的方式取代从单个商品获取尽可能大的价格差的方式。显然，明码标价是最省力的一种制度机制。

在明码标价的制度机制中，卖家根据进货成本采取加成的办法出售商品。加成的比例取决于市场竞争的情况，具有明显垄断优势的产品加成比例高一些，完全竞争的产品加成少一些。一旦卖家采取明码标价的方式，买家在生活中就可以比较多家商店的价格，从而选择适宜的价格和合适的讨价还价方式。这就意味着，买家就会从与单个卖家进行讨价还价的方式过渡到用"脚投票"或者逛不同商场的讨价还价的方式，选择价格的节省与其时间机会成本相等的商场进行购买行为。这种跨商场的价格比较就对商场构成了强有力的竞争压力。当消费者的时间机会成本比较高时，就会经常购买那些明码标价的产品。那些时间比较充裕的老人或者穷人，就会经常光顾那些小摊小贩、闲逛各种超市，并不断与明码标价的产品进行价格比较。在大规模零售企业的压力之下，小摊小贩就会销售那些低成本的产品，以便进行价格竞争和利用自己的信息优势获取讨价还价的好处。

这样，我们就会看到，随着收入水平的提高和时间机会成本的增大，讨价还价的范围就会逐渐缩小。当卖家拿着旅游产品、手工艺产品、土特产或者其他产品沿街叫卖时，我们就知道，这些卖家的时间机会成本很低，这个地方还有很多人贫穷。小商小贩云集的地方，或者集市、蔬菜市场盛行的地方，必然蕴含着工资的低廉，讨价还价就显得很自然。从讨价还价中，我们看到明码标价的市场机制是如何在节约交易成本的过程中产生的。

当收入不同的各种人群在讨价还价的地方旅游时，我们就会看到，收入高的外国人经常会支付高价，贫穷的国人则会努力杀价。过去，我们把努力讨价还价的行为当作自我聪明的表现，以至于各地的火车站旅馆、出租车和旅游商店都努力宰杀外地人。殊不知，我们的讨价还价或者随地喊价凸显了我们的贫困，特别是市场机制发育的不成熟。外国人不愿讨价还价，是因为他们的时间很值钱，或者他们的工资很高。从飞机上下来的游客，因为公务繁忙或者家庭要事缠身，自然也不愿意再浪费时间讨价还价。明白了这一点，我们就不会把那点小聪明当作智慧的化身对待。当小商小贩被明码标价完全驱逐时，我们就进入了完全的市场经济社会。在市场经济中，我们仍然会看到讨价还价的现象。只不过这时的讨价还价，都是对价值昂贵的产品的讨价还价。汽车、房屋、钻石、文物字画、矿产资源、排污权等，还有永恒的爱情，都是讨价还价的对象。

[2012 年 6 月 25 日]

价格搜寻和讨价还价

　　随着商品的明码标价，讨价还价的对象就发生了转移。在商品价格不明确的情况下，买家需要花费时间才能最终确定购买的价格。在商品价格明确的情况下，卖家节省了讨价还价的成本，但却需要面对买家的价格搜寻。在经济学教科书《价格理论》中，芝加哥大学的经济学家乔治·施蒂格勒（George Stigler）谈到，在 20 世纪 50 年代，芝加哥市有 30 个销售商经营同一种汽车品牌，各自的价格在 2350—2515 美元之间波动，平均价格为 2436 美元。面对这种价格差，汽车购买者将作何种选择呢？直接地拜访每家汽车销售商是非常耗时耗力的过程，查阅各个汽车经销商的商品价格目录会节省很多时间。将搜寻的成本与价格的节约相结合，我们就会找到一个均衡点。按照施蒂格勒的说法："为了使他的效用最大化，购买者不断搜寻更多的价格，直到购买中得到的预期节约额等于再多拜会一个销售商的代价为止。然后，他停止搜寻，从他遇到的报价最低的销售商那里购买商品。"

　　由于消费者搜寻商品和服务的成本每次变化很小，所以，商品价格越高，商品价格的波动幅度越大，购买商品的花费在收入中所占的比例越大，消费者搜寻商品和服务的次数就越多。我们通常会看到，人们花费很多时间在不同的汽车商和房地产商面前溜达，而很少有人在不同的农贸市场溜达而不购买东西。就其原因，就是蔬菜水果的价格较低，波动幅度较小，而房屋和汽车的价格较高，波动幅度较大。需要注意的是，从相对比例角度看，价格低的商品往往在不同商店波动的相对幅度较大，尽管绝对变动幅度较小。比如，在 20 世纪 50 年代，美国洗衣机的平均价格为 223.45 元，标准差为 7.65 元，而变异系数为 3.42%；汽车的平均价格为 2436 元，标准差为 42 元，变异系数为 1.72%。在不同的农贸市场上，我们可以看到蔬菜的价格从每斤

1 元到 3 元不等，但很少见到同样品牌的汽车价格在不同商店从 15 万元波动到 45 万元。

当然，这种价格搜寻理论，只是一种成本理论，没有考虑到消费者的偏好本身。即使认识到同一种产品具有不同的价格，只要消费者对产品具有足够的偏好，那么，消费者就不会去进一步搜寻不同卖家的商品。也就是说，搜寻商品和服务的次数与商品的价格、商品的购买量、消费者的收入水平、消费者偏好、消费者的时间机会成本和其他的交易成本密切相关。消费者越是贫穷，搜寻商品的次数就会越多。所以，在各种早市，我们会看到许多较贫穷的老人购买各种商品的背影，而很少见到白领阶层的身影。消费者收入越高，越是偏好某种商品，那么，消费者就会越是花费较少的时间搜寻这种商品。如果被搜寻的商品存在假货，如古董或者字画，那么，消费者搜寻的时间就会越漫长。经过适当的修改，搜寻产品和服务的价格理论也可能用来描述找工作、投资地点的选择、研究开发的项目选择等方面。

问题是，不同商场为什么会设置不同的商品和服务价格？为什么所有的商场和商店不设置同样的价格呢？例如，经济学家普莱特（John W. Pratt）在 1979 年对美国波士顿地区的 39 类商品的价格差进行了调查。调查发现，一模一样的自行车在各商场的最高价与最低价只相差 11%，这是价格差距最小的商品。在所有 39 类商品中，同种产品的最高价与最低价差距的中位数是 157%，同种产品最高价大约是最低价格的 7 倍。施蒂格勒曾对此作过解释，并据此获得了诺贝尔经济学奖。

在施蒂格勒看来，不同商场对同一种商品设置不同的价格，主要是利用了消费者对不同商场的产品价格具有不完全信息的结果。考虑到消费者的有限理性和信息搜寻费，商店只要将价格波动范围设置在信息搜寻费范围内就可以了。事实上，这种解释是非常牵强的。在那些旅游地点，由于人生地不熟，产品和服务的价格相差非常大，信息不足可能是主要原因。但是，对于那些在我们日常生活周围的商店而言，这些商店经常是比邻而居。要说消费者都不了解商品价格的信息，那是不可能的事情。同样一种啤酒，在较小的商店就卖得比超市贵，在较小的饭店就卖得比豪华餐厅便宜。这是大众都知道的一个经验常识，不能以信息不足作为推诿。

显然，要想解释同一种产品在不同区域的不同商店会形成各种价格，我们需要一个更综合的理论。其实，经济学早就提出了这个理论。经济学家认为，产品的价格等于各种要素投入与其要素价格之积再乘以成本加成率。尽管产品本身作为一种投入要素早已存在，且其成本也固定，但是，附加在这种产品原材料上的其他要素却不是固定的，且其价格变化多端。比如同一种产品，运输费用不同、处在城市的地段不同，价格自然不同。因为，产品的售价需要加上单位运输费用、单位房屋租金和单位人工成本。只要附加费用低于消费者单独采购产品的交易成本，那么，这种差价就是合理的，就可能被接受。当然，接受产品附加费用的人数比例越高，产品的售价就可能越高。最终，单位产品的附加费用就会等于消费者到另一个商店采购的附加交易成本。

这样，我们就可以理解，五星级宾馆的一碗面条，可以卖到 80 元，而马路边上的面条也只能卖 5 元。区别在于，五星级宾馆包含了较高的租金、更好的卫生、优雅迷人的服务员和温馨的服务，还有消费者地位的显示。相反，马路边上吃一碗面条，可能伴随着刺耳的嘈杂声、冰冻的寒风、污染的空气、肮脏的碗筷，还有消费者地位的低下。当把所有这些附加要素都计算在内时，如果消费者觉得其价值在 75 元以上，那么，消费者就会选择在五星级宾馆吃一碗"昂贵"的面条，而不会去吃一碗"廉价"的路边面条。如果消费者重视其平民的风格，认为在马路上吃面条含有巨大的附加值，那么，他将选择在马路上吃面条。报纸上曾多次报道，美国总统奥巴马经常光顾马路边的比萨饼店，以彰显其平民风格，为其第二次总统竞选成功立下了汗马功劳。在电影中，我们也经常看到，在战争年代，国民党高级官员在豪华宾馆和酒楼大吃大喝，而共产党高级官员却在解放区的平民饭馆吃面条、喝白水并商讨军国大计。不同的战争结果就是对这种不同消费模式的报酬。不过，除了在特殊的情况下赋予廉价食品以巨大的价值外，人们还是更多地选择那些包含更多服务、生产要素和荣誉的产品和服务。

因此，消费者对产品价格的搜寻，不仅要比较同种产品的价格差异，还要比较价格差异所包含的服务和各种附带投入。这样，同种产品的价格差异，就不能仅仅依靠信息不完全来解释，还要依靠产品所包含的成本差异来解释。当经营上万种产品的超市出现时，产品价格的信息不充分可能会加强。商场会有意识地不断调整产品的多样化价格，有些产品的价格高于同类商场的价格，有些价格低于同类商场的价格，从而削弱和模糊消费者记忆及比较各个商场的商品价格的能力。

2011年3月，杭州市消费者保护协会对9家超市的大米、食用油、乳制品、调味品、肉等五大类19个品种的132件商品进行了调查，发现19种商品中有7种商品在不同的超市存在10%以上的差价。250毫升的双鱼米醋，在欧尚大观店售价0.8元，在世纪联华庆春店和华商店的售价为1.2元，差额高达50%。454克的太太乐鸡精，欧尚大观店售价13.90元，在世纪联华庆春店和华商店的售价为16.50元，差额高达18.7%。有的认为，这是超市故意利用信息不对称性，人为地提高商品价格的行为。实际上，即使商品的进货价格相同，出售的商品价格也不尽相同，因为出售价格是在进货价格基础上加上销售成本和租金。由于超市的规模不同，进货价格也往往不尽相同，较小的商店需要支付较高的进货价格。对于消费者来说，购买一个商品，需要考虑商品的售货价格、信息费用、交通成本、排队等待成本、超市的服务等多种成本因素。另外，在不同的区域经营，税收也往往存在差别。

无论如何，企业在售卖同种产品时，会竭力附加各种服务和投入，将同种产品赋予不同的形象和内涵，从而在看似相同的产品之间形成垄断竞争。经济学家张伯伦和琼·罗宾逊早在20世纪30年代就认识到这一点。只是新古典经济学长期重视交换理论，以至于忽略了生产的独特性。其实，市场交换的过程更多的是一种生产的过程。经济学家加里·贝克尔，甚至将家庭消费看作是一个生产过程。因此，当我们把厂商的定价当作一个生产过程来处理时，我们就会看到同种产品在市场销售时表现出价格的多样性。自然，同种产品价格的多样性就会伴随着消费者的价格搜寻。整个市场就处在不断的动态价格调整和搜寻之中。

[2012 年 11 月 15 日]

黄金有价玉无价

经济学家喜欢用统一的理论来解释现实中的经济现象。生产成本理论或者劳动价值论认为，产品的价格是由生产成本或者劳动价值所决定的。成本加成法的定价方法就是其中的体现。在生产成本理论或者劳动价值论中，消费者的偏好找不到自身的位置。按照这种理论，消费者之所以购买产品，是因为产品所包含的成本或者劳动节约。这就意味着，产品的质地是标准的、均匀的、可以重复制作的。

另一方面，效用价值论则认为，产品的价格是由消费者的偏好或者产品的效用决定的。在效用价值论中，产品的价格与其成本没有必然的联系。在完全竞争市场上，产品的价格与其边际成本相等。在垄断市场、寡头市场或者垄断竞争市场上，产品的价格则在边际成本等于边际收益的基础上，主要受制于消费者的偏好强度。在政府垄断的市场上，产品的边际成本甚至可以超过边际收益。根据消费者偏好进行定价的一级价格歧视、二级价格歧视和三级价格歧视，就是效用价值论的体现。最为明显的是，影视界明星、公司高层管理人员和超级球星的收入与其所付出的劳动努力几乎看不到联系的影子。

如果说有的产品主要按照生产成本进行定价，有的产品主要按照消费者偏好进行定价，那么，坚持这两种理论的人必然认为这是一种折中主义观点。现实情况似乎是这样。"黄金有价玉无价"的俗语，就充分体现了产品定价机制的差异。

在过去十年间，黄金价格上涨 5 倍、白银价格上涨了 9 倍、铂金价格上涨了 3 倍。在过去二十年中，中高档翡翠价格上涨了几百倍甚至上千倍。普通翡翠挂件的价格从 1990 年代初的 3—5 元涨到 2010 年的 300—500 元，一只冰种手镯的价格从 100 元猛增到 30 万元以上。2005 年，在上海市的一次拍卖会上，一块重量 450 克的"如意"翡翠摆件估价高达 2800 万元;一块 205 克的和田羊脂白玉籽售价 500 万元;2 件 6 公斤翡翠毛料暗标价 600 万元,业内估价 5000 万至 6000 万元,实际成交价 2 亿元。中国香港佳士得拍卖会在 2006 年拍卖 100 件玉器精品,成交 80 件,成交价为 1.16 亿港元;2007 年拍卖 100 件,成交 78 件,拍卖价 1.96 亿元。清朝乾隆时期的玉玺甚至拍卖会上拍出 5000 万至 1.2 亿港元。这就说明,与金银的价格单一性不同,玉石的价格具有多样性,尽管绝大多数玉石都不像和氏璧、传国玉玺、乾隆皇帝的"田黄三连章"那样属于无价之宝。

"黄金有价玉无价"绝对不意味着玉石是极其珍贵的,其价值远超过黄金,而是意味着玉器的购买价格很难确认,玉的好坏认定很难统一。那么,是什么原因造成黄金的价格统一而玉石价格的多样性呢?

原来,黄金作为一种金属元素,在自然界中呈天然的晶体,经常单独出现,很少同其他物质相融合或者形成化合物。即使黄金与其他物质相混合,由于黄金可以自由地分割和重新组合,人们可以通过提炼和加工提高其纯净度,消除杂质的影响,使黄金在内部构造或者外部形状上没有天然的质的差别。由于相同的黄金量必定是完全相同的,人们就没有理由认为这一部分比另一部分好。黄金的价值就与产地、矿脉、人的主观感受没有太大的关系,而主要受生产成本的影响比较大。例如,每盎司黄金的价格从 1973 年的 35 美元上涨到 2010 年的接近 2000 美元,一个主要原因是黄金的开采成本不断上升(其价格也受到市场投机因素的影响)。由于不同产地的黄金具有高度的同质性,因此,黄金价格就能按照成本加成的方法加以确定。因为纯净度较高,杂质含量较少,具有产品的同质性,测量成本和检测成本很低,黄金产品很容易形成全国性和全球性的统一大市场,按照统一价格出售黄金产品。尽管企业也可以利用同质性的黄金进行规模化加工和经营,形成黄金饰品的品牌连锁店,但是,任何黄金饰品之间存在较大的价格差都会导致套利的发生。英国哲学家大卫·休谟提出的黄金铸币机制甚至断言,作为货币的黄金和作为工业原料和首饰的黄金如果存在较大的价格差异,也会导致黄金被熔化或者铸成金币进行流通。马克思对此评论道:"金银总是能通过熔化重新化为纯金属状态,并且同样能够从这种状态化为任何别的状态，因此，金银不像其他商品那样，被束缚在它们所取得一定的使用形式上。"这样，黄金饰品很容易形成成本加成的标准化定价机制，减少或者限制讨价还价的范围和幅度。可以推断，只有产品具有高度同质性时，规模经济和生产的集中化才有可能。

玉石不是一种化学元素，而是包含各种矿物杂质的贵重石头。玉石的矿物成分和组合方式不同，形成不同种类、色彩、光泽、纹理、硬度的玉石。即使像缅甸的翡翠玉、新疆的和田玉、辽宁的岫岩玉、南阳的独山玉，也因不同的矿床、矿带、矿体、矿段不同而呈现不规则性和差异性。如果考虑雨水的侵蚀、冲刷和开采造成的玉石块状的不同，则玉石的差异就更大，优质玉的稀缺度更高。

从地质学角度看，玉石可以分为硬玉和软玉两种。硬玉指质地坚硬、密度较高、清澈晶莹的辉石，翡翠就属于硬玉的一种。翡翠的种类变化无穷，其主要成分是硅酸钠和硅酸铝。翡翠有红翡、黄翡、绿翠、紫罗兰、白青等多种颜色，尤以绿色为最佳，但一块翡翠也可能同时出现多种颜色而成为翡翠珍品。

软玉属透闪石类，其质地、硬度都比硬玉要低。软玉的主要成分是硅酸钙的纤维矿物，因含有少量的氧化金属离子而呈现白、青、绿、黄等颜色。岫玉、南阳玉、蓝田玉、和田玉、玛瑙、水晶、珊瑚、绿松石、青金石等都属于软玉。四川汶川县的龙溪玉含有90%以上的透闪石，还夹杂白云石、滑石、伊利石、石榴石、绿泥石和金属矿物，呈现黄绿色、淡绿色、绿色、深绿色、青灰色、灰白色。四川的软玉猫眼石因夹杂有磁铁矿和蛇纹石等矿物质的铁、锰、镁、钛等化学元素，呈现浅绿、暗绿、褐色、灰白、深灰、蜜黄等颜色。和田玉因其质地细腻、油脂光泽、适中的透明度和杂质较少而成为玉石中的珍品。和田玉在色彩上分为白玉、青玉、碧玉、墨玉和黄玉。在和田玉中，黄玉最为珍贵，羊脂白玉次之，墨玉更次之，青玉最为普遍和数量多。

不仅玉石的种类繁多，杂质成分多，颜色变化多端，而且其价值受到传统文化的广泛影响。在新石器时代，权力和社会地位的分化需要某种高度稀缺的、很难仿制的物品作为身份的标记和权力的象征。

印度、阿拉伯、欧洲等国家的人发现了红宝石、蓝宝石、钻石等宝石的权力价值，而中国和东南亚国家的人则将玉石制作的各种器皿作为权力的标志。《管子》曰："先王以珠玉为上币，黄金为中币，刀布为下币。"

河姆渡文化、大汶口文化、良渚文化、红山文化、龙山文化的遗址中都出土了大量的玉器。《周礼·大宗伯》曰："以玉作六器，以礼天地四方。以苍璧礼天，以黄琮礼地，以青圭礼东方，以赤璋礼南方，以白琥礼西方，以玄璜礼北方。"《史记》记载的价值连城的和氏璧，因刻有"受命于天，既寿永昌"而成为国宝玉玺。随着青铜器和铁器的广泛使用，开采和加工玉石越来越容易。玉石产量的增加为更多崇尚权力和社会地位的人群提供了身份辨识的标志。王公贵族、文人墨客和富有阶层都在玉器中寻找自己的灵魂归宿。

玉器有龙纹、凤纹、鸟纹、弦纹、人物纹、兽面纹、山水纹、卷云纹等纹饰，玉璧、玉琮、玉圭、玉璋等礼器，玉环、玉镯、玉跨等佩戴器，玉衣、玉塞等丧葬器，玉人、玉兽、玉屏、玉山等玩赏器，玉杯、玉碗、玉壶、玉盘等实用器。由于玉器数量的增加，根据玉器形状或者纹饰区分身份等级和礼制的上层文化就逐步形成。《礼记·玉藻》云："天子佩白玉而玄组绶，公侯佩山玄玉而朱组绶，大夫佩水苍玉而纯组绶，世子佩瑜玉而綦组绶，士佩软玉而綦组绶，孔子佩象环五寸而綦组绶。"在这种上层文化中，玉器成为美好、富贵和高雅的象征，玉骨冰肌、玉貌花容、玉叶金枝、玉露金殿等崇尚和赞美玉的语言也得以不断扩展。

儒家思想将玉石文化从权力和社会地位层次扩张到道德层面。《礼记·玉藻》云："古之君子必佩玉，……是以非辟之心，无自入也。""君子无故，玉不去身，君子于玉比德焉。"《管子》和孔子从玉器的坚贞、不屈、灵秀、温润、细腻、稀缺的自然属性看到了玉有"仁、智、义、行、洁、勇、精、容、辞"等九德或者"仁、义、礼、乐、忠、信、天、地、德、道"等十德。按照许慎在《五经通义》中的解释，玉石具有这样的"仁义礼智信"五德，"温润而择，有似于智；锐而不害，有似于仁；抑而不挠，有似于义；有瑕于内必见于外，有似于信；

垂之如坠,有似于礼"。玉器就在纯洁、正直、诚信等道德观念中得到某种诠释。

在权力和道德价值的基础上,中医给玉石附加了神奇的医疗保健功能。《神农本草经》认为,玉石"能生津止渴,除胃中之热,平愤懑之气。滋心肺,润声喉,养毛发"。《本草纲目》则进一步认为,玉石"安魂魄,疏血脉,润心肺,明耳目,柔筋强骨"。因为中医的原因,玉石又增加了健康、长寿、保命的价值。

在炫耀性消费心理的驱动下,一般官吏和普通民众也形成对玉器的崇拜和喜爱,在中国文化圈形成特有的玉文化。赵汝珍在《古玩指南》中谈到清末民初京城上流社会的爱玉风尚:"居则以玉为消遣之品,行则以玉为表示富贵之征;朋友相见,必以所得之玉相夸示,集会谈话,必以玉为主要论题。"这种玩玉和消费玉的生活态度在当今社会依然清晰可见,只不过当今的玉石种类更加多样化。当玉石的把玩成为一种生活态度时,玉石的价值更会增加。

玉石种类、色彩、光泽、纹理、硬度的多样化,与权力、地位、道德、医疗保健的功用相结合,就为玉器的设计和加工工艺的多样化提供了足够的思索空间。唐太宗曾说:"玉虽美质,在于石间,不值良工琢磨,与瓦砾不别。"由于黄金和宝石的纯净度较高,纯净度和重量是判断黄金和宝石价值高低的主要标准,因此,黄金和宝石的切割、打磨的工艺就比较简单,造型就比较规则,成品的好坏也容易判断。相比之下,玉石大多含有杂质,不能简单地根据纯净度来判断价值的大小。为了克服杂质的问题,玉石雕刻就比较讲究造型和创意,以便将杂质和玉石部分融合为一个艺术品,努力做到"瑕不掩瑜,瑜不掩瑕"。因此,玉石的切、琢、磨、抛、浮雕、透雕、镂空的工艺就非常讲究。精美的玉器更会随着雕刻大师的社会知名度而身价倍增。"得美玉易,得宝玉难,得宝玉品更难"的经验之谈就蕴含了玉石的加工和创意。

玉器的价值包含材料价值、艺术价值和文化价值。玉石的质地、加工的年代、构图的精细、雕刻的好坏、玉器的种类、沁色的不同等都对玉器的价值产生影响。玉器的材质越好、工艺水平越高,其价值也越高。越是近代的玉器,优质良玉越多,工艺水平越高,其材料价值和艺术价值也越高，但其文化价值越低廉。从收藏的角度看，魏晋以前的玉器价值主要取决于其文化价值，重要的是创意中所蕴含的文化元素，其材质和艺术价值所占比重较低。古玉因物理化学的作用而在表面产生血沁、铜沁、土沁、水沁和水银沁等五种沁色。尽管一般认为血沁最贵，但古语有"玉得五色沁，胜得十万金"的说法。对于现代制造的玉器而言，玉器的材质、工艺水平比较重要，玉器所蕴含的历史文化因素反而不重要。这就形成了"新玉玩的是料，古玉玩的是魂"的玉石消费文化。

玉石的价格受到质地、颜色、光泽、透明度、造型、大小、创意、文化素养、审美趣味、消费水平等因素的影响。借助于文化素养和审美趣味的判断，玉器出售者完全根据购买者的审美标准和价值判断进行玉器的定价，一级价格歧视就会蕴含其中。因此，对于兴趣偏好差异很大的人而言，同样的玉石就体现不同的价值。基于这个原因，大多数玉石产品都不明码标价，或者标注一个销售者希望获得的最高价格。最终的成交价则取决于买卖双方的讨价还价。如果说一件玉器的价值就呈现多样化、不确定的色彩，那么，种类繁多的玉石价值就更加不确定，波动性更大。

为了在讨价还价中取得更加有利的地位，玉石购买者就需要花费时间和金钱去体会各种玉石的差异，学会辨别玉石的真假，注意到翡翠有未经人工处理的 A 货、酸洗的 B 货和注色的 C 货。为了提高鉴赏能力，玉器收藏者还需要花很多时间和资金去观看博物馆、文物商店、权威人士的玉器收藏珍品，逛古玩市场去了解赝品。经过长时间的观摩和学习，玉石购买者也许会注意到翡翠的透明度、颜色、纯净度和雕刻工艺在决定价格中的重要性，也会认识到"行内看种，外行看色"、"种好遮三丑"、"不怕没有色，就怕没有种"等玉石选种口诀，更会认识到从"正、浓、鲜、均"四要素观察玉石的颜色。由于翡翠的颜色受光源和环境的影响较大，灯光下观察翡翠就会形成"月下美人灯下玉"的朦胧感，不如自然的日照光观察颜色比较准确。

由于玉石产品和质地的多样性，鉴别和辨认成本极其高昂。这就为收入较高、富有闲暇的官僚和贵族阶层提供了必要的优势，形成"远观其形，近观其质，细观其工"的玉石品味与咀嚼，而平民大众则因为收入较低、闲暇时间较少而处于弱势，往往成为赝品和假货的受害者。例如，和田玉的数量日渐稀少和极高的价格，促使有人利用青海白玉和俄罗斯白玉冒充和田玉。京白玉、阿玉、巴玉都不是玉石，而是放射性元素极高的大理石。由于玉石种类繁多，对玉石质量的监管就会明显缺位，玉石行业也不允许对玉石制成品进行鉴定。在这样的环境中，经验就成为玉石选择的最重要的导师。

由于绝大部分玉石消费者都缺乏足够的玉石知识和信息，也往往是第一次购买玉石产品，因此，他们就会花费较多的时间进行讨价还价，希冀减少可能的损失。由于认知和测量成本太高，玉石市场就不会是一个统一的市场，而是一个高度分割的垄断竞争市场。例如，云南省从事珠宝行业的人员近50万人，珠宝加工和经营企业3000家。在这个市场中，每家珠宝企业的规模都不会很大，集聚在少数地方形成玉石市场。这些企业都会竭力从每件加工和生产的玉器中获得尽可能多的回报。这样，讨价还价成为玉石市场的主旋律，统一的价格机制就很难形成。最终成交的价格受到讨价还价的交易成本、玉石的认知和测量成本的制约，从而形成玉石价格的多样性。

因此，"黄金有价玉无价"的谚语从一个侧面说明，产品的同质性与认知成本、测量成本之间的关系极其复杂。产品的高度同质化就降低了认知成本和测量成本，为产品的规模化生产和价格统一创造了条件。产品的异质化提高了认知成本和测量成本，增强了经验知识和信息在产品消费中的地位和作用，造成了产品价格难以统一确定，也限制了生产加工企业的规模化经营。在质地多样化、种类繁多的产品市场中，讨价还价就成为一个引人注目的现象。

[2013年7月17日]

恋爱与剩女

浪漫主义者总是喜欢说，爱是旅行，爱是艺术，爱是无私的奉献。

如果爱是旅行，那么，爱是从什么时候开始，又是在什么时候结束的呢？如果爱是旅行，那么，美丽的风景在何方，伴侣的包间在哪里？如果爱是艺术，那么，为什么我们要艰苦地工作，忘我地创造？如果爱是艺术，那么，爱的形状是什么，价值位于何方？如果爱是无私的奉献，那么，为什么我们会在爱中有喜怒哀乐？如果爱是无私的奉献，那么，我们为什么在爱中患得患失？浪漫主义者的爱情观总是美好的、魅力四射的、超凡脱俗的，因为它脱离了恋爱那讨价还价的本质。

爱情是双方激情上的相互拥有，其代价是放弃对方以外的任何可追求者。"她在我心中激起的无限柔情不允许我对其他女人发生兴趣，并阻止我对她存非分之想"（卢梭语）。爱情不仅是双方之间的爱与愉悦，而且是放弃任何可追求者的爱与愉悦。恋爱的过程就是要确立这种获得的唯一性与放弃的无限性。获得越是容易，放弃就越是艰难。这正好印证了"最容易的爱情都是最不稳固的爱情"的说法。所以，爱情不仅是一种获得情感的愉悦，而且是一种放弃的责任。西门庆和潘金莲就是只注重获得情感愉悦，而不顾放弃责任的典型。美国社会学家彼得·布劳说："为了使一种恋爱关系发展成一种持久的相互依恋，责任必须与之相适应。只有当两个恋人对彼此的情感和责任以大致相同的速度扩展时，他们才会相互增强他们的爱情。"追求是痛苦的，因为许多恋人不懂得放弃，希望能够货比三家。

普鲁斯特在《追忆似水年华》中说："所必需的全部东西是，我们对她的偏爱应该是排他性的。"爱情的排他性有点类似于产权。我们知道，产权具有排他性、可转让和可分割的特点。爱情是排他的，恋爱中的嫉妒心就是排他性的表现。但是，爱情是不可转让和分享的，因为爱情的专有价值就在于不可转让性和分享性。一旦可以转让，或者可以分享，爱情也就消失了。

恋爱与一般交易一样，都是要在不断讨价还价的过程中探索出对方情感或者物质的不可转让性和分割性，以便实现自己的独占。一般交易的当事人在交易完成后就退出了交易，不干涉被交易物品的可转让性和可分割性。恋爱与一般交易的不同之处在于，恋爱交易的情感却是需要当事人不断维持和加强，并且不断承诺不转让和不分享这份情感。这可不是一个简单的过程，有的人耗尽了毕生的精力来探讨或者追寻这种爱情。这只能说明，人类在确定依附在人身上的情感、能力、品质等方面的产权的脆弱性和艰难性。为了在不可能中追求可能，人类才有了数不尽的爱情故事，才有了浪漫爱情中的悲欢离合。

当生活群体较小时，比如在荒山野村的封闭环境中，转让和分享爱情的不可能性，致使排他性成为必然，这样的爱情就不具有浪漫性。在这样的环境中，爱情似乎是一种平平淡淡的感情，恋爱的过程是在很短时间就完成的。随着生活群体的不断增大，随着恋爱男女的可替代物越来越多，恋爱双方的可转让性和可分享性的威胁造成了排他性的艰难性，恋爱的历程就变得更加刻骨铭心。越是富有吸引力的男女，可替代的恋爱对象越多，其恋爱的稳定性程度就越差，爱情也就越具有浪漫性。可以说，浪漫的爱情就是充满冒险精神的爱情，就是在不可能中寻找可能的爱情。

可以说，恋爱的过程就是对自身的产权进行估价并寻求等价或者增殖产权的过程。这里的产权不仅包括对自身价值的估价，而且还包含尊重、爱、性方面的忠诚，交流彼此的感觉、浪漫情感的保持、经济方面的保障以及权势的获取。诚如瓦特·布拉克所说，"在浪漫的爱情和婚姻中，交易内容是感情、关爱以及体贴"。由于缺乏现成的、可参考的市场价格，每位恋爱的人都需要在恋爱过程中进行估价和尝试瓦尔拉式的交易摸索。对一切重新估价，这就是爱情神秘莫测的地方，也是爱情让人神魂颠倒的地方。在爱情的照耀下，世界变得不再平庸，生活充满了意义，内心充满了神奇。

约会就是爱情估价的手段之一。美国人埃伦·费恩（Ellen Fein）和雪莉·施奈德（Sherrie Schneider）在1996年出版的《规则》一书中，将约会的复杂仪式简化为许多可操作的规则。例如，单身女性与男朋友的电话交谈不要超过十分钟，在认识的前三个月都要男朋友付账，男朋友需要购买礼物，不断地宠爱着你，认识两年后没有求婚的举动就踹掉男朋友。拒绝与接受约会，都是爱情市场的初期表现。打情骂俏、故作冤家也是增加接触的手段。在爱恋之中，我们会因为欲望而疯狂，也因为感到甜蜜而晕眩。我们是那样相互的爱恋，但我们是在不断估价中进行爱恋。因为我们在恋人之外还有众多的选择和诱惑，这些选择和诱惑推动我们不断调整我们的估价。随着激情的逝去，曾经的恋人还是真实的恋人吗？我们在寻问，我们在判断。德国作家迪特里希·施瓦尼茨在《男人》一书中曾说："男人如果能做到长时间忍受女人的任性和无端的情绪变化，同时又我心依旧真情不变，那么他的爱情表白便是可信的。而且时间越长，可信度越高。"

传统上，文学家特别是小说家坚持认为爱情要超越外在的财富、权力、美貌等资源，而仅仅关注于内在的情感和内在的精神等资源。不幸的是，内在情感和内在精神的信息是很难探寻出来的，而且恋爱的双方有时在恋爱的初始阶段还刻意隐瞒自己的真实情感，以便在恋爱初期取得暂时的优势或者增强对方的依赖性。这种优势越大，对方就越需要采取顺从的努力，或者付出更多的经济资源。爱情的价值就在于克服阻碍恋爱所付出的巨大劳动努力或者权力和财富。轻易地表白自己的情感显然会降低对方的努力程度或者利用权力和财富来实现接近的程度，也就贬低了自己爱情的价值。当大量的劳动和资源都被节约时，恋爱中的另一方也就容易移情别恋。从这个意义上来说，真正稳固的爱情必须是耗尽对方体力、精神、财富和权力的爱情。英国国王爱德华六世的"不爱江山爱美人"就体现了这一点。

爱情的价格取决于供给和需求的数量。美女的情爱价值比较大，就是因为其供给是稀缺的，其需求是接近于无限的。这就意味着，美女的需求价格是缺乏弹性的，而一般情爱的需求价格是非常富有弹性的。同时，美女的情爱是富有收入弹性的，即收入的变动会带来情爱的需求急剧变化。在官宦之间，美女的痛苦就在于情爱的收入弹性。封建社会的妻妾成群，现代社会的包二奶，都是情爱的收入弹性的表现。加里·贝克尔甚至认为，一夫多妻制甚至能够提高女性的地位，真是奇怪的妙论。贾宝玉游走于美女之间，也是富于情爱的表现。林黛玉带入贾府的巨大财产，是其情爱的基础。所以，女性一般都承认，经济上成功或者有着富裕家庭背景的男性更具有吸引力。

恋爱的过程表明，为了获得对方的芳心，为了让对方觉得自己具有强烈的责任感，恋爱可以使用一切可以使用的资源。我们可以简单地把恋爱分为时间密集型恋爱、资本密集型恋爱和权力密集型恋爱。时间密集型恋爱就是通过自己辛苦的努力或者时间耗费来获得恋人欢欣和认可的恋爱。小说家一般赞赏时间密集型恋爱。冯梦龙的《赠瓜子》诗云："瓜仁儿，本不是个稀奇货。汗巾儿包裹了，送与我亲哥。一个个都在我舌尖上过。礼轻人意重，好物无须多。多拜上我亲哥也，休要忘了我。"包含情感的劳动就是这类爱情的投资。你在我身上投资，我在你身上投资，互相拥有相互的投资就是最终的目的。

但是，恋爱的双方，与一般的投资不同，随时都可能取消自己的投资，让对方的投资血本无归。像山涧激流中漂荡一样，爱情的游戏充满了紧张、刺激。越是紧张，越是刺激，人们越是陶醉于其中而不能自拔。幸运的是，这种恋爱关系的刺激性、紧张性、冒险性并非没有一点报酬。越是紧张，越是刺激，恋爱双方的相互了解就越多，认识也就越深刻，两人的心灵默契程度越大，两人将来的关系也就越稳定。在时间密集型恋爱中，爱恋的双方多是同乡、同学或者同事，依靠耳鬓厮磨和不断的接触获得情感的交流。异国情调、跨国恋爱、跨地区恋爱的人毕竟是少数。这就印证了爱情的万有引力原理：随着恋爱距离的增加，人们爱恋的次数和频率将会不断下降。

如果一位男性能够获得漂亮姑娘的青睐，那么，这位男性就更容易找到异性伴侣。因为一个有魅力的姑娘，对一个认识的男性表现出非常亲密的行为，就揭示出这位男性的内在品质没有问题。如果这位男性还具有迷人的外表，那么，他就会成为众多女性心中的偶像。从众效应在此体现得淋漓尽致。社会上许多不学无术的青少年，由于最初在获得少女的芳心方面占据优势，以致后来不断有美女缠身。尽管这些美女的长辈都对这样的青少年评价很低，但这反而刺激了这些美女追求这些男性的欲望。当然，随着经济实力或者权力的重要性日趋显露，不学无术的人获得女性芳心的概率会很快降低。

随着时间的市场价值不断提高，时间密集型的活动就会减少恋爱时间的投入。过去有十年八年的恋爱，因为时间不值钱或者时间没有市场价值。一位女生崇拜刘德华，从 16 岁追到 29 岁，荒废了学业、家庭债台高筑，乃至父亲跳海而死，直至得知刘德华已婚，才如梦初醒，单相思是何其严重。现在，能够花费三五年谈恋爱的人很少了，大多数人都希望见几次面就确定恋爱关系。网恋更是节约了恋爱的时间。由于人们在现实中追求浪漫爱情的时间越来越稀少，爱情小说就成为弥补爱情稀缺的重要手段。与实际的谈恋爱相比，爱情小说可以零敲碎打的方式阅读，把恋爱对时间的压迫减少到最低限度。毫不奇怪的是，越是富裕繁荣的地区和人群，爱情越是稀缺，相聚的人越容易发生婚外恋或者三角恋爱。在较少的相聚时间和较大的时间价值面前，这些富裕人群只能以最快的速度满足爱情或者心灵的渴望。

随着人们经济实力和权力的增强，爱恋双方的接近频率和次数也会显著增加。这就为资本密集型恋爱或者权力密集型恋爱提供了基础。资本密集型恋爱就是恋爱中的一方使用大量的金钱和礼物向对方展示自己爱的诚意。普鲁斯特在《追忆似水流年》中说："那时，当他慷慨大方地向她赠送礼品并进行各种方式的服务的时候，她可以依靠那些并不包含在他身上或他的智慧中的优势，可以不用付出使他变得吸引人的无尽的、令人筋疲力尽的努力。"资本家或者富翁依靠巨额财富的恋爱观，往往是小说家所鄙夷的，却是社会中最正常的模式。

权力密集型恋爱就是恋爱中的一方大量使用权力向对方展示自己的恋爱。当财富、权势、地位掺杂进恋爱的双方时，恋爱的艰难性就加倍地增加。因为把加倍的不可能转变为可能，就更加是不可能。灰姑娘的故事、王子与平民的故事之所以动人心容，就是因为这几乎是不可能的事情。贾宝玉与林黛玉的爱情故事之所以让我们刻骨铭心，就是因为在美女如云的环境中，贾宝玉还能坚守那一份纯真的感情，不为世俗所动，也因为贾府和其他权贵人物的表现都证明这几乎是不可能的事情。

一般来说，权力、资本的通用性，造成权力型和资本密集型恋爱的不稳定性。古语云，"黄金所购之爱情，易得而易失"。但是，权力和资本更容易获得爱情，因为资本和权力的价格比个人内在的品质或者发展前途更容易估价。当一个人的财富越多、权力越大时，可以获取的异性伴侣数量急剧增加，爱情的稳定程度自然降低。公元前四世纪的德摩斯梯尼（Demosthenis）说："我们拥有情人是为了快乐，拥有情妇是为了欲望，拥有妻子是为了传宗接代。"影视界明星、富豪和权贵的频繁换友或者离异，就说明了这一点。

爱情的稳定性越差，就越需要培养爱，越需要双方不断承诺爱的唯一性，礼物的赠送就成为培养爱的重要表达方式。为了传达自己的爱慕之情，恋爱双方都需要传递能够表达自己的情意的物品，如贾宝玉送给林黛玉手帕。不断地赠送礼物，还向周围的潜在追求者发出强烈的信号，我们是在不断巩固爱情的唯一性，我们愿意为了爱情的唯一性而付出代价。可以说，越是关系不稳固的地方，越是需要赠送礼物。美国夫妻之间、恋人之间赠送礼物的频率高，伴随的是高离婚率和更频繁的恋爱伙伴的分离。尽管中国在夫妻或者恋爱领域赠送的礼物频率次数不多，但在社会关系中却频繁赠送礼物，因为礼物是购买关系稳定的价格。在美国社会，登上畅销书排行榜的经常是爱情故事，就说明了爱情对于社会流动频繁、各种男女接触日益增多的社会中是多么的不可能。很难想象，在一个落后的农村社会中，会有那么多人关心爱情故事，因为他们平平淡淡的生活就是爱情的化身。

由于富有活力的时间有限，并且恋爱的双方都不希望等待时间过长而失去了找寻的机会，所以，即使知道有更好的伴侣在社会中存在，并且也相信如果花费更多的时间和金钱去寻找，还会寻找到更好的组合，恋爱的双方在恋爱的某一时段就需要通过婚姻契约把双方的关系稳定下来，以防止双方的损失太大。一旦恋爱成功，两个人就融为一体，合二为一，犹如两个企业合并一样。因此，恋爱的过程就是一个寻求承诺的过程，尽管并非双方都完全满意的承诺。如果这种婚姻在生活的过程中能够得到爱情的强化，或者是双方发现更迷人的品质，或者是更温柔体贴的性格，或者是社会地位得到明显改善，那么，这种婚姻的稳固性和可持续性就会得到加强，不会受到新的更有朝气、更迷人的潜在伴侣的威胁。

但是，如果婚姻中没有情感的升华，或者双方的性格、品质或者经济地位出现明显的恶化，那么，新的更迷人的潜在伴侣的出现就可能破坏家庭的稳定性。在一个高度流动的社会，特别是未婚女性云集的地区，离婚的趋势就加强了。随着电视、电影、广告、互联网、手机、汽车、飞机的出现，人与人之间的交流成本急剧降低，爱情和婚姻的稳定性都下降了。大量的聚会、派对活动和广泛的交流，都扩大了潜在伴侣的范围。情爱市场的均衡也满足瓦尔拉斯定律。这个爱情定律说，如果两个人的情爱受到威胁，均衡市场的要求必然是至少有一对情爱受到威胁。也就是说，一个人破坏他人的情爱或者婚姻，至少有两个人以上的情爱或者婚姻受到影响。

在现代社会，随着工作所需要的文化素质和个人能力普遍提高，个人就需要投入更多的时间接受教育。于是，结婚年龄随着受教育年限的增加而不断提高。农村的结婚年龄要小于小城市，中小城市的结婚年龄要小于大城市。由于农村的相对隔离，适当伴侣的人数相对较少，最富有吸引力的伴侣会最先获得追求，因此人们都会争先恐后地结婚。对于城市的人来说，庞大的对象市场需要更多的时间去寻求，等待时间更长就越有可能碰到最适合自己的伴侣。尽管结婚年龄不断增加，但这并不妨碍现代人谈恋爱，稳定的收入成为结婚的基础。

现在社会流行"剩女"。这些都市白领大龄未婚女青年，她们有稳定的收入、体面的工作、聪明的大脑、曼妙的身材。在婚姻市场上，就是这些尤物被剩下了。有人说，剩女为事业成功所误。也有人说，这些剩女择偶眼光高、为某次恋爱所伤。也有人说，男女比例失调，城市女孩多，农村男孩多，剩女是城市男孩少的牺牲品，尽管在城市边缘生活着成百万的"剩男"。也许宏观的人口比例失调是对的。

在婚姻市场上，剩女就是寻找婚姻配偶时间过长的一群人。她们有丰富的资源，可以对自身进行更精确的价值评估，然后对潜在对象进行精确的评估。由于爱情的价值在不断变化，许多评估价值较低的对象在不经意之间被他人抢走了。美国社会学家彼得·M.布劳曾说："一位妇女的爱情如果在男人们中间有很大的需求，那么她就不可能很快地做出坚定的许诺，因为她有这么多有吸引力的选择对象供她在许诺之前权衡。不受欢迎的女人更加依赖于一个带她出去的男人，并且有更多的理由对他作许诺。因此，如果一个妇女轻易地表明她对一个男人的感情，那就为她的不受欢迎提供了可推测的证据，并因此倾向于降低她的感情对他的价值。相反，如果她抗拒他征服她的企图，那

242

就意味着很多人都需要她，并且有许多可供挑选的对象，这可能会提高她在他心目中称心如意的程度。"

不幸的是，追求这种女人的男人的时间、体力、精力和财富都是有限的。当这些女人确立自己较高的情感价值时，利用自己的时间、体力、精力和财富都不能生产出这样高情感价值的人就会退出爱情竞争的行列。由于信息的高度不对称性，这些女人们会认为这种男人的退出是其品质低劣的表现，也对自己的恋爱价值具有更强的信心。随着在恋爱过程中对男性了解的增加，这些女人会不断把最近的追求者或者示爱者与先前的追求者进行对比分析，发现各种条件大多不如从前。

原因非常简单。这些女人没有采纳聪明的理性预期，而是采纳了静态预期的观念，即根据过去自己的背影来判断自己现在的价值。也不知，与自己年龄和美貌相近的男人追求群体是在不断地萎缩，也即自身爱情价值在不断地萎缩。因为熟知追求者才华与魅力的男性群体，也会在自身估价较低时自动退出，留下的只能是一些陌生的追求者。在新近的追求者们看来，这种女人的价值就大致这么多，但这种女人们还回味在杨贵妃时代的美貌与青春中。价值的不对称使爱情易逝，追随者人群不断萎缩，美貌的女人在社会变动中就在不知不觉中变成"剩女"了。这些剩女会经常去酒吧、参加俱乐部、请求亲朋好友帮忙，甚至去寻找相亲服务。如果这些女性表现出过于热情的一面，这些女性就会被认为存在内在的缺陷而被拒绝。因为男性知道，具有吸引力、健康、聪明、富有同情心的女性是不太可能急着寻找伴侣的。如果这些女性过于含蓄，那么，就没有机会表达自己的内在品质。

安德鲁·马修斯曾说："付出的时候，不要期待任何回报，否则一颗心老是牵挂着结果，反而更难有收获。"对于恋爱中的人来说，不期望恋爱的回报是多么虚假，因为我们希望的是拥有对方的心。不但是期望回报，而且是期望重大的回报。在重大回报的期望下，剩女发现自身的青春美貌都在不断贬值。在恋爱中，我们见证了讨价还价成功的喜悦，也见证了讨价还价失败的痛苦。物品讨价还价的成功与否，很快消失在我们的记忆之外。但是，恋爱的成功与失败，都将跟随着我们，刻骨铭心地伴随着我们走向生命的尽头。

第五章

社会百象

我觉得，经济学好的一面是它给了你一个分析框架，一个你能用来思考和分析问题的框架，没有这样一个框架，有的问题你恐怕甚至不知道该如何着手分析。但它没有告诉你在哪儿停顿。它没有指南性的规则，所以人们必须有一些常识。

——乔治·阿克洛夫

炫耀性消费

大多数脊椎动物都是一夫多妻制，或者能力足够强的雄性占有多个伴侣。赢得多个伴侣的办法就是在力量、魅力、气味等方面要胜过其他雄性，以便吸引雌性。在繁育后代的动机驱使下，许多雄性脊椎动物就进化出超大的体型、巨大的鼻子、尖锐的牙齿、茂密的毛发或者鲜艳的羽毛，而弱小体型的雄性因为无此遗传基因而被淘汰。

例如，雄海象有六七米长、三四吨重，而雌海象只有不到半吨重。在争夺配偶的过程中，体形庞大的雄海象就会占据优势，获胜的机会得以提高，从而通过遗传不断长出更大的体型。但是，具有更大体型的雄海象在运动速度、逃避追捕的能力方面会不断减弱。结果，这些大体型的雄海象更容易成为北极熊、鲨鱼或者鲸鱼的捕杀对象，将海象群体置于危险之中。同时，体形庞大的海象还需要捕杀更多的其他动物来获取能量。这两方面的因素都会不断减少一定区域内的海象数量。麋鹿、长颈鹿、大象、狮子、老虎等动物的数量也在不断减少，道理就在这里。

雄孔雀开屏，就是通过展示漂亮的大尾巴来吸引雌孔雀，因为漂亮的长羽毛显示的是健康的身体和遗传基因的优良，而受寄生虫折磨的雄孔雀不会长出鲜亮的尾巴。同样，人类对女人漂亮和男人英俊的选择，可能与孔雀有类似的判断力。当然，人类社会对美的追求还有社会的原因。

对美的追求，动物限制在自身器官的努力方面，而人类却可以开发出一系列的产品和装饰，以便展示男性的力量和女性的美丽。高跟鞋、缠足、化妆、发型、整形、时装，都具有强化女性外表美和身材高挑匀称的优势，同样会带来许多意料不到的后果。尽管高跟鞋可以让女人显得更高、腰板挺直、胸部前耸、具有曲线美，但会给双脚、膝盖和背部带来巨大的损伤。高跟鞋发展到极致，就像中国古代的缠足，直接将脚捆绑缩小来显示女性美，但缠足的代价是女性的身心受到摧残。由于对女性美的追求，加上视觉差异，大量的软性饮料和啤酒瓶子都是按照较高成本的高瘦形而不是较低成本的矮胖形来加工制造的，甚至许多瓶子还按照女性的 S 型身材制造。男性则通过显示身体的强壮、野心抱负、权力、地位、经济实力等方面来展示雄性美。可以说，人类在吸引异性方面的努力，男性更多地继承了脊椎动物或者哺乳动物的力量型，而女性则继承了飞禽类的美丽型。

当然，人类的进化自身也发挥了作用。男性在狩猎阶段和畜牧阶段需要捕杀动物的力量，女性则在采集和农业阶段需要展示自己的外在美。按照凡勃伦的说法，这就是女性炫耀性消费的起源。由于女性比男性高度注重美丽漂亮的外形，所以，凡是能够增强女性美丽漂亮外形的产品和服务都拥有巨大的市场。在世界各国的服装商场，男装基本放在一楼或者较低的楼层，而女装通常放在三四楼或者较高的楼层。因为女性比男性更在意炫耀性消费和衣冠得体，在服装上的花费是男性的几倍，所以，女性不会因为楼层的高矮就会减弱购买的欲望。

英国一家公司对 3000 名女性的调查显示，女性平均每月逛街 4 次，每次会试穿各种上衣、鞋类、裙子、牛仔裤等 10 种，一月就可能试穿 40 件服饰，一年高达 480 件。如果女性购物生命周期为 45 年，一生就要试穿 2.1 万件服饰。试穿各式各样的衣服，是逛街时最令人开心的部分。有的女人在试衣间泡上几个小时，试穿各种时髦、怪异、漂亮、性感、裸露的衣服。在大街上不敢穿的衣服，试衣间就可圆你的梦。试衣间的梦想和最佳搭配，让女孩子的购买欲望急速膨胀。大量的衣服，刚买回家，就发现不是自己喜欢的类型，抑或没有合适的搭配。束之高阁的衣服，在逛街女郎的身后，堆得越来越高。

男性则相反。由于对穿着不如女性那么在意，任何增加购买的额外负担都会减弱男性的购买欲望。根据男女的偏好不同，商场就会将不怕麻烦购买的女性服装放在更高的楼层，而且女性经过男性的服装部还会顺便帮助男性购买几件衬衣或者袜子之类的物品，男性却轻易不愿意购买那些容易引起女性不满意的服装，从而一举两得地扩大了男女服装的市场。

由于女性偏爱身材的苗条，这种炫耀性消费需求迫使许多服装经销商采取"虚荣尺码"的伎俩。即给衣服标一个比实际尺码小的数字，就能推动销售量。许多美容院的体重计量器，也采取"虚荣重量"的伎俩，即在称重时将人们的实际重量减轻。在追求身材苗条和体重不断增长的时代，虚荣似乎迎合了人们的心理，好像美容院发挥了减肥的功效。

女性对服装和化妆品的炫耀性消费，造就了巨大的女性服装和化妆品市场。女性模特的市场规模也越来越大。女性模特和化妆品广告中女性的收入比男性高得多，就是这种规模经济的结果。汽车营销商大量使用车展模特，实质是在宣扬，购买这款车的人，就能够吸引模特般漂亮的女性，当然购买这款车是物有所值。看到了女性炫耀性消费的魅力，有的人甚至认为，市场经济就是一个美女经济。

美国顶级内衣品牌"维多利亚的秘密"（Victoria's Secret）每年都要在圣诞节的目录上发布一款极其昂贵的胸罩。如 1996 年发布了价值

100 多万美元的镶钻石魔术胸罩，1997 年发布了价值 300 万美元的镶钻石蓝宝石胸罩，2006 年发布了价值 650 万美元的顶级钻石胸罩。尽管很少有人问津这样昂贵的产品，但是，这些通过顶级名模代言的昂贵产品，为人们购买其他产品提供了一个参照系统。当富人在购买某些产品觉得昂贵时，顶级品牌的参考价格让这些人感觉到，其实他们买的这些东西还不算贵，妻子和情人很容易说服丈夫或者男友购买这些产品。通过潜在地改变人们的价值参考系统，一般人就会非常自然地接受价值数百美元的胸罩。实际上，顶级品牌的名模起到最主要的作用，就在于借助名模的效应，让人们知道顶级品牌的存在，然后推动人们的消费偏好沿着价格阶梯不断向上攀爬。

经济学家通常认为，随着收入水平的提高，人们会消费更多昂贵的产品。但是，这些昂贵的产品不是在消费者的潜意识中先天就存在的，需要有人向他们灌输昂贵的产品到底在哪儿。各种顶级品牌的广告就是延伸消费者偏好的重要武器，模仿名人的穿着也具有同样的效果。从论证的角度看，昂贵品牌为人们购买行为提供了一种很好的说服理由。为了分散人们对高档品价格的注意力，许多奢侈品都采用了较小份额的包装，大量的化妆品就是采用此策略。由于每一份的容量较少，价格看起来较便宜，这就为收入不那么富裕的人接触高档品提供了良好的机会，也培育了人们的高档品消费意识。许多高档餐厅的菜量就很少，道理就在这里。可以说，随着餐厅级别的不断提高，菜肴的标准数量就会不断减少。所以，饮食量较大的人，进入高档餐厅，需要多点几份菜。当然，最昂贵的钻石，采用的"克拉"计价单位就更小了。

当挣钱的能力与炫耀性消费密切挂钩时，炫耀性消费就会不断升级。越是依靠炫耀性消费挣钱的行业，就越是不断提高炫耀性消费的档次。影视明星、节目主持人、律师、模特、社会显要，都会在衣服和时装打扮上花费无穷多的金钱，以便能够吸引更多的顾客群体。所以，好莱坞每年的颁奖大典成为时装秀，也就不足为奇了。中国的影视界和音乐界的各种颁奖仪式，也迅速地朝着炫耀性消费的大潮奔跑。在观众的眼中，挣钱多才能花钱多，豪华的时装表演就是挣钱多的表现。既然大牌明星挣钱多，那么，他们必定有巨大的魅力。如果其他人都愿意花钱欣赏他们的魅力，自己花钱也是很理性的。这样，时装表演就成为明星们吸引观众和开拓市场的最佳手段。

当然，许多服务业，如律师、会计师、咨询顾问，还得需要其他硬件的信息来证明其拥有优越的能力，如豪华轿车、豪华的办公楼等。这些都会展示公司和个人的能力。像教师、医生、工人这些人，更看重的是内在优越品质，很难通过穿着打扮或者开汽车的优良程度来判断其实际的水平。更可能的是，当大量的时间都花费在这些炫耀性的活动上时，教师、医生和工人的能力就大可怀疑。这样，人们就会看见大学校园内，经常出现衣衫不整的人漫步在行人大道上，爱因斯坦就是这方面的杰作。

为了抑制炫耀性消费的过度膨胀，中小学校通常要求学生穿宽松肥大的校服。学生的体型、发育状况、身材的优美，都隐藏在规范的校服之中。穿着的大胆、衣服的名贵，都无声息地隔离在校园之外。运动鞋、衬衣、手机、自行车等非规范类的穿着，就成为学生炫耀性消费的展示平台。于是，学生穿着的运动鞋品牌不断提升。耐克等鞋类公司正是看中了这一点，利用足球、篮球的竞技力量，不断推行新款豪华奢侈的品牌，因为有学生群体这个巨大的市场。相比较而言，衣服的制造商就在学校的规范下变得沉默寡言。要不然，时装展览会延伸至少男少女。但是，学校教师的时髦穿着打扮，无时无刻不在撕咬着学生的心。于是，放学回家，少男少女们就立即换上了时髦的穿着打扮，校服就成了限制学生们自我表达能力的象征。

长假与年假

在所有资源中最稀缺的是时间，在所有时间中最珍贵的是生命。然而，如何有效地配置生命时间，却一直困挠着古往今来的思想家和实干家。在古典经济学鼎盛时期，劳动价值论独领风骚。该理论认为，产品的价值是由劳动时间决定的。耗费劳动时间越多，产品的价值就越高。所以，为了获得超额利润，马克思在《资本论》中就推断，资本家竭尽所能地延长劳动时间，剥削工人的剩余价值。深受马克思的影响，工人就掀起了缩短工作时间的运动。在工人的集体努力下，每天工作的时间从 12 小时缩短到 10 小时甚至 8 小时，每周工作时间从 6 天缩短到 5 天甚至 4.5 天。

随着工作时间的缩短和闲暇时间的增多，新古典经济学家异军突起。新古典理论认为，每个人都会根据时间的机会成本配置时间资源，直到工资等于闲暇的报酬。当工资高于闲暇享受的收益时，人们就会多劳动，穷人大多如此。但是，一旦闲暇的享受收益高于工资时，人们就会缩短劳动时间，富裕的闲人大多如此。因此，人们的劳动供给曲线就会是一条先向右方倾斜、再向左上方倾斜的曲线。企业家雇用工人干活，如果给予的工资超过拐点，那么，工人就会减少劳动时间。许多国营企业和政府部门的工作无效率，大约就是这种工资过高引起的劳动时间缩短的结果。

在一个比较贫穷的社会，当闲暇的价值很低时，工人们都希望多劳动来提高收入水平。问题是，当每个人都多劳动而减少闲暇时间时，大量的劳动产品由谁去购买就成了问题。每个工人和每个企业不断生产却没有时间去购买产品的结果，就是大量的产品供给过剩或者积压在仓库里。仓库积压的产品越多，企业裁员的机会就越多。这样，延长工作劳动时间或者不断加班工作的后果，就是失业人数比较多，经济波动比较频繁。

为了让每个人都有工作可做，最好的办法就是缩短工作时间，减少加班的机会。例如，武汉市的一个政府部门，以减少交通拥堵为由，只要求政府雇员每天工作 7 个小时。当这些办法都用上了还存在生产过剩的情况时，人们自然地想到了增加消费的时间。增加消费的时间可以采取多种办法，如规定年假时间、增加节日时间、调整节假日的时间顺序。1998 年以来，中国的节假日时间不断延长，就是为了解决国内消费不足和就业不振的问题。在 1998—2008 年期间，"五一"、国庆和春节的七天长假期，让国人首次品尝到节假日拉动内需的魅力。旅游热、消费热在中国是一浪高过一浪。"假日经济"、"黄金周"的人流遍布在祖国河山的各个角落，还将余晖洒向国外，让世界惊呼"中国崛起了"。

传统上，"五一"和国庆的法定休假只有三天，需要将前后两周的周末积聚在一起，才能构成"黄金周"。在 2008 年以后，"五一黄金周"被肢解为"五一"三天、清明节三天、端午节三天、重阳节三天，此外还有元旦三天。尽管这些节日的法定时间只有一天，但通过挪用前一周或者后一周的周末，就会形成三天的放假期间。由于坚信消费是与放假时间的连续性成正比，因此，人们习惯于接受长假有利于消费的说法。

问题是，这些节假日都是法定节假日，企事业单位必须放假，否则就得支付工人 3 倍的加班费。当大量的企业都在进行国外贸易时，国内的放假必然与国外的上班冲突，逼迫大量的企业支付工人的加班费，提高了企业的运营成本。挪用周末的结果是前一周或者后一周的工作天数突然增加。如果工作效率随着工作天数的延长会呈现边际递减的话，那么，拼凑长假就会降低较长工作周的效率，拖垮工人的身体，引发更多的身体和心理的健康问题。

同时，中国人口本来就多，集中放假会导致旅游景点、车站、码头、道路和商场的人满为患，降低了旅游和购买的享受收益，同时还污染了环境和破坏了景观。在 2012 年的中秋节与国庆节联合的八天假期中，旅游出行人数达到 3.62 亿人次，占 2011 年旅游人数 26.41 亿人次的 13.7%，是平时旅游密集度的 6.25 倍。华山、普陀山都有数万人滞留，丽江上万游客找不到住处，三亚海滩和北京天安门有多达 50 吨的垃圾，西湖见人不见桥，庐山 20 多公里的盘山路成为停车场，广深高速、京开高速和京港澳高速拥堵的车流绵延二三十公里，南京中山陵和北京故宫各有 20 多万人拥堵"慢"游。在这次长假期间，全国共发生道路交通事故 68422 起，涉及人员伤亡的有 2164 起，造成 794 人死亡和 2473 人受伤。当旅游或者过度消费的人群回到企事业单位上班时，过度疲劳的身体就需要较长时间的身心调整，这进一步会降低工作效率。

在较长的节假日期间，国外的股票市场、外汇市场、货币市场会有大量的信息流出，这必然会导致长假后的中国金融市场的大幅度波动。在国际资本市场日益一体化的今天，这种效应愈加明显。不容忽视的是，较长的节假日还为突然的战争袭击提供了天然的条件。1941年12月23日日本突袭美国的珍珠港、1967年埃及和叙利亚联手袭击以色列，都是利用了节假日休闲的机会。由于中国在南海、钓鱼岛等问题上与周边国家的冲突日趋呈现，长假为其他国家采取突然的军事行动提供了便利。

这样，为了增加消费和休闲的时间，降低失业率，大量调整时间顺序构成长假期的结果就是，降低了工作的效率，提高了企事业单位的运营成本，造成了大量的拥堵和环境污染，也造成了金融市场的大幅度波动和遭受意外袭击的可能性。随着中国对外开放的规模越来越大，金融和对外贸易受到长假期的影响也越来越大。

其实，西方国家在法定的元旦、圣诞节、国庆、感恩节等节日外，还实行了带薪休假的年假制度。每个人都可以在一年内拥有十天的自由休假，但不可流转到下一年累计使用。带薪休假制度的好处在于，每个人都可以根据最有利的时机选择休假的时间，最大化地满足员工个人的需求。同时，带薪休假还有助于避免借节日集体放假所带来的集中消费和旅游的问题，对工作的效率产生尽可能小的影响，整个金融和对外贸易也会平稳地运行。

时间是一种宝贵的资源。如何设计出一种既能提高工作效率又能解决消费和就业不足的节假日制度，就是值得我们思考的问题。良好的政策意愿并不能带来最优的社会效果。与拼凑较长时间的节假日制度相比，分散的带薪休假的年假制度无疑更优，也更能适应经济发展的需要。制度是要节约交易成本，而不是减少交易收益。实际上，1994年的《劳动法》和2008年的《职工带薪年休假条例》都规定了职工的带薪休假，只是执行起来困难重重。2011年对2441人的调查显示，54.5%的人没有享受过带薪休假，23.5%的人偶尔享受过，而46.3%的人工作超过10年。随着收入水平的提高和对外开放的深度与广度的强化，我们相信，集中拼凑的长假制度将会被带薪休假的年假制度所取代。

[2012年7月3日]

租车与买车

美国是汽车轮子上的国家。凡是成年的美国人，上至九十岁，下至十六岁，基本上人手一车。所以，同时拥有三四辆车的美国家庭并不少见。按理说，家庭都有那么多的汽车，美国的租车业很难发达。事实却相反。美国人的租车业非常发达。出远门旅游，下了飞机，人们都是租车前行。

在美国，汽车是工作的必备交通工具。采购物品、上班、近郊旅游、教堂的宗教活动，人们都是开着自家购买的车前往。一是路途较近，二是比较方便，三是比较便宜。但是，美国人也是一个爱好国内长途旅游的民族。东西四五千公里，南北三四千公里，就是一个自由的旅游场所。驾驶一辆车，就可以领略田园湖泊风光和海边秀丽的景色。

但是，出远门旅游，一是要车辆足够好，二是能够容纳足够多的结伴而行的人，三是要充分利用飞机、火车、游船和汽车等各种交通工具，四是时间要得到最充分的运用。显然，在很多情况下，开自家车旅游就是一个成本高昂的决定。因为自家车可能年头太久，忍受不了长途跋涉的颠簸，半路上抛锚可能会带来巨大的拖车、等待甚至事故的代价。或者因为出门的时间只有三四天，开自家车旅游耗费的时间多，最好的办法是先坐飞机，然后到达目的地后租车。或者自家的车太小，出门旅游的同伴太多，为了合理分摊费用，最好租车。

这样，美国人拥有的自家车越多，会开车的人也就越多。出门旅游或者办公事的需要，就为庞大的租车业提供了巨大的需求。在美国，凡是飞机场附近或者大城市的边缘地带，都可以很方便地租到适合自己需求的车。在美国租车，手续非常简单，价格非常便宜。只要电话事先联系，然后手持驾照就可以提车。费用按照车型不同而略有区别，可能每天 100 美元或者 50 美元。租车的人在规定的时间和地点加满油还车和结算款项即可。由于许多租车公司是连锁经营，许多租车的人可能会采取异地还车的方式。这不仅节约了租车的成本，还方便了顾客的行动。由于绝大多数开车的人都喜欢新车，所以，那些在两三年内收回本金的出租车辆就会卖给旧车市场。这个旧车市场又为收入低下的学生群体或者穷人提供了开车练习的机会，从而形成了买新车—租车—购买旧车的一个汽车市场。

在中国，租车非常困难。在上海、杭州、北京等地，要想租一辆汽车，顾客需要先交纳大致相当于车价的押金，比如 10 万元或者 20 万元。这主要是租车的人和租车公司之间互相不信任的结果。郑州的一些出租车公司甚至规定，只要租车的人交纳 10 万元押金，可以免费租车一年。出租车公司将押金投入房地产或者股票市场，希望利用租车的方式积聚资金或者"携款潜逃"。在这样的环境下，出租的很多车都是废旧汽车，安全性能较差。而且，由于各地方的保护主义政策，租车公司很难发展跨地区的连锁经营，租车的人也很难异地租车。高额的租车押金、租车用途的本地化和租用汽车的质量问题，必然推动更多的人购买汽车。随着越来越多的人购买汽车，租车市场就会呈现萎缩化状态。

如果出门旅行的人很多，人们就可以将客车和司机连带租赁。这经常发生在各种单位组织旅游的情形。由于租车业不发达，中国人出远门旅行，就只能选择开自家车、单位的车，或者坐飞机、挤火车。高速公路收费一直困扰着开车旅游的人们。比如，从天津开车到海南，单是过桥费和路费就高达 3000 多元，比汽油费和住宿费都还高。这样，高速公路收费，就将大量的开车人群赶到飞机场和火车站。所以，租车市场的萎缩和高速公路上收费，最终繁荣的是铁路公司和航空公司，抑制的是租车市场的发展和跨地区的连锁经营，甚至二手车市场也得不到发展。

由于市场经济发展阶段的差异和交易费用的巨大差别，我们看到，美国的租车业非常发达，中国的租车业非常落后。对于美国来说，每一位会开车的人都是一位潜在的租车者。对于中国来说，每一位拥有汽车的人，就会减少一位潜在的租车者。由于租车费的昂贵和不拥有汽车的人收入水平普遍偏低，那些没有车的人租车的概率就不大。造成这一奇特租车现象的根源在于，收入水平较低与信用的普遍缺失密切相关。当一辆车的价值相当于普通人三五年的工资时，人们卷车潜逃的可能性就非常大。由于追溯丢失财产的成本太高，租车公司就只能采取抵押和高额租车费的政策，犹如银行需要新创办的企业提供抵押品和高额利息一样。高昂的租车成本和损失押金的可能性最终将租车市场压缩到萎靡不振的状态。我们相信，随着高速公路收费的减少、收入水平的提高和社会信任的确立，中国租车市场必将迎来一个属于自己的黄金时代。

[2012 年 7 月 4 日]

家庭剧和宫廷剧

任何看过宫廷剧的人都知道，后宫是藏污纳垢的地方。《大明宫词》《宫锁珠帘》《甄嬛传》《步步惊心》《还珠格格》《宫心计》都是如此。那里的奸诈、欺骗、心狠、圆滑、暗算、韬光养晦几乎无以复加。几千个宫女和后妃争夺一个皇帝的宠爱，相互残杀其他后妃的子女，希冀留下自己的儿子继承皇位。

在清朝皇帝中，努尔哈赤和顺治帝有 16 位妻妾（后妃、贵人和常在），皇太极有 15 位妻妾，道光帝有 23 位妻妾，乾隆有 41 位妻妾，康熙有 55 位妻妾，咸丰、同治和溥仪都有 10 位以上的妻妾，只有雍正和嘉庆帝分别有 8 位和 9 位妻妾，更不用说还有数不清的宫女。在后宫争夺的刀光剑影中，大量的皇子和公主惨死于皇帝手中。从秦始皇到清朝末代皇帝溥仪，中国历史上总共出现了 332 位皇帝，很大部分皇室子女惨死人手。

有了宫廷历史斗争的内涵，宫廷剧如雨后春笋般突兀而起。宫廷历史剧在中国电视剧中的比重，从 1999 年的 10.7%、2000 年的 21.6% 增加到 2002 年的 30.6% 和 2003 年的 86%。到 2007 年，全国播放的宫廷历史剧高达 160 部、5000 余集。看宫廷剧多了，阅读帝皇历史多了，人们就会感觉到，人世间没有温暖、关爱，一切都处在争权夺利的杀戮和虚假欺骗之中。那种"借古人之口讲述世态炎凉、人情冷暖、勾心斗角以及残酷的权力斗争"的宫廷剧，真是应了句老话，"卑鄙是卑鄙者的通行证，高尚是高尚者的墓志铭"。

沿着宫廷斗争的思路与味道，电影、电视和小说好像还特别偏爱大家庭的权力斗争和财产争斗，附带一点爱情故事和血缘亲情作为包装。《半路夫妻》《老牛家的战争》《人到四十》等家庭剧，展现的都是父母的蛮横、子女的偷盗、堕胎、离婚、不择手段的财产争夺、包二奶的人性之恶。

家庭剧与宫廷剧，就成为人们透视人性真伪的一面镜子。我们的电影和电视剧好像非常喜欢渲染这肮脏的社会，经济学的理性人还为这样的混浊潮流推波助澜。有人认为，"宫廷剧是对现代都市人的生存、情感状态的远距离观望，折射出人类亘古不变的享受生命、释放自我、崇尚美好、渴望幸福的心理诉求"。只不过这种"诉求"释放在尔虞我诈的宫廷斗争和世俗生活的无尽折磨之中。对于这种对帝王权术、宫廷忍术、官场斗术、家庭绞术和婚外恋折磨术扭曲的现象，作家梁晓声曾忧心忡忡："一个好的社会形态，绝大多数人对权谋文化不感兴趣。遗憾的是，随着清代宫廷剧的热播，不分男女老幼，许多电视剧观众对权谋文化表现出喜爱和欣赏，这一独特的文化现象，应该引起重视和思考。"

如果说在一夫多妻制和大家族的时代，家庭剧和宫廷剧还有存在理由的话，那么，在一夫一妻制和核心家庭的时代，家庭剧和宫廷剧就失去了存在的根基。人们似乎在逝去的文化中寻找昔日的影子和现实生活的残酷，忘却了家庭剧和宫廷剧的巨大浪费性和破坏性。

家庭剧和宫廷剧是建立在财产和权力的分配而不是生产的基础上的。当财产和权力资源固定时，随着家庭规模和宫廷规模的扩大，人们将花费更多的精力和时间去争夺这些资源。大量的争夺、争吵、勾心斗角和杀戮就是不确定资源进行租金耗散的形式。人们依然可以看到，在那些大家庭和宫廷存在的地方，资源的浪费依然明显。西方各国走向现代社会的关键努力之一就是家庭规模的缩小和后宫的消失。随着后宫的消失，王室内部争斗的力量就会减弱，国王或者皇帝

社会生活的经济学

将会把更多的精力和资源用于法律制度建设和社会发展上。随着家庭规模的缩小，争夺遗产的斗争就让位于创造财富的生活。国家进行法律制度建设，家庭进行生产活动，社会不进步都很困难。

当家庭规模缩小和后宫消失后，家庭成员之间的关系就会表现出更多的温馨和情谊。因为人们逐渐明白，只有自己创造的财富归于自己，就不会在祖先遗留的财产和地位上进行争斗了。所以，与宫廷和大家族的血腥斗争相比，小家庭总是充满温馨的。与中国传统大家庭和宫廷的剥削与奴役相比，核心家庭体现出更多的人间真情。

当家庭规模变得普遍较小时，家庭争斗的规模和强度都大幅度下降。孩子们在这样的家庭中成长与发育，总会感到关爱和亲情的无所不在。带着这份亲情和关爱，人们就会在社会中关爱他人，表现出更多的爱心。宽容、博爱和对生命的尊重，就会在人们的心灵深处生根发芽。社会资源也不会因此而浪费，人们之间的交易成本也会降低，整个社会的生产效率将会不断提高。

在核心家庭成为社会主流的时代，家庭剧和宫廷剧的泛滥，无疑是在爱心的社会增加冬日的寒流。在直接的意义上，家庭剧和宫廷剧让人们看到了曾有的险恶、仇恨和欺诈的无所不在。在间接的意义上，家庭剧和宫廷剧制造了人间的不和，拆散了人们之间的信任，增加了社会交易的困难。武汉大学艺术系教授彭万荣在《中国宫廷剧缺"钙"症问切》一文中询问："在这本应该富含文化韵味的宫廷剧中，我们看不到人文关怀，看不到电视人的信仰、灵魂和价值判断。难道电视剧只是故事？只是一些勾心斗角、尔虞我诈、争风吃醋的故事？"

[2012 年 7 月 9 日]

邻 居

那些因空间接近而具有共同利害关系的人，正在离我们远去。居住在农村的人，比邻而居，其距离有远有近。居住在城市的人，近邻就在自己的身边。楼上、楼下、对门或者同一个小区的邻居，也就几步之遥。按理说，城市人口的集中应该使人与人之间的关系更紧密，农村人口的分散应该使人与人之间的距离更疏远。事实则相反，在城市，邻居之间的关系很疏远，几近于陌生人。"远了香，近了臭，对门不搭腔"，正逐渐成为城市近邻的现实。在农村，邻里之间的关系很紧密，有"远亲不如近邻，近邻不如对门"之说。邻里关系为什么有如此巨大的变化呢？

稍有点生活常识的人都知道，农村是一个农产品生产基地。在一个村庄附近比邻而居的人，是生产相同农产品的劳动者。他们利用自己的劳动和生产工具，在自己的土地上劳作。利用自己的劳动所得，修建房屋，进行家庭消费，或者将剩余农产品在市场上出售。如果家庭劳动力足够充足，生产工具非常丰富，家庭生活的知识和技能都不匮乏，那么，每个农民家庭就会完全实行自给自足的生产和消费，不会依托邻里的帮助。

事与愿违的是，有些家庭的劳动力会因为生病或者农忙时节而出现高度的短缺，生产工具会因为破损或者老化而得不到及时更新或者补充，粮食因为歉收或者过度出售而出现青黄不接，家庭成员因为外出而出现无人看守家园。在市场经济不发达和分工不明确的农村，邻居就组成了一个互惠性的保险共同体。每一个比邻而居的家庭，就将把暂时多余的劳动力和粮食、暂时不用的生产工具租借给那些劳动力和粮食不足、生产工具缺乏的家庭。

那些租借别人劳动力、粮食或者生产工具的人，将会在被租借人缺乏劳动力、粮食或者生产工具的时段进行偿还，形成"你帮我，我帮你"的互惠式交换。马克斯·韦伯在《经济与社会》一书中分析道："邻里实际上意味着，患难之时的相互依托，尤其是在交通技术不发达的情况下。邻居是典型的救急者，因此，'邻里'是在十分冷静的、不含激情的、主要是经济伦理意义上的'博爱'的体现者。……因为任何人都可能陷入一种需要别人进入紧急帮助的境地。"

由于不存在中介机构或者货币交易，邻里之间的借还劳动或者物品都是无息的。他们相信实物价值的稳定性。邻里关系的好坏就取决于这种互惠式交换的频率。互惠式交换越频繁的邻居，邻里感情就越是深厚。当邻里之间的互惠式实物和劳役借贷能够得到及时偿还时，邻居之间的关系就趋于平等。当贫穷的邻居将自己的劳动力当作换取富裕邻居的剩余农产品、多余的土地、人身保护或者灾荒时的慈善救助时，邻里关系就向不平等的关系发展。贫穷的自愿帮工就可能成为奴隶或者农奴，富裕的邻居就会成为地主或者庄园主，剥削因此而出现。

即使在平等的邻里之间，如果借贷的劳动力或者实物存在不对等的现象，或者某些邻居试图无偿占有他人的物品的问题，那么，邻里之间就会产生敌对或利益冲突的行为。事实上，农村的邻里之间经常发生争吵或者打斗行为，大都源于借贷实物的记忆不清或者无偿占有他人物品的问题。不过，邻里之间的争吵或者打斗行为，经常在新的患难需求时得到缓和或者补救。毕竟，保险共同体的利益要远远大于偶尔的患得患失。邻里之间的尖锐敌对也就只能是一种例外，而不是规律。

由于土地的空间延展性，耕种土地的人必须生活在耕地的周围，以减少工作到居住地的通勤成本。这样，广阔的土地上就会逐渐形成村庄连绵分布的格局，而村庄规模的大小与耕种土地所需要的人力、工匠数目、土地肥沃程度和土地所有者的人数成比例。如果土地数量和单位产量没有明显的变化，那么，这个村庄的人口就会长时间保持稳定，多余的人口或者普遍贫困、饿死，或者迁移到其他地方从事耕种或者商业，或者留在原村庄从事纺织或手工产品制造以换取更多的粮食。随着人口的增加，村庄逐渐扩散，副业和手工业逐渐发展起来，邻居之间的争斗也会得以缓解。

当许多村庄的中心建立集市交易时，小业主、商人和匠人就会云集在此。集市的集中买卖比商人将物品运输到各村买卖更能降低运输成本，更能充分利用大数定律发现购买者的偏好和购买量，更能将购买者的田间工作和购买活动区分开来，更能形成稳定的价格和减少讨价还价的时间。这就意味着，物品的交换在空间上并非零散分布，而是高度集中在少数地方的。随着需求的增加，或者更多富有人群的加入，物品的交换和手工业品的生产就会推动集市向城镇方向发展。

附近村庄的规模越大和数量越多，出产的产品种类和数量越多，城镇的规模就会越大。当拥有众多土地的大地主特别是贵族和君主云集在某个城镇时，这个城镇就会向城市的方向发展，吸引众多的商人和工匠为其服务和生产，建造大量的楼房、街道、娱乐设施、风景楼台等，造成"每一个贵族都通过自己在住房、随从、仆役上面的开支，供养着各种商人和工匠"和"国家的所有阶级和居民，其生存都要靠土地所有者的开支"（坎蒂隆语）的局面。如果这个城市还集中了大量的政府机构和从事海外贸易的公司和机构，建立在海边或者大河两岸，附近有众多的中小城市，那么，这个城市就会成为一个大城市。

当村庄的人口不断增多并逐步走向城市化时，邻里之间的关系就开始出现转变。粮食不足，可以向市场购买。劳动力不足，可以雇用短工。灾荒时，更多地依赖政府或者其他救济团体。随着居住地与工作地点的高度分离，邻里之间原有的在生产领域的保险共同体就让位于市场的商业化保险和工作单位的同事之间的互助。

在企业、学校和政府部门，我们看到了同事之间出现相互救急帮助的情形。到单位时发现忘了带钱包，找同事借午饭钱和交通费。在工作时报告写不出来，找同事帮忙写。因病不能上班，找同事请假或者顶替。当然，借了同事的钱要还，同事帮了忙要请客吃饭或者送礼。在这些同事的相互帮助中，我们看到了邻居之间的保险共同体在继续发挥作用。同事与邻居都是在生产相同产品领域相互帮助、相互竞争、相互攀比，甚至发展出敌对的关系。不过，与农村偶尔发生的饥荒相比，高度集中在某些工作场所的同事，如煤矿、铁矿、纺织厂、钢铁厂等事故频繁的单位，可以发展出同事之间的深厚友谊——浓厚的工人阶级情感。缺乏生存死亡威胁和频繁互助的行业，例如计算机、软件、教育、政府等单位，同事之间的感情就淡漠得多。

当市场的交易和工作中的互惠互助解决了生产和生活中几乎所有问题之时，比邻而居的人就拥有越来越较少的共同利益。每个邻居，都围绕着工作单位和市场在转。邻居之间的互惠互助变得可有可无。偷盗行为出现时，或者自家安装更结实的防盗门和窗户防盗栏，或者请求政府多派些警察巡逻，或者要求小区管理员加强警戒。上学路上变得不安全时，或者自己亲自接送孩子上学，或者请求同事或亲戚看护，或者坐公交车和校车。

在人口高度流动的城市，邻居也因频繁地变动，变得更加陌生。我们不知道邻居从何而来，搬迁到什么地方去了。在那些蜗居、群租的房屋里，邻居来来往往，犹如旅馆或者铁路上的过客。保持距离，确保自己的利益不受损，就成了新的邻里原则。只有在发生火灾、地震、洪水泛滥的危险时，这些短暂的邻居才会滋生出互惠互助的需求。

分工与人口流动，驱动着传统农村邻里关系的解体。在农民工长期外出打工的农村，邻里之间的互惠式交换越来越少。稀缺的劳动力，只能支付市场报酬进行购买，因为希望对方偿还劳动的希望越来越渺茫。有效率的市场就这样地摧毁着农村，瓦解着邻里之间的关系。伴随着农村的消失，更多的人将在城市比邻而居，但他们更像咫尺天涯的陌生人。因为，他们的利益和需求都在市场和单位得到满足，邻居只是栖息地的暂时聚会。

[2012 年 8 月 22 日]

计划生育和社会抚养费

计划生育政策是近几十年来中国所特有的一项控制人口增长的制度。针对中国人口基数庞大、人口增长过快和资源有限的现实，计划生育政策规定，一对夫妇有权生育一胎孩子。凡是遵守计划生育政策的家庭，都可以享受政府的独生子女补贴。凡是违反计划生育政策实行超生的家庭，都要支付社会抚养费，接受罚款。计划生育政策使中国的人口增长率从 20 世纪 70 年代的千分之三十五下降到 2010 年的千分之十二左右。有人据此估计，计划生育政策使中国少生育了近 4 亿人口。

显然，这项制度隐含的经济假设是，人们对生育和养育孩子具有极高的偏好。这种偏好植根于人们的传宗接代、大家族的庞大势力和光宗耀祖的辉煌记忆之中。这项制度还假设，人们的生育偏好极强。

如果没有外在的抑制手段，人们将会不惜一切代价地生育。过多的人口将会对资源和土地稀少、人口本来众多的中国带来灾难性的影响。马寅初的《新人口论》就表达了这种看法。显然，计划生育政策隐含另外一个假设，过多的生育犹如环境污染，会带来灾难性的外部影响。为了缩小生育的外部效应问题，政府有责任控制人口的增长。犹如对污染征收污染处理费一样，超生的家庭就必须支付罚款或者社会抚养费。这就是中国计划生育政策的经济逻辑。

在土地和自然资源都有限的情况下，人口无限制的增长无疑会对社会造成灾难性的影响。人口拥挤、疾病滋生、冲突频繁、犯罪蔓延、生产效率低下，是最有可能的几种结果。马尔萨斯在《人口论》中就表达了无限制人口增长的恐惧。在马尔萨斯看来，人口不受限制地按照几何级数增长，食物甚至自然资源的生产只能按照数学级数的增长。但是，西方的人口并没有陷入无限制增长的深渊。美国妇女平均每人生育的孩子，在 1905 年达 3.77 个，但在 2005 年却只有 2.07 个。在中国，平均每位妇女终身生于的孩子数量在 2010 年为 1.19 人，而台湾地区则只有 0.89 人。根据《人民日报》2013 年 11 月 18 日在微博中对 6729 位独生子女家庭的人的调查表明，如果没有生育政策限制，85%的人选择生育 1—2 个孩子，想生 3 个孩子的人只占 6%，还有 9%的人不想生育孩子。在愿意生育 2 个孩子的独生子女家庭中，"给孩子找个伴"和"防止意外发生"成了主要原因。历史似乎表明，人们对生育似乎并没有无尽的偏好。

实际上，对孩子极强的偏好是建立在这样的假设基础上的：对生活的改善是需要多代人共同的努力，生育孩子的机会成本是极其低廉的。按照马克思的说法，不仅出生和死亡的数量，而且家庭人口的绝对量都同收入的水平成反比。成本低，收益高，生育孩子的偏好就在人们的心中稳固地建立起来了。在市场经济极度不发达的社会，妇女的就业机会很少，家务劳动的价值很低，人的寿命很短，婴儿死亡率高，孩子多的家庭很容易建立稳固的家庭安全感或者在社会占据某些优势。例如，中国老年人的养老还主要依靠子女的照顾和金钱补贴。弗里德曼认为，养儿防老是造成高出生率和大家庭的主要原因。子女越多，每个人所负担的成本就越低。在这样的环境中，多生育无疑是一个明智的决策。

随着医疗技术的发展和医院的普遍建立，生育死亡率急剧下降。较高的出生率和较低的死亡率相结合的后果就是较高的人口增长率。这就是从市场经济极度不发达向市场经济转换过程中所观察到的一种社会现象。加上想象力的发挥，人们似乎觉得，人口增长似乎没有尽头。人口在过去几十年内不断翻番的现实似乎在印证着这样一种传奇的猜测。

市场经济终于在不同的国家扎下根来，对孩子极强的历史偏好也失去了存在的根基。人们不需要经过几代人的努力才能改善生活，妇女们不再围绕毫无市场价值的家务劳动转圈，孩子们也不再仅仅需要一口饭和几件破衣服就能健康地成长。大学、政府、医院、企业都有数不清的工作机会向妇女开放。在美国，妇女选择市场就业的比例从1890年的20%增加到1997年的60%。在中国城市，妇女就业的比例也许达到90%以上。

坎蒂隆说："在一个国家中，只有一小部分人纯粹由于胆怯而逃避结婚。所有处于较低等级的人都希望生活下去，都希望生儿育女，让他们过上像自己那样的生活。如果某些工人和工匠不结婚，那只不过是为了等待机会。在这段时间里，他们或是要积蓄一些足以建立家庭的东西；或者是要找一个能带来一点财产的合意女子，以便帮助他建立这个家庭，因为他们每天都可以看到一些与他们类似的人，由于缺乏这类准备过早地成了家，不得不剩下自己的食物去养活子女，结果陷入了最可怕的贫困境地。"也许这就是剩女出现的现实。根据《小康》杂志2011年的调查，因缺乏住房导致24.8%的城市青年推迟结婚，21.3%的城市青年推迟生育。

多生养一个孩子不仅仅是失去一两年的工资收入，还可能失去受教育、工作、升迁的机会和美好的身材。孩子的教育费用、医疗费用和时间陪伴费用也不断地成长，孩子带来的乐趣在无尽的工作中不断丧失。据估计，养育一个孩子到大学毕业需要50万元，其中60%是生活费，40%是教育费。在2013年11月18日《人民日报》的调查中，有近 50%的独生子女家庭不愿意要两个孩子，其中 56%的人认为经济成本太高，16.6%的人认为太辛苦和 9%的人认为工作太忙。更有说不完的青少年犯罪、交通事故、家庭破裂在磨损多生育的希望。养育孩子的机会成本在不断增长，孩子带来的收益在不断萎缩。有的地方达到了这样的拐点，生养孩子的收益远小于其成本。于是出现了无孩子的家庭或者同居不结婚的现象。许多发达国家的人口最后都稳定了下来，没有继续增长，甚至开始萎缩。俄罗斯、法国、日本都在为鼓励生育而奋斗。

　　计划生育政策就是在市场经济不发达时期针对人口增长过快的一种应急政策。2013 年 11 月，中国的计划生育政策进行了大幅度调整，允许父母是独生子女的家庭生育两个孩子。随着市场经济的发展，养育孩子的机会成本不断提高，计划生育政策就失去了存在的理由。正如查尔斯·惠伦在《赤裸裸的经济学》一书中所说："穷人之所以有很多孩子，是因为他们生育和抚养孩子的成本低。控制生育，无论多么可靠，它只对那些愿意要更少孩子的家庭起作用。所以，战胜人口增长最有力的武器之一，是为妇女创造更多的机会，这要从教育女孩开始。"当所有女孩都能接受初等教育，很大一部分女孩能够接受高等教育时，生育孩子的意愿就会急剧降低。也许，仅仅在市场经济还不发达的农村，计划生育政策还会多存在一段时间。

[2012 年 8 月 19 日]

品　牌

　　在我们的生活中，生产和消费的产品种类越来越多。在有限的时间内，我们不可能对成千上万种产品的质量和安全性都有一个清晰的了解和认识，因为认识成本和测量成本会极其高昂，不安全产品的代价也极其巨大。对于那些形状各异、质量差异甚大的产品，我们消费起来没有任何信心。农民自家种的农产品很新鲜，但很难单独在市场上卖个好价钱，因为消费者对这些差异甚大的产品缺乏信心。

　　解决产品质量多样化的办法就是标准化的生产、标准化的服务。因此，工业品解决了手工制品质量不稳定的问题。即使如此，很少有消费者参观机械化的工厂，也很少了解产品的生产流程。如果买到质量不合格的产品，就只能自认倒霉。买过蔬菜、水果的人都会有如此的经验。为了解决消费者的信心不足问题，那些希望长期经营的企业就会采取不满意退货或者赔偿的方式。如何区别这些长期经营的企业与短期经营的企业呢？那就是建立品牌。

　　品牌是公司花费大量的资源去建立人们对其产品认同的标志。这个标志承诺，同种产品具有几乎完全相同的产品质量和安全性。如果发现质量问题，品牌产品可以退货或者获得赔偿。由于有了这样的承诺，消费者就等于获得了产品的质量期权。只要购买的产品发现质量问题或者安全性问题，消费者就可以行使期权，企业也必须以最快的速度和最低的交易成本帮助消费者行使期权。显然，那些规定了退货或者赔偿但却需要长时间的等待或者支付巨大交易成本才能获得这种好处的企业，并非真正建立起了品牌效应。他们只不过是利用退货或者赔偿为诱饵，促进销售，但利用极大的交易成本阻碍消费者退货或者获得赔偿。

　　为了建立真正的品牌，企业需要支付更多的监督成本、测量成本和退货补偿成本。自然地，品牌产品就需要获得更高的价格。例如，耐克球鞋在中国或者越南的生产成本不到 8 美元，但贴上"耐克"的标签之后就得卖 50 美元或者 100 美元。年轻的球迷爱好者之所以愿意买这种名牌产品，不仅是为了显示其身份，进行炫耀性消费，更重要的是他们愿意为信任支付高价。美国投资分析家帕特·多尔西在《股市真规则》说："拥有一个品牌的奇妙之处是消费者一旦接受了你的产品或服务，就会长期使用下去，并且会认为它比其他公司的产品和服务好，不管这种差别是否真的存在，他都会感觉到有些微小的差别。"也就是说，如果购买一种产品的所有成本等于产品价格和其他交易成本构成，那么，品牌产品通过降低交易成本的方式而获得了较高的价格。

　　相比之下，劣质产品只能获得低价，因为其交易成本异常高昂，如质量没有保证，可能发生损害身体的问题，甚至还会发生爆炸或者毒害消费者。在面临劣质产品的情况下，政府就需要建立强制性的法规，使消费者免受最严重的诈骗或者损害。但是，政府并不能保证消费免受卑劣却合法的商业行为的侵犯，如增加消费者退货或者获得赔偿的交易成本。对此，品牌产品做出了这样的承诺，尽可能降低消费后的大量交易成本，条件是消费者支付产品的较高价格。因此，品牌产品与一般产品的区别就是固定成本和可变成本的差异。品牌产品的固定成本或者购买价格较高，但可变成本或者随后的交易成本较低；一般产品的固定成本较低，但随后发生的可变成本较高。

当消费者的货币收入较低和其他资源较为丰富时，人们通常会购买廉价的产品。穷人通常是劣质商品的受害者，原因即在此。随着收入水平的提高或者时间的机会成本不断增多，消费者购买品牌产品甚至名牌产品的频率会不断增多。至于社会上的富豪或者名流，购买清一色的名牌产品就是地位或者实力的象征。律师、名人、销售员、政客都喜欢在名牌产品上投资，道理即在此。

一旦建立起一个品牌，企业就需要在长期内维护品牌价值。不断改换门面的企业是不会建立品牌的，依靠名人打广告也不能简单地建立品牌。名人可以扩大产品的知名度，但产品的质量和安全性，特别是降低消费者的交易成本，却需要企业持之以恒的追求。有了品牌，企业就与其他经营者区分开来，建立起稳定的消费市场，可以获得品牌利润或者垄断价格。消费者会去寻求与众不同的品牌，就像人们去阅读自己喜爱的诗歌或者小说一样。

随着品牌产品的质量稳定化和生产标准化，以及消费群体不断扩大的倾向，品牌产品就容易走向规模化经营和降低成本的道路。随着品牌产品的平均生产成本不断降低，其市场占有率越来越大，并最终将非品牌产品挤出了市场。经济学家认识到品牌的价值只是很晚的事情，如爱德华·张伯伦在1933年出版的《垄断竞争》中所揭示的一样。但是，企业家早就认识到，品牌产品是打破你死我活价格竞争魔咒的制胜法宝。有了品牌产品，企业就不能仅仅关心产品数量的生产，他们还会关心产品质量和安全性能。假冒伪劣产品的生存就更加困难。

社会的矛盾和纠纷就会减少，人们的生活就会更加安康。

[2012 年 8 月 25 日]

日本的僵尸企业还魂

僵尸企业就是那些受到政府或者债权人资助的破产企业。这些破产企业缺乏盈利能力或者清偿能力，早就应该退出市场。在二战失败后，日本却在随后的四十年期间取得了经济的突飞猛进。其中的玄机，按照周有光的看法，就是"败仗，打掉了军阀，打掉了财阀，打掉了出身和身份，逼迫人民做知识和技能的竞争"。没有封建贵族军事垄断的大量军费开支和人才浪费，没有经济垄断的竞争限制，也没有出身和身份造成的人格歧视，自然为日本经济的腾飞扫除了高昂交易成本的障碍。但是，日本的终身雇佣制和银企之间的紧密合作关系，却为日本经济的全面市场化设置了天然的障碍。

在 20 世纪 90 年代那"失去的十年"中，日本经济的一个显著特征就是僵尸企业的不断增加。在 1992—2002 年期间，日本的僵尸企业数量从 5%增加到 30%左右，僵尸企业所占用的资产从 3%增加到 15%左右。具体而言，制造业的僵尸企业所占用的资产接近 10%，贸易行业和建筑业占 20%，房地产业和服务业占 20%—35%之间。之所以会出现这样的差别，是因为日本的制造业受到国际竞争的压力较大，而其他行业受到竞争的压力较小。由于非制造业的企业规模普遍小于制造业，这些非制造业的企业更乐于寻求政府的保护。

随着 1991 年后日本经济泡沫的破灭，股票和房地产价格暴跌，大量的企业都处于破产或者亏损的边缘，巨额的银行贷款转眼间都变成坏账损失。如果将所有的坏账损失都立即记录在损益表上，那么，大量的日本银行都将破产，引发日本银行危机。为了避免企业破产引发银行的连锁破产效应，政府鼓励银行对那些处于破产边缘的企业继续提供贷款支持，甚至政府直接提供财政支持。由于债台高筑和大量的资产贬值，日本的僵尸企业就从 20 世纪 80 年代的 5%陡然增加到 20

世纪 90 年代中期的 35%。这些僵尸企业采取借新债偿还旧债的办法维持日常运转，希望将过去高价购买的固定资产和房地产成本逐步摊销到未来的损益表中，并最终扭亏为盈。

不幸的是，僵尸企业的贬值资产实在太多，银行和政府支持需要耗费巨额的资金，以至于日本政府的长期债务在 2013 年超过 1000 万亿日元。相反，新创办的企业很难获得银行贷款或者政府支持。由于僵尸企业继续占有一定的市场销售和雇用了大量的工人，新创办的企业就不得不与之展开竞争，直接提高了新生企业的经营成本。经营成本的提高和政府对僵尸企业的保护会抑制新企业的产生。只有那些最有效率或者最有盈利能力的新生企业才能在与僵尸企业的竞争中胜出。而且，僵尸企业大量的贬值资产还在按照成本进行折旧或者摊销，妨碍了市场资源的最优配置。

这样，随着僵尸企业数量的增加，同行业中的其他企业的投资和就业雇佣也会受到限制。随着僵尸企业的激励效应在行业内部和不同行业之间进行传染，整个经济的效率也就会显著下降。"失去的十年"就是僵尸企业游荡的十年，也是日本政府债务猛增的十年。日本政府的债务占国内生产总值的比重也从 1992 年的 20%增加到 2007 年的80%、2011 年的 120%和 2013 年的 180%。日本政府也在僵尸企业的陪伴下处于债务危机的边缘。

在世界上其他国家，也存在很多僵尸企业。美国的钢铁和纺织企业就是如此。与日本的僵尸企业依靠银行贷款或者政府补贴不同，美国的钢铁和纺织企业长期依赖于贷款保证、进口关税、配额制甚至自愿出口限制的保护。尽管关税和配额制将国外的廉价钢铁排除在美国市场之外，但是，那些以钢铁为主要原材料的产业，或者采取其他替代材料，或者将产业基地搬迁到国外，从而恶化了美国钢铁行业所面临的问题。严重依赖钢铁的汽车工业，也为钢铁行业的保护付出了沉重的代价，逐渐走向僵尸企业的边缘。

在英国，煤炭行业早就是毫无竞争力的产业。在煤炭工人的压力下，英国政府对煤炭进口实行限制、对煤炭产业提供大量补贴，并要求国营电力公司优先使用英国煤炭，以便保证缺乏效率的煤炭厂继续营运。为了保障煤炭企业的运行，英国政府最终将更多的产业卷入僵尸企业的边缘。在中国，依靠政府补贴和银行救助的僵尸企业也越来越多，如上市公司中的 ST 公司或者财政补贴公司。由于僵尸企业的存在，越来越多亏损的企业就会走到政府的面前，施加政治压力，让政府牵扶着这些将僵尸企业继续在市场游玩。

当僵尸企业越来越多，健康企业输出的血就越多，有形之手就会取代无形之手，市场经济的自我调节功能就会削弱。那些长期依靠政府的救助或者补贴的企业，是很难获得利润增长动力的。因为，这些企业觉得，只要采取积极的经营措施并获得了企业经营状况的改善，就意味着救济可能性的丧失。最终，依靠救助的企业会丧失进取心和责任感，并以贫困和受补贴为荣。僵尸企业树立了一个先例，形成了人们的预期。那就是，只要走政治路线，就可以绑架政府的救济。因此，彻底解决僵尸企业的一个办法就是，削弱政府对企业和市场的干预，让市场的回归于市场，让政府的回归于政府。

[2012 年 7 月 24 日]

买新与修旧

人都是喜新厌旧的动物。当人们在这样说的时候，人不仅是"只闻新人欢，哪闻旧人哭"的"喜新厌旧"。随着岁月的流逝，我们也越来越对物品养成了"喜新厌旧"的习惯。恐怕除了历年的日记、情人的初吻，一切旧物品都消失在历史的记忆中了。

张五常在《科斯的雨伞》一文中曾对总拿着一把旧伞寻找修理的著名经济学家科斯说："修理雨伞这个行业已成陈迹，就算你找到修理的人，费用也会远比买把新的、较先进的雨伞为高。"过去，什么产品都有修理服务的行业，修理电视、修鞋、修自行车、修补衣服的店铺到处都是。于是有了"新三年，旧三年，修修补补又三年"的记忆。

现在，我们每天都在买新东西。雨伞有个洞，皮鞋陈旧，衣服磨破了，很少有机会得到修补。在大城市和繁荣的地方，这些修理店都消失了。唯有价值比较昂贵的产品，如汽车、房屋，还存在修理行业。在美国，修理汽车，不外是把旧零部件或者损坏的零部件换下来，然后装上新的零部件。汽车修理工不再用榔头或者锤子敲打各种旧零部件进行修补了。这种修理模式也在中国的汽车、彩电、手机、空调的修理行业延续。看着大量依然崭新的但有点破损的东西被扔掉，我们痛心不已。但又感觉无奈。把破损的东西搬回家，找不到修理工，又能怎样呢？对于时代的感伤，经济学家又能说什么呢？

对人的"喜新厌旧"，经济学家会牵强地说，这是愉悦的边际效用递减的缘故。对于物品的"喜新厌旧"，经济学家有把握地说，这是成本不同的缘故。

在农业经济时代，工业品的生产技术不很发达，企业规模很小，固定生产成本很高，尽管工资不高。在这样的环境中，新产品的价格很高。相比之下，修理一件产品的工艺一般比较简单，所需要的固定成本微乎其微。在这样的情况下，会有很多的人从事修理工作，所收取的修理费用也很低。在几十年前，我们到处都可以看到修鞋匠、修自行车的人，就是如此。

随着工业化的发展，企业规模越来越大，大规模生产降低了产品的成本。在美国，二十世纪五六十年代以前，绝大部分年轻人都要学习换轮胎的技术，因为轮胎经常漏气和汽车的安全性能也比较差。但是，轮胎设计上的改进和汽车安装的防漏气轮胎，大大降低了人们在日常生活中对换轮胎技术的需求，剩余的换轮胎需要都转移到汽车修理商那里去了。同时，随着工业化的发展，满足生活必需品的最低工资也不断增加。这样，在工业化时代，新产品的成本降低，修理旧产品的成本不断提高，特别是高房价带来的房屋租金和工资水平的持续上升。比如，现在修理一次电视的费用需要二三百元，而零配件的成本往往只有十几元。

一旦新产品的价格低于修理产品的费用时，修理行业就开始消失了。比如，在美国，购买一款新手机的价格是40美元，而换一对新的锂电池就需要60美元，自然，人们只买新手机而不会去修理旧手机了。在手机技术不断革新的今天，购买一款新的手机只需要三四百元，而修理一次手机却需要 50 元或者 100 元。这样，修理成本越来越接近于购买成本，修理服务的范围就小多了。

即使新产品的价格明显高于修理费用，但由于新产品的使用寿命相对较长，单位时间内的新产品成本也可能低于旧产品的修理费用。如果我们考虑到新产品的消费能够获得更多的社会赞赏或者满足时，修理产品的数量就进一步降低了。随着修理市场的萎缩，为了维持最低的生活费用，修理工就必须按照高价格收取修理费和服务费。因此，随着工资收入的提高，企业大规模生产的发展，修理行业的范围将不断缩小。绝大部分价值较低的产品将不再被修理，只有少量具有高附加值的产品才具有修理价值。

当企业配有专业的技术服务人员时，修理机器设备的价值还是很高的。在许多公司中，修理废旧机器不仅能够提高经营效率，而且还会节约大量的投资成本。比如，一家汽车运输修理公司，在 2010 年修理废旧物品，节约了公司 20 万元。其中，废旧轮胎翻新 66 个，节约资金 6 万元；修复 22 块电瓶，节约资金 2 万元；旧零部件修复再使用，节约资金 12 万元。台兰察布电业局在 2009 年通过修复大量的废旧机器设备，节约了大量资金。如修复破损变电器 20 多台，低压无功补偿设备 27 台，而修理费用仅为购买设备的费用的三分之一。将拆迁后的 100 多个电表箱回收修复利用，节约资金 1 万多元。修复使用避路器 9 组、电杆 90 根、避雷针 110 根、旧导线 1 万米，节约资金 20 多万元。

由于公司的规模较大，使用的机器设备较多，公司可以采取自己雇用专业维修人员，或者外出修理的方式，维持破损的机器设备的运转。对于众多的家庭来说，就没有这么幸运了。只好将大量的坏损设备低价卖给废品回收站，衍生了废品回收行业。

但是，买新与修旧的关系不是一成不变的，而是受到政府政策的显著影响。在二十世纪五六十年代的计划经济和短缺时代，中国的国营企业的投资严格区分新机器和新厂房的投资与旧机器和旧厂房的投资。为了最大限度地利用有限的资本，政府规定，新机器和新厂房的投资必须经过各级政府部门的严格审批，而旧机器和旧厂房的维修则不需要如此繁琐的审批。既然不能购买新机器，许多企业就不间断地维修老机器。经济学家孙冶方在上海造船厂调查时发现，有多达两三千的工人都在修理超龄服役的老机器。尽管投资了大量的资金修理老机器，但是，造船厂的生产效率却始终不能提高。显然，这是政府鼓励修理旧机器设备的政策所致。

到了市场经济的产品过剩时代，促进机器设备的更新使用有助于提高生产效率和扩大就业机会。美国金融危机爆发以后，中国政府为了应对机械产品出口下降对国内企业的生存压力，实行了家电和汽车的"以旧换新"的政策，加速了旧产品的淘汰。这就充分说明，政府既可以增加买新的制度成本，也可以降低买新的价格，从而让买新与修旧的市场呈现五颜六色的变化。

家庭装修

家庭装修是中国城市生活最亮丽的一道风景。不论是春夏秋冬，还是寒来暑往，城市的家庭都处在装修之中，似乎受到"无形之手"的指引。在这道风景中，我们看到了市民不懈追求的生活情趣，也看到了农民工融入了千家万户但徘徊在城市边缘的辛酸。

毛坯房或者半成品房在中国的繁荣，是房地产商们最喜欢津津乐道的事情。不用关心市民的品位，不用精益求精，只要占上一块地，浇灌几根钢筋水泥柱子，堆砌几块砖头，将地面用水泥抹平，房地产商就大功告成，只等市民来"抢"毛坯房。面对几十年的积蓄换来的半成品房，市民们不甘心。他们要将自己的希望和理想，接近半失业状态的闲暇，注入这半成品房中。让房屋见证自己青春燃烧的岁月，也让房屋磨灭昔日的忧伤。抬眼望着白茫茫的马路，市民们感觉到毛坯房的充实。他们天生是行动主义者，他们做不到"与天地人斗，其乐无穷"，但还是从"与房斗"中获得了些许的安慰。"装修"，这是一个多么神奇的字眼，装饰生活，修复心境。

达官贵人所不理解的装修，在农民工眼中带来了生活的情趣。他们不远千里从遥远的山村，穿越崎岖的小路，颠簸在数不清的公共汽车上，不断转换车站、码头，终于看到了数不清的毛坯高楼和市民们渴望的双眼。他们的肩膀是结实的，要不然如何将农村修建得如此安稳。他们的生活是简朴的，要不然如何圆市民们美妙的梦。被房地产商榨干了，包里所剩无几了，市民们看到了大街小巷上的农民工。廉价农民工就闯入了市民们的生活，开始了美化居民家庭的工作。只要买了新房，闲暇时间充裕、上班散漫的市民们都要拆除以前的任何装修，按自己的意愿构建一个新的世界。噪音、垃圾、尘土飞扬，都是新世界产生的征兆。新世界源源不断的产生，源于农民工费用的"便宜"和市民们的时间成本较低。农民工不仅充斥在装饰材料的工厂和车间，也遍布在装饰材料的运输和搬运环节，并最终将装饰材料铺满市民的毛坯房中。廉价的农民工，还有悠闲的市民生活，就成了数不清家庭装修的影子。

温暖了城市，圆了市民的梦，农民工显得更加沧桑了。低廉的人工费，赶不上物价的上涨。看病、上学、吃饭，都变得越来越昂贵了。农民工开始徘徊在城市的边缘。他们付出的太多，得到的太少。随着人工费的上涨，工作机会成本的增加，城市的家庭装修就如逝去的地平线，将逐渐变得模糊起来。市民们将会珍惜购买房屋中的任何一块砖头，任何一根管线。"土木之工不可擅动"就会成为新的座右铭。到那时，毛坯房就会成为历史，房地产商们会想念农民工的好处，还有悠闲的市民生活。

[2012 年 6 月 5 日]

上山下乡与下山进城

二十世纪最波澜壮阔的画面，不是数不清的战争，也不是留学的浪潮，而是从城市到乡村、从乡村到城市的人口流动浪潮。在这种人口流动浪潮中，意想不到的知识得到传播，经济增长的引擎得以安置。

回忆起知识青年的上山下乡，文学家总是感到莫名的痛苦。他们特意为描写知青上山下乡的文学，起了一个名字，叫"伤痕文学"。这种文学，如其名字所言，总是刻画上山下乡对知识青年的感情伤害，还有对农民的纯真与质朴的扭曲。在二十世纪八十年代，这种文学曾经红极一时，但很快就烟消云散了。原来，更强大的一股潮流，每年高达上亿的农民工正在从四面八方奔向城市和东部沿海地区。探讨和描写农民工在旅途和工作中的痛苦与追求，就成了农民工文学的价值取向。

经济学家没有小说家那么多感情扭捏。他们希望从这种人群的大规模移动中看到生活的希望，而不是痛苦。他们也希望从知识青年下乡中看到乡镇经济和私营企业的崛起，从农民工进城中看到农村发展的希望。

"上山下乡"运动的主要目的，是将城镇的潜在失业人口，特别是知识青年，分散在农村，实行插队落户，解决吃饭问题。从 1953 年这个政策启动开始到 1965 年期间，全国城镇共有 196.9 万人被下放到农村，其中包括 129.38 万知识青年。在 1966—1976 年期间，上山下乡运动的知识青年高达 1402.6 万人。在 1976—1979 年期间，还有 260 万人从城市被安置到农村。总计起来，在 1953—1979 年期间上山下乡运动的知识青年有近 2000 万人。从 1978 年开始，大量的知识青年开始返城，进入国营企业和政府机关工作，上山下乡运动逐渐退出了历史舞台。

大量的知识青年，在十几岁青春妙龄的阶段，被迫离开父母到那遥远、陌生的山村去劳动和生活。遥遥无期的痛苦，比较优势的丧失，任何时候想起来都是那么辛酸与无奈。人类的智慧就在于，从荒凉中看到新生的希望。在那缺少电视、收音机、网络的时代，操着各种方言的山村居民，第一次看到了来自城市的知识青年和纯正的普通话。尽管带着时代的扭曲，他们还是从普通话中看到了希望，从知识中看到了力量。学会了普通话，获取了知识，就能与更多的人交流，走出山村，甚至走上富裕的道路。无意间，知识青年让普通话在山村生根发芽，甚至传播了知识和希望。

易宪容甚至认为，"毛泽东的最伟大业绩之一，就在于普及现代教育的扫盲运动和以政府为规范的方式建立及推广自然统一的普通话体系。如果没有这个基础，改革开放后中国廉价的劳动力无从获得，国内大市场的形成也比现在更为困难"。当改革开放的机会出现时，山村居民很快就在市场中站稳了脚跟，因为他们曾经与普通话近距离地接触过。张五常指出，可能是知识青年上山下乡中传播的普通话和信心，才让更多的农民走出山区，形成中国特有的农民工浪潮。恰恰是农民工在工厂、建筑工地、铁路、矿山、高速公路、城市基础设施中的大量付出，才铸造了中国腾飞的翅膀。

在农民工大量进城打工的浪潮中，社会的良知时时在拷问：农村是否就会永久地衰落下去？田野荒芜、山坡草木茂盛、流浪儿童和留守老人的画面不时在空中飞翔。如何拯救农村，人们在思考。废除农业税，奖励农民耕作，鼓励承包制农田的合作经营，提高农村孤寡老人的生活补贴和医疗保险，都是看得见的惠民政策。

知识青年有回城的时候，农民工难道就心甘情愿永久地抛离自己的故土吗？他们每年春节的回家浪潮，难道仅仅是为了挤爆火车吗？不是的。农民工在学习，积累工厂经营的经验，在等待机会。美国经济学家保罗·萨缪尔森看到了这一点。他说："合资企业在培养劳动力方面很有好处，因为有朝一日你就会有能力自己干了。"当香港人在二十世纪八十年代创办了大量合资企业的时候，大量的农民工奔赴珠江三角洲。随后，珠江三角洲的民营经济和乡镇经济很快异军突起。因为当地人很快就了解了如何开办企业，如何与外商打交道，如何打开市场。这股创办企业的浪潮，在二十世纪九十年代初光电般地传播到了长江三角洲，造就了中国持续增长的动力。当越来越多的农民工奔赴珠三角、长三角、京津地区后回到老家时，带回去的不仅仅是辛苦的工资，还有城市生活的理念和开办企业的经验。各种企业在西南、西北地区不断涌现，乃是植根于农民工的知识和经验的传播和身体力行。

当知识青年上山下乡时，谁会想到，他们传播了普通话，降低了山村居民的交流成本。当农民工进城时，谁会想到，他们学会了现代企业的知识和经验，降低了开办企业的信息成本。在知识青年上山下乡、农民工下山进城的社会流动浪潮中，整个社会的交易费用都得以降低，经济增长难道不就是很自然的事情吗？

[2012 年 6 月 6 日]

官话与套话

普通人都很讨厌官话和套话。早在 1941 年，毛泽东就极力反对官话和八股文。题为《反对党八股》和《改造我们的学习》的文章就是对官话套话展开批评的有力论证。邓小平在中共十一届五中全会第三次会议上也说："开会要开小会，开短会，不开无准备的会。会上要讲短话，话不离题。议这个题，你就对这个问题发表意见，赞成或反对，讲理由，扼要一点；没有话就把嘴巴一闭。不开空话连篇的会，不发离题万里的议论。即使开短会、集体办公，如果一件事情老是议过去议过来，那也不得了。总之，开会、讲话都要解决问题。"

尽管政治领袖都希望少些官话套话，但是，官话和套话没有因此而减少，反而越演越烈。凡是有官员的场合，不管是开会还是交流，官话与套话是不能少的。陈乃举在《沟通要讲"群众语言"》（《今晚报》2011 年 9 月 7 日）中说："台上讲话的人照本宣科，津津乐道，但总是官话套话，老生常谈，千篇一律，索然无味，台下的听众昏昏欲睡，此情此景，业已成习，在人民群众中造成了不良影响。官话套话成了干群之间的一堵无形的墙，它疏远和人民群众的距离，降低了党和政府的公信力。"在官僚主义的场合，上级的讲话内容和精神实质都需要下级在各种场合重复和传达，以至于有"工作就是开会，管理就是收费"的形象。

外交领域可以说是官话和套话泛滥的温床。美国前总统理查德·尼克松在其回忆录《角斗场上》一书中写道："我发现参加会晤的人越多，谈话的坦率程度就越小，在有美国大使馆的人参加时更是如此。在那种情况下，你的东道主只会端出他已经向来访的美国政府官员端出过的陈词滥调。"外交语言就是那些模棱两可没有任何实际内容的语言。

275

官话和套话是一个特殊的社会现象吗？不是的。不仅官员习惯于讲官话和套话，广告也习惯于套话，充分利用人们的善良情感和对美的追求来对所宣传的产品夸大其词。在书籍出版中，经常出现许多套话，如"限于水平，缺点错误在所难免，欢迎批评指教"；"文责自负"；"抛砖引玉"和"班门弄斧"的字样。只要书籍的作者不是全知全能的上帝，那么，任何著作都会有不足和缺陷。"画蛇添足"的话语显然是套话，不可当真。人们见面，也是一对套话开头："近来好吗？"；"在哪里发财？"；"你越来越漂亮啦！"等。

讲客套话是中国传统礼节的一部分。张峰在《不必当真》（《今晚报·今晚副刊》2011 年 6 月 1 日）中说："比如，没有来得及欢迎要说'失迎'，起身作别要称'告辞'，求人解答问题要用'请教'，欢迎购买要说'惠顾'，请人收下礼要称'笑纳'，赠人书画要题上'惠存'，尊称老师为'恩师'，称人家的学生为'高足'，请人休息要说'节劳'，对方不适要说'欠安'，初次见面要说'久仰'，分别重逢要说'久违'，征求意见要说'指教'，求人原谅要说'海涵'，求人帮忙要说'劳驾'，求人行方便要说'借光'，麻烦别人要说'打扰'，向人祝贺要说'恭喜'，请人看稿要称'阅示'，请人改稿要说'斧正'，求人解答要用'请问'，请人指点要用'赐教'，托人办事要用'拜托'，赞人见解要用'高见'。"随着人文和社会环境的改变，这套客套话就可能遭受误解甚至吃官司。比如，北洋政府总理徐树铮曾在法国一家餐厅请客，非常客套地说"饭菜不好，希望大家包涵"。法国餐厅经理以损害声誉为由，要求徐树铮登报致歉。可见，客套话也要依赖于制度文化环境。

股票分析师的套话就是"买进"或者"继续持有"。2000 年，美国的高科技泡沫开始破裂，大量的股票价格开始下跌。在股票分析师对美国公司的 2.8 万例推荐中，99%的建议都是大量买进、买进或者继续持仓，只有不到 1%的分析师建议卖掉股票。由于美国的股票价格总体呈现上涨的趋势，做出买进的推荐更符合市场的一般动向，也符合证券公司自身的利益，还能够参考其他公司的分析师建议和防止单独犯错。这样，推荐买进就是一个最稳健的策略，尽管接受这个建议的股民会在股市动荡或者下跌时期蒙受很大的损失。

　　在学术行业里，也存在官话和套话的情形。最明显的例子就是经济学中数学公式的滥用成灾。当数学公式的使用在最初与能力联系在一起时，使用数学公式的多少就成为衡量学术能力大小的一个显著的标志。这些数学公式的使用者就越容易被大学和科研机构认可，从而获得极高的工资和待遇。一旦这种信号传播开来，后来的人就投入更多的时间和精力精炼数学公式和方程式，以便超越前辈的经济学家，获得更好的待遇。通过这种不断的数学精炼化，在几代人的努力下，经济学就成为数学家一统天下的新边疆，而数学家则掌握着经济学的运动方向。在数学形式化的驱动下，经济学就越来越脱离现实的社会经济问题。在任何情况下，经济学家都喜欢用千篇一律的数学公式描述很简单的问题，以至于普通大众根本不理解经济学是什么。当越来越多的人掌握了高深数学的技巧后，数学公式的使用与能力之间的紧密联系就变得越来越松散，依靠数学获得更好报酬的机会就会逐渐减少。这将诱使其他经济学家投入更多的精力开发其他技巧。这样，经济学中使用数学符号和公式，就非常类似于市场信号的展示模型，特别是蛛网模型。

　　除了数学化以外，在中国的学术领域，还存在一种特有的外国化倾向。由于中国近代科学技术的落后，许多新思想和新的研究手段都是在欧美国家最先出现。这样，引用外国的思想和文化就成为国内发表文章或者撰写学术著作取得成功的一大法宝。当第一代学者缓慢地翻译和介绍外国的思想取得极高的学术地位和待遇报酬时，第二代学者就从学术的外国化中看到了成功的捷径，于是更多地使用外国的文献和思想，甚至在语句上也模仿外国语言。经过三四代人的努力，外国文化就在中国的学术领域一统天下。同时，自然科学展示的强大实力，也迫使大量人文科学的著作和文章普遍充斥着自然科学的语言，以展示学者的博学多才，从而导致人文科学的许多语言带有明显的含混不清或者不知所云的迹象。时间久了，学术界展示的书面语言，就与日常生活的语言大相径庭，形成自己富有特色的官话和套话。

　　问题是，为什么有那么多讨厌的官话和套话还能长期繁衍生存？生动活泼、亲切质朴、喜闻乐见的群众语言为什么不能在官员、学者、股票分析师、广告中间生根发芽？显然，标准化的官话与套话降低了收集信息的成本，也降低出错的风险。尽管收益很低，但风险也很低。对于风险厌恶型的官员来说，官话与套话可谓是从政的法宝。群众千差万别，喜好各异，依附的利益集团各个不同，说错话可是要负责的。官员的时间有限，最优的决策方案就是讲官话和套话，模棱两可、四平八稳的官僚语言。学者的套话是一种社会自谦，免得惹来一对批评和诽谤。日常的套话则是对他人的关心，减少交流的障碍。按照美国总统理查德·尼克松的说法，"你与之谈话的人如果认为自己是在为记录在案而说，他就会向记录本说话，如果认为是为历史而说，他就会向历史说话"。这样，官话和套话就是一种交流成本最小的记录语言，但却辜负了人们的信任。

可以说，官话与套话的出现是必然的。只要语言具有社会影响，会带来交易费用，那么，在信息高度不确定的情况下，官话与套话就是最有效率的交流话语。交流的对象越多，官话套话就会越明显。群众集会、政治演说、官方报纸的文章，到处都充斥着套话和官话。交流对象越少，官话套话就会越少，真话和实情就会越多。朋友聚会、电话交流、秘密会议都很少见到官话与套话。在官话与套话越多的地方，人们就越需要真心实意的聚会。所以，在中国，餐饮业异常地发达，公款吃喝非常普遍，就是因为官话套话太多，美食和酒香能让人们说点真心话。所以，反对公款吃喝的人，最好先解决官话和套话的问题。

由于官话和套话是一种均衡的大范围交流语言，因此，我们就可以预计，任何偏离官话套话的语言都会演化为官话套话。罗伯特·弗兰克在《牛奶可乐经济学》中说："在官僚当中，使用浅显语言并非一种稳定的平衡状态。倘若浅显的语言成为规范，那么，某个官僚可能会出于个人利益，把文字写得稍微模糊一些，从而削弱自己在限制他人行为中所要承担的责任。出于同样的原因，其他官僚也会这么做，于是言辞模糊暧昧的标准就发生了变化。这样一来，我们很容易看到，随着时间的逐渐推移，完全叫人看不懂的官僚语言最终又成了主流。"

当然，大量的讲话稿都是笔杆子捉刀的结果，也为官话和套话的繁荣贡献了一份力量。对笔杆子而言，在拿不准讲话的场合和领导的新思想的情况下，最稳健的做法就是讲套话，还有广泛使用计算机的模版。可以想象，中国古代的书面语言都是采取文言文形式，与日常生活的浅显语言或者白话形成鲜明对比。其中的一个原因可能就是，中国官僚制度的不断发展，大量的官僚需要用语焉不详的语言保持特权地位。科举考试之所以艰难，就是要求普通人克服浅显的日常语言而采用具有官僚语言性质的文言文。由于官僚文化的影响，中国古代的文章都要求含蓄美。

当官话套话普遍充斥于人们的日常交流时，信息获取和知识增长越来越困难，人们更多地回到缺乏语言的相互猜忌或者猜测的状态。在某种程度上说，官话套话有点类似于滥发钞票。当通货膨胀不断加速和钞票完全贬值时，市场交易就会向物物交换回归。这就是说，官话套话在语言交流所占的比例越大，交流的成本也就越大。生动活泼的语言和诚实的交流就会在一定范围内扩散开来，逐渐排挤官话套话。随着交流范围的扩大，诚实交流的社会成本也越来越巨大。掩盖真相的官话套话也逐渐获得优势。这样，官话套话就与真诚的语言交流存在一定的分界线。较大社会群体的交流必然伴随着更多的官话套话，较小群体的交流必然伴随着更少的官话套话。

除了人口规模外，官话套话还受到政治制度和文化传统的约束。凡是高度集权的群体，官话套话越多，因为错误说话的成本越大。凡是比较民主、政治干预少的群体，官话套话就会越少。当一个群体有务实的传统时，教育中就会少些官话套话，讲究实际技能的教育内容就会多一些。所以，文科学生的官话套话比较多，理工科的学生比较务实。最终，官话套话受制于各种潜在和现实的交流成本，也受制于语言交流的时间限制。诚实交流的成本越高，语言交流的时间越长，官话套话就会越多。因此，官话套话是一个可以进行经济分析的社会现象。

黑话与密语

在我们的生活中，到处都充斥着行话、密语和黑话。在地域上，我们知道的行话有山西夏县东浒的"延话"、潮汕的反切语、东莞的"三字顶"、福建建瓯的"鸟语"、福州的"切脚语"、广西灌阳的"二字语"、藤县的三种倒语、贵州榕江和陕西西安的反切语。在保险行业，有陌拜、陌拷、扫楼、返点、孤儿单、放鸽子等隐语。在股市，人们习惯于谈论追涨、竞价、补仓、探底、反弹等行话。在一些秘密宗教中，信息交流叫做"交通"，开辟新的活动区域叫做"牧养"，负责人叫"长老"，资料叫"水果"，学员的体会叫"汇编"。

在盗窃的行话中，男女混合盗窃叫做"夹花路子"，偷窃技术高叫做"手艺高"，小偷被叫做"老荣"，扒手被叫做"钳工"，火车上扒窃叫做"跟铁轨"或者"冲火龙"，汽车上扒窃叫做"挤门子"或者"抢门子"，用刀片割包扒窃叫做"抹子活儿"。在大学中，上课打瞌睡叫做"特困生"，长相丑陋的人叫做"恐龙"，外出约会或者谈恋爱叫做"青春必修课"。如此列举下去，我们将会发现，任何固定人群的交流都可能会形成行话、密语或者黑话。

一般而言，犯罪组织的秘密语言一般被称作黑话，从事股票、证券、保险、管理、间谍等行业的秘密语言一般称作行话，此外还有朋友、恋人、家庭等群体之间存在的秘密语言。尽管存在这些区分，但是，黑话、行话或者密语都是为限制群体外之人的理解和增强群体内部交流而使用的特定符号和话语。1858 年，德国法学家拉勒芒在《德语中的流氓语——它的社会政治、文学和语言学构成及其当今的状况》一书中发现，从事盗窃、娼妓、贩毒、走私、非法交易或非法宗教等非法活动的人群会使用一种秘密的不为外人所理解的语言。在拉勒芒看来，黑话"并非一种自然形成的语言，而是一种人工的、秘密和封闭的语言"。例如，《林海雪原》中的强盗土匪见面就问"天王盖地虎"。如果回答"宝塔镇河妖"，那么，问的人和回答的人就可能是同一山头的土匪。在犯人群体中，人们通常不说入狱、探监、坐牢、刑期长短，而要说入册、拜山、住大屋、贵平（刑期长短）这些黑话。这种特殊的语言就将会说黑话的群体与其他群体分离开来，增加了群体的认同和安全感，减少了群体成员鉴别和辨认成本，增大了非群体成员进入特定群体的认知成本。

　　但是，密语和黑话在设立藩篱区分群体的同时，也增加了群体内部成员掌握密语和黑话的认知成本，因为掌握和熟悉黑话和密语需要投入时间和精力加以记忆和运用。随着密语或者黑话系统的单词和语句增加，学习和记忆的时间成本也会急剧上升，除非密语成为生活或者工作中的语言。这样，大量的黑话或者密语系统都是非常简单的。对非法行为的自我认同而采取的矫饰性黑话，如被捕叫做"失风"、对其他囚犯称作"难友"、打麻将叫做"研究国粹"，就是这样的简单例子。在恋人之间、朋友之间或者家庭内部的少数密语也属于此情形。这就意味着，任何密语或者黑话都是一套具有固定规则的语言，绝大多数密语或者黑话都是镶嵌在普通语言上的附加语，只有少部分黑话或者密语才独自构成一个语言系统。这套信号系统可能是开放的，如科学语言或者方言；也可能是保密的，如秘密语、黑话、暗号、间谍语言。这套秘密语言的演化发展，是与内部信息交流的效率密切相关的。社会的监视和干预成本越高，群体发展秘密语言或者黑话的动机越强。在一个"偶语弃市"的社会，必然是黑话或者密语的蓬勃发展。

　　因此，群体的语言系统就可以分为两部分，一部分是与社会大众交流的语言，利用高效的社会语言获得权利和利益；另一部分是群体内部的交流语言，在方便群体内部交流的时候确保群体内部的秘密和增强群体的内部认同。群体语言和大众语言构成了一个人全部的语言。当使用大众的语言谋求自己的利益和权利受到限制时，黑话或者密语就发展起来。群体所受到的限制越大，谋求黑话或者密语的动机就越强烈。可以预计，在一个民主的社会，黑话或者密语的数量就会较少；而在一个专制的社会，黑话或者密语的数量就比较多。当每个人的言论自由都得到法律的保障时，黑话或者密语会消失吗？只要群体存在着独立的利益和权利诉求，那么，黑话或者密语就不会消失。在群体高度竞争的社会，行话或者密语也会得到发展，因为一个比较成功的群体或者组织，都需要发展一套独特的行话系统来增强自己的内部吸引力。也就是说，黑话或者密语的发展是受到社会交易成本和群体的利益所制约的。社会交易成本越高，群体的利益越大，黑话或者密语的数量就会越多。

黑话和密语越多的社会，社会群体的分离倾向也就越强烈，群体之间的交流也就越困难。马克思在《1857—1858年经济学手稿》中说："语言本身是一定共同体的产物，同样从另一方面说，语言本身就是这个共同体的存在，而且是它的不言而喻的存在。"在某种意义上说，诗词都是具有文化因子的秘密黑话，以至于跨文化的诗词交流很困难。许多学术语言越来越成为学术圈内的行话，内行和权威依靠行话或者黑话吓唬人。在文学批评中，有的学者把看花叫做"审美主体作为审美客体的植物生殖器进行审美观照"。经济学的黑话和密语就是数学方程式和大量的经济学术语。当许多学科将发展黑话和密语作为科学的主要标志时，这样的学科就开始脱离社会实际了。

在某些极端的情况下，方言、土语都可能成为黑话或者秘密语。据估计，爱斯基摩人有24种语言，北美印第安人有350种语言，墨西哥和中美洲存在近100种语言，而南美和安的列斯群岛有800种语言。这1250种语言大致分属于150多个语族，即使在北美地区也存在57个语族。非洲也存在大约800到1000种语言，其中只有24种语言的使用人数超过100万人。本乡人在遥远的外乡相遇时用方言交流，就具有秘密语言的功能。美国反恐战争增大了学习阿拉伯、非洲和中亚等地的方言土语的动力，因为美国怀疑这些恐怖主义者是在用方言土语而不是英语进行交流。

由于众多行话、密语和黑话的存在和不断演变，任何企图获取所有群体内部知识的努力都将趋于失败。哈耶克认为，这些分散性的知识构成了政府干预的巨大交易成本。而且，随着使用人群的增多，许多黑话或者行话逐渐成为社会流行语。"大腕儿"、"走穴"、"托儿"、"腥"、"踩点儿"、"挂彩"、"反水"、"绑票"、"出血"、"撕票"、"扯淡"、"跳槽"、"避风头"等曾经的行话就是这样的大众化的例子。威廉·冯·洪堡、莱奥·魏斯格贝尔（Leo Weisgerber）、爱德华·萨丕尔（Edward Sapir）和本杰明·李·沃尔夫（Benjamin Lee Whorf）等人提出了萨丕尔—沃尔夫假说。该假说认为，人们是以母语的特点视角来观察世界和周围环境的，并形成特定的思维模式。萨丕尔写道："实际上，'真实世界'在很大程度上不自觉地以各自群体的语言习惯为基础。"当母语是由大众语言和群体的行话、黑话和密语构成时，我们就会认识到，即使操着同一语言的人，在观察世界和周围环境时就会呈现不同的视角。恰恰是这种视角的多样性，构成了文化创新和科学创新的动力。

[2013 年 7 月 8 日]

排队的学问

我们每个人都有排队的经历。进火车站、等候公共汽车、购买物品、名人明星的签名、参观旅游，都要排队。有的人说，排队是稀缺经济的特有现象。如果人类的所有资源都是稀缺的，那么，任何一个社会都会面临排队的问题。大量的学者都高度关注排队问题，经济学家也不例外。

排队参观有两种情况，一是参观时间固定，如参观毛主席纪念堂、看电影、看足球比赛；二是参观时间不固定，如参观名画文物展。当参观时间固定时，排队时间的长短与参观时间的长短没有任何关系。没有人因为你排队等候奥运门票 5 天而多踢三分钟的足球。但是，当参观时间不固定时，排队时间的长短就与参观时间的长短存在一个正比例的关系。张五常在《上河定律》一文中说，"因为排队时间是一个价，一个代价，也可以说是一项成本。价愈高——即是排队的时间愈长——观者就多花时间欣赏了。"

尽管排队时间是沉没成本，但是，参观者根据经验和名画文物展的吸引力可以推断，未来排队需要等候的时间长短和新展出的可能性。如果未来等候的时间越长，再次展出和参观的可能性愈低，那么，参观者就要花费更多的时间欣赏和品味。也就是说，未来等候的边际成本决定了现在欣赏强度的提高。所以，为了满足特定参观人群的长时间欣赏品味，组办方就会选择那些适宜休息和提供各种饮料食品服务的场所。顾客在满足欣赏和消费的同时，组办方也就获得更多的饮料、食品的销售收入。根据这个原理，电影院、足球赛事、文艺演出、剧院、故宫等地方就会高价出售饮料和食品，因为观看者欣赏的消费者剩余高得出奇，也就不在乎饮料和食品的价格了。同样，咖啡馆、娱乐场所也是利用欣赏和情调来推销高价的饮料和食品。

许多超市也充分利用了排队等候来进行推销的技巧。我们知道，大型超市一般有几十甚至上百条结账通道。除非在异常繁忙的时候，许多结账通道都是关闭的，只有不到半数的结账通道还开放着，结果造成购物者花费很长的时间进行结账等待。由于预期等待时间过长，购物者要么是时间成本较低的穷人，要么是购买货物较多的人。所以，利用较低的价格，超市就将穷人吸引过来；再利用穷人的等待时间，超市就强迫收入比较高的人群一次购买大批量的物品。

由于大批量的物品结账时间较长，商场就会出现更多排队等待的人群，造成商品价格低廉的形象。这样，超市就可能会增加几个结账柜台。通过调整结账柜台的数量，超市就将商品价格低廉的形象雕刻出来，并明确将不愿花时间排队的高收入者或者少量物品购买者排除在外。将少量物品购买者排除在外之后，超市的结账效率就大为提高，减少了结账收据的使用、发生错误的概率和频繁地收找零钱的时间。购买量较少或者不愿排队等候的消费者也是经济人。一旦他们认识到问题所在，就采取群体购买或者网络购买的方式，既节省了购买的时间，又积累了人脉。不幸的是，依靠排队等候来进行营销的超市，可能就会在网络时代感到生存的压力。

同时，许多政府部门也利用繁琐的程序和排队时间来进行寻租。出国需要签证，签证排队时间越长的国家，签证者就会花费更多的时间滞留在那个国家，当然也会花费更多的金钱。签证越容易的国家，旅游者的花费也就越少，滞留时间越短。旅游者预期滞留时间越长，签证者的监督和审查就越严格，这迫使获得签证的人采取各种方式讨好签证官，还花费更长时间滞留签证国。同样，在官员晋升的道路上，官员等候时间愈长，官员在官位上的平均任职时间也就愈长。通过等待，政府就把大量的不耐心等待者排除在外。但是，如果官员的任职时间规定得太短，那么，官员的质量要么降低，要么寻租行为更容易发生。同样，谈恋爱时间愈长，婚姻存续期也愈长。如果把婚姻双方的家庭关系也牵涉进来，那么，家族关系维持的时间愈长，婚姻关系也愈能维持。

与排队欣赏名画和电影的慢节奏不同，高速公路上的堵车是令人心烦的排队等候。一旦道路通畅，司机们通常都会把车开得飞快。可以印证的是，城市越大，交通堵塞越多的地方，汽车开得越快。自然，事故也就越多。到医院看病，排队等待是家常便饭，以至于深圳的儿童医院贴出告示，"愿等的就等，不愿等的就到别处去"。排队取号、排队检查、排队照片、排队开药、排队缴费、排队取药、排队打针，都是司空见惯的事情。要想一个上午把病看完，四五点钟去排队最合适。犹如在高速公路堵车闷气一样，医院排队太久了，人也就麻木了。只要能顺利看完病，管它多少钱都合适。于是，专家直通、黄牛顶替、关系照顾、火爆脾气，都用上了。至于看病多少钱，抓多少药，麻木的人就不敏感了。难怪，中国看病的医药费用很高，都是排队等候搞的鬼。只不过，有的病人耐心太差，时不时暴打医生。有的医生粗枝大叶，时不时错误诊断、开错药、钳子留在病人肚里，医疗事故频繁。暴力与事故，医患矛盾犹如敌我矛盾，让人感觉进医院看病跟鬼子拼刺刀似的。

只要存在时间机会成本的差异，在交易允许的情况下，排队就会滋生中介或者黄牛。汽车站、火车站、电影院、剧院、足球场旁边的黄牛，就是时间成本比较低的一群人。他们看到了时间是不一样的金钱，于是，就出租自己的时间去排队等候，获取的是劳动所得，外加警察追捕的风险补偿。真正有本事的黄牛，还要加入巨额的投资，开办银行、保险公司、五星级宾馆。这些高级黄牛中介，缩短了资金需求者、保险服务需求者、旅行服务需求者的等待时间，从而也获取了高额的利润。当排队具有很高的价值时，企业家们也可以采取拍卖选择权。当众多的人群要挑选楼层和方位不同的房屋时，开发商就可以出售房屋选择权，取代排队等候。谁说排队等待中没有商机和人性的体现呢！

[2012 年 6 月 12 日]

山寨版假货

假冒伪劣产品，在人们的心目中，犹如"四害"一样，欲除之而后快。犹如麻雀不同于苍蝇、血吸虫和老鼠一样，假冒产品也不同于劣等货或者残次产品。在被劣质的三鹿奶粉、毒胶囊、有毒大米困扰的时代，人们对假货也义愤填膺。人们的愤怒是有道理的。欧米茄手表、皮包、鞋类、服装都是假货连连。试图花一千元钱买个正品，结果却买了个山寨版的假货。你说倒霉不倒霉！每年茅台酒只生产了两万吨，但市场上的茅台酒销售量高达三十万吨，以至于很多人花了真茅台的价格买了假茅台。对于这种以次充好、以假乱真的行为，我们要坚决反对。

如果有人模仿了正版产品，但明确告知，这是假货，那又会是一种什么情形呢？人生在世要用真钱，人死了用点假钱，这又妨碍了谁了呢？所以，问题不在于假货，而在于把假货当作真货的欺骗行为。

张五常在《打假货是蠢行为吗？》中对真正明目张胆的假货，报以赞赏的经济学分析，认为落后国家的假货代表了其"经济有前途"或者工业发展实力。我们知道，经济发展的关键是模仿中的创新，只有创新而没有模仿的经济是很难发展的。模仿的过程，就是工艺流程知识和生产销售知识不断扩散的过程。如果单纯地模仿而不使用著名品牌的商标，假冒产品也能销售，但市场规模较小，无法满足许多人的心理需求。正是看中了名牌产品的知名度和市场潜力，才有许多人冒着风险生产假冒产品。这些假冒产品，或者使用名牌的商标，或者细微地修改名牌商标。在名牌产品的价格高昂时，直接使用名牌商标并声称是假货或者山寨货，这实际上是对名牌产品进行市场细分：高价名牌占据市场的上端，假货产品占据市场的低端。例如，笔记本电脑的原厂电池需要 1100 元，但山寨版电池只需要 300—500 元；单反数码相机电池的厂价需要 500 元，但第三方兼容电池只需要 200 元。

在名牌产品的价格不高时，使用略微修改的商标或者傍名牌的商标，有助于以假乱真，如"唐师傅"模仿"康师傅"方便面，"百串可乐"模仿"百事可乐"。刘新炜在《傍名牌命名研究》中分门别类地研究了 336 种中国境内的傍名牌的商标。表 5-1 列举了该研究成果中具有典型意义的傍名牌商标。

表 5-1 傍名牌的商标

名牌商标	傍名牌商标	名牌商标	傍名牌商标	名牌商标	傍名牌商标
伊利	尹利、伊俐	KFC	KFG	LUX（力士）	DUX
脉动	永动、脉劫	心相印	心想印	雕牌	周住牌
康师傅	康帅傅	夏士莲	夏仕莲	吃好点	好吃点
海飞丝	海乙丝	玉兰油	玉兰牌油	北大方正	北方大正
白猫	日猫	雪碧	雲碧、碧雪	娃哈哈	娃乐乐
邦迪	邦	芬达	芬运	香喷喷	香飘飘
大白兔	太白兔	青岛啤酒	青鸟啤酒	上好佳	下好佳
高露洁	高露浩	NIKE	MIKE、IVIKE	非常可乐	正常可乐
可口可乐	可日可乐	PUMA	FUMA、PAMA	蒙牛	蒙友
SONY（索尼）	SQNY	中华	中萃	达克宁	大克宁
屈臣氏	屈同氏	金利来	金利未	脑白金	脑白全

显然，对于价格不高的假冒产品，会挤占正牌产品的市场，因为他们都是针对同一个消费群体，如盗版光盘。对于高端名牌产品的假冒，不会挤占正牌产品的市场，如盗版软件、仿制的奢侈品。在这种情况下，如张五常所说："假货的存在替真货免费打广告。只出得起钱购买假货的人根本不会问津真货，但有朝一日收入多了，要买真货来过瘾一下是很自然的事。"大众在假货产品的消费中得到不断的学习和教育，获得了市场辨别与欣赏能力。大量的书法和绘画赝品，给予了爱好者了解真品的学习和研究的机会。

更为重要的是，对于名牌产品来说，假货扩大了对正规产品的市场需求量和价格。要知道，在假货盛行的国家，真货的销售价格一般都比只有真货的国家要高。例如，假洋酒和假名牌在中国很盛行，以至于很多名媛富豪都把消费外国高档物品作为地位和身份的象征，炫耀之风在神州大地此起彼伏。在这种炫耀性消费的带动下，外国名牌产品不断挺进中国的市场。书法和绘画的价格，与其假货的数量和质量高度相关。

而且，在假货的威胁下，真货需要不断地进行技术创新或者产品的更新换代。要不是有那么多微软 Window 的盗版软件，微软公司的创新动力可能还会不足呢！所以，没有假货的市场，技术革新的动力往往较慢。当然，假货生产企业是打破真货垄断的英雄。在模仿真货产品的过程中，生产假货的企业的技术和经营理念得到不断更新，随时有可能走向独立发展的趋势。如果假货产品是高精尖的产品，那么，这个企业的技术实力就不可小觑了。在品味偏好改变、知识和技能投资不断增加的情况下，假货盛行的社会，经济不发展都困难。

在法制遭到严重破坏和书籍遭到压制的时期，盗版书籍有助于文化的传承与保护。对于大量的盗版书籍，巴金曾这样幽默地说："正是靠了这些盗印本和'租型本'，海外的读者至今还不曾忘记我的名字，甚至在我给关进'牛棚'，押到工厂、农村、学校'游斗'的时候，香港书店还在发卖我的'邪书'。"如果在"焚书坑儒"的时期，有大量的盗版书籍存在，那么，会有多少版本考证和补缺文化的成本得到节约呢！

假冒伪劣产品的检验

食品安全是当今中国最为关注的问题。毒奶粉、毒胶囊、饮料的过量色素、猪肉充斥着瘦肉精、牛肉膏制造的"牛肉"、染色馒头、地沟油炸食品，还有全国人大代表朱张金耗时 6 年收集的三百多种"毒食品"，无时无刻不在绞杀中国的良心与未来。所有有毒食品都与过度使用化学、物理或者生物方法有关。例如,每斤 16 元的黑皮花生,就使用染色剂和包含重金属的违禁添加剂浸泡而成。每斤 6 元的鸡蛋,就是在一吨饲料中加入 40 元的某种添加剂,就能让所有的鸡蛋变黄,鸡吃了每天都会下蛋。看到不法商贩的猖狂,我们不能仅仅惊叹于不法商贩的道德缺失和政府监管的失位,我们还应找出一些简易可行的办法来甄别真假产品。

1. 注水猪肉的检验。重庆人吴长富研究发现,注水猪肉可以利用餐巾纸简单地检验出来。当一块新鲜的猪肉切开后,将一张餐巾纸全部粘贴在新切口的猪肉上,直到纸巾全面沾湿。然后,用打火机点燃纸巾焚烧。如果餐巾纸全部烧成灰,不留残纸,则是没有注水的猪肉。如果餐巾纸不能完全燃烧,则是注水猪肉。因为注水猪肉的水会大量浸出,沾湿在餐巾纸上而不能燃烧。

2. 衣物干洗与水洗的甄别。干洗需要使用昂贵的干洗剂,而水洗只需要廉价的水则可。为了节省成本和牟取暴利,许多干洗店则采用水洗的办法但收取干洗的价格。干洗剂有石油干洗剂和四氯乙烯两种。纸巾在水洗过程中会搅烂,但在干洗剂中浸泡和洗涤都不会改变形状。纸上沾滴的食用油会在干洗剂中全部溶解,但在水洗中仍然保留残迹。塑料泡沫在四氯乙烯中溶解,在水中和石油干洗剂中保持完好形状。

根据纸巾、油和塑料泡沫在水和干洗剂中的不同物理和化学性质,吴长富就发现了鉴别干洗和水洗的方法。在一张纸上用笔写上自己独特的记号,滴一滴食用油在纸上,并放一粒微小的塑料泡沫,然后将纸裹好,用订书机钉在自己要清洗的衣物上,送到干洗店清洗。如果取回来的衣物上的纸张改变位置或者订书机的眼孔增多,那么,自己设置的标记可能被洗衣店更换过,干洗店成为水洗店的可能性非常大。如果取回来的衣物上的纸张位置不变,订书机的眼孔也没有增多,那么,当纸张保持完整形状和油污消失时,则衣物经历了真实的干洗。如果塑料泡沫消失了,则使用的干洗剂是四氯乙烯。如果塑料泡沫还存在,则使用的是石油干洗剂。如果取回来的衣物中,纸张被搅烂,纸上的油污还存在,不管塑料泡沫是否消失,衣物都是水洗的,而不是干洗的。因此,利用纸张在不同液体中的物理特性,我们就能增强辨别干洗和水洗差别的能力。

3. 真假黑米的甄别。黑米的营养价值和市场价格极高，这就为许多不法商贩利用白米伪造黑米提供了强大的动力。将白米染色，或者将染色的白米与真正的黑米掺混，都是不法商家经常选择的手段。

在日常生活中，不管是真实的黑米或者染色的黑米，放在水中浸泡时，都会使水变黑，无法辨别真假。但是，从化学成分来讲，真实的黑米有一种独特的成分花青素，而染色的黑米或者提炼过的黑米则没有花青素。花青素的一个显著特性是遇酸变红。为了防止掺混黑米的出现，我们只需要随机从购买来的黑米中挑选十个颗粒，放在一个白净的盘子中尽可能地分开。然后，我们在每粒黑米上滴一滴白醋浸泡，真实的黑米会变红，假黑米中的醋不会变色。几分钟后，我们就可以发现盘子中黑米变红色的数量。如果盘中的黑米全是红色，那么，这种黑米就是真实的、优质黑米。如果盘中的黑米部分是红色、部分的颜色不变，那么，这种黑米就是掺混的黑米。如果盘中所有的黑米都是白色或者颜色不变，那么，这种黑米就是染色的黑米。

4. 真假香油的甄别。香油又称为芝麻油，因其独特的色香味而成为日常生活中的重要调料，香油的价格自然不菲。看到了香油的市场价值，不法商贩就开始利用一些价值低的甚至有害的植物油混充香油。假香油中最普遍的是用黑棉籽提炼的黑棉籽油，因为中国棉花生产低于非常广泛。黑棉籽油对人体的伤害较大，但在色香味方面与芝麻油非常接近，单凭肉眼、鼻子或者舌头是无法区分的。另外，也有的不法商贩还在芝麻油中勾兑其他油脂。

不过，芝麻油与黑棉籽油和其他油脂的最大一个不同点在于，芝麻油的表面张力非常小，遇到白水后迅速扩散。相反，黑棉籽油和其他油脂的表面张力非常大，遇到水后不容易扩散，仍然凝固在一起。利用这个特性，我们就可以取一碗清水，从购买来的香油瓶中取一滴香油，在距离水面较低的地方滴入水中。如果香油迅速扩散，没有凝固现象，那么，这种香油就是真实的香油。如果香油不扩散，仍然高度地黏附在一起，那么，这种香油就是假香油。

5. 红葡萄酒真假的甄别。红葡萄酒由于对治疗心血管疾病和养颜保健具有重要的功效，成为许多中老年人的心爱之物。正是看中了这一点，许多不法商贩就采取掺兑或者增加人工色素的办法，来制造低劣的、假冒的红葡萄酒。单纯从色泽的深浅或者香味的变化，一般人很难辨认真假红葡萄酒。

但是，真实的红葡萄酒与假冒伪劣的葡萄酒的根本区别在于，真实的红葡萄酒含有一种名叫花色苷的天然色素。这种花色苷属于多粉类化合物，遇到碱性物质会起化学变化。因此，要检验葡萄酒的真假，只需要把红葡萄酒滴在折叠好的餐巾纸上，红葡萄酒就会渗透，表现出深浅度不同的红色或者白色。将食用碱和清水按照 1:5 的比例勾兑，然后将碱水滴在餐巾纸上的红葡萄酒印迹上。如果葡萄酒印迹的颜色不变，那么，这种葡萄酒就是假酒。如果葡萄酒的印迹有红色和蓝绿色的混合，那么，这种酒就是掺兑的红葡萄酒：一部分真实，一部分是人工色素勾兑的。如果葡萄酒的印迹全部变为蓝绿色，那么，这种葡萄酒是真实的红葡萄酒。

6. 劣质白酒的甄别。用工业酒精、食用酒精勾兑的各种酱香型、浓香型和清香型白酒，充斥着整个市场。因为经验的有限性，一般人很难辨别。但是，酿造的白酒与勾兑的白酒最大的区别在于，勾兑的白酒对氢氧化钠或者烧碱不发生反应，而酿造的白酒会在高温下与烧碱发生化学反应和变成红色。因此，将白酒倒入一个器皿中加温，然后倒入玻璃杯，加上烧碱。如果杯中的酒变红，那么，这种酒就是酿造的白酒。如果杯中的酒仍然是白色透明，那么，这种酒就是勾兑的酒。

从这些检验假冒伪劣产品的方法中，我们看到了寻求最简易方法中的创新，也看到了辨识假冒伪劣产品的艰难。一个良善的社会，不能仅仅依靠像吴长富这样的"打假"高手，还需要增强假冒伪劣产品的制度约束机制。在这样的社会中，大量有效的时间和精力不会花费在辨识产品的真假上，而应该花费在更多创新性的工作和生活享受上。如果这样，我们就会看到真实产品的需求量上升，更多的人从事更富有创造性的工作，社会也显得更加和谐与宁静。

身　份

　　我们每个人都有一份矜持。周国平在《做人和做事》一文中说："人生在世最重要的事情不是幸福或不幸，而是不论幸福还是不幸都保持做人的正直和尊严。"这份矜持就是身份。身份代表着社会地位和社会尊重，也就决定了人们可以干什么、不可以干什么。或者说，身份影响人们的选择行为。

　　在传统经济学中，身份、社会地位、贵族气质都没有任何地位，只要有利益可求，人们就采取行动。因此，在传统经济学家的眼里，每个人都是毛毛虫，随时都在机会主义地甚至不择手段地行事，以致有"卑鄙是卑鄙者的通行证，高尚是高尚者的墓志铭"的豪言壮语。但是，人不是毛毛虫，人还有社会尊严的一面。贵族世家、书香世家、武术之家就是对身份的潜移默化的社会认可。身份和地位意味着，人们的行为不仅要考虑孤立个人效用的一面，还要考虑社会性的一面。人的社会性、社会尊严或者社会地位就会将绝大多数与身份不一致的行为排除在外，从而缩小选择的范围。

　　有身份的人，用餐排座次，开会的席位，走路的陪同，医院的级别，入住房间的标准，都是有讲究的。社会学家詹姆斯·科利曼（James Coleman）等人研究了世袭贵族身份对行为的影响。由于受到身份和地位的限制，社会的创新多数来源于社会下层。例如，在1986年，美国有18%的妇女进入劳动力大军，但绝大多数都是年轻人、单身、外国出生的人和黑人，只有5%的已婚妇女从事有报酬的劳动。为了保持自己的尊严，许多人在贫困中也不愿意向他人低头乞讨。

　　在1978年美国煤炭工人持续110天的大罢工中，许多煤炭工人因无收入而处于贫困的边缘。但是有的工人却说："如果向工会申请救济，我不在乎。但是，要向山姆大叔申请救济，我不干。我们中间的许多人宁愿挨饿，也要保持我们的自尊。我们就是在这种教养下成长起来的。我们是干着脏活，然而是自豪的人。"在中国的儒家传统中，知识分子非常讲究气节、骨气，也是如此。"大雪压青松，青松挺且直；要知松高洁，待到雪化时"，讲的也是傲人的骨气。

在 1974 年因为水门事件而被迫辞去总统职务后，有人建议尼克松去竞选参议员、州长或者接受一个大使职务。尼克松在回忆录《角斗场上》中写道："然而没有一个担任过自由世界的最重要的职务的人安于就水利工程或官职任命权争吵不休，或者安于写外交电报给国务院的某个科长。"这就是身份的尊严，经济学家所说的价格刚性——升到高位的人是很难再次在较低的位置上工作的。

人人都有身份，但有的人身份很多。例如，在名片上写上几十种头衔，教授、博士、会长、秘书长、官员、董事长、校长的混合，最容易博得人的眼球，但人们不知道他的身份如何结合。古人最讲究身份地位，皇帝要有皇帝的身份，大臣要有大臣的身份，否则就会有孟子所说的不讲身份的后果："君之视臣如手足，则臣视君如腹心；君之视臣如犬马，则臣视君如国人；君之视臣如土芥，则臣视君如寇仇。"

里亚·格林菲尔德在《资本主义精神：民族主义与经济增长》中认为，作为"对社会现实的创造性解释"的地图，身份"赋予持有者社会生活位置并为持有者提供一系列指南；合理的行为，合理的预期，其他人可能具有的预期，对这些合理预期的合理反应与总体态度"。每一种身份代表着对现实的特定视角和信息图像。宗教、阶层、职业、性别、人种、意识形态、组织等类别的身份，都是对现实信息图像的特定概括。由于现实中每个人信息的多样性和复杂性，身份认知就会造成很大的偏差、模版印象甚至错误。但是，由于每个人的认知能力和生命的有限性，社会交往就必须依赖于节约交易成本的身份来展开。"谈笑有鸿儒，往来无白丁"是一种身份交往。身份的需求和供给、身份的演化就遵循着经济学的路径前行。

斯密认为，人是社会性的动物，追求社会认可或者社会地位身份是人的本性。为了获得某种身份，个人就必须支付足够的交易成本。有些身份是天生的，有些身份是人为的。我们可以通过智慧的学习，美德的实践，财富的获取，建功立业，或者权势的获取来提高身份的价值，也可以通过炫耀性的消费、美丽的外表、强健的身体、运动的天赋来提高身份的价值。身份提供了社会归属感和认同感，增强了个人的自信和生命的意义。强大的民族身份更给其持有者带来尊严感和对其他人的某些支配权。出自发达国家的产品本身就意味着产品质量的保证和信誉的可靠。对身份的看重意味着身份持有者对维持身份价值所做出的承诺。这种承诺促进了身份持有者的感情投入甚至物质投入。

著名演员葛优曾这样给自己的身份定位："演员吧，往好里说，人说你是表演艺术家；但往最不好里说，人说你是戏子。我是这么想：如果你给自己定成艺术家，那么有人说你是戏子的时候，你得扛得住，心里能承受就成。我呢，给自己定一个标准，就是戏子，当有人说我是艺术家的时候，我也别晕了。"有了这样的身份定位，葛优演起电影或者电视剧时，就游刃有余，宠辱不惊，不患得患失，奠定了演艺事业成功的基础。

在权力为中心的时代，权高位重者处处讲究身份和地位。轿车的豪华程度、办公室的面积和豪华、就餐时的菜品数量和质量、出门时的随从人员的数量、秘书的数量和质量、司机的数量、开会的级别、接待单位的派头、就诊时医生的水平，还有数不清的事情，都要按照身份和地位进行等级排序，形成一种等级森严的体系。这种异化的身份，我们一般叫行政级别。这种身份显示的不是智慧的美德，也不是道德伦理，而仅仅是权力的大小，获得的是炫耀性消费的派头，牺牲的是他人的尊严。

收继婚

在我们的时代，一夫一妻制广泛盛行。丈夫死后，妻子或者改嫁，或者守寡，是理所当然的事情。在中国各民族的历史上，却存在过一种"收继婚"的现象。这就是以家族的男子收继庶母、叔婶、兄嫂为特征的婚俗。这与儒家的"夫妇有别"、"嫂叔隔离"、"男女授受不亲"的观念截然不同。

《史记·匈奴传》曾云："夏桀无道，汤放之鸣条。三年而死，其子獯粥妻桀之重妾避居北野，随牧移徙。中国谓之'匈奴'，其言下后苗裔，或当然也。"夏桀的儿子娶了其妻妾，逃奔到北方成为匈奴。在匈奴，"父死，妻其后母；兄弟死，尽取妻妻之"。《后汉书·乌桓鲜卑传》记载，乌桓人或者东胡人"其俗妻后母，报寡嫂，死则归其故夫"。《周书·突厥传》记载，突厥人"伯叔死，子弟及侄等妻其后母、世叔母及嫂，唯遵者不得下淫"。据《元史·顺帝纪》记载，蒙古人"不行三年之丧，又收庶母、叔婶、兄嫂"，"国俗叔嫂相妻，盖欲守其家产"。董家遵在《中国古代婚姻史研究》中认为，游牧民族的收继婚现象存在三点规则："第一，被收娶者必须是无夫的寡妇。第二，收娶者必须是死者习惯上婚姻的继承人。第三，他们的结合是社会制度许可的，双方都承认权利与义务，是公开的结合，绝不是偷偷摸摸的私通。"

在清朝时期，中国各地区存在收继婚的现象。在民俗中，收继婚在陕西、甘肃、湖南、四川等地称为"转房、刬栽"，在湖北又美其名曰"续婚、挽亲"，在四川、江苏等地叫"就婚、续婚、接梁"，在贵州则称为"填房"，在浙南"续亲"，在广西、江西叫"转婚、转书"；江西的赣南则称之为"升房"。比利时神父许让（Louis M. J. Schram）在《甘肃土人的婚俗》中记载，甘肃永登连城镇在 20 世纪初还存在"叔接嫂"的继婚现象：寡妇或者给丈夫死去的兄弟当妻子，或者做妾，以免孩子流落其他家族。民国时期，湖北襄阳谷城的"转房"，甘肃陇西"上舍"，赣南"转婚"，浙江台属的"接面"、泰顺"转亲"，湖南的"转房"，都是"兄故弟娶嫂、或弟故娶弟妇"的同辈收继婚。陈顾远在《中国婚姻史》中认为："中国边境各族通行收继之俗，或且播其风于中国内地。"比利时人雷克洛在《婚姻》一书中记载，犹太人、阿拉伯人和印度人中也曾实行过叔嫂婚配制："根据这种制度，一人死而无子，其近亲则有交配孀妇而为亡者生嗣之义务。"据统计，收继婚共有弟收兄妻、兄收弟妻、子收庶母、侄收叔母或伯母、外甥收舅母等 127 种形态。

对于收继婚现象产生的原因，民俗学家和社会学家众说纷纭。董家遵认为，我们应该从"妇女在劳动过程中的地位去观察收继婚的成因或动机"，而不是从财产、传宗接代甚至宗教心理方面去解释。按照林斡在《匈奴史》的说法，收继婚制"带有保留一家一族的个体家庭的劳动人手和增强家庭或家族中的生产力量的经济意义"。马长寿在《北狄与匈奴》一书中认为，匈奴平民依靠收继婚制"维持家族劳动的再丧失"，而匈奴贵族则依靠收继婚"在内而维持贵族血统的'纯洁'，外而团结氏族间的关系"。

高凯在《地理环境与中国古代社会变迁三论》中认为，从北方少数民族多居住在高纬度少雨的地区来看，这些民族吸收了土壤中过多的铜和过少的锌。锌的缺乏导致匈奴和鲜卑育龄妇女的大量难产死亡，儿童死亡率和畸形率也高，结果造成男女比例失调和收继婚的出现。男女比例失调的程度，有的估计达到了 50% 以上。为了获得足够多的妇女和儿童，频繁发动战争就具有抢劫妇女和儿童、屠杀成年男性的强烈动机。根据《魏书·世祖纪》的记载，公元 427 年北魏军队击败赫连昌，俘虏"昌群弟及其诸母、姊妹、妻妾、宫人万数"；在公元 423 年，北魏"破邵陵县，残害二千余家，尽杀其男丁，驱略妇女一万二千口"。匈奴的妇女高度短缺，男女比例严重失衡和地区分布的高度不均，也为汉代的"和亲"政策和民族融和打下了基础。

显然，收继婚现象的出现，除了与妇女的高度稀少有关外，还与很多民族的游牧生活有关。当一个氏族部落不断迁徙时，家族财富需要随之迁徙。当一个妇女脱离家族财富时，生存的艰难性就会急剧增加。跟随着家族财富和身份走，就产生了收继婚的现象。

纹　身

在我们的时代，纹身运动在世界的各个角落突然如雨后春笋般闻声而起。漫步在大街小巷上，胳膊上或者胸膛上纹身的男女，引起阵阵的好奇、惊叹或者担忧。肚脐下的蝴蝶小花、脚踝上的青藤十字架、手臂上的一双眼睛，都会引来无数的青睐。周笔畅手指上的"B"和"小翅膀"，蔡依林手臂上的蛇和蝙蝠，小 S 手臂上的大象和小马，陆翔手臂上的"change"，苏妙玲背上的红鲤鱼，欧弟背上的蝙蝠，都是影视界明星的著名纹身。这些纹身，多是蜻蜓一点，随时包含在美妙的衣服和诱人的动作之中，不经意，还真看不出。打开电视或者网络视频，美国多数的职业篮球运动员、足球运动员和拳击运动员满是纹身的臂膀、胳膊甚至面颊都会展露无遗。据称，德国男性中有 10.6% 的人纹身，而在美国的篮球职业运动员（NBA）中，有高达 90% 的运动员纹身。人们在询问，为什么那么多的人喜爱纹身？

我们知道，在自己身体的皮肤上刻刺、粘贴或者描绘花纹图案的做法，叫纹身。在传统上，纹身具有图腾崇拜的性质，起源于 1.4 万年前的石器时代。埃及金字塔的木乃伊上都有纹身，波利尼西亚等土著民族的纹身更具有神秘的内涵。在中国的早期文化中，所有的英雄都是以纹身著名的。《礼记·王制》说："东方曰夷，被发文身。"太昊帝庖牺氏或者伏羲"蛇身人手"（《帝王世纪》）。帝俊的儿孙"人面鸟身，珥两青蛇，践两赤蛇"；句芒"鸟身人面，乘双龙"；夸父"珥两黄蛇"（《山海经》）；秦的先祖中衍"鸟身人言"《史记·秦本纪》）。只是到了后来才出现"黄帝、尧、舜垂衣裳而天下治"的衣服文明。

傣族人有一千多年的纹身传统。成年之际，所有傣族男子都要在经文师的帮助下，在身体的各个部位刺上纹身图案，以显示男子勇敢、威猛的气概，增强对异性的吸引力。他们选择的纹身图案，多是值得信仰和崇拜的龙、虎、蛇、牛、大象、狮子、孔雀，而不是平庸的不吉利的鸡、狗、羊等之类。显然，傣族人的纹身具有图腾崇拜的性质。

随着衣服文明的发展，人们在衣服中寻求权力和图腾，纹身逐渐被当作一种充满暴力的野蛮做法。在社会的变化过程中，反叛和帮派分子逐渐将纹身作为身份认同的标志，政府也曾对犯人的面颊刺字作为惩罚犯人的标志。到了现代，纹身的目的越来越多样化，自我庇护、求财免灾、好奇、个性张扬、情感宣泄甚至时尚都可能诱导某些人群去纹身。

现代纹身在欧美主流社会的崛起是与"去衣服文明"密切相关的。运动员、演艺明星都需要在衣服配饰最少的环境中展示自己的品位、偏好、信仰和精神，纹身就弥补了球衣、超短裙那些缺少美妙神奇图案的遗憾。在热带地区，波利尼西亚人、中国的傣族人、非洲人都广泛使用纹身，道理即在此。越来越多的时尚女性采用纹身贴纸、水晶纹身的方式，既可以显示婀娜多姿的诱人身材，也可避免传统刺青的黑暗印记。影视界明星的纹身，显示出内在的叛逆、美丽、性感或者某种期望。

对于面对强烈对抗的运动员而言，纹身是一种类似动物展示力量的炫耀性消费。诚如爱德华•伯恩斯坦所说："人们不是通过回避带有危险的活动来证明自己的力量，而是通过敢于冒这种危险、并克服这种危险来证明自己的力量。"动物没有医生，任何受伤的代价都是很高昂的。受伤的动物或者因为寻找食物的艰难而饿死，或者因为行动速度的缓慢而成为其他动物的美食。为了避免走上同类战斗的死亡之路，动物就会极力发展个别器官，以表明自己的奢华优势和能力。体型大、脖子长、尾巴漂亮、嘴巴大、牙齿尖锐，都是有力的武器。有了这些身体武器，动物就可以通过展示自己而达到不战而胜的目的。河马、羚羊都是通过恐吓对手显示自己的实力。不到万不得已，这些动物不会进行决一死战。

同样，如果运动员之间没有很强的对抗或者战斗，运动员没有必要进行纹身。乒乓球、网球、羽毛球、高尔夫球、田径等领域的运动员，就很少见到纹身。但是，在充满高强度对抗的运动中，更有效地显示自己的优势无疑是保证自己获胜的关键。也就是说，纹身是一种信号显示，是以自己身体的局部痛苦来换取他人避免与自己的冲突的信号。纹身越多，表示自己承受痛苦的能力越大，越富有战斗精神。当球员的价值很高、运动的冲突比较剧烈时，纹身就成为一种普遍的趋向。在许多发展中国家，球员的报酬很低，对抗性很弱，球员也就很少展现这种纹身的趋向。在纹身的刺激下，运动员就会减少受伤和碰撞的概率，更有效地保护自己。同时，特殊的纹身还有助于让自己的同伴在快速运动中寻找到自己，更好地实施默契的配合。由于纹身具有这样的价值，许多青少年或者黑社会成员，都喜欢纹身。在"纹身展现力量"的时代，对手该让路时就得让路，该低头时就得低头。

不仅运动员有纹身展示力量的偏好，整个人类社会都可以说是"纹身"的化身。展示美貌和地位的服装，展示身份的豪华轿车和住宅，展示爱情的项链和钻石，都是如此。在中国古代，衣服的穿戴都有严格的等级规定。例如，龙袍就只能穿在皇帝身上。实际上，这是皇帝特有的衣服纹身标志。在社会激烈的竞争中，及时喊出"我爹是某某"、"我干爹是谁"，也具有纹身的效果。

[2013 年 7 月 9 日]

名　字

　　每个人拥有名字的历史其实很短。在远古时期，只有先贤神圣才拥有名字。尧、舜、禹、夏启、尚汤、姬发、姬昌就是中国历史源头的最早几个有据可查的名字。文字起源的神秘性和圣贤的丰功伟绩，就赋予了姓名那实体般的神圣性，好像姓名隐藏着人生的奥秘和宇宙的真理。美国总统巴拉克·奥巴马在《我父亲的梦想》中也说："在我的生命中，我第一次感觉到了名字可能带来的慰藉和明确的身份。在别人的记忆中，名字可以承载完整的历史。"

　　名字的神奇作用到处广为流传，与发财致富、官位升迁、功成名就、福禄长寿都牵扯上了数不清的关系。根据《周易》，姓名是一种咒符，约束着一个人一生的发展和成就的大小。俗语云："赐子千金，不如教子一艺；教子一艺，不如赐子好名。"因名字好而获得功成名就和因名字坏而功败垂成的例子，充斥在中国科举考试的历史上。孙曰恭因"曰恭组合成暴"而在明朝永乐帝时从预定的状元被贬为第三名；吴清因谐音"无情"而在嘉靖帝时期失去了状元的头衔。邢宽因具有"政宽人和，必得人心"的谐音而被明朝永乐帝从第三名改为状元；徐元文因开清朝科举之先而被清顺帝钦点为状元；胡长龄因具有"胡人长寿"的谐音而被乾隆帝点为状元；刘春霖因具有"留着春天的恩泽"的谐意而在光绪年间被慈禧太后点为状元。刘福生改艺名为刘德华、查良镛改笔名为金庸、王靖雯改艺名为王菲，也是现代因名而成功的例子。

　　看到了名字的巨大功用，取名字、改名字、"易名避死"等各种职业就发展起来了。江绍原在《民俗与迷信》中指出，《封神演义》中呼名落马的"幻术"、贵州通县的"撞"名、杭州"偷"取人丁兴旺之家的小儿名，都给名字披挂上了迷信的色彩。算命先生、测字先生、阴阳先生、达官显贵、社会名流都会在名字上大做文章，追求名字的隐含深意，以期达到名实相符。在这些相信名字具有神奇魔力的人看来，名字就是一艘船，个人的一生就是船中之物。这艘名字之船修建得越好，越具有文化底蕴，那么，个人的一生就会风平浪静，平步青云。明朝末年一位叫徐天载、字子厚的人，曾对其名字这样解释："天乃吾性之本然者，而言载者，义取性能载物也。故余字其厚者，意欲深其所养，以重其厚，方能持载而不遗。"

　　但是，这种名实相符的名字观，忽略了文字的有限性和人为构造性质。历史上曾出现过近 10 万个汉字，但是，平常使用得较多的汉字也就只有三四千个汉字。根据周有光的研究，最常用的 1000 个汉字出现的频率达 90%，每增加 1400 个汉字只能增加 10% 的覆盖率。《左传》使用了 3300 多个汉字，《红楼梦》使用了 4200 个汉字，《毛泽东选集》1 至 4 卷使用了 2981 个汉字。不仅绝大多数著作使用的汉字很少，而且绝大多数著作使用的汉字笔画数都越来越少。比如，在《新华字典》收录的近 5000 个汉字中，近 80% 汉字的笔画数都在 11 画以下。凡是在历史上流传的名字，绝大多数都是笔画数比较少、容易认识的字的组合。

　　在汉字简化的趋势下，名字的简化就成为一个最具有效率的行为。笔画数较少、使用频率比较高的字组成的名字，就容易在人群中流传。原因非常简单，简单的名字会给每个人带来较低的认知成本，更好地保全个人无知的面子，并充分利用初等教育和报刊媒体所传达的信息投资。繁杂的名字则相反。人们需要专门的查询才可能认识，并且认识这些使用频率较低的字也没有多大的意义，于是，人们就倾向于不理会那些繁杂的名字。文字学家和思想家章太炎喜欢用生僻字显示其渊博的学识，将其三个女儿分别取名为由"4 又"、"4 乂"、"4 工"组成的"缀"、"尔"和"展"的异体字或者古字。这三个字不但一般人无法认识，而且在计算机的字库里也很难查到。因名字难念，差一点耽误了女儿的婚姻大事，章太炎被迫召开记者招待会来向普通人介绍女儿名字的读法和意思。

在 13 亿中国人中，名字中使用古字、生僻的方言字、生僻的异体字、自己造的字等生僻字的人有 6000 多万人。在小学生中，5%—10%的姓名比较生僻。邱莉芹在 2008 年对连云港市的 2150 名高中生、954名中专生和 3.24 万个家庭的姓名调查中发现，使用《现代汉语常用字表》（1988 年）规定的 3500 个汉字以外的生僻字的人数在高中生为7.91%、中专生为 1.47% 和市区家庭为 0.42%。

在信息化的时代，人与人之间的联系在很多情况下不需要直接见面，仅需要通过姓名来进行处理，这就需要姓名准确、简洁、高效。当人们碰到生僻字时，除非有必要查询，往往采取跳过的方式。这使取生僻字姓名的人失去了很多面试、老师赞扬、领导提拔的机会。在计算机化的时代，生僻字在字库中的排序比较靠后，处理生僻字的成本比较高，而且有的生僻字在字库中搜寻不到。这就会造成考试录取、就业、婚姻登记、身份证、银行存款、汇款处理等方面的困难。对外经济贸易大学在 2007 年在山东录取 200 人，其中有 11 人在计算机上无法显示，影响了录取。

北京师范大学语言学教授王宁说："姓名虽然属于个人，但它是供别人称呼的，每一个人的姓名都要在社会上作为一种信息来传播。如果你取名字用一个谁都不认识的字，或者用电脑字库里没有的字，不仅仅是给别人带来麻烦，最重要的是自己不方便。"美国纽约市的Riverhead 高中的黑人学生，自由取名的比例从 1940 年代的 1.3% 上升到 1990 年代的 79.4%（女生）和 13.4%（男生）。芝加哥大学的经济学家斯蒂芬·列维特从美国加州的几十万名字的研究中发现，黑人在美国社会中广泛受到就业、求学、贷款等方面的歧视，与名字的独特性有关。

名字不仅仅是一种信息符号，而且是带有文化传统的印记。具有儒道文化传统的名字就与具有宗教文化传统的名字存在很大的差别。在中国，男性名字中多含有"建"、"伟"、"荣"、"文"、"仁"、"义"

等代表男性阳刚、建功立业、豪迈的字眼，女生中多含有"花"、"芳"、"梅"、"萍"、"兰"、"珍"、"淑"、"惠"、"娟"等代表女性阴柔和娇媚的字。在英美国家，John、Robert、David、William、Henry 是最为普遍的男性之名，Jennifer、Lisa、Elizabeth、Mary、Amy 是最为常见的女性之名。

由于文化传统的相对固定性，高频率字词的有限性，姓名重复的概率非常高。在中国，张、王、李等姓都各有 1.5 亿人；45 个大姓占了中国人口的 70%以上。如果姓名只有 2 个字，那么，同名的人很多；即使姓名有 3 个字，也会存在大量同名姓的人。根据 2001—2003 年福建省高考录取的 71797 名学生（男 38872 人，女 32925 人）的姓名分析，郑淑花发现：使用频率超过 200 次的字有 58 个，其中男名 32 个、女名 28 个（"华"、"清"为男女共用）。

因此，名字是一个带着文化传统的信息符号，显示出所属社会阶层、教育背景、家庭背景、种族的信息，也包含有家庭的希望、本人的兴趣、个人情操和抱负等信息。"问姓惊初见，称名忆旧容"的诗句，就道出了名字信息和文化载负功能。尽管名字不能揭开生命的密码，但是，简便易识、符合文化传统的名字降低了人们的认知成本和信息储存成本，有助于使用这些名字的人获得更多的交流、成功和流传的机会。

在那些注重文化传统的社会，名字具有更多的文化价值取向。人们也就会更加注重名字的文化内涵，反过来又造成了姓名解读时更加注重文化传统联系的现象。例如，南宋宰相李纲，字伯纪，人们就用《史记·太史公自序》中的"夫春生夏长，秋收冬藏，此天道之大经也，弗顺则无以为天下纲纪"来解释。南宋名将岳飞，字鹏举，人们用《庄子·逍遥游》中的"鹏之背，不知其几千里也；怒而飞，其翼若垂天之云"来解释。南宋词人姜夔，字尧章，人们就用《尚书·舜典》中的"帝曰：夔！命汝典乐"来解释。名字的深意隐含在经典文献或者社会风俗之中的事实，就为那些熟悉经典文献或者社会风俗的人提供了名字解读和获利的机会。女性"明晶"被解读为女子婚姻不幸福或者深受压迫，因为四个阳（"日"）缠绕着一个阴（"月"）。但是，著名歌星谭晶却不这么认为。由于信息的有限性，那些深受名字灾难之苦的人，只能花费金钱请那些具有文化传统的人改名消灾，从而造成名字的更加传统化。

　　随着越来越多的人名趋于传统和重名的现象越演越烈，名字与人格之间的内在联系就趋于弱化，人们的鉴别成本会不断增高。在人口高度流动和犯罪频繁的社会，同名同姓就容易成为犯罪分子掩盖身份的藏身之所。"张伟"、"王伟"、"王芳"、"李伟"、"王秀英"都是中国最大众化、也是重名最多的姓名。在百度网上，"张伟"有290607人、"王伟"有281568人。在这样的环境中，名字创新的历程又开始了，反映独特民族身份、家庭血缘的名字就越来越多。如果一个名字被收入高、地位显赫和教育水平高的家庭使用，这个名字就在文化的模仿效应中被社会中下层广泛使用，形成新的取名传统。据研究，美国近半数的公民取自2000个最流行和最常用的名字，另外近半数的公民取自近100万个不同寻常的名字，以体现自己特殊的民族身份和社会背景。

　　可以说，名字体现出文化的传播和创新。从不同社会和不同时代的名字中，我们看到文化的差异，时代的演变，社会等级的差异，传统的认同和个人的标新立异。名字的影响力会随着照片信息、个性、动机、能力等方面信息的增加而减弱。作为承载着我们信息传递的密码，名字的内容在一个人一生的过程中不断得到充实和完善。名字本身无所谓好坏，只是认知成本和文化传统赋予了名字的价值。当跨越文化传统时，距离文化传统越远的名字，大众的熟识度就会显著降低，人名联想的范围就会缩小，名字的价值就越急剧下降，拥有该名字的人越难以得到另一个主流社会的认可。

　　由于文化传统和发音的差异，中国人的姓名在英美国家很难流行，以至于同样的成就很难得到同等程度的认可。真是应了"名不正言不顺，言不顺则事不成"的古话。为了取得事业的成功，许多移民海外的中国人都要采用当地文化通行的名字。同一名字的价值多样性表明，名字并非是神圣的，更多地受到人们的认知能力、文化传统和时代变迁的影响。当我们怀抱着期望为我们的子女取一个好名字时，简单易读、计算机字库里存在、不容易诱发歧义的名字，也许就是好名字。

[2013年6月30日]

第六章
制度与规则

政府对市场的干预受其自身规律的支配，这些规律不是立法机关制定的条例，而是科学的规律。这种干预服从于强制力量，并按照与其创议者或支持者的意图或愿望很少相关的方向前进。

——米尔顿·弗里德曼《自由选择》

潜规则

在我们的时代，"潜规则"以各种形式波澜壮阔般地展现在我们的眼前，弄得我们眼花缭乱、无所适从，似乎每一个行业、每一个职位都有一套潜规则。张惠妹伤心欲泪地歌唱爱情中山盟海誓和谎言掩盖欲望的《潜规则》。叶京小镇刻画了电视剧买卖中充斥着的勾心斗角和血肉纷飞的《潜规则》。木山出版社出版的《潜规则》则勾画了商场竞争中的各种矫饰与包装。吴思还溯本求源，采用素描般的手法发掘了中国历史上的官场《潜规则》，如"淘汰清官"、"新官堕落定律"、"浑才当道定律"。朱良在"萧条棺外无余物，冷落灵前有菜根；说与旁人浑不信，山人亲见泪如倾"诗中，道出了清官海瑞被潜规则的辛酸。

我们还可以看到，"人才潜规则"、"肤色潜规则"、"长相潜规则"、

"年龄潜规则"、"地域潜规则"、"家世潜规则"、"生活潜规则"、"婚姻潜规则"、"公款消费潜规则"、"审批权潜规则"，还有"中国式过马路"、"中国式交通"、"中国式接孩子"、"中国式治堵"、"中国式造城"的潜规则。沿着这条道路走下去，潜规则就会在我们生活、学习、工作、娱乐、交流等各个环节中不断蔓延。加班没有报酬、工作安全得不到保障、拖欠工资、乱收费、乱罚款、临时工长期化、正式工贵族化，都是近年来潜规则的新发展。也许，人类学家能为我们理清我们周围的潜规则分布示意图。

潜规则就是交易费用可以被节省但仍未被节省的规则。潜规则的大量出现，是与明规则不足和执行不力高度相关的。据调查发现，99.4%的中国消费者在餐饮住宿、商品销售、旅游娱乐、医疗服务、装修物业、教育培训和美容美发等行业都吃过消费潜规则的亏。根据中国消费者协会的统计，全国各地征集到的消费潜规则有800多条，如"酒店12点退房"、"打折商品和特价商品不实行三包"、"餐馆征收消毒餐具费"、"娱乐场所不能自带酒水、食物"、"服务业、珠宝业虚拟原价再打折出售"、"美容美发行业不提供发票"、"旅行社强制游客购物"、"影楼拍照需高价购买底片"、"本公司拥有最终解释权"、"超市结算后还要检查小票"。对于这些消费者吃亏的潜规则，78%的消费者都选择了"忍"的态度。这是因为消费者是弱势群体，在信息不对称的情况下，举证非常艰难。而且，法律法规和司法的超常滞后，加大了消费者进行诉讼的交易成本，如时间成本、心理成本和经济成本等。在这种态势下，销售商和厂家利用暂时的垄断降低了消费质量和销售量，提高了消费成本。

每一个人都有自己的偏好，每一个人都有追求自己利益的无限动力。如果明规则不承认每个人的偏好，也不承认每个人有追求自己利益的权利，那么，明规则就是一种形式，与人们的实际行为模式相差十万八千里。弗里德曼认为，"当法律妨碍人民去追求自己的价值时，他们就会想办法绕道走。他们将会规避法律，违反法律，或者离开这个国家。……当法律同大多数人认为合乎道德的而且正当的准则发生矛盾时，他们就会违反法律"。在明规则的照耀下，潜规则就堂而皇之地大行其道。这些潜规则就是每个人都会采取各种手段和措施去追求自己的利益，将那些违背自己利益的人清理出去。

吴思在《潜规则》中写道："在仔细揣摩了一些历史人物和事件之后，我发现支配这个集团行为的东西，经常与他们宣称遵循的那些原则相去甚远。例如仁义道德，忠君爱民，清正廉明等等。真正支配这个集团行为的东西，在更大的程度上是非常现实的利害计算。这种利害计算的结果和趋利避害的抉择，这种结果和抉择的反复出现和长期稳定性，分明构成了一套潜在的规矩，形成了许多本集团内部和各集团之间在打交道的时候长期遵循的潜规则。这是一些未必成文却很有约束力的规矩。"

在潜规则下生活久了，人们就总结出一套生活经验或者潜规则。老子的"道可道，非常道；名可名，非常名"，可以说是开了潜规则的先锋。《易经》更是让潜规则大行其道。于是出现"不跑不送，原地不动；只跑不送，平级调动；又跑又送，提拔重用"的官场潜规则。走红的演艺明星，多有富豪或者权势"干爹"的隐身。在当今的美国，歧视有色人种被看作"政治不正确"，是不可公开言说甚至著书立说的，尽管白人歧视有色人种依然很普遍。有道是，潜规则当道，伪精英辈出。党国英在《"潜规则"何以变为"坏规则"》（《变革的理性》，南方日报出版社，2011 年）中说："潜规则在有的地方之所以深深地束缚着人们的生活，完全是因为正式规则或'明规则'存在根本缺陷，是因为正式规则给潜规则的作用开辟了空间。"当明规则存在巨大缺陷或者僵化时，潜规则就"有可能满足紧急的需要，从而起了有价值的社会作用。"不过，潜规则巩固了既得利益集团的利益，它使发展避开了效率的严峻考验，挫伤了人们的劳动积极性，最终哺育了官僚主义和社会不公正的茁壮成长。

潜规则的普遍流行，意味着人们必须投入大量的时间和金钱去研究和体会潜规则。"生活中只有两种途径去获取你想得到的东西。你可以通过交易、工作或其他经济手段诚实地得到它。或者你也可以通过从别人那里窃取或抢夺，不诚实地得到它——就是说，通过使用政治途径。"① 在资源稀缺的状态下，这也就意味着投入有效工作和促进生产力发展的资源更稀少。陈志武在《为什么中国人勤劳而不富有》（中信出版社，2010 年）一书中认为，中国长期贫困的根源就是因为潜规则的资源浪费。

尽管潜规则让每个人都看起来非常忙碌，但是，诚如弗里德曼所说，"我们真正的目的不光是要有工作，而且要有生产性的工作——那些意味着将有更多的货物和劳务提供消费的工作"。尽管潜规则有助于那些更早洞悉潜规则的人获得更多的利益，但是，由于潜规则不是明示知识，不能在社会上通过著作、新闻媒体和报纸杂志广为流传，只能通过体验获得。因此，每个潜规则获得者都需要支付巨额的交易费用，特别是在逃避明规则惩罚和制约的费用，在获取利益时就会不择手段甚至巧取豪夺。由于生活中的潜规则种类繁多，熟悉和掌握这些潜规则需要耗费越来越多的时间和精力，社会的专业化分工就很难发展。在亚当·斯密看来，专业化分工是经济增长的根本动力。潜规则无意之间就熄灭了经济增长的动力。老子说："天下多忌讳，而民弥贫"，"民多智慧，而邪事滋起"，就是因为潜规则的耗费。

对于个人而言，潜规则消磨了人的锐气，使人变得迟钝起来。在长期琢磨潜规则的过程之中，个人也丧失了个性和生命的激情。拉关系、走后门、讲谋略、应权变、任人唯亲、彼此扯皮、阴谋诡计、欺骗、虚伪、吹牛拍马、阿谀奉承、欺世盗名、厚黑学，都是潜规则的后遗症。在潜规则的泥泞路上，人们每一步都举步维艰，永远看不到阳光明媚的日子。在潜规则的侵染下，科学很难扎下根，创新难以出世，自尊和宽容难以随行，正义和公正被挤压，权力得以畸形增长，平等的交流难以出现。弗里德曼在《自由选择》一书中说："无处不在的税，纸面上定得很高，实际上大量逃漏。各种各样的走私、黑市和非法交易，就像赋税一样无处不有，破坏了法制的威信。"习惯了潜规则的人，多会对未来的不确定性抱有不安的心态。为了抚慰他们不安

---

① [美]威廉·波纳、安迪森·维金：《债务帝国》（李莉、石继志译），中信出版社，2009 年，第 220 页。

的心，潜规则者就会走向迷信，求神拜佛，广修各种寺庙和祖先的陵墓，要求保佑他们的不义之财和不义之权。

潜规则的泛滥意味着，或者明规则过于武断，或者明规则剥夺了多数人的权利，或者明规则没有得到很好地执行。比如，禁止人们谋生，禁止人们追求自己的利益，禁止人们维护自己的权利，禁止人们恋爱。弗里德曼在《自由选择》一书中说："一个社会的价值准则、它的文化、它的社会习俗，所有这些都是通过自愿的交换和自发的发作发展起来的，其复杂的结构是在接受新东西和抛弃旧东西，反复试验和摸索的过程中不断演变的。"当明规则妨碍人们按照自己的利益进行自愿交易时，潜规则就在明规则的挤压和打击下发展起来了。

现代社会发展的关键就在于明规则确认每个人有获得自己利益的权利，并逐步代替、缩小甚至消除潜规则的范围。由于有了交易费用的节约，杨小凯认为，整个社会的专业化和劳动分工就会得到发展，生产效率就会得到极大的提高。人类的进步就在于，不断将潜规则转变为明规则。人类的退步就在于，不断将明规则转变为潜规则。斯密在《国富论》中说："一切特惠或限制的制度，一经完全废除，最明白最单纯的自然自由制度就会树立起来，每一个人，在他不违反正义的法律时，都应听其完全的自由，让他采用自己的办法，追求自己的利益，以其劳动及资本和任何其他人或其他阶级相竞争。"

[2012 年 11 月 26 日]

公平的微观机制

经济学家喜欢谈论效率，但却不愿意谈论公平。米尔顿·弗里德曼认为，公平是"一个非常模糊的概念，一个确确实实很难（如果不是不可能的话）给以精确定义的概念"。不幸的是，普通大众却非常关心公平。所谓公平，就是同等环境下的人，都可以享受同等的待遇。价格公平、教育公平、医疗公平、选举公平、就业公平、分配公平，还有数不清的公平词汇，不断在报刊媒体特别是普通大众的语言和表情中暴露出来。

难道经济学家真的不能对公平说点什么吗？不是的。经济学家喜欢大而化之地说，公平与效率是死敌，讲效率就可能没有公平，讲公平就会没有效率。田国强在 2002 年的《经济研究》上发表的文章中说："尽管一个资源配置是帕累托有效的，但从社会平等的角度看，却是极端不公平的。"按此逻辑，资本主义是有效率的，但缺乏公平；社会主义是讲公平的，但缺乏效率。

美国经济学家本杰明·弗里德曼在《经济增长的道德意义》一书中说："一般说来，对不平等的容忍在以市场经济为基础的国家比社会主义国家会更大。至少在原则上，市场经济按照个人的才能、努力与运气分配成功。在实行比较中央集权化的经济体制的社会中，官僚体制制定每个人的位置，几乎肯定形成一种更严格的均等主义。"党国英在《变革的理性》中也说："在现实中，所谓'社会主义'，就是多一点平等，多一点政府干预；所谓'资本主义'，就是多一点效率，多一点自由市场。"人们喜欢这样说，一般教材也喜欢这样表述，报刊媒体也喜欢这样宣传。于是乎，在人们的刻板思维中，公平与效率，就如孟子的"鱼与熊掌"，不可兼得。

如果效率与公平真的是那么不相容，那么，为什么普通大众还那么热心于关心公平呢？如果普通大众都是经济人的话，那么，效率与公平的对立就必然蕴含着某种内在的逻辑矛盾。经济学家通常假定，每个人的偏好都是固定的。至于每个人的偏好有什么内容，经济学家会高兴地让社会学家、心理学家甚至人类学家去探讨，自己反而一点兴趣都没有。正是由于这个偏好黑箱，才导致经济学家对很多经济现象的解释乏力。

从心理学和社会学的探讨，我们知道，有的偏好是先天形成的，比如一个人的口味，有的偏好是后天深思熟虑的结果，比如公平。如果说公平的偏好是人们理性计算的结果，那么，我们就需要知道，形成公平偏好的内在机制是什么呢？

经济学有一个基本的假设，那就是每个经济人的资源是高度稀缺的。犹如能量在转化为各种功的过程中存在大量的耗损一样，在将资源转化为满足偏好的过程之中，也存在大量的资源漏出。这种资源的漏出，我们称之为交易费用。在克服所有障碍或者阻力的过程中，人为的阻力是最大的。在绝大多数的场合中，人们都需要耗费资源去收集各种信息和进行谈判。建立人际关系、谈情说爱、购买商品、寻找工作，都是非常耗费资源的事情。也许，耗费的这些资源可能超过寻求某种产品所带来的收益。当许多人都需要耗费巨大的资源去寻求同样的信息时，最有效率的信息搜寻过程就是寻找替代性的度量指标，并将其标准化和制度化。公平就是这样一种实现交易费用最小化或者条件均等化的制度机制。

市场机制就是一种最公平的竞争机制。暗箱操作、政治操纵、暴力抢劫、恃强凌弱，都不是公平的制度机制。在市场交换中，有的采取讨价还价的方式，有的采取公开标价的方式。小摊小贩的买卖，合同谈判，拍卖，都需要讨价还价。超市、商场、政府的税收，都是公开标价。经济学家喜欢谈论价格歧视，认为价格歧视有助于厂商尽可能多地将消费者剩余转化为生产者剩余。殊不知，采取价格歧视的办法，就是小摊小贩或者合同谈判的办法，是需要支付大量的交易费用的。相反，采用公开标价的方法，却可以减少交易费用的支出。由于交易费用是买卖双方都需要支付的费用，所以，我们可以推断，需要支付交易费用较小的一方，习惯于采取讨价还价的办法。例如，由于时间成本较低，小摊小贩多采用讨价还价的办法，尽可能获取较高的价格。相反，对于大商场而言，大量的房屋租金和管理费用，致使采用讨价还价的交易费用急剧上升。

当然，讨价还价的方法是否采取，还受到产品价格的影响。汽车、楼房、钻石、金银首饰、文物古董、字画等价值较昂贵或者比较难以标准化的产品，都需要采用讨价还价的方法。可以说，价值越高或者独特性越强的产品，采用个别议价的可能性就越大。为了降低这些较高价值的产品，买卖双方都需要投入大量的资源，去获取有关产品的大量信息。所以，在讨价还价的地方，就容易出现专家或者专门人才的需求。相反，在公开标价的地方，专门人才就显得没有必要。所以，超市、大型百货商场、专卖店的出现，都是节省交易费用的结果。如果不理解交易费用的作用，我们就很难理解统一标价方法的出现。

寻找工作可能是最耗时耗力的一件事情。可是我们还不知道，这种耗时耗力已经是交易费用大为节约的结果。企业在招聘人时，通常都要提出一些条件，如身高、年龄、工资、工作类别、性别、工作时间等。不管是在网上寻找工作，还是在企业的人事部寻找工作，我们都是根据这些限制性的信息去匹配我们自身的能力。这个条件和能力匹配的过程，就是寻找工作的过程。如果缺乏任何信息的透露，每个求职者都要与每个企业去询问面谈，那么，寻找工作或者招聘员工的成本就会急剧膨胀。恰恰是利用了市场中的公平机制，寻找工作的成本才急剧下降，从而造就了现代化的企业。

企业通常对职工采取同工同酬的办法，而不是按照业绩计算。其中的原因，许多制度经济学家已经做好了分析，那就是可以节约测量和监督费用。其实，更为关键的是，同工同酬不仅仅是节约管理者的测量费用，更关键的是在职工之间形成一个制衡机制。这个制衡机制节省了职工交流和获取信息的交易费用。如果没有这样的机制，企业可能就不存在了。社会学家布拉沃（Michael Burawoy）在《制造业的一致行为》（Manufacturing Consent, 1979）和《生产的政治学》(The Politics of Production, 1985)中认为，工人之间的信息交流对经济结果十分重要。学术界的正式和非正式交流，对科学创新的作用就更大了。这样就意味着，公平的社会关系实际上是生产过程的一个关键部分。

公平不仅是企业经营的基础，而且也是社会稳定的基础。统治者可以对社会划分等级，但是，却不可以在不同等级内部制造不公平。例如，官员可以享受特权，但个别平民享受特权就会摧毁整个社会。这是因为，在同一等级内部制造不公平的待遇，不仅预示着同一等级内部的交易费用急剧上升，或者矛盾重重，而且也预示着绝大多数下层民众对上层的不信任。种族歧视、性别歧视、肤色歧视、年龄歧视、民族歧视、贷款歧视、经营资格歧视将社会划分为需要付出巨大代价才能逾越障碍的五颜六色的群体，都是在制造社会的不公平。这些社会的不公平不仅会造成群体内部和群体之间的交易费用急剧增加，而且会造成具有较高效率但权利受到限制的企业会被低效率但具有特权的企业排挤出市场。自然地，不公平的社会就是一个低效的社会。

不过，公平机制在节约交易费用的同时，也会带来相应的附带效应。乔治·阿克洛夫在效率工资理论中提出，企业内部追求公平的努力造成了工资的调整缺乏灵活性。大量的工人要么保持相同的高工资，要么都集体失业。在经济不景气的时候，工资很难调整的后果就是集体性失业的增加。因此，同工同酬的一个可能后果就是失业的增加。

现在看来，经济学是可以谈论公平的微观机制的，只要我们注意任何资源转化过程中的交易费用就可以了。家庭要讲公平，企业要讲公平，教育要讲公平，社会要讲公平，就是因为在公平或者条件均等的环境中，每个人或者每个活动的交易费用最低，高效率的企业和个人不会被低效的特权企业和个人所排挤。在公平的环境中，即使某些效率高或者能力强的人会面临某些收益的损失，最低的交易费用也是他们获得成功的保障。随着公平环境带来的交易费用的降低，社会群体在更大范围内形成开放的、竞争的社会。当个人与基于出身、家庭联系、种族、肤色、地位或者其他人为障碍的联系减少时，每个人都会有更强烈的动机去推进财富的创造、创新的努力或者社会的改进，以证明个人所独有的社会价值。

在每个人都对工作和事业抱有强烈的责任感、极端的热情和相互信任的时候，经济效率不提高和社会财富不增加都显得很困难。所以，米尔顿·弗里德曼在《自由选择》一书中总结说："凡是容许自由市场起作用的地方，凡是存在着机会均等的地方，老百姓的生活都能达到过去做梦也不曾想到的水平。相反，正是在那些不允许自由市场发挥作用的社会里，贫与富之间的鸿沟不断加宽，富人越来越富，穷人越来越穷。"而且，在一个公平的社会中，人们高度容忍依靠才能、努力或者运气所获得的巨额财富，容忍公平手段下出现的财富和收入分配的不平等，也容忍更杰出的企业家、更出色的科学家、更优秀的医生和律师获得比普通人群更高的收入和财富。依靠积累起来的财富，人们可以接受更多的教育，创办更多的企业和学校，从事更加冒险的活动，资助更多的慈善活动，从而使资源得到更有效的、价值更高的利用，经济从每个人的积极贡献中获得最大限度的发展。

相反，如果社会充斥着数不清的障碍或者人为地区别对待各种社会群体，如歧视、社会等级等，那么，每个人都需要耗费更多的资源去寻找适合自己优势才能发挥作用的地方。不仅很大部分的资源在搜寻过程中被无端地浪费掉，而且只有很少的人才能找到满足优势能力发挥作用的条件。正如丘吉尔在 1944 年所说："如果每个人都在采取行动前对每件事情都询问任何其他人，行动就会瘫痪。"在这样的不公平社会中，绝大部分人都不是在发挥自己的竞争优势或者比较优势，而是伴随着搜寻的巨大浪费和某些破坏性的暴力活动。

在每个人和每个社会的资源都是固定的条件下，资源的浪费和资源的无效使用，都造成了效率的损失。而且，当大量的资源和财富都被不公平地为少数人所掌握时，经济效率就更没有保证。因为，资源的丰富性不仅降低了考虑效率的必要性，而且也为他人的攀升造成了更多的人为障碍。当预期到这些人为障碍的存在或者克服这些障碍需要支付巨额的交易成本时，绝大部分人可能会采取安于现状、得过且过的态度。他们没有动力去获得更好的教育，也没有动力在工作中实现财富的积累和地位的攀升，更没有动力进入新的经济领域或者创建新的企业。当一个不公平的社会充斥着文盲、懒惰成性、毫无创新意识、信任命运摆布的各色人群时，这样的社会要实现经济效率则难上加难。没有投资，没有企业的创办，没有提高子女教育的热情，经济增长是不可能的事情。所以，追求公平的社会，也就是最有效率的社会。

[2012 年 6 月 15 日]

破　产

破产是市场经济的一个伟大发明。没有破产机制，个人只会被债务套牢，没有任何翻身的机会，最终只能卖掉妻子和女儿，甚至自己卖身为奴。有了破产机制，个人就有了重新开始的可能性。许多伟大的企业家都是从破产中走出来，重新造就了新的辉煌。当然，如果在破产中还涉及违法经营，那么，这样的人就会被关进监狱，免得再次危害社会。

破产是与经营的有限责任创新密切相关的。传统上，任何经营都是无限责任的。父债子还说的就是无限责任。在日本，如果小商人破产了，只有死路一条。莱斯特·瑟罗曾对日本和美国的破产文化进行了解析。他说："（在日本）小商人破产了，他的债主逼上门来，等着他自杀。因为他侮辱了他们，他侮辱了整个世界，他没能解决这个问题，唯一正确的办法就是滚出这个世界。在美国，破产就像是荣誉勋章，它标志着你是一个有闯劲儿的商人。如果你一辈子从来没有破产过，你就不是一个有闯劲儿的商人！"在无限责任的束缚下，个人的创新精神和冒险精神会受到很大的抑制，因为确保成功的投资和企业经营几乎不存在。由于这个缘故，日本人习惯于对成熟技术进行改善，而不是创新一项新技术。相反，美国人习惯于尝试革命性的突破，而不是在成熟技术上修修补补。用研究开发的术语来说，日本人擅长于开发，美国人擅长于研究。

有限责任经营是在19世纪60年代从欧美国家产生的，并很快从企业界扩张到个人领域。股份公司一般都是有限责任公司，债务赔偿额只以股东的出资额为限。美国甚至允许合伙企业采取有限责任公司的形式。对于个人，美国不仅允许个人有权宣布破产，而且还允许个人在购买房屋问题上的局部破产。所谓局部破产，就是在抵押贷款中，购买者偿还银行贷款的额度，只以抵押房屋的产权，而不是贷款的金额为标准。当房屋的价值高于贷款金额时，偿还贷款对个人和银行都有利。但是，当房地产价格在次贷危机或者房地产泡沫破灭后急剧下降时，需要偿还的贷款额度可能就远远高于房地产的价值。

比如在2006年，约翰在美国购买了价值100万美元的一栋别墅，支付了10万美元的首付款，90万美元是抵押贷款。当2007年次贷危机发生时，房屋价值突然下降到40万美元。在面临房地产价格急剧下降的情况下，如果局部破产被允许的话，约翰就会将房屋钥匙交给银行，搬出别墅，将来也不再欠银行任何债务，唯一的损失就是10万美元。在次贷危机发生后，美国有近三百万户居民都采取这样的方式获得了新生，银行的损失则通过联邦保险机构来保证储户的存款安全。

在日本，局部破产是不允许的，抵押贷款是以房屋和购买者的未来收入作为债权担保的。当购买者无力偿还贷款时，银行将直接从购房者那里拿走房屋，从雇主那里将其收入拿走，从而致使购房者永远都陷入债务困境中。在 1991 年日本房地产泡沫破裂后，据说有 1800 万户家庭都面临抵押贷款带来的财务困难。由于无法还清债务，日本人只好节衣缩食，减少开支，最终将日本的经济危机拖长了 10 年。

在所有实行计划经济的国家，企业破产是很没有面子的事情。结果，大量的破产企业充斥着社会，效率很低下。在中国的上市公司中，连续三年亏损的企业被贴上"特别处理"（ST）的字样，继续在股票市场游荡。据说，这样的企业有近 200 家，占上市公司数量的 10%。企业已经实际破产了，还不允许经营者将资本返还给投资者，经营者何乐而不为继续耗费剩余的资本呢！如果企业管理层对股权投资者不承担义务，又有什么办法来保证管理层对债务融资者承担偿还的义务呢？许多企业看到了不许破产的好处，就拼命获得粉墨登场的上市机会，结果导致亏损企业越来越多，获得贷款或者债务融资的机会也越来越少。

正如盛洪所说："一个社会如果缺少自由退出条件，就缺少了纠正错误决策的机制，就缺少使资源从生产效率低的领域向生产效率高的领域转移的途径，从而不可能接近帕累托佳境。"在过去，不允许穷人破产，造就了地主的蛮横和社会的不公正。现在，不允许富裕的企业破产，也造就了企业的蛮横和不遵守市场规则。当这样的企业很多时，人们的投资就会谨小慎微。弗朗哥·莫迪里安尼曾说："如果每个投资者投资时都需要步步设防的话，就会降低人们的投资热情。"当企业被穿上不许破产的救生衣时，外部的投资者就很难收购和接管这样的企业，企业内部的治理结构就很难改善。所以，缺乏了破产机制，穷人就很容易走向破产甚至毁灭的边缘，富裕的企业就会成为一个不负责任的企业，社会就会呈现严重投资和消费不足的情形。

[2012 年 6 月 7 日]

股票市场的涨停板

在任何市场中，商品价格上涨过快，购买的人就会减少，除非预期商品价格还会上涨。当商品价格下跌时，购买的人就会增加，除非商品预期价格还会下降。只要你是聪明人，根据你所接受的信息，你就可以决定买卖的数量。如果生意人都是经济学家，那么，他们通过对商品价格的预期和所获取的信息，就可能投机获利。于是，有些信息不足的人，觉得在高价买进或者低价卖出可能吃亏了。政府人士如果高度关注某种商品的价格，也会感觉商品价格像坐过山车一样感到头晕。在这些林林总总的压力下，商品价格的升降幅度就会被限制在一定范围内。在外行人看来，这样感觉舒服点。在内行人看来，可能会有该出手时出不了手。

不知道从什么时候政府开始限制商品价格的升降幅度。在人们的记忆中，许多投机商因为囤积商品，都丢了脑袋。在外汇市场上，政府设计了汇率的涨幅制度。凡是汇率上升或下降超过了规定的幅度，政府就买卖外汇或者本国货币进行干预。那种把涨跌幅度规定为零的制度，就是固定汇率制度。如果政府的外汇储备有限，本币有贬值的趋势，那么，固定汇率制度就容易引起外汇投机，最终把本币的汇率拉下水。1997—1998 年亚洲金融危机就是如此。

为了避免这个问题，有些国家规定，外汇的涨幅限制在 2.25%或者 6.25%的范围内。欧洲经济共同体曾在 1979—1998 年期间实行了这种蛇形的浮动汇率制。尽管政府对付外汇投机的压力减小了，但是，如果本币是弱币和外汇储备很少，那么，外汇投机仍然会使本币大幅度贬值。葡萄牙、西班牙、意大利都在 1994 年时候吃过这种亏。由于汇率影响所有进出口贸易和对外经济交往，人们有理由担忧，投机会破坏正常的价格机制，设置汇率的浮动范围也属情理之中。

股票市场的涨停板制度，不知道是否与外汇市场的蛇形浮动制有关。这种涨停板制度，不是一种市场制度，而是一种行政制度。当某一天的股票价格上涨或下跌超过 10%或者 5%时，股票交易所就禁止这种股票继续交易。据说，股票市场的涨停板制度，是为了防止没有经验的股民，被投机分子误导，以致做出头脑发昏的决策。由于每种股票都受到涨停板制度的限制，因此，股票市场就不会在某一天出现狂泻或者井喷的现象，最终预防股市大萧条。

在美国的历史上，曾经有几次出现单日股票指数下跌 5%或者 10%的局面。这包括 1929 年 10 月 23 日的"黑色星期五"，1987 年 10 月 19 日纽约股市狂跌 30%。如果股票价格指数预示着宏观经济的好坏，那么，控制股票价格的涨幅不就能很好地传达经济运行的宏观信心吗？事实恰恰相反。股票涨停板制度封杀了股民和投资者的意愿交易量，也就不能真实地反映市场的信息流动。

中国股市的主板市场实行 10%（ST 公司 5%）的涨停板制度。中小板市场的涨停板制度比较复杂，日收盘价涨跌幅超过 7%、日价格振幅超过 15%、日换手率超过 20%的前三只股票，连续三个交易日累计涨跌幅度超过 20%，连续三个交易日内日均换手率与前 5 个交易日的日均换手率之比超过 30 倍的股票，都要实行停板制度。在 2005—2012 年期间，有 45 个交易日跌停的股票超过 100 个，跌停超过 42 个股票的天数有 83 天。例如，2008 年 6 月 10 日和 19 日，分别有 981 只和 872 只股票跌停。在 2007 年 5 月底到 6 月初，跌停的股票数量在 5 月 30 日为 847 只、5 月 31 日为 728 只、6 月 1 日为 673 只、6 月 4 日为 853 只。

实际上，市场交易量还反映了股票价格所不能反映的信息。这些信息包括，不同的投资者对公司运行情况的了解程度，这些信息是如何通过市场交易实现交流和传播的，参与者知道怎样的信息。诚如盛洪在《流行价格》一文中所说："成交的次数越多，其中包含的修正越多，价格中包含的信息量越多，已经成交的价格对于正在进行的讨价还价的参考价值越大。当市场中的人相当多时，形成的价格就会变得相当权威，人们甚至可以不加思索地接受。因为这时的价格已经包含了市场中大多数人的流行看法。"缺乏市场交易量的信息，单纯控制股票价格的涨停，意义就不大了。这样，在每日股票价格升降受到控制的局面下，投资者就可能会有意识地延长股票升降的天数，从而导致缓慢的信息释放和恶化的市场交易局面。

浙江世保公司就是充分利用涨停板机制的一个例子。尽管股票发行机构对浙江世保公司的报价均为 3.8 元/股、中位值为 3.97 元/股，但是，2012 年 11 月 2 日，该公司股票在中国 A 股市场上的开盘价为 15.62 元/股，并以 18.75 元/股报收，比发行价高出 626.7%；同时，浙江世保公司在香港 H 股上市的收盘价为 2.68 港元/股。两相比较，世保公司的 A 股价格是 H 股价格的 7 倍之多。这反映了中国 A 股市场的新股发行体制问题，特别是询价机构、询价对象、发行人、保荐机构、承销商存在人情报价和捧场抬价的问题。

但是，在 11 月 5 日（3—4 日为周末），浙江世保发布了"五大风险提示"。一是 A 股股价过高的风险，因为浙江世保在 2012 年的预计利润和股票价格计算的市盈率高达 62.5—66.97 倍之间，比行业平均市盈率高出 4.85 倍。二是公司经营业绩存在下滑的风险，因为该公司在 2009 年 1 月至 2012 年 9 月的毛利率呈现下降趋势，而在 2012 年 1—9 月的营业收入和净利润比 2011 年 1—9 月分别下降了 5.99% 和 25.08%。三是募集资金不足增加了项目建设的风险。该公司计划募集资金 5.1 亿元投资建三个项目，但实际募集资金 2971.18 万元。四是汽车行业波动的风险。五是公司存在客户相对集中的风险。在 2009 年至 2012 年之间，该公司从前五名客户获得的营业收入分别占公司年营业收入的 71.27%、75.63%、78.6% 和 77.31%。问题是，浙江世保提示的这些风险，意图为何，为什么在上市之前不将这些风险提示呢？

随着这样"凶险"的消息暴露，浙江世保的股票价格在 2012 年 11 月 5 日跌停，收盘价为 16.88 元/股，跌幅达 9.97%，换手率在一天高达 72.67%。公开资料显示，上市首日疯狂买入浙江世保的游资，在第二天成功获利退出，因为 5 日批量卖出和 2 日批量买进浙江世保的交易席位高度重合。这进一步增大了浙江世保股价下跌的风险。同时，浙江世保 H 股在 2012 年 11 月 2 日和 5 日分别下跌 3.6% 和 7.84%。这样，浙江世保的上市纯粹就是粉饰财务报表、包装上市和股价操纵的结果。

当股票价格的涨停被严格控制时，投资者如何看待和评价公司及其经营管理人员的信息，就被严密地封锁了。当投资者不能通过股票的大幅度波动来对公司的经营状况进行投票时，公司的经理阶层和董事会也失去了对股票市场的灵敏度的反映。当股票市场和上市公司之间的信息相互隔离时，股票市场的信息传递功能就丧失了，大众也不知道公司经营中到底出现了什么问题。在缺乏投资者评价信息的环境中，公司管理人员的撤换就得依靠非市场的机制。由于缺乏市场机制甄选经理人才，公司经理人选的任命就容易依赖关系或者其他因素，从而造成经理人员选拔的高额交易成本，并有可能出现逆向选择公司经理人才。在缺乏投资者有效监督的情况下，不仅经营才能较低的人会出现在公司的管理部门，而且这些经理人员还会从事更多具有道德风险的事情。管理阶层的低劣、资源的浪费、效益的低下，就伴随着股市涨停板制度不断成长。难怪，在股票涨停板制度下，上市公司的经营业绩是一年不如一年。再加上 ST（特殊处理）制度的存在，破产的上市公司依然会像僵尸一样游荡在股票市场。

现在我们才明白，如果股价的涨停板制度打算保护投资者的话，那么，最终获得实惠的是上市公司。即使都已经破产了，股票还可以在股票市场上呆上几年，让股价慢慢调整。例如，*ST 长油公司在 2010 年亏损 2460 万元，2011 年的亏损增至 7.49 亿元，2012 年亏损达 12.38 亿元，而 2013 年前三季度的亏损就有 9.84 亿元。尽管如此，该公司仍在股票市场游荡，不时发出退市的呼声。俗话说，种瓜得瓜，种豆得豆。我们种植的是涨停板制度，得到的是破败的上市公司，还有就是亏损不断的小股民。

[2012 年 6 月 8 日]

商品退换

凡是有市场交易的地方，商品退换都是需要认真考虑的问题。偏好的改变，抑或对产品质量的不满意，都可能会促使消费者退换商品。

至于花足够的钱购买到残次产品,更是在退换之列。对于销售者而言,花费很多的时间将产品推销出去了,退还商品无疑代表着一种净损失。如果随便退换商品的话,购买者还可能出现道德风险的情况。比如,买了一条货真价实的云烟,购买者可能会用假烟去退货。为了避免这样的道德风险,"烟酒售出概不退换"的口号就叮当响。在缺乏退换的权利保障下,消费者就要全部承担购买虚假劣质产品的损失,防止销售者的道德风险。

商品退换权是一种看跌期权,是在消费者和销售者信息不对称情况下传达的一种积极信息。只有当商品价值在购买之后出现急剧下跌时,如发现残次劣质产品,购买者才会出现退货的情形。即使出现退货,购买者也受到时间成本的制约。只要购买的商品价值不高,远低于退货所需要的交通、排队等候、协商等方面的交易费用时,退货就不会发生。显然,穷人的时间成本较低,商品退货权更有利于穷人退货。一旦出现到处都是穷人退货的情形,销售者或者商场的生意必然会受到影响,销售额甚至出现下降的局势。所以,很多商场非常害怕消费者退货,严加审查。

消费者退货其实是对商场采购的信息披露。采购商品的质量如何,销售人员很难完全知道。一旦购买了消费物品,消费者就很快对产品的质量有所体会和了解。对于那些质量不满意的商品,消费者在拥有退货权的情况下,就会及时传达给商场和超市。利用消费者提供的退货信息,超市和商场就可以对供货渠道和来源进行评估,发现其中的问题,要求质量较差的厂商改善产品的质量,或者寻找更好的供货商,从而将超市和商场转变为"为消费者有效地检验和证明产品质量的机构",建立起超市和商场的独特信誉。通过这样的层层递进,产品的质量就会从设计、生产、运输到销售的各环节得到保障。可以认为,凡是缺乏自由退换的产品,其质量都是很难得到保障的。"烟酒概不退换"的后果,就是假烟假酒的泛滥成灾和烟酒公司的垄断经营。相比于正规超市而言,零售摊位的产品质量就很难保障,假冒伪劣产品就会更多。由于退货权是一种期权,购买这种期权要付出相应的代价。我们通常看到,超市的产品就比流动摊贩的价格贵。

商品自由退货权不仅有助于改善供应产品的质量，而且还会增强消费者的购买意愿。一旦商品可以自由退货，消费者就不会担心自己信息的不足或者偏好改变的问题，从而大肆购买商品。美国消费过度的一个重要原因就是，购买的商品可以自由退货。即使如此，受到时间机会成本的限制，大量的商品都堆积在美国人的车库里，等待着每个夏天集中处理。所以，在自由退换的商场里，商品的销售量会急剧增加。代价是需要单独的退货部门，去检查和辨认退货商品的真假。时间机会成本越低的地方，退货就越有可能频繁。所以，我们可以预计，如果商品可以自由退换的话，同样价格的商品会导致更多的穷人频繁地退换商品。结果可能是，在收入比较低和人口自由流动的地方，退换商品的权利就不会普遍。假冒伪劣商品就会很流行。随着收入的提高，退还商品的权利就逐渐普及开来，假冒伪劣商品就会受到限制。

推而广之，在缺乏自由选择权的地方，各种消费者都会深陷被挟持的困境。在中国，医患矛盾的问题越来越突出。究其根本原因，就是病人对医生的看病检查和药物处方没有选择权。如果病人拥有这样的选择权，医生也就不会普遍采取医疗过度的治疗方式，给病人开过多的药、做过多的检查和透视。如果说病人能够随时退换医生的服务比较难以实施的话，那么，中国的教育体系可以尝试学校和学生的自由选择权。应试教育体制培养的学生很难适应现代科技创新和健全人格的时代要求。一旦进入大学，学校就很难辞退学生，学生也很难转校。在这种相互缺乏选择权的情况下，学生和大学的质量都很难得到保证。大学滑坡甚至下海都是很正常的事情，犹如地摊都卖假冒伪劣产品一样。

如果说大学缺乏自由选择权最多只是培养不出优秀的科学家和思想家的话，官员缺乏自由选择权的危害性就更大了。在我们的时代，官员要么原地踏步，要么层层递进。一旦升迁到高位，官员就很难再回到低位。在缺乏选择官员的权利的环境下，民众对于任何官员都只有接受的份儿，结果必然是劣质官员混迹官场。贪污腐败、挪用公款、徇私枉法，就是这类劣质官员的斑斑劣迹。

这样看来，商品自由退换这种期权，代表着一种普遍的选择权。

在缺乏商品自由退换的地方，也会缺乏病人审查医生、学生自由流动、官员自由流动的情形。商品的权利与世俗的其他权利原来都是这样轻松地捆绑在一起。到一个地方，逛一逛商场，看一看退货的自由度，我们就知道这个地方的风土人情了。

[2012 年 6 月 14 日]

收据与发票

任何企业都有政府的份儿，那就是税收。政府是任何企业和交易的合伙人，但政府人员并不总是在场。为了获得政府应该得到的那一份，政府恩威并施，惩罚与奖励并行。凡是偷税漏税的企业和个人，都将受到政府的严惩。

政府怎么知道企业和个人偷税漏税呢？最好的办法就是政府知道企业和个人所有的交易、财产和收入。当政府人员不在场时，政府怎么会知道企业和个人所有的交易、财产和收入呢？最好的办法就是政府采取必要的措施，确保交易双方都按照政府的规则准确地记录交易的事项和金额。这些措施包括法律和会计制度规则、税收管理、使用政府印制的发票。

尽管政府不能保证企业和个人如实向政府汇报所有的交易和收入，但是，只要政府对交易的一方采取奖励的措施，那么，借助于惩罚措施，政府就会极大可能地堵住偷税和漏税的漏洞。这个奖励措施就是，鼓励买方从卖方获得收据，或者用来抵税，或者获得税收奖励。在美国，消费者缴纳销售税的收据可以在一定范围内抵扣个人所得税，从而鼓励消费者尽可能索取购买收据。

中国在 1989 年引进有奖发票，鼓励消费者索要发票。在餐饮行业，政府鼓励消费者从餐饮企业获得发票，因为发票有中奖的可能。吃了一顿饭，花去 78 元，可能会得到四五张发票，发票的中奖金额有 1 元、5 元、10 元、50 元甚至 100 元。对市民来说，这是一个不小的刺激。北京市怀柔县在 2001 年兑奖 14 万元，增加税收 600 多万元；

全国税务机关在 2002 年发票兑换 3000 万元，多收税 9 亿多元。但是，对在超市购物的消费者，却没有实行相应的税收奖励措施，以至于税收流失不少。斯密在《国富论》中说："每一个人的利益，在于能过着尽可能的安逸生活。如果对于某种非常吃力的义务，无论他履行与否，其报酬完全一样，那他的利益，至少是通常意义上的利益，就是全然不去履行义务。设或这时有某种权力，不许他放弃职务，那他就会在那种权力容许的范围内，尽量敷衍了事。"

不仅政府人员不能经常监视企业的所有交易行为，企业的老板和股东也不能监视员工所有的交易行为。在所有的零售和餐饮行业，如果现金交易频繁，缺乏有效的监视措施，那么，员工就可能会将现金放入自己的腰包。为了防止员工的监守自盗，企业加强了管理，如在收银台安装摄像机，要求员工担保。有的餐饮企业还充分利用消费者的监督作用。在快餐店和收款机旁，我们有时会看到这样的提示："如果你没有拿到收款单，就表明你没有付费，请去见经理"；"凡是拿到收款单的消费者，都有机会参与抽奖活动"等。利用了这样的监督机制，企业就减少了员工的偷窃行为。代价当然是，给消费者一点看得见摸得着的实惠。

在美国和西方国家，企业不需要到政府购买税收发票，收据就是纳税的凭证。只要政府能够保证企业的财务真实，那么，企业就需要按照销售的金额及时扣税和纳税。在这样的机制下，企业的偷税和漏税行为就会极大的降低。为此，会计和法律是必不可少的，因为企业要懂得任何交易涉及的税法，也要保证交易的财务真实性。简单地说，发票与收据合二为一的票证体系，需要较低的法律和财务成本作为保证。

相比之下，在中国，企业有一套收据体系，政府有一套发票体系。由于会计行业的落后和法律制度的不健全，税收部门很难相信企业提供收据的真实性。为了弥补这个不足，税收部门就会向企业出售税收发票，采取"以票控税"的税收管理方法，希望利用消费者对发票的需求来监督企业的行为，同时加强对企业财务的稽查。发票机制表明会计师和律师的欠缺，是用行政管理的方式来取代市场机制的主要手段之一。

　　中国的发票体系包括普通发票和专用发票。普通发票是记账的凭证，具有抵扣税款的功能。增值税发票、农产品收购发票、废旧物品收购发票等专用发票还具有出口退税的功能。由于绝大多数普通消费者对发票没有很大的需求，发票机制就存在内在的缺陷。只要发票金额与收据金额不一致，就会出现偷税和漏税的情况。为了减少发票的使用和实现偷漏税，许多餐饮企业就会鼓励消费者不索取发票，给予一定的实物奖励，如一小罐可口可乐。

　　在这样的机制下，税收部门与企业就会展开博弈。如同企业的员工会监守自盗一样，有些税务人员也会采取类似的办法，将偷税漏税企业的部分税收放入自己的腰包。由于所有缴纳的税都会得到税务部门的收据，私吞税收的税务员就会鼓励企业不要税务收据。办法当然是企业少纳税的好处要多于纳税的好处。于是，企业偷税漏税必然的结果就是，或者遭到政府的惩罚，或者与违法的税收员分享税收，或者购买假发票。如果政府对企业采取频繁的交叉稽查的方式，那么，税收员就不能长期与企业形成共谋来分享税收。当税收员实行分区负责制时，税收员就容易与企业形成共谋，从帮助企业偷逃税中分享部分税收的好处，牺牲的是政府的税收收入。

　　麦德龙在 1995 年进入中国后，希冀采用透明发票制，将发票和收据合二为一。麦德龙的透明发票面临"不好报销、报账和吃回扣的"的问题，每年因此损失的消费者退货达 3000 万元。为了促销，企业就需要按照消费者的需求随意开发票，在开具的发票中改变商品名称和金额。由于发票被当作了有价证券，倒卖和购买虚假发票、白条入账、拒开发票和不使用发票的行为司空见惯。假发票包括假票假开、真票假开和修改真发票三种，主要用于逃税、贪污受贿、财务造假、隐瞒个人所得。一般而言，虚开增值税的人可获取票面金额的 4%—10%作为开票费。当制作一本假发票的成本在 3—5 元、销售价格却会达 100—400 元时，制造和销售假发票的人每月可收入可达几十万元，极大地刺激了假发票行业的繁荣。

　　刑法规定，非法出售假发票 25 份以上要被判刑 2—7 年，罚款 3

万—50 万元。但是，刑事惩处和民事罚款并未阻止销售和制作假发票的狂潮。在 1994—2004 年期间，涉及增值税发票的案件多达 1 万多起，其中有 175 人被判处死刑或者死缓，55 人被处死刑。浙江省在 2004—2007 年期间查处制售假发票案件 225 起、200 多万份假发票、累计可开金额达 2000 亿元。2006—2007 年，全国公安机关共查处制售假发票、非法代开发票事件 2963 件，查获假发票 1051 多万份。在 2007 年 9 月至 2009 年 6 月期间，西宁至格尔木的铁路建设中，发现问题发票 1154 张，金额达 1.28 亿元。由于假发票带来的偷漏税、避税、出口骗税、越权减免税、以费代税和地下经济活动，在 1995—2000 年期间，中国的税收损失每年估计达到 4000 亿元，占当时税收收入的 20% 左右。

　　尽管与内部监管不完善有关，但是，假发票的泛滥是与发票的有价证券性质密不可分的。要在发票与收据分离的体系中解决偷漏税和假发票的问题，就必然涉及给予那些没有偷逃税的企业以相当的奖励。比如，三年或者五年没有被查出偷税漏税的企业，将获得一定的奖励，如按照较低的税率纳税。这相当于赋予诚实经营企业的一定期权。

　　由偷税漏税和假发票衍生出一个庞大的"地下经济"。为了保证政府收入，地下经济所占的比重越大，税率就必须上升，这会促使更多的企业转入地下经济活动。所以，在高税率的状态下，降低税率有助于促进经济增长和增加政府的税收。政府降低税率，也减少企业偷漏税的动力，假发票的价值也会降低。不过，要想从根本上消除假发票的泛滥和扩大税基，就必须逐步建立企业的收据监管体系，并逐步取消发票体系。在这一过程中，会计和法律的作用就会得以增强，市场机制就会得以发展。

[2012 年 8 月 24 日]

支票和汇票

　　当不同地区和国家的产品进行交换时，我们看到普遍的货物运输，我们很少看到普遍的货币运输。也许，对于在城市的某个市场出售农产品的农民而言，所获取的销售收入可能只有几千或者几万元。这些现金可以比较容易地从城市带回附近的农村。即使是这样，这位农民还需要支付交通运输费、坐车时间所包含的机会成本损失，估算路途被抢劫和盗窃的概率以及车祸损失的风险。

毫无疑问，在普遍持有现金的国家和地区，抢劫和"摸包"的行为非常普遍。这样算起来，农民在异地出售产品而带回现金的交易成本是比较高的，也许相当于销售收入的百分之十或者百分之二十。如果这个农民成为企业家，每年在城市销售数百万元甚至数千万元的农副产品，如何把这笔巨额的现金带回农村就会成为一个重大的问题。

恳求他人捎带数百万或者数千万的现金，会面临卷款潜逃和被抢劫的巨大风险。此外还得支付交通费和相应的报酬，以及承担车祸损失的风险。为了防止现金被抢劫，早期的跨地区贸易者就需要结伴而行，实行武装护卫，或者雇用专业的商业保镖护款。看一看丝绸之路或者海上贸易的武装保卫就知道了，因为海盗或者盗匪会随时出没在贸易人群、贸易船只或者贸易车辆的周围。由于货物运输的巨大交易成本，海盗或者劫匪通常会抢劫持有现金而不是押送货物的人。

为了克服运送现金的巨大交易成本，支票和汇票的结算手段就逐渐发展起来，并充分利用不同地区的银行及其代理人的信用进行结算。在不同地区之间流动的仅仅是支票和汇票提供的担保信息，而现金根本未流动。因此，商业扩张的关键就是银行在外地设立分支机构或者与外地的银行建立代理关系。一旦不同地区之间的银行建立了某种信任关系，跨地区的贸易就可以通过支票或者汇票进行结算。

假如上海的一位商人需要向北京的税务局交纳5000元的所得税，而北京的一位居民需要在上海购买一套价值5000元的婚纱。在假如不存在电汇的情况下，上海商人就从上海银行花费5050元购买一张5000元的汇票，上海银行委托北京的银行向税务局交纳5000元的所得税。这实际上是上海银行向北京银行借款5000元。北京的居民花费5050元从北京银行购买一张5000元的汇票，北京银行委托上海银行向上海商人支付5000元的婚纱款。这实质上是北京银行向上海银行借款

5000 元。

如果交易都是在当天进行，这就相当于北京居民帮助上海商人通过北京银行缴纳了 5000 元的所得税，而上海商人帮助北京居民通过上海银行支付了 5000 元的婚纱款。这样，通过银行的中介和支票汇票的结算，跨地区交易就转化为同地区的交易。银行收取了交易金额一定比例的交易费用，个人和商人节约了大量的交通运输费和可能的被抢劫损失。之所以能够实现这样的节约，就是因为现金根本没有在跨地区之间流动。

如果不同地区之间的贸易存在差额，那么，银行之间就会以存款的形式继续持有这部分差额，形成银行之间的借贷交易行为。由于跨地区贸易的连续进行，这样的差额就会不断变动，以至于贸易差额相对于贸易额的比例很小。在这种情况下，地区之间的贸易就会趋于平衡。如果一个地区长期对另一个地区的贸易持有逆差，那么，这个地区就会持有长期的存款或者需要护送现金到另一个地区补偿贸易逆差。这样，城市之间、城市与农村之间、不同国家之间的贸易和现金支付就通过支票和汇票顺利进行。

当然，手续费的支付可以采取从交易金额中扣取的方式，也可以在交易金额之外采取额外支付的方式，即手续费按照低于或者高于票面价值的百分比收取。当两个地区之间的贸易额很小而不存在银行之间的结算时，就需要通过贸易金额较大的第三个地区的银行进行委托结算。这无疑增加了结算费用。这意味着，在越是不发达的地区，从事贸易的成本就会越高。

由于现金易于被盗窃或者挪用，因此，商人和一般居民就需要银行拥有较好的商业信用，不会将委托支付的现金据为己用。这样，支票和汇票的使用就需要银行的信用得到保障。银行也需要进行有利于现金储存和保管的投资，以便增强现金的保管和信用的积累，获取的收益是赚取佣金和利用结算的资金进行银行投机。随着银行信用的增强和经营范围的扩大，银行的功能也就从商业结算扩展到吸收一般市民的存款并进行贷款。

当电汇取代支票或者汇票时，连票据成本都省掉了，取而代之的是维持银行间信息流通的电子网络系统。因此，跨地区结算就是通过信息连接起来的地区内部的结算。从跨地区结算中，我们就会看到，在支票和汇票特别是电汇的时代，我们很少看到武装押送的运钞车在不同地区之间奔跑，我们只看到带有零星现金的人在不同地区流动。由于个人持有现金的数额较小，且具有一定的隐蔽性，因此，现金抢劫活动就大为减少。只是在不同城市内部，由于银行成为巨额现金的集散地，银行也成为武装抢劫的中心，从而提高了银行的保护成本。

同时，由于经营产生大量的现金或者从银行提取大量的现金，从经营地点或者居住地到银行之间的路段也容易成为暴力抢劫的地方。如果个人支票、信用卡和借记卡普遍地使用，那么，个人和企业的现金持有量都会大幅度降低，暴力抢劫的案件将会进一步下降。可以预计，在个人支票、汇票和信用卡普遍使用的地方，暴力抢劫的案件比率会非常低。

随着个人持有的现金数量大幅度下降，银行持有的现金数量也会下降，银行的储存和保护成本也会降低。中央银行印刷现钞的数量也会减少，假钞流行的概率也会降低，银行也就减少了甄别假钞和清点钞票的成本，接受款项和支付款项都很少受到假钞的威胁。但是，支票和汇票的伪造会增加。随着货币发行量的减少，货币流通速度的加快，银行在经济生活中的作用将会更加强化。中央银行也会从单纯的印刷货币的业务中解脱出来，更加关注货币供给量的调节。支票和汇票的人均使用量，就成为衡量银行交易效率的指示器。

[2013 年 8 月 5 日]

良好的习惯

人们通常要求小孩养成良好的习惯。所谓习惯，就是在做同一件事情的过程中采取同一种行为方式的极高频率。对同样事情采用同样行为的频率越高，这个习惯就越稳定。如同产品的标准化一样，对同样的事情采用不同的行为方式会造成大量的交易成本，行为的不可预期性和大量的计算成本。

美国管理学家泰勒对动时的研究，就是寻求最有效率的管理习惯和工作习惯。因为在工作中，最能节省体力、计算能力、时间和资源的习惯动作是最有效率的动作。所谓机械运动，就是按照固定的方式进行的运动，习惯就是行为方式的机械运动。在人的一生中，由于行为方式的多样性和复杂性，我们就需要把那些反复出现的事情与固着的行为方式联系起来，以便减少我们处理不确定性事情带来的恐慌和每次进行计算的费用。

当个人的资源非常有限、计算能力很脆弱时，习惯就能帮助我们更有效地处理问题和解决问题。例如，便后或者饭前要养成洗手的习惯，就是因为便后不洗手或者偶尔不洗手会造成不可预期的疾病传染，严重危害孩子及周围成人的健康。特别是在交往频繁的社会或者群体中，便后不洗手或者触摸可传染病菌的物体后不洗手就会极高地提高疾病的传播速度和范围。在非典（SARS）和流行感冒肆虐的时候，这种传播疾病的风险更加大了。解决的办法，无外就是要求人们少接触，要在饭前或者便后洗手，或者在触摸可传染物体之后要经常洗手。

从人的健康和社会付出代价的角度看，好的生活习惯就是有助于保持人体健康和减少社会成本的习惯，坏的生活习惯就是无助于保持人体健康或者增加了社会交易成本的习惯。当一个群体很小且封闭孤立时，坏的生活习惯对整个社会的健康状况或者交易成本的影响不大。许多贫困落后的地区，就存在很多不讲生活习惯的人。当社会群体不断扩大或者社会的人口快速流动时，这种不讲卫生的习惯就对流动社会或者较大的群体产生极大的危害。当许多农民工进城打工且又不讲清洁卫生时，如随地吐痰、随地大小便等，讲究卫生习惯的人就会在生活成本提高或者卫生健康受到威胁增大的情况下，发出反对农民工或者不讲究卫生习惯的呼声。在这个意义上，好的风俗习惯，如饭前饭后洗手、不要随地吐痰、不要乱扔垃圾、不要随地大小便、不要对着人咳嗽等，都是良好的个人习惯在群体中不断扩散演化的结果。

基于对卫生健康和交易成本大小不同的考虑，不同地区形成了社会交往的不同礼仪行为。例如，欧美人较少采取握手的方式，而更多

地采取拥抱的方式，因为手上往往沾有各种触摸的细菌和不明就里的
肮脏的东西。一旦环境污染严重时，衣服上或者脸上就沾满了空气中
含有的细菌，这时，人们就要减少接触，点头之交就发展起来了。也
就是说，社会礼仪行为是在习惯基础上发展起来的人与人之间的成本
最小化的交往行为。澳大利亚莫纳什大学的经济学教授黄有光认为，
所有的道德原则都是以快乐来衡量的。从习惯和社会礼仪的形成来看，
这些规则并非是因为能带来快乐，而是因为能帮助个人或者人类更好的
生存，即使这些习惯和社会礼仪曾经是带来痛苦的事情。道德更是以
克服本能快乐为代价发展起来的。法国总统戴高乐曾这样说："只有傻
瓜才是快乐的。"这就是在本能的意义上使用快乐一词，因为傻瓜或者
没有任何认知能力的人根本不用考虑社会交往的规则，随心所欲而已。

家庭教育、学校教育甚至社会教育的作用，就是要人们认识到各
种行为可能的危害后果，要减少使用甚至杜绝使用某些行为方式。由
于认识能力的局限性和信息的有限性，人们是不知道许多行为的后果
的，这只有从经验、学习和教育中不断获知。当一个人刚出生时，行
为具有任意性或者任其自然性的一面。孩子成长的过程就是逐步去掉
许多带来危害行为的自然属性而不断增加这部分行为的社会属性。同
时保留人性中那些有助于孩子生存与发展的自然属性，不断克服那部
分不利于孩子生存与发展的社会属性的过程。这个过程就是习惯的培
养与发展。

从个人和群体的生存与发展角度考虑，最成功的人生就是那些不
断接受良好习惯、不断养成健康生活的人生。不幸的是，良好习惯的
养成，需要抑制很多本能的快乐。看到良好习惯形成中的巨大交易成
本，许多人就喜欢率性而为，以至于还生活在一个与不良习惯不断斗
争的社会中。

采邑的继承权

在封建制的发展过程中，采邑继承权的确立具有重要的意义。所

谓采邑,就是封建领主对那些向领主提供劳务、军役或者地租的附庸授予一块土地,作为附庸服务的报酬。领主有义务保证附庸的财产和人身安全,有时监管附庸子女的成长和婚姻选择,而附庸需要承担必要的劳役、复仇义务和额外的人头税或者援助费。在孟德斯鸠看来,采邑继承权是封建社会的主要构成要素之一。

但是,采邑继承权的确立与封建领主分封采邑具有不同的政治内涵。分封采邑的主动权在封建领主手中,而采邑继承权则在很大程度上剥夺了封建领主分封权力。继任的封臣则在采邑继承权的确立之中获取了主动权,尽管还必须向封建领主施行臣服礼和效忠关系。这就相当于在一份雇佣合同之中,父亲退休后由儿子决定是否继承父亲的职位,企业的老板只要儿子愿意干活就将其留下而形成世袭雇佣制。在某种程度上说,采邑继承权的确立意味着封臣在主动寻找领主。那么,采邑继承权确立的理论基础在哪里呢?

马克·布洛赫在《封建社会》一书中认为,由于封建采邑是一笔价值巨大的地产,"附庸关系中子承父业的要求就会变得难以抵御。拒绝臣服礼或臣服礼不被接受,不仅将失掉采邑,而且也将失掉父亲的大部分乃至全部遗产"。如果在附庸关系中儿子有继承父亲财产的天然愿望,"采邑向继承性发展是出于对土地控制权的自然需求",那么,在先前的附庸死后领主有机会选择新的更有能力的附庸、教会不愿承认采邑授予永久性的背景下,那些"迫切地希望重新拥有其对地产、城堡以及附庸所行使的政治权力的所有权"的封建领主,为什么不收回采邑而破坏采邑的继承权呢?布洛赫认为,不仅附庸的后代更适合做附庸,而且拒绝授予附庸后代的采邑继承权则向其他附庸发出明确的惩罚其子孙后代的信号。这样,布洛赫就推断,封建采邑的继承权就确立起来,封建领主就自动放弃了决定采邑财产的处置权。

但是,仔细推敲后,我们就会发现,布洛赫的推断是站不住脚的。如果说部分附庸的后代更适合做附庸,布洛赫的说法还可以接受。如果说所有附庸的后代更适合做附庸,那么,布洛赫的说法就很难符合历史状况。从人口出生统计上来说,许多附庸的后代无疑是先天的残疾或者比较懦弱的人。同时,布洛赫以信号理论作为封建领主承认采邑世袭权的依据，尽管有部分的合理性，但也难以解释如此众多的地产就在信号理论的作用下转变为附庸的世袭财产。这就意味着，我们还需要从更广阔的视野来寻求采邑继承权普遍确立的根本原因。

毫无疑问，附庸在获取采邑之后，会在采邑投入大量的人力资本和物质资本，形成庄园，从而将采邑转变为一笔具有高效产出的地产，附庸也因此拥有了雄厚的实力。在经过几十年的经营之后，封建采邑形成了一个庞大的公司资产，尽管封建主拥有最初授予的土地或者农民。除了最底层的附庸和最高层次的领主（国王外），其他附庸同时是上层领主的附庸，又是下层附庸的领主。作为领主，他竭力将地产的控制权掌握在自己手里；作为附庸，他将竭力争取地产的控制权。当附庸死后，封建领主要想收回授封的采邑，所面临的现实问题就是，要么必须给予附庸投入的资本和土地改良的收益进行适当的补偿，要么就会面临附庸强大实力的反抗。当实力较弱的封建领主没有足够的资金进行巨额的补偿，或者面临反抗成本比较高昂的情况下，简单地承认附庸的后代继承采邑和继续服役也许是成本最低的办法。

布洛赫说："从虔诚者路易以后，王权逐渐衰弱，维护中央权威的这一原则实际上已越来越难以实行。伯爵们又恢复了从前墨洛温王朝衰落过程中贵族社会特有的习惯，极力使自己成为牢固控制领地的地方豪强，并且越来越多地取得成功。"依靠自身的实力，法国的罗伯特家族从公元 885 年到 1136 年期间一直继承着普瓦提埃伯爵的爵位，只是在 890—902 年期间因继承人年幼而发生中断。

如果封建领主能够依靠武装力量收回附庸的采邑，其他附庸也会意识到，自己的采邑也将面临相似的命运，因此，附庸对领主的忠诚度就会急剧降低。这在领主每年召开的群臣大会和附庸聚会时就更明显地显示出来。在封建领主之间冲突或者战争频繁的时代，附庸忠诚度降低的后果则意味着封建领主有可能在战争中失败或者整个封建庄园被附庸出卖。封建领主之间的激烈竞争也意味着封建领主需要通过授予采邑的继承权来确保附庸的忠诚。例如，为了获得前往意大利进行征服活动时贵族的忠诚，法国国王秃头查理在 877 年颁布的《基尔希赦令》中承诺，属于附庸的荣誉地或者采邑将传给其儿子。

　　这样，我们就看到，封建领主之间的激烈竞争、附庸的采邑投资和反抗成本、封建领主缺乏补偿资金或者实力衰弱是造成封建采邑继承权逐步确立的根本原因，"显示出政治利益更深层的各种力量所发挥的作用"。在西欧，附庸军事服役的期限一般限制在四十天，附庸提供的侍从军事人员的数量也固定并随着服务等级的提高而递减。例如，一位主教掌握有数百名骑士，但按规定他只能向领主提供 20 名免费骑士的服务，超过 20 名骑士和 40 天的服务就需要领主额外支付报酬或者授予某些继承的权利。

　　到 10 世纪初，尽管封建采邑在西欧还高度不稳定，但是，教会力量的软弱性导致教会领地上较早地确立了附庸世袭继承采邑的权利。在法国和英国，采邑继承权直到 11 世纪中叶才基本确立，此前领主有权随时收回附庸的采邑。当伦巴第王国的大贵族和其附庸骑士因为采邑的世袭权而在 1035 年发生战争冲突时，神圣罗马帝国皇帝康拉德二世，作为大贵族和骑士共同的封建领主，在 1037 年颁布赦令规定，所有世俗的大贵族佃户、主教、男女修道院院长的"恩地"都将被视作世袭地产，可由子孙或者兄弟继承。当附庸获得了领地世袭权，为了保护家族的荣耀和实力，长子继承权也逐步确立起来。获取世袭采邑的附庸，为了表达感激之情，需要向封建领主贡献一份礼物，如缴纳实物、捐献一笔金钱或者缴纳相当一年地产收入的继承税，以便继承劳役、军役或者地租。

　　附庸所获得的采邑一般来自单个领主，但也有通过授予、继承或者转让来自多个领主的情况。在封建社会的日本，附庸的采邑可以在附庸家族内继承，也可以在共同领主的附庸群体内转让，但不允许在不同领主的附庸之间转让。在西欧，附庸的领地允许在家族内继承，也可以在不同领主之间转让甚至买卖。这就意味着在西欧的采邑制中，一位附庸可能会同时有多位封建领主。例如，在 13 世纪末，一位德国男爵相继成为 20 位领主的授田附庸，另一位男爵则有 43 位领主。当一位附庸的几位领主发生冲突或者战争需要附庸的帮助时，附庸通常按照臣服行动的先后、所获取采邑的价值、绝对臣服的宣誓或者法院的判决来决定自己的行动，附庸的忠诚就在多位领主的冲突中被炸得粉碎。只有君主才成功获得了附庸和其臣民的绝对效忠宣誓，此时，君主就演变为专制君主。

随着采邑继承权日益变成一种世袭性的权利，附庸的必要义务和额外义务负担就显得尤为沉重，附庸就有动力去限制甚至解除封建义务而保留采邑的权利。这特别是在实力强大的附庸和弱小的领主情形下更是如此。依附于某个封建领主最低端的农民，由于其采邑投资成本和反抗成本较低，且不受王权的保护，其继承封建采邑的权利很难形成。以封建庄园为中心的土地，一部分是领主自领地或者保留地，其产出直接归于领主；一部分是农民佃领地，领主通过胁迫或者通过传统惯例拥有这些耕地、草地和农民房舍的统治权，享有对农民的征税权、索取劳役权、土地没收权、土地转让时的收费权。农民通过向领主保留地提供劳务来换取佃领地的租种权和保护，并交纳相应的地租。这样，在暴力胁迫较多的地方，如英国和法国，农民自主地到12世纪很少存在，农民主要围绕庄园而生活；在暴力胁迫相对较少的地方，比如德国的萨克森地区，农民自主地大量存在，并与贵族的自领地并存。在缺乏土地继承权的世袭时，领主与农民的关系就转变为地主与租佃者的关系，但租佃人后代的继承权基于习俗会受到尊重。

为了支付附庸的报酬，领主的保留地被不断分割。随着领主的自领地规模的缩小，农民的劳役需求就会降低，领主会要求农民用实物地租或者货币取而代之。当土地价值提高时，农民获得租佃土地的继承权就变得越来越困难，甚至领主将出租的土地收回。这就是英国历史上著名的圈地运动。在土地价值很低但农民劳动价值很高的地区，比如俄罗斯，王权强制的农奴制就发展起来。如果封建领主能够依靠收回的采邑获取高额的收益，那么，采邑的继承权也将被废弃。从11世纪开始的拓荒运动，迫使拓荒地区的领主采取特许契约的方式来吸引农民进行拓荒和迁移。拓荒运动在西欧有两个含义，一是推动原有庄园附近普遍采用授予城镇特许权和废除农奴制度；二是拓荒地区的负担减少，更多地采取实物地租和货币地租而非劳役地租的形式。随着西欧在12世纪以后货币关系的发展，土地价值急剧增加，土地交易市场逐步发展起来，土地的买卖和服务报酬的货币化就取代了采邑继承权和附庸的劳役提供机制，采邑也开始转让和出卖。

但是，采邑继承权一旦确立起来，则意味着产权的重大创新。虽然西欧后来的采邑继承权在圈地运动中不断遭到破坏，但是，财产权却稳固地在西欧确立以来，为后来的商业革命和市场经济的出现创造了条件。

校园内的占座

不知从什么时候起，校园内兴起了"占座热"。图书馆、热门课程的教室、自习室、报告会都能涌动着占座的热浪。小教室要占座，大教室也要占座，只为了那满意的一刹那、学习的悠闲、进退座位的自由。一本书、一个茶杯、一张废报纸、一个小包、一个矿泉水瓶、一张粘贴的纸条都是占座的武器。

占座的语言有时候就是进攻的号角，充满了暴力、温馨、狡诈还有柔情。"谁敢跟我抢座，我死给你看！"；"4 张电影票更换你这个座位一星期，行不？"；"全感冒者专座，请勿靠近！"；"这个座位是我的，求求你，不要嘛！"；"谁敢坐，让你尝尝如坐针毡的滋味！"；"此座已占，抢座者格杀勿论，跟此断笔一样下场！"；"乱动此座死全家！"；"2013年考研占座，重占必死！"；"重占必血拼！"；还有座位上贴有"小心有电"、"油漆未干"的字样。

网络上流传甚广的"占座文"，更是将占座蒙上了诗情画意。"余之占座，实不得已而愧为之。然天下板荡，民情汹汹之矣，何不退亦忧而隐江湖，忘宠辱而守草野？或亦愤起而击之，自谓'反占座联盟'云云者乎？答曰：长感昼短苦夜长，何不秉烛游？徒叹生年不满百，何故惹烦忧！遂一时孟浪，趋炎附势，若鲫若鹜，利来利往，不亦乐乎？故占之，作文以记，不敢歌功勒石，乃自述无奈尔，得来者一笑，于心亦足矣。"谁又能想到，为了占有一个座位，有的人尽然费尽心思，甚至乐此不疲。

教室本是大学里的一种俱乐部产品。按照俱乐部产品的理论，凡是缴纳了一定门票和会费的人，都有权不受限制地自由使用俱乐部的各种产品和服务。如果有的会员交纳了会费但享受不到服务，那么，会员就会退会并要求俱乐部赔偿损失。对于俱乐部而言，会员是顾客上帝，最大限度地满足顾客的需求就等于稳定俱乐部的收入。在自由进入和退出的机制下，俱乐部会对会员提供最优的服务。

但是，在中国，大学可不是随便进入或者退出的地方。学生们需要经过各种筛选考试，交纳学费和住宿费，然后才有资格使用大学校园内的各种教室、图书馆、食堂或者体育馆。由于存在进入或者退出的制度性障碍，即使大学教学和服务不令人满意，大学招收的学生还是供给多于需求。大学数量少，想上大学的人多，造成了大学提供的教育和服务的供给与学生对教育和大学服务需求之间的脱节。图书馆座位少，教室的数量和座位的数量偏少，报告厅面积不大，学生宿舍安排的学生太多，都是大学服务不足的表现。

为了"多、快、好、省"地培养更多的大学生，各个大学都普遍实行了扩招。1978年，中国在校大学生只有85万人，招收新生40万人。从1996年开始，大学扩招加速。2003年，大学在校生1108.5万人，新招收大学生382.1万人。2007年，新招收学生560万人。2009年新招收学生670万人，以至于在校生达到2144.6万人。尽管在校大学生不断增加，但是，大学校园里的图书馆和教室的数量增加不多，学生宿舍也变得更加拥挤。青岛大学图书馆在1993年建成之时有2000多个座位，但是，库存图书和多媒体阅览室挤占了不少座位资源。同时，该校招生人数从1993年的二三千人增加到2010年的七八千人，图书馆的拥挤程度可想而知。

让大学服务雪上加霜的是，大学教育经费严重不足。成人高等教育不仅可以让更多的人接受教育，也可以让大学教师有改善生活的机会。没有想到的是，每年五六百万的成人高等教育的学生和在职研究生，挤进了本来就拥挤不堪的大学校园，让大学校园的脚步声变得愈发沉重。各种补习班、考研班和职业培训班，更是不断蚕食大学的教室资源。

面对教室资源和图书馆资源的严重不足，学生的大学服务需求却急剧增长。会计师、计算机等级考试、英语等级考试、律师考试、公务员考试，还有数不清的职业证书考试，都让深陷求职困境的学生看到了冲破校园藩篱的希望。据估计，在 2005 年到 2012 年期间，每年有近 150 万大学生在毕业之际还没有找到工作。可幸的是，考取研究生和公务员考试向他们敞开了大门。参与考研的人数从 1994 年的 11.4 万人增加到 2012 年的 165.6 万人。参与公务员考试的人从 2003 年的 8.7 万人、2005 年的 31 万人增加到 2007 年的 60 万、2009 年的 105 万和 2010 年的 146 万人。所有证书、研究生和公务员的考试都需要精心的准备。宿舍的拥挤和嘈杂迫使大学生漫游在教室和图书馆寻找一个安稳的座位。期末考试集中在最后一两周，更是增添了寻找座位的艰辛。

　　大学本来是读书的地方。资中筠回忆自己在清华园读书时说："大学的校园应该是读书气氛最浓的地方，有幸进入这一园地的天之骄子们，不论将来准备做什么，在这里恐怕首先的还是读书，培养读书的兴趣、读书的习惯，尽情享受这读书的氛围，这里可能积累一生取之不尽的财富，或是日后回忆中最纯洁美妙的亮点。"但是，没有一个惬意的读书地方，读书和研究都很难。即使像北京大学这样的一流高等学府，1.3 万名在校大学生也只有 5000 个自习的座位。大学里的"读书难"似乎成了一道亮丽的风景，煎熬着求知者火热的心。

　　排队、等待和寻找座位的艰辛，让那些最热衷于读书和学习的人忧心忡忡。从书包里拿出一本破旧的过时的书，随便摆放在图书馆或者教室的某个座位上，希冀奇迹的发生。当第二天到来时，居然没有人拿走这本书，挤满人的图书馆和教室还有一个空位。这种"刻舟求剑"的办法居然占有了一个座位。这个放书的人窃喜，在享受占座的愉悦之时，也顺便将这个找座位的"诀窍"告诉了周围的朋友。

　　秘诀在校园内飞奔，占座堂而皇之地登上历史舞台。北京大学、南开大学、中国地质大学的大学生们，都在网络上交流占座的经验、心得和谋略。正像卢梭所说，第一位喊出"这块土地是我的"，并在土地边缘打上标志的人，就是第一位产权所有人。清洁工不愿得罪占座的学生、清理类同废纸的占座物品，学校管理人员不愿干没有收益的脏活和累活。学校清理占座物品的困难为占座者打开了占座的阀门，有空调、暖气的教室成为学生抢占的对象。北京师范大学的"教二"和"教九"就享有"冬有暖气、夏有空调"的美誉，成为学生占座的泛滥区。这些占座者，很快就将教室和图书馆的座位瓜分完毕。

其实，占座不是现代的发明。资中筠在《不尽之思》中谈到，她在 1948 年上燕京大学时就经常在北平图书馆占座准备考试。她说："我每天一早到那里，基本上占用同一个座位，上午看应付考试的书；下午自娱，从心所欲地借阅听说过的古今中外名著；中午在附近小卖部买一个烧饼夹肉，那时没有什么罐装饮料，图书馆的走廊里设有自动喷水的饮水机（称'沙滤水'），清冽可口。还可以在背静处的长椅上略事午休，也没有人干涉。"也许那时读书的人少，现代版的占座还没有发展起来。

阎伟在 1998 年的《经济研究》上发表了一篇名叫《占座现象的实证观察和理论分析》的文章。该文认为，当占座者的人数越来越多并超过不占座的人时，占座就会形成一种稳定的规则。而且，占座制度是有效率的，禁止占座会带来寻找座位的低效率和降低学习效率。不幸的是，占座机制没有沿着效率的方向前进。一条围巾占 6 个座，一卷筒纸占 12 个座，类似的批量占座的现象时有发生，以至于教室和图书馆出现"座无虚席，人不过半"的过剩与短缺的并存。重庆大学的一份调查显示，大多数教室占座后的利用率只有 40%—50%，有的教室甚至低至 10%。这种占座而不充分利用的问题，激起了寻找座位者的愤怒。网络上有这样一段评论："占座而不为者，世之大讳。侠曰，风骨者，剑在人在，剑亡人亡。该书包在而人失，此为无气节也。又如入厕之客，泻下之势起，而腐质不出，世人为之'据坑不泄'。此为窘也，操之过急也。占座而不为者，节操尽失也。"

毕竟，"好好活不是占座"的道理尽人皆知，占座也就被认为是很不好的校园风气。据调查，只有 12% 的学生认为占座"合情合理"，51% 的学生对占座"感到内疚无奈"，24% 的学生认为占座"不当"，还有 13% 的学生认为占座"无所谓"。有的学生甚至将占座归结为不义的暴利。

不幸的是，除了学习外，占座确实能够带来物质利益。许多学校也出现了有偿占座的现象。山东师范大学出现了卖考研座位，价格是200元/个。济南大学有的学生清晨五点起来翻越教室院墙占座，校园内出现了职业占座人，月租费用300元。在网络上"求座位"的信息时隐时现。座位的价值急剧上升，"暴利"就转变为暴力。烟台大学、青岛大学和武汉的一所大学在2009—2011年期间，因人多挤占图书馆的座位，结果造成入口玻璃门被挤爆。山东师范大学长清校区因考研学生抢占自习室，在2012年4月发生群殴。安徽医科大学图书馆因抢占自习室，在2012年12月20日发生学生手持斧头砍死人的事情。

"占座热"的持续升温和伴随的严重社会后果，迫使大学校方正视校园内的占座问题。情感的呼吁最为直接，北京大学就举行了"不占座日"活动。温情占座似乎是进步。西南政法大学制定了"占座法"。华东交通大学校学生会制作了600张"和谐自习室卡"。该卡记录了离开座位和预计回到座位的时间，超过填写的时间后，其他人有权使用该座位。复旦大学图书馆也制定了座位"闲置20分钟可易主"的规定。

校方分配座位也隆重登场。武汉大学的大学生进自习室学习需要买票入座。山东大学威海分校图书馆安装了35台"选座器"，学生到图书馆阅览室自习需要刷图书馆卡，并按照电脑系统指派的座位入座。东南大学、深圳大学图书馆也安装了"选座器"系统，以便分配座位。出台禁止占座的规定最为简单。湖北大学图书馆反对学生占座。烟台大学、山东工商学院、中国海洋大学都出台了禁止占座的规定，所有占座的物品都将被随时清理。2010年，北京师范大学规定，对长期恶意占座者，学校将采取批评甚至违纪处理，管理人员有权清理占座物品。

不管是禁止占座还是温情占座，都无法回避校园座位短缺的现实。期末考试突击、职业考试、研究生入学考试和公务员考试，都在不断刺激着座位的价值飙升。学生的逃课，课程内容讲解的时好时坏，选修课与必修课的庄严区分，学习内容的多样性和不断替换性，学习权利的得不到保障，都在驱动学生像潮水一样不断地流动与徘徊，抢座大战也不时上演。美国法学家博登海默在《法理学—法哲学及其方法》中说："一个法律制度之所以成功，是由于它成功地达到并且维持了极端任意的权力和极端限制的权力之间的平衡。"显然，禁止占座没有实现权力的平衡。将那些急切学习的人的权利一笔抹消，让他们来去匆匆，走失在迷茫的座位丛林之中，似乎有些残酷。

对于学生来说，校园就是他们奋力获取入学资格和交纳学费之后获得的俱乐部产品，理应获得满意的教育与服务。进入校园后他们发现，这个俱乐部产品不断地被各种力量所蚕食，还有源源不断的学生在不断地涌入这个俱乐部。无奈之下，他们只好选择了占座。如果我们进入电影院，发现座位都占满了人，电影院还在不断卖票和缩小看电影的空间，那么，我们不是在买票的人之间发生争执，而是会向电影院的管理者讨个说法，保留自己应有的权利。但是，大学校园如此之大，以至于人们很难发现大学校方的责任。于是，学生们将愤怒的双眼对准了自己。似乎非常奇怪。为了共同的目的走到一起，学生们因为占座发生了难堪、纠纷和冲突。一个新的"公地悲剧"发生了。

限制占座的政策也许在短期内会发生神奇的作用。但是，只要源源不断的学生涌入拥挤的校园，校园的可利用空间源源不断被分割，座位的价值就会急剧上升，学生的权利问题就会变得突出。《慎子》曰："一兔走街，百人追之，贪人具存，人莫之非者，以兔为未定分也。积兔满市，过而不顾，非不欲兔也，分定之后，虽鄙不争。"学生争夺座位，与人们追逐兔子相似，都是以最小的代价获取最大的利益。当兔子或者座位的所有权不确定时，人们就会不断地争夺，直到耗费时间和资源的价值超过座位或者兔子的价值为止。

因此，占座问题就是大学校园内学生的座位产权问题。要想从根本上解决这个问题，或者不断增加校园的座位供给，削减各种蚕食座位的做法，或者将有限的座位在学生中间进行公平、公正地分配。早在1829年，德国的柏林大学就将教室的座位划分为两部分：前面的座位为必修课的同学占用，后面几排的座位为旁听生使用。对于必修课，"每个学生在听课期间只能坐在自己的座位上，座位上标有授课教师为他规定的号码，而且在整个学期内均有效。如果某个学生因故几天或更长时间不能参加听课，他人不得以任何借口占用该生的座位"。一旦学生自己的权利得到保障，占座现象就会趋于消失。从校园内的小小占座行为，我们看到了产权的起源和变迁，也看到了需求的急剧增加不断改变着资源的价值和权利的争夺。

钉子户的灵魂

钉子户就是那些在强制性房屋拆迁过程中努力保护自己房屋所有权的人。《现代汉语词典》是这样界定"钉子户"的："在城市建设征用地时，讨价还价，不肯迁走的住户。"实际上，钉子户的含义比这个定义广泛得多。例如，在美国西部大开发的铁路和公路建设高潮时期，许多农民反对政府的征用土地，成为典型的"钉子户"。

这些钉子户非常留恋自己的家，对家乡抱有浓厚的感情。在《家的念想》的短文中，卢仁江饱含激情地写道，家不仅是我们"孕育成长的地方"和"为之奋斗的目标"，而且还是我们"精神寄托的港湾"和"最终的归宿"。这个孕育我们生命的地方，记忆着父母们的抚育之恩和呵护之情，贮存着我们奋斗的汗水和心血，映射着我们的喜怒哀乐和自由放纵，承载着我们的淡定与安稳，带着无限的希望注视着未来。怎么就能说，让那些没有体验的、"骑着驴骡思骏马，官居宰相望王侯"的人就在外在价值的怂恿下，不顾居家之人的情感和心理，蛮横地拆除了这个家呢！钉子户不愿意收藏着记忆的家被推土机推倒，也不愿意出售自己的家甚至不愿意进行价格磋商。开发商也许会提高一点价格，但钉子户好像还不满足。

在我们的时代，当政府和房地产开发商在为人类进步和大众福祉殚精竭虑时，钉子户的不合作行为异常耀眼夺目。浙江省温岭市大溪镇下洋张村"最牛钉子户"罗保根夫妇，受到社会的广泛关注。因为这对老年农民夫妇居住在马路中间残缺的五层高楼中，每日看着往来的车辆和行人，还有邻居楼房被拆迁后留下的孤独。为了修建铁路站前大道，下洋张村 37 户居民的 56 间房屋在 2011 年被拆迁，每平方米按照 300 元的价格（二十年前的标准）进行补偿，外加室内装潢补助费。经评估，罗保根夫妇可获得 26 万元补偿款。

罗保根夫妇认为，他们的家在十年前的建筑成本加上装修费高达 60 多万元，还有大量的房产债务需要偿还。而且，该地段的房屋价格在 2012 年为每平方米 8500 元，26 万元只能买到 30 平方米的房子。罗保根夫妇坚决不搬迁，提出的搬迁条件是"只要政府给我们造好跟现在差不多大小和装修的两间房子就可以了"。对于用十多间房换取两间房的最低要求，大溪镇政府认为"根本没法实现，不符合拆迁标准"。没有谈判和磋商余地的房屋拆迁，就构成了"最牛钉子户"的凄凉背景。所幸的是，大溪镇没有对罗保根夫妇实行断水断电，容许其成为"最牛钉子户"，让其每日与马路上的车辆为伍。在许多人眼中，这样的钉子户"被看做一个坚定地阻碍人类进步的障碍，坚决地站在十字路口当道"的贪得无厌的人。

细细思量起来，容忍钉子户的存在，是一种社会进步、法治进步的具体体现。因为，钉子户是在捍卫我们的房屋和土地所有权制度，相信只有自愿的交易才是合法的交易，任何强迫性的交易都不是合法的交易。约翰·斯图亚特·穆勒在《论自由》一书中说："人类有理由为之个别地或集体地干涉任何一部分人的行动自由的唯一目的是自我保护。……对文明社会的某一成员正当地强制行使权力的唯一目的是防止他对别人进行伤害。"钉子户没有伤害任何人，仅仅是防止别人对他的伤害。钉子户的立场表明，任何违背自愿交易的行为都会受到反抗。因为，自我保护或者改善自身的状况，是每一个人的天性。亚当·斯密认为，只要人们相信可以从交换中获益，人们就可能自愿交易。至于交换价格的高低或者获益多少，就取决于交易双方对交易物品的需求强度、交易物品的可替代性、收入水平、交易费用，还有交易物品的预期未来价值。购买方和其他人对交易物品的需求越强烈，交易物品的预期未来价值越大，收入水平越高，交易物品的价格就会越高。相反，交易费用越高，交易物品的可替代性越强，交易物品的价格就会越低。

如果违背了自愿交易的原则，那么，交易行为就不会给交易双方都带来利益的改善。遭到损失的一方必然会采取行动保护自己的利益，直到所付出的代价和所得到的利益在边际上相等。交易物品的价格高低不仅意味着交易物品的收益在交易双方进行不同的分配，还意味着传递的信息不同和节省资源的动机不同。当交易物品的价格在管制或者干预的状态下不能反映正常的供求状况时，那么，人们就会投入更多的资源来消费、获取甚至垄断这种交易物品。在这种情况下，大量的浪费、贪污腐败、排队等问题就会出现，人们也不是用最有效的方法去生产、加工、制造和消费这种交易物品。当人们意识到自己的资产不能获得满意的收益时，对资产的投资和爱护就会减少，产品质量也会得不到保障，人们也没有心思去研发提高资产价值的方法。这就会造成资本积累的萎缩，创新才能的枯竭，灾害事故的不断发生。

合法的产权所有者相信，任何财产的使用，只要不侵害他人的利益，都应该得到法律的保护。房地产商可以与房屋所有者进行直接的协商谈判，或者进行新的土地开发。钉子户也是理性的人，会计算获得补偿的增加额与耗费的生命成本相比较。但是，房地产商或者利欲熏心的官员，看中了某块房地产的价值，于是动用国家征用的招牌，强迫房屋所有者放弃对自己财产的自由处置权利。河南信阳县一位县领导的家人在浉河区吴家店镇聂寨建房后，想让邻居黄家给其房屋让地建后院。在协商未果的情况下，该镇镇长吴某带领一百多位穿着迷彩服的人强行拆迁邻居院墙，并打伤邻居的八旬老母。仅仅是为了县领导的一位亲戚，镇领导就动用公权强行拆迁他人的房屋，平民的房屋产权有何保障？如果所有的房屋都能用国家征用的招牌进行拆迁，那么，房屋所有权就名存实亡了。

钉子户就是在检验房屋所有权是否存在的英雄。在那些钉子户被掩埋的楼房下，我们发现，房屋和土地所有权原来是一个空虚的经不起认真对待的字眼。莫言在2012年12月8日的诺贝尔文学奖的获奖演说中谈道："去年，一条铁路要从那儿穿过，我们不得不将她的坟墓迁移到距离村子更远的地方。掘开坟墓后，我们看到，棺木已经腐朽，母亲的骨骸，已经与泥土混为一体。我只好象征性地挖起一些泥土，移到新的墓穴里，也就是从那一时刻起，我感到，我的母亲是大地的一部分，我站在大地上的诉说，就是对母亲的诉说。"当暴力掠夺或者窃取房屋的权益要高于合法劳动所得的权益时,利用国家权力的保护,房地产商从拆迁房屋中获得了暴利,牺牲的却是每个人的房屋所有权。对于社会秩序的稳定和个人所有权的保障来说,这实际上是饮鸩止渴。因为,没有钉子户精神,房地产商的财产也是不安全的,也会在未来遭到强迫拆迁的威胁。

有责任心的政府会保护钉子户的权利。在第二次世界大战时期,英国政府打算修建一个军用飞机场,以抵御德国的进攻。由于有个钉子户不能搬迁,军用机场迟迟不能修建,引起社会的怨言和诅咒。英国首相丘吉尔闻知此事后说:"我们和德国人打仗,就是为了保护合法财产不受侵害。如果拆了他的家,那我们为什么还要打仗呢?"政府的职责就是保护合法财产不受侵害,而不能以社会的名义强行拆迁。也许,这就是民主政府的含义。即使在国民政府时期,合法财产也得到适度的保障。当蒋介石任国民政府总统时,在其老家慈溪扩建产业,修缮老宅。左邻右舍纷纷搬迁,唯独千层饼店的小老板周顺房拒绝搬迁。他说:"搬可以,让蒋介石自己来通知我,只要他说出道理来,我就搬。"对于一介草民的这番言语,蒋介石闻知此事后叹息道:"爱搬不搬,随他去吧!"周顺房千层饼店至今仍存,紧抵着蒋宅,昭示着钉子户的灵魂,也昭示着强权者内心的宽容。

政府帮助房地产商进行强迫拆迁,事实上是在帮助经营效率低下的房地产商危害公众的利益。只有那些出价较低的房地产商,才希望借助政府的力量帮助拆迁。用经济学术语来说,政府在帮助企业进行逆向选择的时候,是在用暴力精神取代契约精神,让房地产商的契约经营充满了血腥的暴力痕迹。即使拆迁成功,习惯于暴力经营的房地产商也会在建造新楼房的过程中偷工减料,甚至建筑起无数的危楼和烂尾楼,浪费整个社会的资源。可以想见,越是政府帮助企业进行强迫拆迁的地方,房地产商建筑的楼房质量越差,以至于房地产商来到世间,"从头到脚都沾满了血和肮脏的东西"。在强迫拆迁的浪潮中,房屋质量急剧下降,也并非偶然。悲哀的是,只要有强迫性房屋拆迁的地方,都有少数的钉子户在寒风、烈日或者房地产商们的暴力胁迫下显得形单影只,孤立无援。这些钉子户有的是孤寡老人,有的是异常贫困的人群，有的钉子户被沉尸房底，做了房产永恒的陪葬人。

　　钉子户的灵魂是时代的标杆，一个社会对待钉子户的态度显示了整个社会的灵魂。当有人假借政府的名义剥夺他人的合法权利时，或者"一个人如果一心想通过增加政府的干预来为公众利益服务，那他将'受一只看不见的手的指引，去增进同他的盘算不相干的'私人利益"（弗里德曼语）。斯密说："每个人改善自身境况的一直的、经常的、不断的努力是社会财富、国民财富以及私人财富所赖以产生的重大因素。这不断的努力常常强大得足以战胜政府的浪费，足以挽救行政上的大错误，使事情趋于改良。"没有钉子户的坚强毅力，政府的浪费将会无以复加，行政失误将不可避免，财富的积累也会逐渐沉沦。

　　如果我们都不愿捍卫自己的房屋产权，那么，我们还需要捍卫我们的自由和幸福权利吗？我们不仅要捍卫我们的房屋产权，还要捍卫我们的生命权、劳动权和自由权利。美国多产的科普作家和科幻小说家阿西莫夫（1920—1992）在其回忆录《人生舞台》中谈到，由于他的科学研究成果平庸，在1958年遭到波士顿医学院生化系的解雇。阿西莫夫当时是副教授职称，享有终身教职，波士顿医学院无法剥夺他的职称。为了保留自己的教授职位，阿西莫夫在被解聘的九年中，"仍然经常定期地到学校里去取邮件，处理零星的事情，但主要是保持我的权利，证明我是学校的教员，并没有被赶跑"。尽管不再从波士顿学院领取薪水，但是，这种为"学术自由而奋斗"的钉子户精神，最终赢得了更多教师的尊重。1961年，波士顿医学院的学术评议委员会取消了对阿西莫夫的解聘，并在1979年晋升阿西莫夫为正教授。此时，阿西莫夫已经出版了200本著作，成为美国历史上最多产和写作书籍种类最多的作家，其辉煌成就足以堪当教授的职称。当1989年阿西莫夫回到波士顿医学院作报告时，学生们才深知，自己学院最好的教授早在30年前就被解雇了，真是"令人难以置信"。

　　保卫我们每一个人的权利，防止它遭到他人的剥夺，是我们每一个人神圣的职责，也是社会赖以进步的根本动力。如果我们每一个人都能捍卫自己的权利，那么，我们就会保护我们的投资，社会认同感也得以产生。一旦我们的房屋权利得不到维护，我们就失去了社会认同的根基。我们会对犯罪、暴力甚至冲突采取不闻不问甚至漠视的态度。社会的稳定也会处于风雨飘摇之中。有谁见过，外乡的游客会对当地的风土人情感兴趣呢？没有了这些权利的捍卫，我们就成了随风倒的投机者，会将我们的所有权利丢失得干干净净。当战争来临之时，钉子户就会成为强有力的爱国者，因为他们的心是与这块土地粘连在一起的。透过拆迁的迷雾，钉子户的灵魂不是被贪婪所挟持，而是耸立在自己的权利之上的。一旦我们失去了权利，还会有灵魂吗？

没有了钉子户，历史也会消失在我们的脚下。我们有比西方更悠久的历史，但我们拥有的悠久文化古迹不成比例地稀少。究其原因，就是没有钉子户来维护这些文化古迹。党国英观察到，"一些应该保护的建筑设施被拆掉了。全国有相对完整的古代风貌的建筑物已经所剩无几。一些有纪念意义的现代建筑物也遭遇'强拆'"。没有钉子户，大量的优良土地早已被横征暴敛。要知道，城市都是建立在土地肥沃和人口繁茂的地方，往往拥有交通的便利。为了获得城市繁荣的利益，土地开发就是最有可能发生的事情。房地产、公用设施和道路使用的土地越多，耕地的面积就越少。中国农用地占土地面积的比重从 1990 年的 57%减少到 2006 年的 56.9%和 2009 年的 56%。昆明市官渡区建设用地占土地面积比例高达的 33.75%，每公顷土地的产值只有 126.4 万元。尽管河南省通许县的建筑用地占全县土地面积的 14.7%，但是城镇人均占地面积高达 114.4 平方米。

如果没有钉子户的奋力抗争，大量的优良耕地会被占用，山区土地被大量荒芜，从而造成粮食短缺或者供给不足。米尔顿·弗里德曼说："自愿交易却是繁荣和自由的必要条件。"当大量的土地或者楼房被廉价地征用，大量的铺张浪费就会出现，土地的使用效率将会被降低。大城市中建设过多的花园别墅、高尔夫球场甚至各种景观，就是其中的表现。这些景观和别墅本来是可以在城市土地价格高昂的情况下在山区建设的。同时，廉价的土地也会鼓励低矮房屋的遍地开花。以建筑占地与城市土地面积的比率计算的开发强度，在巴黎为 21%，伦敦为 23.7%，日本三大都市圈为 15%，中国香港为 21%，而深圳和东莞分别为 46.95%和 42.3%，北京、上海等城市甚至高达 50%以上，

346

以至于城市的绿化面积长期不足。有人估计，中国国民收入每增加1%，所需要的土地占用量是日本的8倍。这是因为发达国家遍地的钉子户增加了强拆的成本，间接地提高了土地的利用效率，增强环境绿化，改善居民的生活空间，减少土地资源的浪费。[①]

　　弗里德曼在《自由选择》一书中说："在每一个国家，一小部分人确定步子，决定事件的进程。在发展得最快最成功的国家里，一小部分事业心强、甘冒风险的人闯在前面，为仿效者创造跟随的机会，使大多数人得以提高他们的生产率。"我们不仅拥有消费的自由、交易的自由、职业的自由，还拥有财产的自由。这些自由不仅是我们经济自由的必不可少的组成部分，也是我们政治自由的必不可少的组成部分。就像弗里德曼所说："自由是个整体，任何事情如果减少我们生活中某一方面的自由，它也就会影响到其他方面的自由。"当我们在嘲笑钉子户的时候，我们其实是在放弃自己的自由和权利去讥笑自由和权利的保卫者。钉子户的灵魂所衬托的不是我们的伟大，而是我们的懦弱与屈从。当社会中的每一个人都成为钉子户时，都在为自己的权利和自由而奋斗的时候，社会的繁荣和自由才会在我们的灵魂深处扎下根来，才不会轻易地被他人剥夺。也许，钉子户的悲歌昭示的是我们明天的未来。

---

　　① 在廉价获取土地资源的背景下，中国城市的人口密度有下降的趋势。广州市中心城区的人口密度在1982—2000年期间出现了明显的下降。北京市中心城区的每平方公里的人口密度从1982年的2.84万人和1990年的2.99万人减少到2000年的2.37万人和2010年的2.34万人，尽管在此期间北京市总体的人口密度从1982年的569人、1990年的656人、2000年的848人增加到2010年的1195人。上海市的黄埔区、卢湾区和静安区的每平方公里的人口密度在2000—2010年期间分别减少1.16万人、0.99万人和0.76万人，尽管上海市的人口密度在此期间从2588人增加到3631人。

参考文献

[美]乔纳森·奥尔德雷德：《开启经济学的黑匣子》（卢欣译），机械工业出版社，2010年。

[美]加里·贝克、吉蒂·贝克：《生活中的经济学》（薛迪安译），华夏出版社，2000年。

[美]瓦特·布拉克：《百辩经济学》（佘引译），中信出版社，2010年。

[美]米尔顿·弗里德曼、罗斯·弗里德曼：《自由选择：个人声明》（胡骑译），商务印书馆，1982年。

[英]蒂姆·哈福德：《卧底经济学》（赵恒译），中信出版社，2009年。

[美]查尔斯·惠伦：《赤裸裸的经济学》（孙稳存译），中信出版社，2010年。

[美]罗纳德·H. 科斯：《论经济学和经济学家》（罗丽君、茹玉骢译），上海人民出版社，2010年。

[波兰]格泽高滋·W. 科勒德克：《真相、谬误与谎言：多变世界中的政治与经济》（张淑芳译），外文出版社，2012年。

[美]约翰·洛特：《自由经济学》（刘寅龙译），广东经济出版社，2010年。

[奥]卡尔·门格尔：《国民经济学原理》（刘絜敖译），上海人民出版社，2005年。

[奥]卡尔·门格尔：《经济学方法论探究》（姚中秋译），新星出版社，2007年。

[奥]路德维希·冯·米塞斯：《官僚体制·反资本主义的心态》（冯克利、姚中秋译），新星出版社，2007年。

[英]迈克尔·帕金：《走近经济学大师》（梁小民译），华夏出版社，2001年。

[瑞典]理查德·斯威德伯格：《经济学与社会学：研究范围的重新界定》（安佳译），商务印书馆，2003年。

[澳]雅尼斯·瓦鲁法克斯：《经济学的邀请》（赵洱崇译），北京大学出版社，2008年。

王玉霞：《故事中的经济学》，中信出版社，2010年。

[英]纳索·威廉·西尼尔：《政治经济学大纲》（彭逸林等译），人民日报出版社，2010年。[美]谢德华：《中国的逻辑》（曹槟、孙豫宁译），中信出版社，2011年。

易宪容：《生活中的智慧》，社会科学文献出版社，2004年。

张五常：《经济解释》（卷三），中信出版社，2012年。

后 记

    在规范化试题、标准化答案的时代，学生们的潜力仿佛过早地被考试挖掘殆尽，留下的是对反复出现的练习题的精致思维和机械化推理的路径依赖。面对纷繁复杂的世界，他们只能依靠考试的成绩来自我安慰。他们不知道如何提炼问题，如何对他人提出的超出课本问题进行经济学的思考。他们似乎认为，所有的问题都能从经济学教材中找到对应的答案。于是，沿着书本的章节，学生们寻求对问题的正解，或者找到一些可以依靠的联系。由于对基础的理论和概念缺乏深入的理解，学生们似乎都是抱着良好的愿望，对新问题的可能答案进行猜测。他们似乎不知道，经济学教材中所有思考的问题，都是经过高度精炼化或者数学化的问题。绝大部分现实问题似乎都还缺乏精炼化处理。在不知道如何提炼问题，也不知道如何对新问题进行分析的环境中，懈怠之心就在许多人的心中滋生萌芽。在极端的意义上，看不到经济学用处的人们也许会像美国经济学家道格拉斯·多德在《资本主义经济学批评史》中所说，"经济学并不存在，只存在蓄意伪装的思想，正因为如此，它比毫无用处还要糟糕"。

    看着学生们在学习经济学中的失落和痛苦，我开始寻找来源于生活、来源于每个人身边可能遇到的问题进行经济学的分析。这些问题包括三个和尚喝水、小费、酒水暴利、婚纱照的陷阱、跟团旅游的陷阱、姓名的简洁、自私和利他、邻居、律师事务所不上市、累犯加刑、玉石与钻石、讨价还价、黄金有价玉无价、迷信等社会和经济现象。没有想到，对这些问题的探讨得到许多学生的认同。一位学生对我说："其实我想这些问题我们或多或少地遇到过，但是我们却很少想着用自己已经学过的经济学知识去分析，但是老师却通过这种方法让我们真正地去运用自己所学到的知识，真正做到了学以致用。在对很多问题的分析过程中，一开始我觉得我自己毫无思绪，但是随着分析问题的增多和老师的引导，慢慢地自己也能独立地分析一些问题。通过老师深入细致的分析，我学会了看问题要从多个不同的角度进行分析，才能得出较为有价值的结论，经济学的原理可以在生活中的很多方面找到原型，要善于在简单的生活中发现经济学的影子。"听到这样的话语，经济学也会露出会心的微笑。

在张五常看来，对经济现象采用散文体的笔法书写，最易于推广经济教育。中国最近几十年的经济学发展中，在思想上最有成就的，莫过于经济散文了。正规的学术论文多是套着洋装，用数据的香水打扮一番，摩登上市了。按照吉拉德·德布鲁（Gerard Debreu）的说法，就是"去掉对经济理论的所有解释，让其基本的数学框架自圆其说"。时过境迁，露出原形，空空如也。这也印证了罗纳德·科斯在1999年被采访时所说的看法，"当前的经济学理论体系悬在半空中，与现实世界里实际发生的情况几乎不发生关系"。

经济散文却不是这样。零星的思想夹杂在社会经济中，伴有语言的芳香。除了对零星现象的经济观察外，经济散文还可以对某些经济现象，如经济危机、金融危机等，采取系统性的散文写法。中国学者写作的经济散文多是零星的、现实感偏重的，缺乏系统理论的支撑。与中国学者专注于微小事件的经济散文不同，欧美国家的经济散文大都围绕着重大的经济社会问题和经济理论展开，具有主题更集中、思想更连贯的特征。

本书试图为两种读者而写作，即既要为从前未研究过这些主题但对经济问题感兴趣的人，又要为那些熟悉经济理论但却缺乏对现实问题敏感的人。具有一定经济学知识的人能够很好地理解本书。但是，要理解其中的论点或者判断结论的合理性，没有必要一定要事先去阅读大量的经济学书籍。这是因为，我依据的事实主要是通过观察和根据日常生活常识得来的事实，而不是通过搜索大量的学术研究才能证明的事实。正是由于贴近社会生活，每一个读者就可以根据经验和适当的分析去核查这些事实和经济推理，并判断该书分析的合理性。经济学家蒂姆·哈福德在《卧底经济学》中说："当经济学家观察世界时，他们看到的是其背后隐藏的社会模式，而只有一个人关注于本质的潜在过程时，这些模式才会显露出来。"

成功阅读者的共同品质是在阅读过程中始终保持独立思考的能力和怀疑精神。我希望阅读此书的人带着好问和怀疑的精神阅读本书，挑战本书的思想和逻辑分析。尽管阅读本书不能保证你掌握全部的经济分析技巧，但是，了解该书的经济分析技巧并独立思考，你就会对社会各种问题的经济分析方面做得更好，甚至走上理性分析社会问题的道路。

在该书的写作过程中，我非常感谢南开大学国际经济贸易系的同学们。是他们求知的双眼催促我不断地关注现实生活的问题，是他们的才智和激情激发我不断精炼我的思考。刘晨、白少元、张尧路、韩丽娜、李漠雨等同学对初稿进行了阅读和认真的修改，提出了许多宝贵的意见，在此也深表感谢。在该书的出版过程中，我非常感谢南开大学"人文社会文库"的出版资助和南开大学出版社的鼎力支持。

2014 年 7 月 20 日

南开大学出版社网址：http://www.nkup.com.cn

投稿电话及邮箱：　022-23504636　　QQ：1760493289
　　　　　　　　　　　　　　　　　　QQ：2046170045(对外合作)
邮购部：　　　　　022-23507092
发行部：　　　　　022-23508339　　Fax：022-23508542

南开教育云：http://www.nkcloud.org

App：南开书店 app

　　南开教育云由南开大学出版社、国家数字出版基地、天津市多媒体教育技术研究会共同开发，主要包括数字出版、数字书店、数字图书馆、数字课堂及数字虚拟校园等内容平台。数字书店提供图书、电子音像产品的在线销售；虚拟校园提供 360 校园实景；数字课堂提供网络多媒体课程及课件、远程双向互动教室和网络会议系统。在线购书可免费使用学习平台，视频教室等扩展功能。